Stefan Schache

Die Kunst der Unterredung

Stefan Schache

Die Kunst
der Unterredung

Organisationsberatung:
ein dialogisches Konzept
aus motologischer Perspektive

VS VERLAG

Bibliografische Information der Deutschen Nationalbibliothek
Die Deutsche Nationalbibliothek verzeichnet diese Publikation in der
Deutschen Nationalbibliografie; detaillierte bibliografische Daten sind im Internet über
<http://dnb.d-nb.de> abrufbar.

1. Auflage 2010

Alle Rechte vorbehalten
© VS Verlag für Sozialwissenschaften | Springer Fachmedien Wiesbaden GmbH 2010

Lektorat: Katrin Emmerich | Tilmann Ziegenhain

VS Verlag für Sozialwissenschaften ist eine Marke von Springer Fachmedien.
Springer Fachmedien ist Teil der Fachverlagsgruppe Springer Science+Business Media.
www.vs-verlag.de

Umschlaggestaltung: KünkelLopka Medienentwicklung, Heidelberg
Druck und buchbinderische Verarbeitung: Ten Brink, Meppel
Gedruckt auf säurefreiem und chlorfrei gebleichtem Papier
Printed in Germany

ISBN 978-3-531-17261-3

Inhalt

Abbildungsverzeichnis

1 'Experten' und Organisationsberatung: sich offenhalten für das Andere

„»Sich keine Illusionen mehr machen«:
da beginnen sie erst"

„Das Vorurteil ist ein unentbehrlicher Hausknecht,
der lästige Eindrücke von der Schwelle weist.
Nur darf man sich von seinem Hausknecht
nicht selber hinauswerfen lassen."
(K. Kraus, 1909)

Die Motologie[1] beansprucht ein Themengebiet, das sich mit der Förderung und Unterstützung der menschlichen Entwicklung befasst – und zwar in und durch Körperlichkeit und Bewegung. Obwohl sie sich im Prozess der wissenschaftlichen Institutionalisierung immer noch dem Anfangsstadium zuschreiben muss, ist sie inhaltlich vor allem durch den Begriff der Psychomotorik in mehreren wissenschaftlichen Kontexten vertreten. Sie kann mittlerweile auf ein generiertes Expertenwissen blicken, welches sich spezifisch motologisch nennen darf. Die Motologie ist in ihrer Entwicklung an einen Punkt gelangt, von dem aus – so zumindest die Meinung des Autors – das fachspezifische Wissen eine weitere Verbreitung finden kann. So kann nicht mehr nur die praktische Intervention der Entwicklungsförderung den zentralen Fokus ausmachen, sondern auch eine mögliche Wissensweitergabe in Form von organisationalen Beratungen. Das motologische Fachwissen, welches vor allem durch die Anwendungsorientierung gesammelt und durch die theoretische Auseinandersetzung systematisiert wurde, kann bei der Gestaltung von Organisationen und anderen sozialen Gebilden, bei der konzeptionellen Ausrichtung oder Arbeitstaggestaltung eine neue Anwendung finden. Es ist also die 'Überschussbedeutung' der Motologie, welche den Ausgangspunkt der thematischen Beschäftigung mit dem Feld der Organisationsberatungen markiert.

Es herrscht mittlerweile eine unüberblickbare Fülle an unterschiedlichen Programmen und Angeboten, die beratend Organisationen zur Seite stehen. Un-

---

[1] Motologie und Psychomotorik können in diesem Zusammenhang synonym gedacht werden. Institutionelle Unterschiede, die oft geltend gemacht werden, spielen hierbei keine Rolle

terschiedlichste Konzepte und Ansätze prägen diese Fülle. Man kann sogar von einem Trend sprechen, wenn man sich den Markt an Organisations- und Unternehmensberatungen anschaut, verschiedenste Consulting-Angebote betrachtet oder die Menge an (Ratgeber-) Literatur zu diesen Themen durchforstet. Von dieser Seite betrachtet, scheint es gar nicht verwunderlich, sich auch aus dem Themengebiet der Motologie heraus mit der Organisationsberatung zu beschäftigen. Auf der anderen Seite sind auch Organisationen durchgehend angehalten, sich zu verändern, sich zu erweitern oder sich neu zu erfinden. Gesellschaftliche Veränderungen erzwingen teilweise organisationale Veränderungen. Besonders deutlich wird das am Beispiel der Organisation Schule: einst konnte und musste sich die Schule als ausführendes Organ der unterschiedlichen Ministerien begreifen, ist sie jetzt immer mehr aufgefordert, autark Entscheidungen zu treffen, Verantwortungsbereiche eigens zu gestalten und immer mehr eine gewisse Autonomie zu leben. Dieser Veränderungsdruck wird nicht selten an Organisations- oder Schulberater weitergegeben. Auch von daher scheint es nicht verwunderlich, sich auch aus dem Themengebiet der Motologie mit diesen Veränderungen der Organisationen zu beschäftigen. Zumal die Motologie über Erkenntnisse und Methoden verfügt, die sowohl im Bildungs- und Erziehungssystem von Bedeutung sind und werden, als auch für Profit-Organisationen Relevanz zeigen, wenn Stichwörter der motologischen Diskussion hinsichtlich einer (betrieblichen) Gesundheitsförderung oder einer Stressbewältigung aufgeführt werden.

Wie kann aber ein solches motologisches Wissen den Organisationen angeboten werden? Nähert man sich der Organisationsberatung aus der wissenschaftlichen Perspektive, so werden zwei paradigmatische Leitmotive deutlich: das expertokratische und das prozeduralistische. Während wissenschaftstheoretisch betrachtet das expertokratische Paradigma scheinbar nicht mehr halt- und vertretbar ist, hat es doch in der Beratungspraxis die Oberhand behalten. Der Experte, der interne und externe Bedingungen objektivierend ermittelt, ihre Entsprechungen analysiert und die daraus folgende Diagnose in eine Gestaltungsempfehlung umsetzt, ist nach wie vor auf dem Beratermarkt gefragt. Das prozeduralistische stellt hier ein konkurrierendes, fast konträres Beratungsparadigma dar. Dieses verzichtet auf die Vorstellung einer optimalen Gestaltungsempfehlung. Organisationsberatungen dieser Ausrichtung unterstützen vielmehr Organisationen bei der selbstständigen Definition und Bearbeitung von Problemen durch kommunikative Verfahren. Es wird davon ausgegangen, dass das notwendige Wissen bereits in der Organisation existiere, es müsse nur kommunikativ stimuliert werden (vgl. Moldaschl, 2001, S. 139). Beiden paradigmatischen Richtungen fehlt es nicht an Kritik, so dass Alternativen laut werden, die nicht unbedingt die bestehenden Paradigmata verdrängen, wohl aber zwischen beiden zu vermitteln suchen. Es wird in unterschiedlichen Ausführungen deutlich, dass eine rein expertokratische Beratung einer implementierenden 'Bevormundung' gleichkommt, dass aber ohne fachliches Expertenwissen, also eine rein prozeduralistische Beratung, die Organisation nicht ausreichend befriedigt wird (vgl. Königswieser, 2005, S. 3). Es kommt zu der paradoxen Situation, beiden, sich eigentlich ausschließenden Paradigmata folgen zu müssen, bzw. die Gegensätzlichkeit vorerst auszuhalten.

Die Frage nach dem 'Wie' ist also eine grundlegende: wie ist es möglich, das potentiell fruchtbare, motologische Wissen einer Organisation anzubieten, ohne einer implementierenden Bevormundung gleichzukommen? In einem Projekt konnte dieser Frage praxisnah nachgegangen werden, bzw. konnten in diesem wichtige Bestimmungsstücke einer Organisationsberatung erkannt werden. Ende 2005 erhielten die Hauptschulen in Nordrhein-Westfalen von der zuständigen Bezirksregierung den Auftrag, ein Konzept für die Ganztagsschule zu entwickeln. Sie waren also aufgerufen, ihre bisher halbtägige Schulform konzeptuell und inhaltlich in eine Ganztagsschule umzuwandeln. Ab diesem Zeitpunkt konnte der Autor eine Schule bei der Entwicklung eines Konzeptes für die Ganztagsschule begleiten und die ersten praktischen Umsetzungsversuche miterleben. Diese Felderfahrung war grundlegend für die weitere wissenschaftliche Auseinandersetzung mit einer motologisch orientierten Organisationsberatung.

Es kann also festgehalten werden, dass die 'Überschussbedeutung' der Motologie den Startschuss gab, sich mit dem Feld der Organisationsberatung auseinanderzusetzen; dass aber die inhaltliche Ausgestaltung und gewählte Richtung vor allem durch die Praxis geprägt wurde. Mit dem Fortschritt der Arbeit und des Projekts konnte dann immer mehr von einer Verschränkung der Theorie mit der Praxis und v.v. gesprochen werden. Das sicherte verschiedene Zugangsweisen zu dem Phänomen der Organisationsberatung. Auf diese Weise konnte am ehesten gehofft werden, mögliche Antworten auf die aufgeworfene Frage zu finden, wie Expertenwissen weitergegeben oder angeboten werden kann, ohne zu bevormunden – d.h. im obigen Sinne: ohne „expertokratisch" zu erscheinen.

Den (scheinbaren) Widersprüchen[2] und Gegensätzlichkeiten, die sich schon zu Beginn der Arbeit zeigten, wurde mit der Methode der Dialektik begegnet. Dabei wurde sich anfänglich der Dialektik als ein neutrales Wort für Rede- und Beweiskunst genähert – ohne der möglichen Verzerrungen der 'ideologischen' und philosophischen Diskussionen der 1960er und 1970er Jahre (vgl. Wuchterl, 1999, S. 101). Die positive Funktion des Widerspruchs sollte das auffällige Moment in der Rezeption darstellen. Es galt, eine Form der Unterhaltung zu finden, welche die unterschiedlichen Sichtweisen und Argumentationen miteinander in

---

2   Die Begriffe sollen zunächst umgangsprachlich verstanden werden. Eine Differenzierung in kontradiktorische und konträre Gegensätze macht hier vorerst keinen Sinn (vgl. Wuchterl, 1999, S. 111).

Verbindung brachte. Die andere, vielleicht gegensätzliche Sichtweise – das Andere an sich – sollte nicht als Schranke und Hindernis, sondern als eigene Entwicklungsmöglichkeit erkannt werden. Damit geht eine respektvolle Haltung einher, die sich als Gegensatz zur Expertokratie verstehen kann. Die Dialogische Theorie von Zima ist eine solche Idee der Unterhaltung (vgl. ders., 2004). Sie versucht, gegensätzliche theoretische Positionen zusammen zu führen, um sie im Rahmen einer Konfrontation zu überprüfen. Diese Art der Erschütterung führt zu einer Bloßlegung theoretischer Schwächen. Dabei bleibt die Dialogische Theorie, wie auch ihr Ausgangspunkt die Kritische Theorie[3], bei der Einheit der Gegensätze ohne Synthese stehen. Sie verharrt beim Widerspruch und plädiert für eine Unaufhebbarkeit der Antinomie. Dieses als negative Dialektik bezeichnete Prinzip stellt eine für die Spätmoderne typische extreme Ambivalenz dar. Der Erkenntniswert der Ambivalenz liegt darin, „dass sie die von Ideologie, common sense und Alltagsdenken dogmatisierten Trennungen überwindet und zeigt, wie sehr Subjekt und Objekt, Wahrheit und Unwahrheit, Allgemeines und Besonderes [...] zusammenhängen, einander bedingen." (ebd., S. 218)

Als eine Möglichkeit gefunden war, motologisches Expertenwissen einer Organisation nicht expertokratisch, sondern den Grundannahmen der Motologie entsprechend, anbieten zu können, stellte sich eine weitere Schwierigkeit heraus: wie ist es möglich, in diesem Fall eine Organisation für das Andere (Expertenwissen, in diesem Fall: das motologische Wissen) zu öffnen. Der Organisation kann kein Wille zum Dialog unterstellt werden. Zudem stellte sich heraus, dass die nicht vorhandene Bereitschaft zum Dialog – eine Art Widerstand – durchaus sinnvoll und verstehbar war. Es galt also, den Widerstand nicht 'einfach' zu brechen oder zu überwinden; es war vielmehr gefordert, einen Weg zu finden, auf dem die Organisation selbst entscheiden kann, inwiefern sie das Andere hereinlässt, inwiefern sie sich für den Dialog bereit erklärt. Es musste versucht werden, die Organisation zu bewegen, sich für das Andere zu öffnen, um sich selbst zu bewegen. Mit dem Phänomen der Organisationskultur und dem Konzept der reflexiven Leiblichkeit scheint ein geeigneter Weg gefunden zu sein. Das Konzept der Organisationskultur birgt die Möglichkeit, sich einer Organisation qualitativ zu nähern, um über diese hermeneutische Sichtweise die Lebendigkeit einer Organisation zu fassen. Grundlegende, zumeist unbewusste Annahmen, Normen, Werte und Erwartungen einer Organisation werden durch die Kultur gefasst und erklären über weite Teile das Verhalten und die Verhaltensweisen einer Organisation. Mit Hilfe einer psychodynamischen Auslegung der Kultur ist es auch möglich, den Widerstand der Organisation – die NichtBereitschaft zum Dialog – zu erhellen.

3   Vgl. Horkheimer, M./ Adorno, Th.W.: Dialektik der Aufklärung. Philosophische Fragmente. 15. Aufl. Fischer Verlag 2004; Adorno, Th.W.: Negative Dialektik. Suhrkamp: Frankfurt 1996.

Wurde oben noch gefragt, wie die Organisation bewegt werden könne, sich zu bewegen, so findet sich über metaphorische Bewegungssituationen eine Möglichkeit, auf diese paradoxe Situation: die beratende Motologie will, dass die Organisation will, einzugehen. Mit der Durchführung von metaphorischen Bewegungssituationen ist eine Möglichkeit gegeben, bestimmte Teile der Organisationskultur zu erhellen oder zu 'entcodieren', die potentiell verantwortlich sein können für eine ablehnende und vielleicht auch abwertende Haltung dem Anderen gegenüber. Durch reflektierte Erfahrungen/ Erlebnisse in den Bewegungssituationen kann die Organisation bewegt werden, sich für das Andere zu öffnen. Das motologische Expertenwissen kann als eigene Entfaltungsmöglichkeit und nicht als Bedrohung verstanden werden, indem die Organisation eine kritische Distanzierung zu sich selbst einnimmt. Die EinSicht, dass die eigenen grundlegenden Annahmen, Werte und Erwartungen nur eine mögliche Wirklichkeitskonstruktion darstellen, öffnet die Organisation für weitere andere – vielleicht für mehr gemäße, mehr entsprechende ... Es wird herauszustellen sein, dass diese kritische Selbstdistanzierung nur durch eine leibliche Arbeit zu erreichen ist.

Nachdem das 'Wie' einer motologischen Organisationsberatung aufgezeigt wurde, kam die notwendige Frage nach dem 'Was': welche Bestandteile und Erkenntnisse aus dem motologischen Expertenwissen sollten einer Organisation angeboten werden? Es stellt sich die Frage nach dem fachlichen Input. Dieser kann keine abschließende Darstellung erfahren. Es wird allerdings versucht, anhand der vier in der wissenschaftlichen Auseinandersetzung wichtigsten Ansätze eine Systematik oder Strukturierung zu errichten, die es erlaubt, bestimmte Wissensinhalte zu extrahieren, welche dann in einer Organisationsberatung als WissensAngebote' eingesetzt werden können. Dabei stehen die motologischen Wissensinhalte Pate für weiteres Fachwissen.

Diese aufgezeigte Entwicklung findet auch in der Gliederung ihren Widerhall. Der erste Teil (Kap. 2-7) ist bestimmt durch eine Bestandsaufnahme der derzeitigen Situation im Bereich der Organisationsberatung. Dabei wird sich zum Einen von Seiten der einschlägigen Fachliteratur genähert (Kap. 2.1); zum Anderen über die Praxis selbst (Kap. 2.2). Aus der Bestandsaufnahme werden Themengebiete extrahiert, die konstituierend für eine Organisationsberatung zu sein scheinen. Zu diesem Ergebnis kommt zumindest die Synopse (Kap. 2.3): aus ihr geht dann auch der weitere Weg der Beschäftigung hervor. In den weiteren Kapiteln werden die Organisation (Kap. 4.1) und die Institution (Kap. 4.2) näher betrachtet, sowie die Organisationskultur (Kap. 5) und das Phänomen des Widerstands (Kap. 6). Allen vier ist eine multidisziplinäre Annäherung gemein, bevor sich der hermeneutischen Sichtweise mehr zugewandt wird. Zuvor wird allerdings das Wissenschaftsfach der Motologie grundlegend eingeführt (Kap. 3). Aus diesem Kapitel geht hervor, welche inhaltlichen Ausgangsüberlegungen

dem Fach implizit sind. In dem letzten Kapitel des Teils A werden dann bestehende Ansätze der Organisationsberatung mehr in den Fokus genommen. Dabei
bilden die extrahierten Themengebiete der Synopse das ausschlaggebende Kriterium der Auswahl. Drei unterschiedliche Ansätze werden vorgestellt und kritisch
bewertet (Kap. 7.1-3). Es wird nach den 'Lücken' in den bestehenden Ansätzen
gesucht und gefragt, ob die Motologie eine dieser 'Lücken' füllen oder besser
besetzen kann. So werden durch eine zweite Zusammenschau die wesentlichen
Bestimmungsstücke einer Organisationsberatung gefunden und spezielle Forderungen gestellt, die eine (motologische) Organisationsberatung zu erfüllen hat:
sie sucht eine Antwort zunächst in einem Pendeln zwischen der Fach- und Prozessberatung und zeigt auf, dass die Motologie sich hier theoretisch konsistent
verorten kann (Kap. 7.4).

Eine dieser Forderungen wird im zweiten Teil (Kap. 8-10) vorweg behandelt: nämlich die Forderung nach einer Idee der Unterhaltung, die durch ein
respektvolles Zusammenführen von Gegensätzen bestimmt ist. Die Dialogische
Theorie Zimas kommt dieser Idee nahe und wird hier dargestellt (Kap. 8). Sie
soll als ein einendes Dach für die Beratungssituation fungieren und stellt sozusagen den Rahmen für den Prozess der Organisationsberatung. Nach einer grundlegenden Kritik der Dialogischen Theorie werden in diesem Kapitel die Organisation und das fachliche Expertenwissen zusammengeführt. Damit wird eine
erste Annäherung zwischen einer Fach- und einer Prozessberatung theoretisch
hergestellt (Kap. 8.3). Dieser liegen allerdings bestimmte Forderungen zugrunde,
welchen in den weiteren Kapiteln 9 und 10 nachgegangen wird: die Organisationskultur wird als monologische und ideologische Wirklichkeitskonstruktion
ausgebreitet (Kap. 9.1), der diskursive Dialog wird als mögliche Kommunikationssituation vorgestellt (Kap. 9.2) und strukturell mit der Bewegung in Verbindung gebracht (Kap. 9.3). Im Kapitel 10 werden die nötigen Bezugstheorien
dargestellt, um Bewegung und Dialog für eine gelingende Organisationsberatung
fruchtbar zu machen. Das Kapitel schließt, indem ein Subjekt der motologischen
Organisationsberatung gegründet wird (Kap. 10.4).

Im letzten Teil (Kap. 11-12) finden die hergeleiteten Einsichten dann ihre
schematische und konzeptionelle Einordnung (Kap. 12). Während ein weiterer
Blick auf das fachliche Wissen der Motologie (Kap. 11) wichtige Grundlagen
schafft, auf denen die folgenden Ausführungen sich rückbeziehen, erhält das
dialogische Konzept einer Organisationsberatung nicht nur die schematische
Darstellung (Kap. 12.1), sondern auch eine Konkretisierung. Es werden motologische Bewegungssituationen geschildert (Kap. 12.2), die fachliche Beratung
wird als diskursiver Dialog begriffen (Kap. 12.3), die Auswirkungen der Beratung auch für die beratende Motologie werden ausgeführt (Kap. 12.4) sowie ein
Vorschlag unterbreitet wird, wie motologische Beratungsinhalte als fachlicher

Input nicht-expertokratischer Natur ausfallen können (Kap. 12.5). Kritikpunkte und Desiderate schließen dieses Kapitel (Kap. 12.7), nachdem das entstandene Konzept in die Fachsystematik der Motologie eingeordnet wurde (Kap. 12.6). Das, was konzeptionell und später im Prozess von der Organisation verlangt wird, bzw. was die Organisation durch die leibliche Arbeit, durch die metaphorischen Bewegungssituationen erfährt, ist auch in dieser Konzeption grundlegend gewesen: sich Offenhalten für das Neue; versuchen, sich selbst nicht zu wichtig zu nehmen, andere Wirklichkeitskonstruktionen anzuerkennen und zu nutzen – das Andere als Chance der eigenen Entwicklungsmöglichkeiten wahrzunehmen und zu begreifen. Wie zu zeigen sein wird sind Vorurteile „unentbehrlich", drohen aber leicht überhand zu nehmen. Wenn es gelingt, sich der (notwendigen) Vorurteile bewusst zu werden, zu akzeptieren, dass die eigene Wirklichkeitskonstruktion nur eine mögliche ist, dann kann eine Organisationsberatung in diesem hier zu schildernden Sinne gelingen: eine „Kunst der Unterredung" maßt sich keine Kunstfertigkeit an. Sie steht für den behutsamen Umgang mit dem Anderen, für Wertschätzung und v.a. Respekt vor der Selbst- und Eigenständigkeit des Gegenüber. „Die Kunst der Unterredung" steht für Bescheidenheit und Stolz im Prozess der Organisationsberatung: Bescheidenheit steht für die Prämisse, dass die Organisation zu komplex erscheint, als dass ein Einzelner sie bearbeiten könnte, als dass eine einzelne Sicht ausreichen könnte; Stolz ist deshalb notwendig, weil der Einzelne davon ausgeht, dass er etwas zu sagen hat!

Es ist immer möglich, Veränderungen anzugehen und Veränderungsvorschläge wahr- und anzunehmen; „sich keine Illusionen mehr machen" über die Umsetzbarkeit von Veränderungsvorschlägen – das ist Illusion!

2 Organisationsberatung: Bestandsaufnahme und Analyse

Zu Beginn eines Lehrbuchs zu den Grundlagen und Theorien von Organisation und Beratung[4] ist ein Kupferstich aus dem Jahre 1645 aufgeführt, der die „Allegorie des Guten Rats" darstellt. Es ist ein älterer Mann zu sehen, der, dem Betrachter zugewandt, ein Herz als Amulett um den Hals trägt, in der rechten Hand ein Buch hält, auf dem eine Eule sitzt und auf der linken Hand, welche in die Ferne zeigt, einem Hunde-, Löwen- und Wolfskopf mit nur einem Hals Platz bietet. Unter seinem rechten Fuß sind ein Delphin und ein Bärenkopf zu erkennen. Im Verständnis dieser Allegorie soll der gute Rat einem reinen, aufrichtigen Herzen entspringen, der Weisheit (Eule) und Gelehrsamkeit (Buch) einschließt und die Vergangenheit (Hundekopf), die Gegenwart (Löwenkopf) und die Zukunft (Wolfskopf) einbezieht. Vermieden sollen hastig-voreilige Entscheidungen, die durch den Delphin verkörpert sind, und Verärgerungen, die sich im niedergetretenen Bärenkopf ausdrücken. Damit scheint zu Beginn eines Lehrbuchs eine Markierung gesetzt worden zu sein. Eine Markierung, an der sich anscheinend weitere Ausführungen Orientierung verschaffen sollen.

Die Motologie setzt sich in dieser Arbeit mit der Organisationsberatung auseinander. Obschon Institutionen und Organisationen immer schon als gesellschaftliche Bedingungen (mit) reflektiert wurden, stand die Beratung derselben nicht im Interesse. Beratung bezog sich vielmehr immer auf betroffene Eltern, Lehrer, Pädagogen oder auf die Betroffenen selbst. Dabei scheint eine motologische Organisationsberatung nicht nur für die Motologie eine bereichernde Erweiterung darzustellen, sondern auch für die beratenen Organisationen. Im Folgenden soll sich der Organisationsberatung auf zwei Wegen genähert werden. Um einen ersten Überblick über das Feld der Organisationsberatung zu erhalten, wird die Diskurslage gesichtet. In dieser Annäherung werden ganz unterschiedliche Richtungen innerhalb der Soziologie, der Pädagogik, der Wirtschaftswissenschaft und der Psychologie herangezogen (Kap. 2.1). Der Diskurslage steht eine weitere Annäherung gegenüber, die sich als Spiegel eigener Erfahrungen sieht. Zwar kann sie sich dem derzeitigen Einfluss der Fachdiskurse nicht verschließen,

---

4   Saam, N.: Organisation und Beratung. Ein Lehrbuch zu Grundlagen und Theorien. Lit Verlag: Hamburg 2007.

sie setzt aber ihre eigenen Schwerpunkte. Diese finden ihren Ausgangspunkt in einem Projekt, welches parallel zur Entstehung dieser Arbeit durchgeführt wurde und die eigenen Erfahrungen speiste. Es konnte während des Projekts ein Phänomen beobachtet werden, das sich am besten mit der Begrenztheit des Fachdiskurses beschreiben lässt (Kap. 2.2.1). Hier werden mögliche Ursachen für das Nicht-Hören(-Wollen) bestimmter (fremder) Wissensteile gesucht (Kap. 2.2.1.3). Eine Zusammenschau schließt die Bestandsaufnahme und Analyse. Die Ergebnisse der unterschiedlichen Annäherungen an den Gegenstand der Organisationsberatung werden in diesem abschließenden Kapitel hervorgehoben (Kap. 2.3). Die dabei resultierenden Bestimmungsgrößen sollten sodann konstituierend für eine Organisationsberatung und für den weiteren Verlauf dieser Arbeit sein.

Die beiden Zugangsweisen zu der Organisationsberatung – zum einen über die zu sichtenden Fachdiskurse, zum anderen über die aus dem Feld gewonnenen eigenen Beobachtungen – sollen der Motologie Möglichkeiten bieten, sich verorten zu können. Gelenk- und Schnittstellen sollen gefunden werden, welche die Motologie mit der Organisationsberatung verbinden, bzw. deutlicher: Themengebiete sollen gefunden werden, die geeignet und anschlussfähig erscheinen, aus motologischer Sicht eine gelingende Organisationsberatung zu konzipieren und durchzuführen. Vielleicht ist eine solche Markierung wie die der Allegorie zu Beginn einer Auseinandersetzung gar nicht schlecht: sie kann zwar nicht als Strukturierungshilfe dienen, sie kann aber im Hinterkopf behalten werden, um letztlich, nach einer Bestandsaufnahme, Analyse und (Neu-) Konzeption, nochmals überdacht zu werden.

2.1 Organisationsberatung im Spiegel verschiedener Fachdiskurse

Die Annäherung an die theoretische Auseinandersetzung mit der Organisationsberatung zeichnet sich dadurch aus, dass zum einen eine Fülle an wissenschaftlichen Aufsätzen, Lehrbüchern oder anderen Fachbeiträgen zu diesem Thema veröffentlicht wurde; zum anderen aber die Publikationen nicht-wissenschaftlicher Art noch um ein Vielfaches zahlreicher sind. In manchen Fällen ist die Unterscheidung offensichtlich, in anderen Fällen fällt diese schon schwerer. Vor allem dann, wenn die so genannte 'Ratgeber-Literatur' einen pseudowissenschaftlichen Tenor in die Publikation legt (vg. Moldaschl, 2001; Saam, 2001). Diese soll aber nicht den Blick verfälschen. In diesem Kapitel steht die Annäherung an den Gegenstandsbereich der Organisationsberatung im Mittelpunkt – und zwar auf dem wissenschaftlichen Weg. Es ist Anliegen dieses Kapitels, nicht nur unterschiedliche Wissenschaftsdisziplinen zu durchleuchten, sondern auch innerhalb einer Fachwissenschaft die verschiedenen Stränge und Teildisziplinen zu berücksichtigen. So sind in der jeweiligen Fachwissenschaft verschiedene Herangehensweisen aufgeführt, so dass ein möglichst komplettes Bild der Organisationsberatung aus der jeweiligen Sichtweise entsteht. Selbstverständlich können aber nicht alle Richtungen Berücksichtigung finden. Bei der begründeten Auswahl unterschiedlicher Auffassungen und Betrachtungen wurde darauf geachtet, dass sie wissenschaftlich fundiert und ein möglichst breites Spektrum unterschiedlicher Gedanken abdecken.

Die vier großen Fachwissenschaften, die sich originär mit der Organisationsberatung beschäftigen, wurden hierzu herangezogen: Die Soziologie (1), die Pädagogik (2), die Wirtschaftswissenschaft (3) und die Psychologie (4) stellen durch unterschiedliche Stränge ihr Bild und ihr Verständnis der Organisationsberatung dar. Die Trennlinie zwischen den einzelnen wissenschaftlichen Fachdiskursen ist nicht immer genau sichtbar, da durch die multi- und transdisziplinäre Beschäftigung mit dem Themengebiet und Ausrichtung des Themengebiets Überschneidungen zwingend auftreten. Teilweise ist es aber gar nicht nötig die Trennlinie analytisch wieder herzustellen, da sich durch neue Kombinationen oder durch neue 'Fachbrillen' auf das bekannte Thema fruchtbare Einblicke ergeben.

2.1.1 Die soziologische Sichtweise der Organisationsberatung

Die Soziologie, obwohl originär mit dem Phänomen der Organisation vertraut, entdeckte erst relativ spät das Forschungsfeld der Organisationsberatung. Einige Studien[5] zeigen, dass Absolventen des Studienfachs vermehrt in der Beratung und v.a. Organisationsberatung tätig wurden und sind. Damit nahmen sie den Trend vorweg, der erst in der Mitte der 1990er Jahre die akademische Soziologie beschäftigte. Mit dem relativ jungen Alter dieser Disziplin geht ein sichtendes und ordnendes Vorgehen der Soziologie einher, das für diese Annäherung genutzt werden soll. Dabei haben sowohl theoretische Zugänge und Reflexionen einen hohen Stellenwert als auch empirische Untersuchungen und Praxismodelle. Durch alle Überlegungen zieht sich die Frage, wie und mit welchen soziologischen Ansätzen ein Beratungsprozess transparenter gemacht werden kann. Das bedeutet, dass in der soziologischen Auseinandersetzung ein Potential erzeugt und ausgeschöpft wird, Beratungsprozesse beschreiben, verstehen und erklären zu können. So sind auch Gestaltungsempfehlungen aus bestimmten theoretischen

---

5   Vgl. Dammann, K. / Zinn, J.: Karrieren von Lernenden und Lehrenden in der Soziologie. Bielefelder Verwaltungssoziologie 1997/3 oder Brüderl, J./ Hinz, Z./ Jungbauer-Gans, M.: Münchner Soziologinnen und Soziologen im Beruf. Sozialwissenschaften und Berufspraxis, 1995 (18), S. 328-345.

Ansätzen zu verstehen. Die entscheidende Klammer für dieses Kapitel setzt aber die Aufklärung und Reflexion. Die Auswahl der herangezogenen soziologischen Betrachtungen scheint mitunter blitzlichtartig oder punktuell. Das ist aber die beste Möglichkeit, das heterogene und noch „diffuse Bild der soziologischen Organisationsberatung" (Schwarz, 2008, S. 20) einzufangen. Daher betrachten die einzelnen Autoren die Organisationsberatung aus ganz verschiedenen Blickwinkeln. Ein jeweils unterschiedlicher Zugang bestimmt die Analyse und Interpretation einer Beratung, so dass für diese 'Bestandsaufnahme und Analyse' eine Reihe von unterschiedlichen Erfahrungen und Schlüssen zur Verfügung steht. Die einzelnen Zugangsweisen und Modelle werden im Folgenden kurz erläutert, um die Ergebnisse besser herleiten und einordnen zu können. Eine theoretische Reflexion der derzeit diskutierten Konzepte der Interventionen in Organisationen (1) führt in die soziologische Annäherung an die Organisationsberatung ein. Eine Sozialforschungsstelle, welche langfristige Veränderungsprozesse in Organisationen anzustoßen und zu begleiten vermag (2), ein empirisches Forschungsprojekt, welches Probleme einer soziologischen Organisationsberatung kennzeichnet (3) und ein Fallbeispiel eines Beratungsprozesses in einem Krankenhaus (4) folgen. Abschließend wird noch ein Ansatz dargestellt, der in der neueren Organisationsforschung Verbreitung findet (5).

2.1.1.1 Paradigmen und ein reflexiver Ansatz der Organisationsberatung

Die Diskussion der sozialwissenschaftlichen Organisationsberatung wird hauptsächlich von zwei Leitbildern beherrscht: dem normativen oder *expertokratischen* Paradigma und dem *prozeduralistischen*. Während das normative jahrelang bestimmend war und vom Wissenstransfer aus der Wissenschaft in die Praxis ausging, wurde das prozeduralistische als eine Art Gegenposition aufgebaut. Hier geht man davon aus, dass das relevante Wissen schon in der Organisation vorhanden sei, es müsse 'nur' aktualisiert werden, indem man organisationsintern Kommunikationsprozesse stimuliert und moderiert (vgl. Moldaschl, 2001, S. 133).

Das *expertokratische* Paradigma, das auch als klassisches, normatives oder funktionalistisches beschrieben wird, geht von einem one-best-way der Organisationsgestaltung aus. Dieser Weg kann generell oder auch situativ gewählt sein. Auch aus der Analyse der Umweltbedingungen einer speziellen Organisation ergibt sich eine eindeutige Optimierungsempfehlung. Der Berater als externer Experte hat hier das geeignete, dem Wissen der beratenen Institution überlegene Expertenwissen (vgl. Saam, 2007, S. 131). Seine Aufgabe ist es, die internen und externen Bedingungen objektivierend zu ermitteln, ihre Entsprechung zu analysieren und die daraus resultierende Diagnose in eine Gestaltungsempfehlung umzusetzen. Ein Methodenrepertoire zur Intervention ist weniger entwickelt, da in diesen Modellen der Berater selten auch für die Umsetzung in die Praxis zuständig ist. Dieses Paradigma wird häufig mit den rein betriebswirtschaftlich begründeten Vorgehensweisen verbunden, kennzeichnet aber auch humanorientierte Ansätze.

Ein konkurrierendes Paradigma stellt das *prozeduralistische* dar. Es hat sich aufgrund von Mängeln und Fehlern des normativen Paradigmas in einigen Bereichen entwickelt und durchgesetzt. Diese Ausrichtung verzichtet auf die Vorstellung einer optimalen Gestaltungsempfehlung, auf die Vorstellung eindeutig bestimmbarer Umweltbedingungen und Humanerfordernisse sowie daraus ableitbarer Anforderungen an die Gestaltung von Organisationen und Arbeit. Es unterstützt vielmehr die Organisation bei der selbstständigen Definition und Bearbeitung von Problemen durch kommunikative Verfahren (vgl. Groth, 1996, S. 89). Dabei vermittelt es keine inhaltlichen Ziele, Normen und Werte. Die Prozessberatung nach Schein (vgl. Kap. 5 und Kap. 7.1) und die Systemische Organisationsberatung (vgl. Kap. 7.3) sind idealtypische Vertreter dieser grundlegenden Ausrichtung. Eine Übersicht gibt nochmals die Begründungsebenen dieser beiden Ausrichtungen wieder:

	Klassisches Paradigma	Aktuelles Paradigma
Erkenntnistheorie	Positivismus, Rationalismus	Konstruktivismus
Organisationstheorie	´alte´ Systemtheorie, Situativer Ansatz, u.ä.	´Neuere´ Systemtheorie, Selbstorganisationsstheorie
Interventionstheorie	Normativ-expertokratisches Modell	Prozeduralismus, Partizipationismus

Abbildung 1:   Begründungsebenen der beiden dominierenden
Beratungsverständnisse (Quelle: Moldaschl, 2001)

Auf eine dezidierte Kritik dieser paradigmatischen Richtungen soll an dieser Stelle vorerst verzichtet werden[6]. Sie richtet sich zumeist auf das Ausblenden vorhandener Machtverhältnisse, die Abwesenheit eines handlungsfähigen Sub-

---

6   Vgl. hierzu Kap. 7.4; 8.3 und: Fehr, H.: Von der Planungseuphorie zur systemischen Organisationsberatung. In: Bosch (Hrsg.): Sozialwissenschaftliche Forschung und Praxis. DUV: Wiesbaden 1999; Ahlemeyer, H.W.: Systemische Organisationsberatung und Soziologie. In: Alemann/ Vogel (Hrsg.): Soziologische Beratung. Leske+Budrich: Opladen 1996; Willke, H.: Systemtheorie II: Interventionstheorie. 3. Aufl. Fischer: Stuttgart 1999; und Iding, 2000, s.o.)

jekts und das Nichtwahrnehmen von (eigenen) Interessenbindungen und (eigenen) Interpretationen (vgl. Kap. 7.4). Die Relevanz dieser Kritik ist deshalb nicht weniger wichtig: aus ihr entstehen neue Gedanken und Alternativen und sie bereiten den Weg zu der hier im Mittelpunkt stehenden reflexiven Beratung. Auf genau diese soll näher eingegangen werden, da sie im Rahmen der 'Bestandsaufnahme' wichtige Kriterien liefern kann. Sie hat, wie schon erläutert, den Vorteil, aus der Sichtung vorhandener Konzepte und Denkrichtungen, Alternativen entwickelt zu haben, die möglicherweise bestehende Mängel oder Lücken aufheben, bzw. schließen kann. Mit dem Konzept der „reflexiven Beratung" schlägt Moldaschl eine Alternative vor, die nicht eklektizistisch zwischen den beiden herrschenden Paradigmen anzusiedeln ist, sondern jenseits dieser. Durch theoretische Auseinandersetzungen, eigenen empirischen Untersuchungen und Fallstudien gelangt er zu der Einsicht, dass es „weder möglich ist, ohne normative Vorstellungen in Organisationen zu intervenieren, noch ist es möglich, dabei nicht in Machtspiele und Interessenkonflikte verwickelt zu werden." (ders., S. 133) Aus dieser Einsicht zieht er methodische Konsequenzen, die in der *reflexiven Beratung* münden:

Ausgehend von dem Praxisfeld der Beratung und einer möglichen theoretischen Fundierung[7], fordert Moldaschl eine Interventions- und Organisationstheorie für die Beratung. Ein Berater muss ein theoretisches Verständnis der Institutionen haben, in der er intervenieren will, er muss eine klare Vorstellung davon gewinnen, wie Organisationen 'funktionieren'. „Faktisch hat jeder Berater eine Organisationstheorie, sei sie nun implizit oder mehr oder weniger explizit. Eine theoretische Fundierung von Beratung zu fordern beinhaltet also zunächst die Aufforderung an Beratende, ihre (impliziten) Alltagstheorien zu explizieren, sie an (expliziten) wissenschaftlichen Theorien zu messen [...]." (ebd., S. 136) Allerdings relativiert Moldaschl diese Forderung, da er das Gelingen als eher unwahrscheinlich einschätzt. Ferner muss der Berater eine Theorie seiner Intervention haben, also eine Handlungstheorie der Beratung. Diese muss aber keineswegs aus der Organisationstheorie ableitbar sein. Jeder Berater greift dabei auf Elemente wissenschaftlichen Wissens oder theoretischer Konstruktionen zurück, die sich mit praktischen Erfahrungswissen verbinden und je unterschiedlich vom Berater eingesetzt werden. Es ist daher erforderlich, dass eine Methodologie der Interventionen Aussagen zu spezifischen Methoden der Intervention in Organisationen, in Beziehungssystemen und auf personaler Ebene trifft. Moldaschl versteht den Begriff der Reflexivität als die Selbstbezüglichkeit des Handelns und die Einsicht in dessen Einbettung in einen übergeordneten Kontext (vgl. ders., S.

---

7   „Theorielosigkeit ist im Reich der Beratung nicht nur verbreitet, man schmückt sich auch mit ihr. Auf der anderen Seite sind akademische Titel von größtem Nutzen." (Moldaschl, 2001, S. 134)

146). Reflexives Handeln lässt sich demnach anhand folgender drei Merkmale beschreiben:

- Der Handelnde versteht sich als eingebettet in einen sozialen Kontext, dem er nicht losgelöst und 'objektiv' gegenüberstehen kann,
- er befasst sich daher auch eingehend mit den nichtintendierten Wirkungen seines Handelns im betreffenden Kontext,
- er wendet die Methoden und Theorien, die er auf den Gegenstand anwendet, auch auf sich selbst an.

Auf die Situation der Beratung übertragen würde das bedeuten, dass der Berater die Beratung an sich als Gegenstand thematisieren müsste; er dürfte nicht 'einfach' routinisierte Muster und Beratungstechniken anwenden, sondern jederzeit rationale Begründungen für sein Handeln und Nicht-Handeln geben können und er müsste beispielsweise die Methode der Beobachtung auch auf sich selbst anwenden. Dass eine Beratung nicht von Natur aus schon reflexiv angelegt ist, zeigen am deutlichsten Ansätze des normativ-expertokratischen Paradigmas: das 'objektiv' richtige Wissen und die Eindeutigkeit der Gestaltungsempfehlung haben eher reflexivitätsmindernde Wirkung. Sie sollen Handlungssicherheit 'versichern' oder wie „Deutschmann[8] 1993 hervorhebt: die neuen betrieblichen Leistungsarrangements ideologisch absichern, d.h. Normen, Leitbilder und Ideologien vermitteln, Selbstorganisation für das Unternehmen beherrschbar machen." (Moldaschl, 2001, S. 148) Das Ziel der Reflexivitätssteigerung der beratenen Organisation kann methodisch über folgende Kriterien erreicht werden, anhand derer Grad und Qualität der Reflexivität von professionellem Selbstverständnis und Beratungspraktiken beurteilt werden können:

- Kontextualisierung

Der Berater sollte nicht auf Modelle und Empfehlungen der one-best-way-Methode zurückgreifen, sondern sein Wissen für die besonderen Verhältnisse seines Falls (re-)kontextualiseren. Er wird sich dabei Wahrnehmungs- und Denkwerkzeuge bedienen, die ihm helfen, die doppelte Kontingenz des Handelns in interaktiven Handlungszusammenhängen und gewachsenen Strukturen zu begreifen. Er sollte Denken in Dilemmata vorziehen, in dem die Lösung auch gleichzeitig als Problem erscheint.

---

8   Deutschmann, C.: Unternehmensberater – eine neue „Reflexionselite"? In: Müller-Jentsch (Hrsg.): Profitable Ethik – effiziente Kultur. Hampp: München 1996.

- Reflexivitätssteigerung durch Expertenwissen

Der Berater geht davon aus, dass nicht alles notwendige Wissen in der Organisation vorhanden ist. Er lenkt den Blick der Akteure auf andere Modelle, zeigt Handlungsalternativen auf oder konstruiert sie. Er öffnet kognitiv geschlossene Handlungsräume und misstraut bisherigen Handlungsbegründungen. Dabei ist es notwendig, dass der Berater nicht nur über das Wissen verfügt, welche Modelle und Alternativen in der Organisation vorherrschen, sondern auch welche zusätzlichen es gibt und welche passen. Das schließt ein, dass der Berater nicht jede Organisation beraten kann, sondern nur diejenigen, über die er ein Minimum an Fachwissen besitzt.

- Dezentrierung

Der Berater hat sich der Einsicht sicher zu sein, dass er Werte und Normen in die Organisation einbringt, dass er sich von ihnen nicht freisprechen kann und dass sich nichts ändern kann, wenn er sich nur auf sein legitimiertes Wissen bezieht. Er hat eine Distanz zu seiner Akteursperspektive zu schaffen, die ihm seine eigenen Abhängigkeiten, Wertorientierungen und Interessenbindungen aufzeigt. Eine geeignete Methode ist hierbei die Supervision oder die Selbstanwendung von Evaluation. Der Berater müsste Irritationen von außen importieren, fremde Beobachter mit anderen Brillen auf sich ansetzen, um seine eigene Wirklichkeitskonstruktion thematisieren zu können und ggf. Konsequenzen daraus ziehen zu können.

- Abgrenzung

Eine Beratung wird die Selbstbeobachtungsfähigkeit in der Praxis nur fördern können, wenn sie der Eigenständigkeit ihrer Perspektive gewahr ist und sie bewahrt. Das versetzt sie in die Lage, die Perspektivdifferenz im Verhältnis zur Praxis als Mittel der produktiven Verunsicherung zu nutzen.

- Rezentrierung

Ein reflexiver Berater muss davon ausgehen, dass ihm die Abgrenzung nicht immer und vollständig gelingen wird. Er weiß, dass jede Anwesenheit und jede Beobachtung eine Intervention darstellt, die Folgen hat. Eine reflexive Methodologie der Intervention fordert daher vom Berater, sich selbst immer auch als Bestandteil des Systems zu betrachten und seinen Blick auch auf die Nebenfolgen seines zielgerichteten Handelns zu lenken.

- Politische Perspektive

Der Berater muss davon ausgehen, dass Perspektivdifferenzen und Interessensunterschiede vorhanden sind. Er wird daher die Aufmerksamkeit auf das strukturierende Spiel dieser Differenzen richten und keinen beispielsweise einheitlichen Organisationszweck unterstellen. So müsste auch die (mikro-) politische Perspektive den Berater in die Lage versetzen, nicht grundsätzlich die Explikation der 'wahren' Interessen der Organisation zu erwarten oder zu verlangen (vgl. Moldaschl, 2001, S. 149-152)

Die genannten Anforderungen für einen reflexiven Ansatz einer Organisationsberatung stellen somit den Rahmen, in dem das Interventionskonzept hineinpassen müsste. Die Konzepte müssten daraufhin abgeklopft werden, inwieweit ihre Methoden auf der Grundlage dieses reflexiven Ansatzes konsistent zusammengeführt werden können. Ein Interventionsansatz, so Moldaschls These, muss nicht unbedingt selbst eine Organisationstheorie einschließen oder entwickeln. „Wohl aber muss er Kriterien bestimmen (können), anhand derer er Theorien adoptieren kann, die mit seinen Grundannahmen vereinbar sind. Soweit mehrere Organisationstheorien dies leisten, besteht kein Grund, den Begriff der reflexiven Beratung mit einer bestimmten fix zu koppeln." (ders., 2001, S. 153)

2.1.1.2 Vom Verkündigungsmodell zur selbstreflexiven Programmatik

Die kontinuierliche Auseinandersetzung der Industriesoziologie mit dem Gegenstand der Beratung ließ vor allem das Modell eines bruchlosen Transfers wissenschaftlich produzierter, gütegeprüfter Wahrheit in eine naive, aufzuklärende Praxis unter Druck geraten. Dass wissenschaftliche Erkenntnisse bei der Lösung konkreter Praxisprobleme handlungsleitend sein können, wird eher als Ausnahme gesehen. Das industriesoziologische Interventionsmodell schien damit als zu unzureichend (vgl. Howaldt/Kopp, 2001, S. 160). Es ist vielmehr notwendig, asymmetrische Kommunikationsformen zu überwinden, um dialogische Modelle etablieren zu können, die sich an den Eigenlogiken sozialer Systeme orientieren und deren Selbstreflexionsfähigkeit fördern. Ein dem selbstreflexiven Paradigma angelehntes Interventionsverständnis sollte zwar nicht vollends auf die klassischen Methoden der Sozialwissenschaften (wissenschaftliche Gütekriterien) verzichten; in den Vordergrund treten aber Methoden, die der Praxis zu genügen haben. „Es sind entweder Methoden, die die generelle Fähigkeit zur Problemlösung in Organisationen erhöhen oder Methoden, die einen Beitrag zur konkreten Problemlösung leisten." (ebd.)

Der in dem Landesinstitut Sozialforschungsstelle Dortmund entwickelte Ansatz der Organisationsberatung basiert auf einer Integration von systemischen und industriesoziologischen Wissen und versucht die Schnittstelle zwischen Forschung und Praxis, hier zwischen soziologischen Wissen und Beratung, in einem

prozessbegleitenden Projekt neu zu beschreiben. Dabei zielt dieser Ansatz auf
die „Begleitung und Unterstützung organisationaler Lernprozesse nach Maßgabe
ihrer Eigenlogik und umfasst drei Elemente: den Aufbau von Lernarchitekturen,
die gezielte Intervention durch den Berater und die Entwicklung sozialer, methodischer und organisatorischer Kompetenzen der Organisationsmitglieder." (ebd.,
S. 161) Der Aufbau der Lernarchitekturen dient dazu, einen angemessenen organisatorischen Rahmen zu schaffen, um Räume für die eigenständige Gestaltung
der Veränderungsprozesse sicher zu stellen. Damit soll eine Erhöhung der
Selbstreflexions- und Veränderungsfähigkeit der Organisation und ihrer Mitglieder einhergehen. Räume für Aushandlungsprozesse zwischen verschiedenen
Akteuren und Gruppen werden mit Hilfe neuer Formen der internen und externen Vernetzung angestrebt. Große Bedeutung innerhalb der Gestaltung von
Lernarchitekturen kommen mittlerweile den Impulsen von außen zu: die einzel-
betriebliche Ausrichtung erweist sich oftmals als zu eng, so dass organisations-
übergreifende Communities of practice sich formell oder informell zusammen-
finden. Die gemeinsame bzw. komplementäre Expertise der Mitglieder und ihr
Erfahrungswissen können auf dieser Ebene ausgetauscht werden.

Die *gezielte Intervention* durch den Berater lässt sich durch aktive Mitarbeit
beschreiben, welche immer das Ziel der selbstreflexiven Problemlösung der
Organisation vor Augen hat. Sie zeichnet sich durch eine gewisse Nähe zu der
Organisation aus, ohne Preisgabe der professionellen Distanz. Aber durch die
Nähe und den Blick in die Mikrostrukturen der Organisation sowie die Kenntnis
des Arbeitsalltags lassen sich durch die gewonnene eigene Perspektive Interventionen aufbauen, die realisierbar und situationsadäquat erscheinen. Bei der Mitarbeit in unterschiedlichen Entwicklungsprozessen der Organisation (strategisch
und operativ) werden Erfahrungen und Wissen der Berater permanent durch die
Organisation eingefordert, allerdings ohne in die Nähe eines expertokratisch-
instruierenden Paradigmas zu verfallen. Die Industriesoziologie kann auf ein
eigenes Repertoire an Wissen zurückgreifen (Arbeitsgestaltungswissen, Auswirkungen verschiedener Arbeitsformen und Arbeitsbedingungen, arbeitsorganisa-
torische Abläufe), welches beispielsweise rein systemischen Beratungsansätzen
fehlt. Neben der *Einspeisung fachlicher Inputs* bzw. eigener Sichtweisen und
Erfahrungen zählen die Unterstützung der Mitarbeiter bei der Diagnose von
Problemen und die Evaluation von Maßnahmen zur Arbeit des Beraters. So ist
das gesamte Methodenrepertoire der Sozialwissenschaften einsetzbar:

- Mitarbeiterbefragungen,
- Experteninterviews,
- Beobachtungen,
- Dokumentenanalyse,

- Potenzialanalysen sowie aber auch
- aus der systemischen Organisationsberatung stammende Reflexionsinstrumente wie das zirkuläre Fragen oder die paradoxe Intervention (vgl. Howaldt/ Kopp, 2001, S. 164).

Die dritte Ebene dieses Beratungsansatzes bezieht *Personalentwicklungsmaßnahmen* mit ein. Die Subjektperspektive, die im systemischen Ansatz zu wenig Beachtung findet[9], wird hier verzahnt mit der Organisationsentwicklung betrachtet. Durch Prozessbegleiterausbildung oder speziellen Coaching-Angeboten sollen die Mitarbeiter in die Lage versetzt werden, sich in veränderten Strukturen und den damit einhergehenden neuen Rollenmustern souverän zu verhalten, um so auch eigenständig die Organisation weiterentwickeln zu helfen.

Die *methodische Umsetzung* dieser genannten Beratungselemente soll hier nur kurz angeführt werden. Während Potenzialanalysen eher auf fachliche Aspekte der Organisation zugeschnitten sind, fokussieren beispielsweise Feedback-Befragungen und 'Lernen im Projektalltag' eher die sozialen, organisatorischen und methodischen Kompetenzen der Mitarbeiter. Letztes soll wegen seiner Bedeutsamkeit hier herausgestellt werden. Es wurde schon kurz erwähnt, dass mit der Einbringung des eigenen Fachwissens kein Rückfall in das expertokratische Paradigma beschrieben wird. Vielmehr unterscheidet sich die hier angewandte Methodik grundlegend von einer Grundwissen vermittelnden Weiterbildung oder Schulungseinheit. Es erscheint nämlich fraglich, so Howaldt und Kopp, dass das so vermittelte Wissen überhaupt in der Praxis relevant wird, bzw. im Bedarfsfall zeitnah so aktualisiert werden kann, dass es Handlungssicherheit in komplexen Situationen ermöglicht (vgl. dies., S. 170). „Aus diesem Grund ist es geboten, neue Formen der Weiterbildung zu erproben, in denen eine aktive Wissensaneignung erfolgt, die weniger auf die Abarbeitung curricular vorgegebener Inhalte fokussiert als vielmehr aus verschiedenen Lernfeldern kleinste Schulungseinheiten (Lernimpulse) bedarfsgerecht in den betrieblichen Projektalltag integriert." (ebd.) So werden Inhalte verschiedenster Lernfelder ausgewählt und zeitnah mit dem vorhandenen und 'diagnostizierten' Unterstützungsbedarf in Verbindung gebracht. Die neuen Lernformen unterscheiden sich von den traditionellen vor allem durch einen Perspektivwechsel, der inhaltlich schon angeklungen ist (vgl. Abb. 2)

---

9   Vgl. Pongartz, H.: System- und Subjektperspektive in der Organisationsberatung. Arbeit, 9/ 2000, S. 64/65. und Kap 7.3 sowie Kap. 7.4

Traditionelle Formen	Neue Formen
Wissensvermittlung	Wissensaneignung
Externe Instruktion	Selbstreflexives Erfahrungslernen
Punktuell/ abgeschlossen	Prozessbegleitend/ offen
Diskontinuierlich/ asynchron	Kontinuierlich/ synchron
Curriculum	Lernfelder
Systematische Schulungseinheiten	Situative Lernimpulse
Normativ angebotsorientiert	Optional bedarfsorientiert

Abbildung 2:   Vergleich seminarförmiger Weiterbildung mit Lernen im Projektalltag. (Quelle: Howaldt/ Kopp: 2001)

Die Entwicklung der hier angestrebten Kompetenzen setzt voraus, dass die Lernfelder sowohl soziale, methodische und organisatorische Aspekte miteinbeziehen als auch fachliches Wissen. Nur aus der Kenntnis der spezifischen Situationsbedingungen ist es möglich, geeignete Informationen zur Impulsauswahl zu generieren: „Erst auf der Grundlage einer Mitarbeit in den Gremien kann kompetent darüber entschieden werden, aus welchen Lernfeldern welche Impulse notwendig werden, und nur auf der Grundlage der Mitarbeit dort können die Impulse zeitnah in den Prozess eingespeist werden."(ebd., S. 171) Dabei können fachliche Inhalte über Impulsvorträge, durch das Einbringen entsprechender Expertise in den Diskussions- und Entscheidungsprozess und durch die konzeptionelle Mitarbeit transportiert werden.

In dieser Form ist es nicht mehr möglich, zwischen Wissensgenerierung (Forschung) und Wissensanwendung (Beratung) zu unterscheiden, da die Wissensproduktion die „institutionalisierten Bahnen der akademischen Forschung" (ebd., S. 175) verlässt und zunehmend in betrieblichen oder zwischen- und überbetrieblichen Diskursarenen und anwendungsorientierter Forschung erfolgt.

2.1.1.3   Merkmale der Beratertätigkeit – Ergebnisse einer Beratungsstudie

Zwischen 1997 und 1999 wurde ein Forschungsprojekt an der Universität zu Köln durchgeführt, das die Beratungsfelder und Beratungstätigkeiten von Soziologen näher untersuchte[10]. Mit 49 % war die Organisationsberatung das stärkste

---

10   Vogel, A.: Verwendung soziologischen Wissens am Beispiel von Beratungsberufen. Köln 1999.

Beratungsfeld der praktisch tätigen Soziologen. Die Einsatzgebiete soziologischer Organisationsberater waren v.a. in Wirtschaftsunternehmen, in Verwaltungen auf jeder Ebene und in Organisationen im medizinischen und Sozialbereich zu finden. Die Tätigkeitsschwerpunkte waren dabei in Seminarangeboten zu sehen, in denen die Berater als Experten (und Moderatoren) eines bestimmten Themas auftraten, in Moderationen von Gruppensitzungen und -prozessen, in der Begleitung von Veränderungsprozessen, in der Begleitung von Kulturwandel im Unternehmen, in der Personal- und Organisationsentwicklung sowie in der Marketingberatung (vgl. Vogel, 2001, S. 115f).

Als zentrale Voraussetzung für das Gelingen einer oben ausgeführten Beratung lassen sich die Aspekte *Kommunikation* und *Offenheit* für die Klienten ableiten. Der Dialog, als zweiseitige Kommunikation zwischen Berater und Klient spielt dabei eine wichtige Rolle. Hier werden Problemdefinition und Beratungsauftrag erarbeitet, Erwartungen und Zielvorstellungen abgeklärt sowie Wahrnehmungen ausgetauscht. Gelingt, so Vogels Auswertung der Studie, die Kommunikation und sind möglichst viele am Kommunikationsprozess beteiligt, so können Widerstände gegen die Beratung ausgeräumt und Blockaden oder Instrumentalisierungsversuche thematisiert werden. Als wichtige Voraussetzungen für eine gelungene Kommunikation nannten die Befragten den persönlichen Beziehungsaufbau: „auf der menschlichen Ebene eine Beziehung zu meinem Gesprächspartner aufbauen." (Berater, zit. nach Vogel, ebd.). Weiter wurde genannt, dass der Berater komplexe Zusammenhänge zu vereinfachen, die eigene Sichtweise verständlich zu machen und seine Sprache der Sprache seiner Klienten anzupassen habe. Die letztgenannten wurden in der Studie häufig mit dem Begriff der Offenheit überschrieben. „Das bedeutet, andere Menschen in ihrer Persönlichkeit, ihren Problemen, ihrem Wissen und ihrer Weltsicht ernst zu nehmen, Interesse an ihnen zu zeigen und sie zu eigenständigen Problemlösungen zu ermutigen." (ebd., S. 117) Dafür ist es aber auch notwendig, dass der Berater unabhängig und ehrlich ist. Er darf „für das Unternehmen unangenehme Wahrheiten nicht zurückhalten, da Lern- und Veränderungsprozesse auch damit verbunden sind, Bestehendes kritisch zu hinterfragen und sich von liebgewordenen Gewohnheiten zu trennen. Hingegen wird Kommunikation verhindert, so die Auswertung der Studie weiter, wenn ein Berater Klienten mit Informationen überlastet und ihnen Vorwissen abfordert, das sie nicht haben.

Vogel, A.: Die Professionalisierung soziologischer Beratung. Sozialwissenschaften und Berufspraxis. 2000 (23), S. 323-337) oder auch vergleichbar: Dammann, K./ Zinn, J.: Karrieren von Lernenden und Lehrenden in der Soziologie. Bielefelder Arbeiten zur Verwaltungssoziologie 1997/3.

Für die inhaltliche Arbeit für soziologische Berater sind v.a. vier verschiedene Arten von Kenntnissen von Bedeutung und relevant für die Ausgestaltung des Beratungsangebotes:

- gesellschaftliches Hintergrundwissen,
- Beratungswissen,
- Beratungsmethodik und
- Metaqualifikationen.

Diese vier Oberbegriffe umfassen Theorien und Disziplinen von unterschiedlicher Herkunft. So spielen Systemtheorie, Rational Choice und Handlungstheorien eine Rolle, wie auch mikropolitische Ansätze oder Theorien aus der subjektorientierten Soziologie. Begriffe und Hintergründe zu Kooperation, Konflikt, soziale Kontrolle und abweichendes Verhalten, Macht und Interessen, Rollen und Sozialisation stellen ebenso das beraterische Handwerkszeug dar, wie auch die als wichtig empfundenen Kenntnisse in Statistik und Methoden der empirischen Sozialforschung. Der große Fundus an Teildisziplinen der Soziologie, wie die Industrie- und Betriebssoziologie, die Soziologie der Mode und Rechtssoziologie, aber auch Inhalte der Arbeitsmarkt-, Bildungs- und Berufssoziologie stellen für den Berater ein breit gefächertes Repertoire dar, welches je nach Bedarf praktische Anwendung findet. Allgemeinere Fähigkeiten, die im Rahmen dieser Studie, aber auch in der Literatur[11], Soziologen zugesprochen werden und für eine beraterische Tätigkeit von Relevanz sind, werden in der Qualität gesehen, aus den Aussagen anderer das Gemeinsame und das Neue zu erkennen und in komplexen Zusammenhängen zu denken. Im Unterschied zu anderen Berufsprofessionen betonen hier die Soziologen, Phänomene nicht isoliert zu betrachten, sondern den Kontext zu seiner Erklärung heranzuziehen. Mögliche Probleme werden so im Zusammenhang mit anderen Problemen und Entwicklungen betrachtet und bewertet. Zudem kommt der Fähigkeit, wissenschaftlich arbeiten zu können, also „Theorien auf die Praxis anzuwenden, Informationen in begrenzter Zeit zu verarbeiten, systematisch zu arbeiten, strukturiert zu denken und sich klar auszudrücken" (vgl. Vogel, 2001, S: 120) große Bedeutung zu und ist mit verantwortlich für die Qualität eines Organisationsberaters. Die Fähigkeiten gehen mit der Forderung einher, dass ein Berater in der Lage sein muss, die Deutungsmuster und die unterschiedlichen Weltsichten zu erkennen, zu verstehen und in der Interaktion, bzw. in der Interpretation zu berücksichtigen. Passen die Deu-

---

11   Vgl. Dewe, B.: Beratende Rekonstruktion. Zu einer Theorie unmittelbarer Kommunikation zwischen Soziologen und Praktikern. In: Alemann/ Vogel (Hrsg.): Soziologische Beratung. Leske+Budrich: Opladen 1996.

tungsmuster von Berater und Klient nicht zueinander, droht die Beratung zu scheitern. Aus der Studie ergaben sich folgende *Konfliktursachen*:

- Delegation von Verantwortung durch den Klienten (dem Berater werden beispielsweise
  für die Organisation unangenehme Aufgaben und Maßnahmen übertragen)
- Auseinanderfallen von offiziellen und verdeckten Beratungsbedarf und Beratungsauftrag
- Unterschiedliche Erwartungen an die Beratung
- Unterschiedliches Problemverständnis
- Fehlende Risikobereitschaft des Auftraggebers
- Interessenkollision zwischen Berater und Interaktionspartnern
- Interessenkonflikte zwischen Gruppen in der beratenen Organisation
- Demotivation der Mitarbeiter (vgl. Vogel, 2001, S. 122/123)

Um diesen Problemfeldern zu entgehen, sollte der Berater Probleme möglichst früh ansprechen und mit allen Beteiligten thematisieren, wobei er „ein Gefühl für unterschwellige Stimmungen mitbringen muss und – darin waren sich alle Befragten einig – den Mut haben muss, eigene Wahrnehmungen zu äußern" (ebd.)

Ein letzter Aspekt, der sich in der Studie herausstellte, ist durch die Akzeptanz des Studienfachs der Soziologie zu beschreiben, bzw. genauer: durch die fehlende Akzeptanz. Mit zunehmender Berufserfahrung tritt das Studienfach immer mehr in den Hintergrund. Solange ein akademischer Titel vorzuzeigen ist und die Problemlösungskompetenz des Beraters durch Beratungsprojekte nachgewiesen werden kann, steht dem soziologischen Berater der Markt offen. Allerdings berichteten alle Befragten von einer schwierigen Anfangsphase, in der sie sich permanent rechtfertigen mussten, bzw. ihre Herkunftsdisziplin als eine wichtige zu begründen hatten. Mittlerweile, so die Befragten, sei es aber auch schon üblich, dass gezielt eine soziologische Beratung vom Klienten eingefordert wird, da die Klienten wissen, dass ihre Probleme sozialwissenschaftliche sind und nicht ökonomische oder technische Lösungen erfordern (vgl. ebd., S. 127).

2.1.1.4 „Hinter den Kulissen einer Organisationsberatung"[12] – Das Erliegen einer Organisationsberatung

In diesem Abschnitt soll aus soziologischer Sicht, so verspricht der Autor, ein Blick hinter die Kulissen einer Organisationsberatung geworfen werden (vgl. Iding, 2001, S. 71). Dabei stellt er nach Sichtung der relevanten Literatur Forschungslücken dar, die er durch Untersuchungen mit Mitteln der qualitativen Sozialforschung in mehrjährigen Beratungsprozessen im Krankenhaus zu schließen glaubt. Iding stellt in Frage, ob es überhaupt eine soziologische Beratung geben kann. Er sieht vielmehr das Potenzial, das die Soziologie in der Beratung inne haben kann und das Potential der Soziologie der Beratung. Die Soziologie bietet eine Perspektive, mit der auf Macht, Kontingenz und Struktur im Beratungsprozess fokussiert werden kann (vgl. ebd., S. 84). Das sind auch die Konstrukte, die zentral in seinen Untersuchungen berücksichtigt werden.

Iding[13] untersuchte von 1992-1997 einen Beratungsprozess in einem konfessionell gebundenen Krankenhaus, der dadurch charakterisiert werden kann, dass es zu zwei großen Brüchen innerhalb des Prozesses kam: 1996 kam es zu einem Umsetzungsverzug der ersten Ergebnisse der gebildeten Subprojektgruppen, so dass ein Projektleitungsmitglied des Krankenhauses ausstieg; 1997 verließ dann der externe Hauptberater wegen eines Konflikts die Projektleitung. Das Projekt konnte aber trotzdem 1997 zu Ende geführt werden. Zwei der drei vereinbarten und artikulierten Ziele wurden erreicht und die Ergebnisse konnten erfolgreich in den Alltag des Krankenhauses integriert werden.

Durch den „Blick hinter die Kulissen" stellte Iding heraus, dass versteckte Interessen den Beratungsprozess bestimmten. So war beispielsweise die Arbeit am Leitbild des Krankenhauses (drittes artikuliertes Ziel) überschattet von „massiven Ängsten" (ebd., S. 76) einiger leitenden Personen und von angeblichen Verbünden zwischen einzelnen Akteuren sowie individueller Ziel- und Handlungsvorstellungen. Der symmetrische Widerstand, so Iding, war damit vorprogrammiert. Aus den ausführlichen Beobachtungen folgerte Iding, dass in einem Beratungsprozess dem Berater sowohl Macht in Form von geltenden Regeln zu Konstitution von Sinn und bestehende Ressourcenverteilung innerhalb der Organisation begegnet, als auch in den unterschiedlich verteilten Möglichkeiten der beteiligten Akteure, die Kontingenz ihrer Spielzüge ausschöpfen zu können (vgl. ebd., S. 77). Weiterhin betritt der Berater mit dem Eintritt in die Organisation ein im Gange befindliches Organisationsspiel. „Die Organisation hat dabei in der

---

12   Zitat stammt aus: Selvini Palazzoli (1984): Hinter den Kulissen einer Organisationsberatung. Sie übertrug therapeutisches Wissen über Familien auf große Organisationen.

13   Vgl. Iding, H.: Hinter den Kulissen der Organisationsberatung. Qualitative Fallstudien von Beratungsprozessen im Krankenhaus. Leske+Budrich: Opladen 2000.

Vergangenheit Regeln für den Umgang mit Beratern ausgebildet, nach denen nun auch das Spiel mit dem neuen Berater gespielt wird. Ein verdecktes Koalitionsangebot kann mit der Hereinnahme des Beraters in das Spiel verbunden sein." (ebd., S. 78) Schließlich hat der Organisationstyp eine massive Auswirkung auf den Beratungsprozess, der deshalb angemessen berücksichtigt werden muss. Eine Beratung in einem Krankenhaus ist etwas völlig anderes als in einem Industriebetrieb. Jede Organisation kann durch eine typische Konstellation, ein bestimmtes Set an Regeln in Verbindung mit ganz bestimmten Ressourcenverteilungen, beschrieben werden. „Beratung ohne Feldkompetenz ist deshalb kurzsichtig." (ebd.) Diese thesenartige Schilderung mündet in Überlegungen für eine Praxis der Beratung. Dabei formuliert Iding wiederum Thesen für eine Soziologie in der Beratung:

1. Die Soziologie schult den Blick für die Dualität von Strukturen im Beratungsprozess. In der Diagnosephase können aus der Rekonstruktion von Regeln und Ressourcen Konsequenzen für Chancen und Grenzen beraterischer Tätigkeit gezogen werden.
2. Die Soziologie hilft, den Widerstand gegen Wandel besser zu verstehen. Das mikropolitische Strukturverständnis von Organisationen macht klarer, wie die verschiedenen Akteure von den in der Organisation gültigen Perspektiven, Interpretationsweisen und Normen gefangen genommen sind.
3. Sie schärft den Blick für die Kontingenz von Wirklichkeitskonstruktionen und Entscheidungen.

Das One-best-way-Denken wird als eine Strategie im Spiel entlarvt. Die Politikhaftigkeit des Beratungsprozesses wird herausgestellt und dadurch wird der Weg zu prinzipiell anderen Lösungen frei (vgl. Iding, 2001, S. 82-83). Iding formuliert noch zwei weitere Thesen, die aber in diesem Zusammenhang weniger relevant sind. Wichtig scheint hier zu sein, dass Iding aufgrund einer Krankenhausstudie Aspekte und Interpretationen herausstellte, die möglicherweise für ein Scheitern einer Beratung und eines Beratungsprozesses verantwortlich sind. Die Berücksichtigung dieser Aspekte – hier aus soziologischer Sicht beschrieben und gewertet – scheint Ängste und Widerstände zu verkleinern und das Erliegen eines Beratungsprozesses zu verhindern.

2.1.1.5   Die Agenturtheorie als Ansatz der Neuen Institutionenökonomie

Da es keine Soziologie der Beratung gibt, auf die eine soziologische Beratungsforschung zurückgreifen kann, empfiehlt es sich, auf soziologische Theorien zurückzugreifen, die sich zur Analyse von Beratungsprozessen eignen. Der Vorteil dieser Vorgehensweise liegt darin begründet, dass eine theoriegeleitete Beratungsforschung Beratungshandeln theoretisch erklären kann, dass theoriegeleitete Gestaltungsempfehlungen gegeben werden können und dass so an vorhandene Forschungsergebnisse angeschlossen werden kann.

Die Analyse von *Berater-Klient-Interaktionen* soll in diesem Abschnitt im Vordergrund stehen. Die Agenturtheorie fasst diese Interaktionen als Auftraggeber-Auftragnehmer-Beziehung oder als Prinzipal-Agent-Beziehung. Dabei bildet sie zusammen mit der Transaktionskostentheorie und der Theorie der Verfügungsrechte das Theoriegerüst der Neuen Institutionsökonomie[14] (vgl. Saam, 2001, S. 16). Diese ökonomische Theorie, v.a. in betriebs- und volkswirtschaftlichen Bereichen vertreten, analysiert Institutionen, in deren Rahmen der ökonomische Austausch vollzogen wird, wie etwa Märkte, Organisationen oder Rechtsnormen mit dem Ziel, die Struktur von Institutionen, ihren Einfluss auf individuelles Handeln, ihre Effizienz und ihre Veränderung zu erklären. Dabei liegt die Ausgangsfrage zugrunde, wie und auf welche Weise sicher gestellt werden kann, dass ein Individuum, hier der Agent, effektiv und effizient eine an ihn von einem zweiten Individuum, hier der Prinzipal, delegierte Tätigkeit ausführt? Die Agenturtheorie nimmt an, dass das Handeln der Individuen durch individuelle Nutzenmaximierung, Rationalität und Opportunismus gekennzeichnet ist (vgl. ebd., S. 17). Das hier wichtige Merkmal – und zu anderen Ansätzen unterschiedlich – des Opportunismus[15] sagt aus, dass die Akteure Verhaltensspielräume opportunistisch nutzen, dass sie also in strategischer Verfolgung ihrer individuellen Interessen Arglist anwenden, indem sie beispielsweise „Präferenzen verschleiern, Daten verdrehen und Fakten mit Absicht durcheinander bringen." (Saam, 2001, S. 17) Die Möglichkeit opportunistischen Verhaltens ist bei der Vertragsgestaltung zu berücksichtigen. Der Vertrag ist in der Neuen Institutionenökonomie das zentrale Konstrukt. Organisationen und ihre Umweltbeziehungen werden als Netzwerke von expliziten und impliziten Verträgen verstanden, die zwischen den Beteiligten zur Regelung ihrer Interaktionen geschlossen werden. Dabei ist aber ′nur′ an die Beziehungen zwischen Prinzipal und Agent gedacht. Vertragstheoretische Wechselwirkungen, die sich durch Interaktionen zwischen den Agenten ergeben, bleiben weitgehend unberücksichtigt (vgl. ebd., S. 18).

Die Interaktionsbeziehung zwischen Prinzipal und Agent ist grundlegend über die Arbeitsteilung zu definieren. Für das Zustandekommen dieser Arbeits-

---

14   Vgl. hier Erlei, M./ Leschke, M./ Sauerland, D.: Neue Institutionenökonomie. Schäffer-Poeschel: Stuttgart 1997.

15   Dabei handelt es sich um eine situationsbezogene Verhaltensannahme und kein allgemeines Menschenbild.

teilung führt die Agenturtheorie Asymmetrien und Unterschiede an: Informationsasymmetrien sind einerseits notwendig, da nur so Arbeitsteilung und Spezialisierung zustande kommen können, andererseits bergen sie die Gefahr, dass der besser Informierte, in diesem Fall der Agent, den schlechter Informierten, hier der Prinzipal, ausnutzt. Die Risikoneigung spielt bei der optimalen Ausgestaltung des Vertrags, also der Arbeitsteilung, eine ebenso wichtige Rolle. Übernimmt der zumeist risikoscheue Agent keinerlei Verantwortung in der Risikoverteilung, hat er auch keine Anreize, eine hohe Leistung zu erbringen.

Diese nur kurz angeführten Überlegungen der Agenturtheorie müssen nun auf die Beratersituation übertragen werden. In der Beratungssituation stehen sich für eine befristete Zeit Berater und Klient als Agent und Prinzipal gegenüber. Dabei spielen nun die Verhaltensannahmen der Agenturtheorie für Individuen und die Vertragsgestaltung und das Vertragsverhältnis die zentrale Rolle. Aus der agenturtheoretischen Analyse von Vertragsverhältnissen und dadurch mitunter bestimmten Agent-Prinzipal-Interaktionen lassen sich Probleme extrahieren, die in der Literatur auch als Agenturprobleme benannt und aus Sicht des Prinzipals beschrieben werden (vgl. ebd., S. 25): Hidden characteristics, hidden intentions, hidden knowledge und hidden action des Agenten sind Agenturprobleme, die sich durch die Informationsasymmetrie zu Ungunsten des Klienten auswirken. Durch die Annahme des opportunistischen Nutzens des Informationsvorsprungs von Seiten des Agenten (Berater), muss der Klient mit einem suboptimalen Ergebnis der Aufgabenerfüllung rechnen. Um diese Probleme zu umgehen, bzw. zu minimieren sind eine Reihe an Lösungsdesigns entwickelt worden, die in einer Gestaltungsempfehlung für den Klienten münden. Bestimmte Mechanismen zur Lösung dieser Probleme, wie ein geeignetes Anreizsystem, verschiedene Kontroll- und Informationssysteme, Autoritäts- und Identifikationssysteme oder Offenbarungstaktiken zur Aufdeckung verborgener Einstellungen des Agenten sollen dem Klienten helfen, Agenturprobleme zu minimieren und so eine optimale Vertragsgestaltung zu erreichen. Aus diesen in der Literatur verbreiteten Gestaltungsempfehlungen[16] für den Klienten (Prinzipal) lassen sich aber auch ebenso gut Gestaltungsempfehlungen für den Berater (Agent) formulieren. Bis dahin hat sich die Agenturtheorie nicht mit der Lösung von Interaktionsproblemen des Agenten beschäftigt. Der Klient wendet die Mechanismen zur Lösung seiner Agenturprobleme an. Beispielsweise führt er Beraterauswahlverfahren durch, um die verborgenen Merkmale des Berater aufzudecken (hidden characteristics); baut langfristige Geschäftsbeziehungen zu Beratern auf, um verborgene

---

16   Vgl. beispielsweise Eisenhardt, K.: Agency Theory. Academy of Management Review, 1989(14);Spreman, K.: Asymmetrische Informtion. Zeitschrift für Betriebswirtschaft. 1990(60) oder Schrumpf, R./ Quiring, A. (Hrsg.): Handbuch der praxisorientierten Unternehmensberatung. Rau: Düsseldorf 1993.

Absichten oder Informationen und Wissen des Beraters zu erhellen (hidden intentions und knowledge); oder der Klient pflegt regelmäßig Berichts-, Budgetie-
rungs- und Dokumentationssysteme, um die Leistung des Beraters besser beurteilen zu können (hidden actions). Der Berater hat dann nach Vertragsabschluss
vor diesem Hintergrund zu arbeiten und sich nach diesen Kriterien zu richten.
Allerdings steht der Berater ebenfalls vor einem Informationsproblem: „ihm sind
die Absichten und das Fachwissen des Klienten unbekannt, ebenso dessen Information und sein Arbeitseinsatz im Rahmen des Beratungsprojektes. Der
Klient könnte seinen Informationsvorsprung gegenüber dem Berater opportunistisch ausnutzen." (Saam, 2001, S. 31) Die Mechanismen, die der Klient für seine
optimale Vertragsgestaltung und seine Interaktion mit dem Berater einsetzt, um
etwaige Schwierigkeiten zu umgehen und zu minimieren, stellen auf Seiten des
Beraters ebenso Handlungsvorschläge und Gestaltungsempfehlungen dar. Es
sind Richtlinien, die in einer Beratungsgestaltung Berücksichtigung finden sollten. Aber ebenso sind die Agenturprobleme auch als Probleme des Beraters zu
verstehen. Zwar nehmen diese auf der Beraterseite eine andere Qualität an, da
vom Prinzipal eine Tätigkeit an einen Agenten delegiert wird und nicht umgekehrt; in einem Beratungsprozess haben aber Informationsasymmetrien beider-
seits eine lenkende Funktion. Es scheint v.a. bemerkenswert, dass die vom Klienten als Problem verstandenen verborgenen (oder versteckten) Merkmale und
Aktionen des Beraters ebenso auf die Seite des Klienten zu übertragen sind: die
verborgenen Merkmale, Handlungen und Wissens- oder Informationsvorsprünge
der Klienten sind für den Berater ein ebenso großer und intransparenter Faktor,
mit dem er sich auseinandersetzen muss, um einen für ihn optimalen Vertragsabschluss zu erreichen. Und das nicht nur, um die möglichst beste Entlohnung zu
erhalten, sondern um überhaupt eine qualitativ entsprechende Leistung erbringen
zu können.

Es ist abschließend noch zu erwähnen, dass im Zentrum einer agenturtheoretischen Analyse zumeist eine Interaktionsbeziehung steht, welche durch zwei
Individuen oder auch Organisationen (Dyade) bestimmt ist. Die Wechselwirkungen innerhalb komplexer sozialer Netzwerke von Akteuren kann die Agenturtheorie nur schlecht erfassen. Außerdem werden Verhaltensannahmen, die auf „Vertrauen, normativen Bindungen, Gewohnheit, intrinsischer Motivation oder Altru-
ismus beruhen, [...] nicht berücksichtigt." (ebd., S. 33)

2.1.2 Die pädagogische Perspektive auf die Organisation und Organisationsberatung

Im Folgenden soll der spezifisch pädagogisch orientierte Blickwinkel auf die Organisation und Organisationsberatung ausgeführt werden. Dabei empfiehlt es sich, auf die pädagogische Organisationsforschung zurückzugreifen, da diese als junge Fachdisziplin ihre Konturen schärft und sich inhaltlich von anderen Sichtweisen abzugrenzen sucht. Ihr Blickwinkel ist durch ein speziell pädagogisches Verständnis des Lernbegriffs zu sehen und in diesem Zusammenhang vor allem im Begriff des Organisationslernens. Dieser, zusammengeführt mit einer Theorie der Organisationskultur, stellt einen pädagogischen Gesichtspunkt dar, unter dem Organisationen respektive der Beratung zu betrachten sind. Im zweiten Teil wird einführend der Fokus auf eine (typische) pädagogische Organisation gelegt: die Schule, genauer: die Einzelschule. Die Schulentwicklungsberatung zeigt dabei wichtige Elemente auf, die bei der Betrachtung einer Organisationsberatung von Bedeutung sind. Grundlegende Ansichten werden hier kurz angeführt und hergeleitet und stellen die Weichen für einen pädagogischen Beratungsansatz.

2.1.2.1 Organisationspädagogik: organisationales Lernen

Die pädagogische Organisationsforschung ist ein sehr junger Forschungszweig der Pädagogik und beginnt sich unter der Bezeichnung 'Organisationspädagogik' allmählich zu etablieren (vgl. Göhlich, 2005, S. 9). Sie richtet sich nicht vorrangig auf pädagogische Institutionen und Organisationen wie Kindergarten, Schule oder Heime; ihr geht es vielmehr um die spezifisch pädagogisch interessierte Erforschung von Organisationen jeglicher Art in den verschiedensten Teilsystemen der Gesellschaft. Das pädagogische Interesse ist nicht mehr nur auf Bildung und Erziehung von Individuen beschränkt, sondern richtet sich nun auch auf die Unterstützung von Lernprozessen größerer sozialer Gebilde, von Teams und Organisationen. Diese Ausrichtung kann als Teil des Prozesses gedeutet werden, der als Entgrenzung des Pädagogischen bezeichnet worden ist (vgl. Lüders/ Kade/ Hornstein, 1995, S. 207).

Bisher galten vor allem die Organisationssoziologie und die Organisationspsychologie als die Fachwissenschaften, welche sich traditionell mit dem Thema auseinandersetzen. Doch zu diesen beiden Bereichen sollte, so der Standpunkt der Autoren[17], die Organisationspädagogik eine dritte Stimme bilden. Der Anlass dazu ist in dem erwachten Interesse am Thema Organisationslernen zu sehen.

---

17   Vgl. hier beispielsweise: Geißler, 2000, S. V oder Göhlich, 2005, S. 10ff.

„Denn immer mehr Organisationen erfahren durch zum Teil sich dramatisch verändernde Kontexte oft sehr schmerzhaft, dass das Althergebrachte, d.h. dass die gewachsenen Strukturen und Strategien und das vorliegende Wissen und Können nicht ausreichen, um die Zukunft zu bewältigen." (Geißler, 2000, S. 5) Organisationen müssen lernen, sich der Umwelt anzupassen und neues Wissen und Können anzueignen. Dabei geht es nicht nur um das Lernen in der Organisation, sondern auch um das Lernen der Organisation. Neben der Psychologie, die Lernen als eines ihrer Kernthemen betrachtet, ist auch die Pädagogik bzw. Erziehungswissenschaft eine Disziplin, die sich seit ihren Anfängen dafür interessiert, was Lernen ist und wie es durch Lehren und Erziehen gefördert werden kann und sollte. Aber sie geht über die Fragestellung, wie Menschen lernen und wie man ihr Lernen am besten anregen und fördern kann, hinaus – das ist zumeist in der psychologischen Pädagogik und in der Psychologie zu finden – , in dem sie darüber reflektiert, was sinnvoll gelernt werden sollte bzw. warum etwas gelernt und gelehrt werden sollte (vgl. ebd.). Daher pflegt die Pädagogik auch einen engen Kontakt mit der Philosophie und hier besonders mit der Ethik. Gleichwohl vertritt sie aber den Standpunkt, dass der Lerner selbst das Problem der ethischen Begründung von Lernaufgaben und -zielen beantworten muss und er von der Pädagogik in diesem Prozess der Bildung unterstützt wird. Damit geht es der Organisationspädagogik um die Optimierung und Legitimierung von *Organisationslernen*.

Bisher konnte man den organisationstheoretischen Diskurs und die entsprechende Forschung, sowie auch die Praxis der Organisationsgestaltung und -entwicklung, meist nur in den oben beschriebenen Disziplinen und der Betriebswirtschaftslehre wieder finden. Warum die Pädagogik bislang aus dieser Theorie und Praxis ausgeschlossen blieb, muss unbeantwortet bleiben. Vielleicht, so Göhlich, hat die Psychologie mit ihrem Organisationsentwicklungsansatz jenes Terrain einfach nur schneller besetzt, das die Pädagogik am ehesten hätte besetzen können (ders., 2005, S. 11). Zu beobachten ist jedenfalls, dass sich die Pädagogik seit der von Humboldt formulierten konsekutiven Ausgrenzung des Beruflichen und Ökonomischen aus der Allgemeinbildung schwer tut mit allen Organisationen außerhalb des Bildungswesens selbst (vgl. ebd., S. 12). Zudem kommt, dass die Pädagogik sich lange Zeit der empirischen Forschung gegenüber verschloss, während die Psychologie mit ihrer Experiment- und Testorientierung und ihrer vergleichsweise linearkausalen Lerntheorie die (Forschungs-) Lücke schnell schließen konnte und in der Praxis Anklang fand. Möchte die Pädagogik sich am Diskurs um Interventionen in Organisationen beteiligen, so benötigt sie zum Einen einen eigenständigen Begriff pädagogischer Intervention auf der Basis eines Lernbegriffs, der sich vom psychologischen abhebt, und zum

Anderen eine eigenständige Forschung, deren Fokus und Methodik dem pädagogischen Interesse gerecht werden[18].
   Zwei externe Faktoren haben diesen Diskurs organisationspädagogischer
Ausrichtung angetrieben, so dass er mittlerweile auch in den Anfängen als etab-
liert bezeichnet werden kann: Zum einen kann der ökonomische bzw. Ökonomi-
sierungsdruck angeführt werden, der seit den 90er Jahren auf pädagogischen
Einrichtungen jeglicher Art lastet „und der es nahe legt, auf Wirtschaftsunternehmen bezogene organisationstheoretische Kategorien auch bei der Betrachtung
pädagogischer Organisationen einzubeziehen, und der darüber hinaus die pädagogischen Einrichtungen ebenso zu Veränderung, Reorganisation, bzw. organi-
sationalem Lernen nötigt, wie eben Betriebe bzw. Unternehmen." (Göhlich,
2005, S. 14) Zum anderen ist die Einführung des Konzepts des *organisationalen
Lernens* in den interdisziplinären organisationstheoretischen Diskurs zu nennen,
welches das klassische Konzept der Organisationsentwicklung ablöste bzw. neu
ausrichtete. Hier sind v.a. Argyris und Schön zu nennen, die aus organisationspsychologischer Sicht das organisationale Lernen näher bestimmen (vgl. weiter
unten). Ihr Verständnis vom Lernbegriff ist kognitivistisch geprägt und schlägt
sich auch im Interventionskonzept mit einer sprachlichen Explikation und Reflexion mentaler Modelle nieder. Ein pädagogischer Lernbegriff hingegen betrachtet die Ganzheitlichkeit des Prozesses, „die nicht zuletzt auch den (individuellen
und kollektiven) Körper und damit den mit Lernen potentiell verbundenen
Schmerz sowie mimetische Vorgänge beinhaltet. Organisationales Lernen erscheint damit nicht nur als Reflexion und Änderung mentaler Modelle, sondern
auch und vorrangig als mustermimetischer Prozess" (ebd., S. 15) Die Eigenständigkeit und Selbstständigkeit des Subjekts bildet in der Pädagogik eh eine fundamentale Ausgangsbedingung. Sie wird hier verstanden als Theorie und Praxis
der Unterstützung von Lernprozessen. Lernunterstützung ist, sobald sie als auf
alle potentiell Beteiligten bezogenes Motiv vorgestellt wird, eine selbstwirksame
Norm, da sie immer auf ein ihr selbst Fremdes, Vorgängiges im Lernen, auf das
sie sich bezieht, bezogen und angewiesen ist. „Der implizite Lernbegriff schließt
das organisationspsychologische Verständnis von Lernen nicht aus, bindet es
jedoch in Lebenspraxis und Geschichtlichkeit ein, und fasst damit Lernen nicht
nur als Veränderung, sondern zugleich als – unbewusste oder bewusste – Erfahrung." (ebd., S. 16)

---

18 zur Öffnung des Pädagogischen zu Organisationen trugen v.a. Dalin/ Rolff/ Buchen: Institutio-
    neller Schulentwicklungsprozess. Ein Handbuch. Bönen 1996 und Altrichter/ Posch: Mikropo-
    litik der Schulentwicklung, Innsbruck 1996 bei, die organisationstheoretische Modelle aus
    nicht-pädagogischen Wissenschaften (Soziologie, Wirtschaftswissenschaft und Psychologie)
    auf pädagogische Institutionen übertragen und Interventionen ableiteten, sowie König/ Volmer:
    Systemische Organisationsberatung. Weinheim 1993, die ein (pädagogisches) Beratungskon-
    zept mit einem systemischen Organisationsbegriff erarbeiteten.

Ein so verstandener Lernbegriff lässt sich nach Göhlich in vier Arten aus-
differenzieren: Wissen-Lernen, Können-Lernen, Lernen-Lernen und Leben-
Lernen (vgl. ders., S. 16). Bei dem Wissen-Lernen geht es um die Sache. Aber
auch Körperliches, Soziales und Emotionales wird als Wissen sachlich lernbar
gedacht. Konzepte des Wissensmanagements sind aus organisationstheoretischer
Sicht hier zu verorten. Das Können-Lernen fokussiert die verkörperlichte Handlungsfähigkeit, eine entwickelbare Prozessgewissheit, die bis hin zum Automa-
tismus sich entwickeln kann. Hier spielt auch der Begriff des impliziten Wissens
eine Rolle. Das Leben-Lernen ist durch die so genannte postmoderne Flexibilisierung und Pluralisierung von Lebenspraxis als ein bedeutsam gewordener Aspekt zu betrachten. Es dient als Unterstützung des Umgangs mit dem lebensprak-
tisch Auseinanderdriftenden hin zu einer biographischen Integration. Das spiegelt sich nicht nur auf der Ebene der Individuen wieder, sondern auch in Lebens-
, Arbeits- und Organisationsformen, die in der pluralisierten Gesellschaft genö-
tigt sind, eine eigene Kultur, einen organisationalen Stil zu entwickeln (vgl.
ebd.). Das Lernen-Lernen zieht sich quer zu den drei genannten Aspekten und
läuft in jeglichem Lernen mit. Das Konzept des Deutero-Learning von Bateson
und das der lernenden Organisation von Argyris und Schön (vgl. beide weiter
unten) stellen hier eine Verbindung der organisationstheoretischen Auseinandersetzung dar. Sobald die pädagogische Aufmerksamkeit auf das Innere des pädagogischen Prozesses, auf die Unterstützung, das heißt auf die Stabilisierung,
Klärung und Anregung, von Lernprozessen gerichtet wird, ist zu erkennen, dass
dies die Unterstützung nicht nur individuellen, sondern auch kollektiven und
organisationalen Lernens umfasst. Im Folgenden sollen die oben angeführten
Modelle und Konzepte des organisationalen Lernens kurz angesprochen werden,
da diese die Grundlage für ein pädagogisches Verständnis von Organisationslernen darstellen. Aus der Darstellung wird deutlich, inwiefern ein ganzheitliches
Verständnis des Lernbegriffs bestehende Vorstellungen und Konzepte kritisieren
kann, aber auch, inwiefern bestehende Modelle dieses bereichern. Durch das
Zusammenführen zweier Konzepte, das der lernenden Organisation von Argyris
und Schön und das der Organisationskultur nach Schein, baut Geißler das Fundament einer pädagogischen Theorie des Organisationslernens (vgl. ders., 2005,
S. 25). Dabei wird auf die oben ausgeführte Unterteilung Göhlichs des Lernbegriffs an der jeweiligen Stelle verwiesen.

Argyris und Schön[19] legen ihrer Theorie des organisationalen Lernens das
Modell zweckrationalen Handelns zugrunde. Dabei gehen sie davon aus, dass
jedes Verhalten eines Subjekts sich in einer Situation vollzieht, welche durch
akteursinterne, also intrapsychische, und akteursexterne Faktoren bedingt ist. Die

---

19   Argyris, C./ Schön, D.A.: Organizational learning – a theory of action perspective. Reading
1978.

externen Bedingungsfaktoren sind miteinander durch Wirkungszusammenhänge verbunden, die man kausalanalytisch rekonstruieren kann und die den Status von Hypothesen (assumptions) bekommen. Handelt ein Subjekt bewusst intentional, in dem es bestimmte Ziele und Zwecke zu realisieren trachtet, wird der Wirkzusammenhang des eigenen Handelns im Kontext der Situation mit ihren Bedingungsfaktoren und deren Wirkungszusammenhängen zur entscheidenden Erfolgsfrage. Dem Akteur stellt sich die Aufgabe, angemessene Verfahren zu finden und zu entwickeln, um eine günstige Verbindung zwischen eigenem Wollen und vorliegenden Bedingungen in vernünftiger Weise herstellen zu können (vgl. Geißler, 2005, S. 26). So beobachten Organisationsmitglieder systematisch die Personen ihres Umfelds, um sich ein Bild machen zu können, v.a. von der handlungsleitenden Theorie dieser Personen. Diese so genannte theory-in-use beinhaltet theoretische Annahmen, die dem zweckrationalen Handeln der Personen zugrunde liegen. Der beobachteten Person ist diese Theorie meist nicht bewusst, gibt dem Beobachter aber wertvolle Hinweise, wie die Person einzuschätzen ist und wie mit ihr umzugehen ist.

Die epoused theory ist sozusagen das bewusste Gegenstück: sie beinhaltet die expliziten Aussagen der Handlungssubjekte über die Grundsätze und Regeln ihres eigenen Tuns. Argyris und Schön gehen davon aus, dass die Organisationsmitglieder ständig bemüht sind, sich ein angemessenes Bild der Realität zu verschaffen, mit der sie es zu tun haben. Es beinhaltet Aussagen über die vorliegenden Wirkungszusammenhänge dieser Realität und dient als Grundlage bei der Planung der Aktivitäten, mit denen die Organisationsmitglieder ihre Ziele und Zwecke erreichen wollen (vgl. ebd., S. 27). Tritt dabei ein Misserfolg auf, so sollte das Realitätsbild überprüft und korrigiert werden. Aus lerntheoretischer Perspektive kann dieses Vorgehen durch zwei Feedback-Typen unterschieden werden: *single-loop-learning* und double-loop-learning. Die einfache Feedback-Schleife (single-loop) stellt eine Verbindung her zwischen den Annahmen über die Wirkungszusammenhänge in der Welt und den darauf abgestimmten Maßnahmen oder Strategien zur Erreichung eines bestimmten Ziels. Dabei wird zwischen diesen beiden Komplexen Stimmigkeit aufgebaut, indem immer wieder geprüft wird, welche Prozesse die Maßnahmen auslösen und auf welche Wirkungszusammenhänge man dabei schließen kann. Eine derartige Lernkorrektur und eine entsprechende Neustrukturierung sind aber nur möglich, wenn in der Organisation die Aufnahme und Kommunikation von Feedback reibungslos funktioniert. In vielen Fällen scheitert das organisationale Lernen bereits an diesen Basisvoraussetzungen (vgl. Schreyögg, 1999, S. 539). Das konzeptionelle Gegenstück zu diesem Lernmodell ist das *double-loop-learning*. Es bezieht sich auf die Ziele und Zwecke des Handelns und setzt diese in Beziehung zum Prozess des single-loop-learnings.

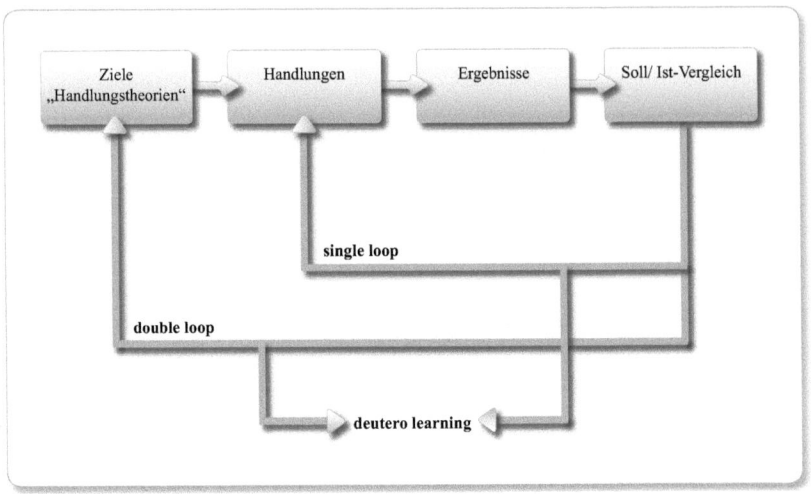

Abbildung 3:   Lernebenen nach Agyris und Schön (Quelle: Schreyögg, 1999)

Hierbei stehen dann die Prämissen der kollektiven Handlungstheorie selbst zur Disposition. In einer solchen Situation haben sich die bis dahin geltenden Grundwerte und -überzeugungen als problematisch erwiesen und es ist erforderlich, Kernbestandteile zu modifizieren oder zu ersetzen. Eine Kernvoraussetzung für erfolgreiches double-loop-learning sind Offenheit und Unvoreingenommenheit, da hier fest gefügte Basisorientierungen und in der Vergangenheit erfolgreiche Handlungsmuster einer Revision unterzogen werden sollen. Im Sinne erfolgreicher Lernprozesse auf dieser Lernebene wird häufig von einem 'Entlernen' bestehender Orientierungen gesprochen. Durch dieses Entlernen soll, bildlich gesprochen, Raum für neue Konzepte geschaffen werden, so dass das Realitätsverständnis neu definiert werden kann. Die Widerstände gegen eine solche Neuorientierung sind zum Teil sehr stark ausgeprägt, wie aus zahlreichen empirischen Untersuchungen[20] hervorgeht (vgl. Schreyögg, 1999, S. 540). Starke Unternehmenskulturen oder paradoxe Schleifen stehen einem double-loop-learning entgegen.

Neben diesen Lernmodellen wird als weitere Lernebene in Anlehnung an Bateson[21] das *Deutero-Learning* unterschieden. Es kann als Lernen-Lernen (s.o.)

---

20   Vgl. hier: Argyris: Overcoming organizational defenses. Boston 1990; Gebert/ Boerner: Mentale Lernbarrieren in Organisationen und Ansätze zu ihrer Überwindung. In: Wieselhuber & Partner (Hrsg.): Handbuch Lernende Organisation. Wiesbaden 1997.
21   Bateson, G.: Steps to an ecology of mind. New York 1972

charakterisiert werden, indem innerhalb dieser Prozesse Wissen über vergangene Lernprozesse (single- und double-loop-learning) gesammelt und kommuniziert werden. Hier werden Lernkontexte reflektiert, Lernverhalten, Lernerfolge und - misserfolge diagnostiziert, so dass dieses Modell auch als Metaebene des organisationalen Lernens verstanden werden kann.

Nach Geißler vergleicht Jörg Willi[22] das single-loop-learning mit dem Konzept der Kollusion. Dabei wird Kollusion als ein unbewusstes Zusammenspiel von Partnern auf der Basis korrespondierender Beziehungsängste und Beziehungsdefizite beschrieben. Die Dynamik dieses unbewussten Zusammenspiels besteht darin, dass jeder der Interaktionspartner diejenigen Persönlichkeitsanteile „'in den Keller' seines Unterbewusstseins verbannt, deren er sich schämt, und sich Interaktionspartner sucht, die diese Verdrängung und die aus ihnen resultierenden Selbstverblendungen nicht aufdecken, sondern sie stabilisieren, in dem sie das 'Verdrängungsspiel' 'mitspielen'." (Geißler, 2005, S. 30) Auf diese Weise ist es nicht möglich, dasjenige Feedback zu bekommen, das für die Überwindung eventuell vorliegender Fehler notwendig ist. „In diesem Sinne korrespondiert jener Nichtangriffspakt mit der Vereinbarung, dem anderen nicht zu helfen zu lernen, und zwar deshalb nicht, weil die Voraussetzung dafür wäre, sich mit eigenen peinlichen Schwächen auseinander zu setzen." (ebd., S. 31). Kollusionen verhindern Lernen. Die Aufdeckung und Überwindung solcher Kollusionen ist daher für organisationales Lernen besonders wichtig. Argyris und Schön (s.o.) messen deshalb dem Dialog und v.a. dem inneren Dialog eine besondere Wichtigkeit bei. Geißler sieht ebenso die Bedeutung des inneren Dialogs und erweitert diesen Gedanken konzeptionell durch die Einführung des „Inneren Teams" von Schulz von Thun[23] (vgl. ders., S. 32). Das Innere Team ist ein Ensemble von verschiedenen Persönlichkeitsanteilen, die in unterschiedlichen Beziehungen zueinander stehen und so eine komplexe intrapsychische Gruppendynamik begründen. Aufgabe dieses Inneren Teams ist die Meinungs- und Willensbildung und die Regelung des sozialen Kontakts mit anderen. Dabei muss das Innere Team in seiner „chaotischen Gruppendynamik von einem Oberhaupt gut geführt und so zu einem begründeten 'Wir' geeint werden [...]." (ebd.) Diese so genannten Teamkonferenzen können allerdings auch scheitern: nämlich zum einen, wenn das Oberhaupt nicht alle Teammitglieder, also intrapsychischen 'Stimmen', zu Rate zieht und zu ihnen permanent Kontakt hält; zum anderen, wenn es dem Oberhaupt nicht gelingt, zu allen Teammitgliedern die notwendige Distanz zu halten, das heißt, sich nicht vereinnahmen oder verführen lässt. Es ist daher wichtig, dass das Oberhaupt den einzelnen Persönlichkeitsanteilen auf der Basis ernsthafter Wertschätzung intensiv zuhört und ihren Dialog moderiert. Als

---

22   Vgl. Willi, J.: Ökologische Psychotherapie: Theorie und Praxis. Göttingen 1996.
23   Vgl. Schulz von Thun, F.: Miteinander reden. Bd.3. Reinbeck 1998.

sehr schwierig gestaltet sich dieser Dialog dann, wenn bestimmte Anteile der Persönlichkeit, also Teammitglieder, sich keine Stimme verschaffen können, wenn sie sich „indirekt zu Wort melden, d.h. eine Sprache wählen, mit der sie sich tarnen, um unerkannt zu bleiben und damit auf der Bühne des Bewusstseins viel Verwirrung auslösen, weil diese Sprache nicht verstanden wird." (ebd., S. 34) Dabei ist es dann sinnvoll, sich gegenseitig zu unterstützen, also den Inneren Dialog mit anderen zu suchen. Die Praxis des Miteinander-Sprechens, das Anvertrauen spontaner emotionaler Reaktionen sowie das Explizieren spontaner emotionaler Beobachtungen können dabei helfen, die bisher nicht wahrgenommene und wahrnehmbare Selbstverblendung aufzudecken und zu überwinden.

Nach dieser Stufe – um auf die Ebene des Organisationslernens zurückzukommen – folgt die der Diskussion, die sich dadurch auszeichnet, dass genau jene Introvertiertheit, Gefühlszentrierung und Gemeinschaftsorientierung zurückgenommen wird, so dass argumentativ die zielführenden Lösungsmaßnahmen für ein vorliegendes Problem identifiziert werden können. Nachdem auf diese Weise eine gemeinsame Problemsicht und Zielperspektive ermittelt worden ist, muss die arbeitsteilige Umsetzung und Erprobung des gemeinsam Geplanten erfolgen. Diese Umsetzung wird ständig von Reflexionsschleifen unterbrochen, um sicherzustellen, dass der erarbeitete Plan noch weiter sinnvoll erscheint. Hierbei ist es von großer Wichtigkeit, die Reflexionsphasen nicht nur in Form von Diskussionen zu führen, sondern auch wieder in Form des Dialogs. „Selbstaufklärendes Gemeinschaftslernen hat in diesem Sinne zwischen Dialog, Diskussion und praktischer Erprobung zu pendeln." (ebd., S. 35)

Argyris und Schön sehen im Organisationslernen die gemeinschaftliche Rekonstruktion der organizational theory-in-use durch die Organisationsmitglieder als zentral. Diese organizational theory-in-use ist der gemeinsame Kern der einzelnen theories-in-use (s.o.) der Organisationsmitglieder und bildet so ein komplexes System an Normen, Strategien und Annahmen: das individuelle, alltagspraktische, implizite Handlungswissen der Organisationsmitglieder, also das individuelle Bild der Organisation steht sozusagen der öffentlichen Repräsentation der organizational theory-in-use gegenüber, welche durch explizites Handlungswissen den Organisationsmitgliedern Orientierung und Sicherheit geben soll. Nur diese kann die Grundlage bilden, auf der gemeinschaftliche organisationale Kommunikation sichergestellt werden kann. Die gemeinschaftliche Rekonstruktion (organizational inquiries) hat also zum einen das beobachtbare Verhalten der Organisationsmitglieder als Quelle zur Verfügung; zum anderen die öffentlichen Dokumente, wie Stellenausschreibungen, Arbeitsprozessdiagramme, Organigramme oder architektonische Strukturen, die präskriptive Aussagen über das Zusammenspiel des Verhaltens der Einzelnen machen. Diese Quellen sind der empirische Ausgangspunkt erstens für die Rekonstruktion der theories-in-use der einzelnen Organisationsmitglieder und zweitens für die Re-konstruktion ihres organisationalen Zusammenspiels (vgl. Geißler, 2005, S. 37). Die dabei verwendete Methode ist die herrschaftsfreie Kommunikation[24], in der die Organisationsmitglieder ihr individuelles Wissen (ihr Bild von der Organisa-tion) über die Organisation austauschen und dabei zugleich Lernende und Leh-rende sind. Ziel dieser Kommunikation ist die Steigerung der Zweckrationalität der Organisation. Dabei ist grundlegend, dass jedes Organisationsmitglied versu-chen muss, alle Möglichkeiten auszuschöpfen, um seine wertschöpfenden Bei-träge zu verbessern, und zwar durch Lernen. Hinzu kommt, dass die eigene handlungsleitende theory-in-use auch anderen zugänglich gemacht wird, um sie zu qualifizieren, ihre eigene Arbeit zu verbessern. Diese Schritte des Organisati-onslernens werden vollzogen (und sollten ständig vollzogen werden), wenn Er-wartungen von Wirkungen der ergriffenen Maßnahmen enttäuscht werden, die auf der Grundlage der vorliegenden organizational theory-in-use bestimmt wur-den. Der für die Enttäuschung ursächliche Fehler muss vom einzelnen Organisa-tionsmitglied aufgedeckt und anderen mitgeteilt werden, damit alle dasselbe Wissen über den Fehler in ihrer organizational theory-in-use haben. Der zweite Schritt besteht in der gemeinsamen Problemlösungssuche, in der jeder Einzelne zunächst seinen eigenen individuellen Beitrag leistet, d.h. von sich aus einen bestmöglichen Lösungsvorschlag entwickelt, der in der anschließenden Diskus-sion mit anderen verglichen wird. Der so gefundene beste Lösungsvorschlag wird dann arbeitsteilig praktisch umgesetzt. Die eventuell gefundene Lösung sollte dann in die individuelle theory-in-use der Organisationsmitglieder einge-speist werden und zudem in die organizational theory-in-use, also in das offiziel-le „Organisationsgedächtnis" (ebd., S. 38), um in Zukunft für ähnliche Problem-situationen zur Verfügung zu stehen. Ein solches Vorgehen in einer Organisation bezeichnet Geißler als (Selbst-) Erkundung und infolgedessen eine solche Orga-nisation als (Selbst-) Erkundungsgemeinschaft (vgl. ebd.).

In dieser Darstellung ist besonders im Interesse, wie der Einzelne ein mög-lichst günstiges Verfahren für die Produktion empirisch geprüften Wissens ent-wickeln kann. Die größtenteils einseitig an das Paradigma der Zweckrationalität gebundene Theorie des Organisationslernens geht zwar grundlegend von den „assumptions" (s.o.) aus, welche als Hypothesen über die Bedingungen der Wirklichkeit verstanden werden; assumptions müssten aber nach Schein[25] eigent-lich mehr oder etwas anderes sein als kognitives Wissen über die vorliegende Realität. Denn woher beziehen die Organisationsmitglieder ihre nötige Sicher-heit, dass ihre Annahmen und Vorschläge die richtigen sind, dass die Ordnung

---

24   Vgl. Habermas, J.: Technik und Wissenschaft als „Ideologie". Frankfurt a.M. 1986 (S. 48-103)
25   Vgl. Schein, E.H.: Organizational culture and leadership. San Francisco 1985. Und: Ders.: Prozessberatung für die Organisation der Zukunft. Köln 2000.

ihrer Organisationsstruktur die richtige ist? Schein bricht in seiner Theorie der
Organisationskultur das Paradigma der Zweckrationalität auf und führt stattdes-
sen das der Wertrationalität ein: nämlich durch den vernünftigen Umgang mit
Normen bzw. Sinn- und Legitimationsfragen (vgl. Geißler, 2005, S. 39). Dabei
setzt Schein nicht bei den von Argyris und Schön angeführten 'assumptions' an,
sondern an den 'basic assumptions'. Diese unproblematisierten und nicht diskutierten Grundannahmen vermitteln den Organisationsmitgliedern Sinn, belegen
die Richtigkeit ihrer Annahmen und legitimieren die Ordnung ihrer Organisation. Die in der Regel nicht wahrnehmbaren Vorannahmen leisten dem Menschen
etwas Positives, weil sie ihm Sicherheit geben: Schein geht davon aus, dass die
Welt für den Einzelnen zunächst einmal unklar, unsicher und chaotisch ist und
dass es zu den permanenten konstitutiven Aufgaben des Menschen gehört, Ordnung und Zuverlässigkeit herzustellen. Diese Aufgabe ist primär eine psychische. Die Ordnungsstrukturen, die Argyris und Schön im Zusammenhang mit der
öffentlichen organizational theory-in-use diskutieren, sind für den Einzelnen eine
Hilfe und Stütze für seine individuellen psychischen Ordnungsstrukturen (individuelle theory-in-use; eigenes Bild der Organisation). Allerdings sind diese
nicht prinzipiell legitimiert und sinnvoll.

Die Gesamtheit der basic assumptions, die Schein als Organisationskultur
bezeichnet, übernehmen diese Funktion und begründen das Verhalten der Organisationsmitglieder fundamental. Sie schaffen Sinn, an den das Mitglied existen-
tiell glauben kann. Soziale Ordnung begründet sich eben nicht nur auf vereinbar-
te Normen und Regeln: entscheidend ist, was ihnen sinnstiftend und kraftspen-
dend an gemeinsamer Sinnhaftigkeit zugrunde liegt (vgl. Geißler, 2005, S. 40).

Diese kollektive Sinnhaftigkeit nennt Schein Kultur und entwickelt auf diesem Wege ein Verständnis von Organisationen als Glaubens- und Kulturgemein-
schaften. „Ihr Kerngedanke ist, dass das individuelle Lernen des Einzelnen [...]
nur dann erfolgreich sein kann, wenn der Einzelne erfolgreich die 'underlying
basic assumptions' seiner Gemeinschaft erlernt. Sie sind notwendige Voraussetzung allen individuellen Lernens." (ebd.) Die Organisationskultur ist aber keine
apriorische Gegebenheit, sondern ein Resultat kollektiver Lernprozesse, ein
Resultat gemeinsamen organisationalen Lernens. Das bedeutet, dass sie sich,
wenn auch nur sehr langsam, ändern kann. Es ist allerdings kein intentionales
explizites, sondern ein informelles Lernen. Die Theorie, die Schein vorlegt, ist
also, so Geißler, eine Theorie informellen Organisationslernens.

2.1.2.2 Schulentwicklung als 'etablierter' Zweig der pädagogischen Organisationsberatung – eine entwicklungsbezogene Schulberatung

Eine Beratung einer pädagogischen Organisation oder Institution wird von verschiedenen Fachdisziplinen beschrieben. Vor allem die Psychologie und die Soziologie haben durch die Beratung – und hier dienten interessanterweise pädagogische Organisationen als Untersuchungsgegenstand – neuere Ansätze, wie der mikropolitische oder der neoinstitutionalistische Ansatz, entwickeln können. Die Pädagogik blieb hier bis in jüngster Zeit außen vor: nicht nur in dem zwischen Betriebswirtschaft, Soziologie und Psychologie entstandenen organisationstheoretischen Diskurs und der entsprechenden Forschung, sondern auch in der Praxis der Organisationsentwicklung (vgl. Göhlich, 2005, S. 11). Dabei ist nach Göhlich dieser Ausschluss gar nicht begründet. Pädagogische Organisationen und hier vor allem die der Schulen sind ein originär pädagogisches Betätigungsfeld. Die Schulentwicklungsberatung hat sich – auch aufgrund der aktuellen Bildungsdebatte (vgl. beispielsweise Schavan, 2004) – mittlerweile zu einem relativ etablierten und lohnenden Zweig der Pädagogik entwickelt, welcher sich auch 'institutionell' niedergeschlagen hat: das Institut für Schulentwicklungsforschung der Universität Dortmund, das Landesinstitut für Schule und Weiterbildung in Soest oder der Verein für pädagogische Schulentwicklung in Dortmund seien hier für Nordrhein-Westfahlen nur beispielhaft genannt (vgl. Rolff, 2005, S. 136). Wenn von Schulentwicklungsberatung gesprochen wird, so hat unter anderem die Schulpädagogik die Frage zu beantworten, wie Schule sich gegenüber den globalen Entwicklungstrends zu verhalten habe (vgl. Schönig, 2000, S. 12).Wenn nicht die Auffassung vertreten wird, dass die aus dem tief greifenden gesellschaftlichen Wandel resultierenden Erziehungs- und Bildungsaufgaben einer aufzubauenden Jugendhilfe überantwortet werden, sondern die Schule potentiell in der Lage sein muss, sich diesen Veränderungen zu stellen, dann hat Schulentwicklung die Aufgabe, das Lernen, Arbeiten und Leben in der Schule systematisch und kontinuierlich zu verbessern. Dies bedeutet, dass die wesentlichen Orientierungsgrößen des Handelns in der Schule gemeinsam geprüft, die Ziele geklärt, die überfachliche Kooperation der Lehrer und Lehrerinnen verbessert und die Leistung der Schule als ganzer an pädagogischen Qualitätsstandards ausgewiesen wird. „Eine solche komplexe Leistung der Schule, das koordinierte Zusammenwirken der verschiedenen Gestaltungskräfte, setzt allerdings ein höherwertiges gemeinsames Lernen an den eigenen Handlungsgrundlagen voraus […]." (ebd., S. 13).

Dass Schulen dazu in der Lage sind und ein größeres Handlungs- und Selbsterneuerungspotential haben, als allgemein angenommen, zeigt das Schulreformprojekt 'Praktisches Lernen in der Schule'[26], das bis Ende 1992 annähernd 400 Schulen fachlich und finanziell unterstützt hat. Schulentwicklung wurde hier nicht als eine Qualitätsverbesserung an der Peripherie der Aktivitäten einer Schule verstanden, sondern als eine Verbesserung der Lern- und Lebensqualität der Schule als ganzer. Das schließt mit ein, dass Veränderungsschritte nicht zusammenhangslos nebeneinander stehen, vielmehr sollen sie sich in einer gemeinsamen Veränderungsrichtung verbinden und ein höheres Qualitätsniveau des Ganzen erreichen. Damit ist Schulentwicklung als ein Durchgang durch verschiedene Entwicklungsstufen zu verstehen, welcher im idealtypischen Niveau einer voll entwickelten Schule sein Ziel findet, die ihre Entwicklungsprobleme selbst lösen kann (vgl. Rolff, 1991, S. 882; zit. nach Schönig, 2000, S. 94). Damit ist auch der Terminus der Problemlöseschule gefunden: zu ihr gehören professionelle Personalentwicklung und Selbstkontrolle, durchgängige teamartige Kooperation, regelmäßige Zielklärung und -vereinbarung, deren Umsetzung in Handlungsprogramme sowie souveräner Umgang mit der prinzipiellen Begrenztheit der Unterrichtstechnologie (vgl. ebd.). Der Problemlösekapazität einer Schule kommt somit eine herausragende Bedeutung zu. Unterschiedliche Probleme, die den Entwicklungsprozess einer Schule hemmen können, sind zu lösen und demnach ein (Haupt-) Anliegen der Schulberatung. Aus diesem Blickwinkel könnte der Eindruck entstehen, der Beratungsansatz sei ein defizitärer, der nur die Probleme der Schule und deren Überwindung fokussiert: die jeweiligen Entwicklungsressourcen der Schule würden so nicht hinreichend in den Blick genommen werden. Eine Schulentwicklungsberatung sollte allerdings an bereits vorhandenen positiven Entwicklungen ansetzen. Ein dementsprechender Ansatz sollte also beides leisten. Zum einen sollte er positive Veränderungen optimieren, zum anderen Probleme entwicklungsbegleitend bewältigen.

Eine entwicklungsfördernde Beratung müsste also die Einzelschule als einen eigenständigen Erfahrungszusammenhang aufsuchen und sich so der konkreten Alltagspraxis der Akteure hinwenden. Damit scheiden expertokratische Wissenstransfers und staatliche Steuerungsimpulse zur Realisierung von Schulreformen auf der Ebene des Makrosystems aus, wie auch klinisch-psychologisierende Beratungen, die vorerst keine Spezifik für Einzelschulen und deren Entwicklungsaufgaben entwickeln konnten (vgl. Schönig, 2000, S. 97/98). Einer entwicklungsfördernden Beratung geht es um die Erweiterung der Selbstreflexivität durch die Verständigung der Beteiligten über ihren Alltag, über das Subjektive, Konkrete und Triviale. „Diese Veränderung mit den Beteiligten bedeutet, dass die Erzeugung und Nutzung von Wissen nicht in verschiedene Handlungssphären separiert bzw. Problemverursachungszusammenhang und Problemlö-

---

26   Akademie für Bildungsreform/ Robert Bosch Stiftung GmbH (Hrsg.): Praktisches Lernen. Ergebnisse und Empfehlungen. Ein Memorandum. Weinheim, Basel 1993.

sungszusammenhang voneinander institutionell getrennt, sondern beide Vorgänge im Praxisfeld integriert werden. Wenn die Probleme des Lösungstransfers minimiert werden sollen, dann dürfte dies nur durch optimale Passung von Problemfeld und Lösungsprofil erreichbar sein." (ebd., 95) Die entscheidende Voraussetzung ist eine direkte Kommunikation von Praxis und Beratung, also das gemeinsame Entwickeln von Problemlösungen im Diskurs. Die Berater selbst müssten dabei offen sein für eine Vielzahl an Problemen und Optionen im Kontext der Schulentwicklung. „Diese diskursive Verständigung über die Praxis verbietet auch, dass Beratung mit – wie auch immer wissenschaftlichen – präformierten Deutungen an die Phänomene der Praxis herantritt, ˊseziertˊ und klassifiziert." (Schönig, 2000, S. 95)

2.1.3 Organisationsentwicklung aus betriebswirtschaftlicher Sicht

Die Betriebswirtschaftslehre hatte seit jeher die Organisation im Blick. Eine Organisation wurde originär immer betriebswirtschaftlich, erst später auch soziologisch betrachtet. Diese Betrachtungsweise ist auch (noch) heute die meist verbreitete. Die betriebswirtschaftliche Sichtweise auf Organisationen und Organisationsentwicklungen steht im Folgenden im Mittelpunkt: es wird in diesen Ausführungen v.a. auf zwei Autoren verwiesen. Beide haben Lehr- und Handbücher zu diesem Themenfeld verfasst. Die Rezeption solcher Literatur birgt den Vorteil, einen breiten Überblick gewinnen zu können, Sichtendes und Wertendes zu erfahren und empirische Untermauerungen vorzufinden.

Im ersten Teil dieser Ausführungen steht die Dynamische Sicht der Organisationsgestaltung im Vordergrund. Durch sie werden paradigmatische Neuerungen eingeführt, um dadurch Module der Gestaltung zu extrahieren. Durch die Darstellung der einzelnen, notwendigen Module werden Bedingungen vorgestellt, die eine organisationale Gestaltung scheitern oder erfolgreich verlaufen lassen (Kap. 2.1.3.1). Der historische Hintergrund wird im zweiten Teil näher beleuchtet. Durch ihn wird es möglich, auf Entwicklungslinien der Organisationsgestaltung zu verweisen, die noch immer Aktualität beanspruchen. Dabei werden auch Begrifflichkeiten geklärt, welche bis heute als eher unklar anzusehen sind. Eine zitierte Metastudie zeigt Bedingungen und den typischen Phasenverlauf einer Organisationsentwicklung auf. Damit gehen verschiedene Modelle der Organisationsentwicklung einher, welche hier überblicksartig vorgestellt werden (Kap. 2.1.3.2). Aus den Ausführungen soll anschließend erkannt werden, welche Bausteine die betriebswirtschaftliche Sicht als unbedingt notwendig erachtet, eine Organisationsentwicklung oder -gestaltung erfolgreich durchlaufen zu können, bzw. erfolgreich beginnen zu lassen.

2.1.3.1 Betriebswirtschaftliche Sicht der Organisationsgestaltung: die
dynamische Sicht

Der derzeitige betriebswirtschaftliche Theoriestand der Organisationsgestaltung
ist das Ergebnis einer historischen Entwicklung, die sich in den letzten 150 Jahren
vollzogen hat. Das daraus resultierende große Repertoire an Lösungen und
Lösungsvorschlägen ist in der Auseinandersetzung mit der Aufgabe entstanden,
für Unternehmungen als Systeme mit interpersoneller Arbeitsteilung Regelsysteme
zur Realisierung übergeordneter Gesamtziele zu entwickeln. Die Integration
von Einzelhandlungen zu einem zielbezogenen Gesamthandeln muss hierbei
also sichergestellt werden. Dabei rücken sowohl Koordinierungs- und Motivationsmaßnahmen
als auch deren Effizienz in den Mittelpunkt organisatorischer
Gestaltung (vgl. Frese, 2005, S. 579). Sie sollen das gegebene Handlungspotential
für den bestimmten Markt- und Produktrahmen möglichst umfassend ausschöpfen.
Die Unterschiede im Detail innerhalb dieser Konzepte sind vor allem
auf spezifische Situationsanforderungen und Gestaltungsphilosophien zurückzuführen.
Die reichliche Fülle an Gestaltungskonzepten und Empfehlungen basiert
jedoch auf einem einheitlichen Grundzug: sie fokussieren die Lösung des statischen
Gestaltungsproblems. Nach Frese ist aber genau diese Fokussierung überholt
(vgl. ebd., S. 585).

Die *dynamische* Perspektive auf die Organisationsgestaltung ist zwingend
notwendig geworden und findet in Wissenschaft und Praxis zunehmend Verbreitung.
Die traditionellen Konzepte der Organisationsgestaltung betonen üblicherweise
den Charakter der Organisationsstruktur als einer auf Dauer ausgerichteten
Ordnung: die Suche nach der richtigen Organisationsstruktur – nach den Kriterien
der Koordinations- und Motivationseffizienz – für einen gegebenen Bestand
an Aufgaben ist hier also maßgebend. Die *statische* Gestaltung sucht die im
Rahmen der gültigen Strategie aufgebauten Potentiale auszuschöpfen. Dabei
scheint die Einsicht, dass die Herausforderung an die Organisationsgestaltung
gerade in der Bewältigung des permanenten Wandels zu suchen ist, auf der Hand
zu liegen. Das dynamische Gestaltungsproblem, die Sicherung zukünftiger
Handlungspotentiale in einer sich (möglicherweise) ändernden Umwelt durch
langfristig wirksame Organisationsmaßnahmen findet in der dynamischen Organisationsgestaltung
seine Berücksichtigung und Zentrierung. Hier sollen Spielräume
zur Weiterentwicklung der Strategie zum Aufbau künftiger Handlungspotentiale
gefunden und geöffnet werden.

Die dynamische Organisationsgestaltung ist, unabhängig von allen Unterschieden
in den theoretischen Orientierungen, vor allem kognitionswissenschaftlich
ausgerichtet. Es äußert sich in der Auseinandersetzung mit dem Stellenwert
der Ressourcenausstattung und ihrer dynamischen Entwicklung für den langfris-

tigen Bestand einer Unternehmung. „Da sich das zukünftige Handlungspotenzial vorrangig in der Fähigkeit äußert, sich veränderten Marktbedingungen durch neue Produkte und Leistungen anzupassen, ist die dynamische Organisationsgestaltung in hohem Maße auf innovative Aktivitäten ausgerichtet." (ebd., S. 580) Das zentrale Objekt dieser Organisationsentwicklung ist die Entstehung und Veränderung von Wissen, gedanklich ausgerichtet durch Konzepte der Mikroökonomie und des strategischen Managements[27]. Die Beschäftigung mit Routinen, als das weitgehend auf Erfahrung zurückgehende Verhaltensrepertoire einer Unternehmung, sowie mit den Phänomen des Lernens und der Anpassung nimmt in einer solchen dynamischen Theorie eine zentrale Stellung ein. Diese drei Phänomene können auch als verbindendes Element zwischen den verschiedenen theoretischen Konzepten ausgewiesen werden (vgl. Frese, 2005, S. 580). Die gegenwärtigen Ausformungen der konzeptionellen Organisationsentwicklungen sind auf das Zusammenführen von drei in unterschiedlichen disziplinären Kontexten verankerten Theorien zurückzuführen. Es handelt sich hier um Beiträge der 'Pittsburgher Schule' (Cyert, March und Simon), der mikroökonomischen Evolutionstheorie (Nelson, Winter) und verschiedenen Forschungsansätzen, die unter der Überschrift 'Ökonomische Theorie der Entwicklung technologischer Unternehmensressourcen' (Teece, Dosi, Pisano) zu subsumieren sind[28].

Für die Fragestellung der dynamischen Organisationsgestaltung und den damit intendierten Innovationsaktivitäten ist die Unterscheidung von Innovationen an sich relevant. Innovationen können auf der einen Seite Wissensstrukturen aufbauen und auf der anderen Seite abbauen. Das bedeutet, dass Innovationen auf der Grundlage bestehender Fähigkeiten und vorhandenen Wissens entstehen können oder diese gerade entwerten (vgl. ebd. S. 584). Eine weitere Sichtweise, die Frese, sich beziehend auf Penrose und Schumpeter, hier als relevant markiert, führt Innovationen auf neue Formen der Kombination materieller Ressourcen und auf Wissensressourcen zurück. Dabei spielen die Merkmale der Wissensressourcen eine entscheidende Rolle: je mehr das Wissen implizit ist, je höher die Kontextspezifität ist, je mehr das Wissen auf verschiedene Personen oder Medien verteilt ist und je spezifischer die kognitive Orientierung der Kompetenzbereiche ist, desto anspruchsvoller und schwieriger gestaltet sich der Prozess der Hervorbringung von Innovationen. Somit ist es entscheidend, dass die Organisation, wenn sie die Generierung von Innovation gewährleisten will, eine entsprechende Fähigkeit zur Identifizierung, zum Transfer und zur Absorption von Wissen besitzt oder entwickelt (vgl. ebd.).

---

27   Vgl. zur Verdeutlichung: Schreyögg, G, 1999, S. 72: Mikroökonomische Organisationsanalyse und Neue Institutionenökonomik sowie Welge, M.K.: Strategisches Management, 2005
28   einen einführenden Einblick mit entsprechenden Verweisen gibt Frese, 2005, S. 580f

Allerdings muss einer Organisation immer eine Tendenz zur *Invarianz* unterstellt werden. Selbst wenn eine hohe Änderungsbereitschaft in der Organisation vorherrscht und auch Wissensmerkmale identifiziert worden sind, besteht immer ein organisationales oder institutionelles Spannungsverhältnis zwischen Stabilität und Wandel. Frese führt dazu verschiedene Ursachen an: die Strukturen und Prozesse einer Organisation werden in hohem Maße durch das gegenwärtige operative Geschäft geprägt. Die effiziente Ausschöpfung des gegenwärtigen Handlungspotentials steht im Vordergrund, so dass oftmals zu wenige Kapazitäten einem Prozess des Wandels zugesprochen werden können. Weiter kann die Verfestigung kognitiver Wahrnehmungs- und Problemlösungsmuster eine Ursache für die Tendenz zur Invarianz darstellen: die spezifische, gewachsene Organisationskultur kann diesen erwünschten oder intendierten Wandel verhindern. So kann schließlich auch der schwache Wahrnehmungseffekt eine negative Verstärkung der Änderungsbereitschaft hervorrufen. Änderungsprozesse beruhen in hohem Maße auf ergebnisorientierter Rückkopplung. Bei Maßnahmen der Organisationsgestaltung sind solche Rückkopplungen auf Grund der diffusen Beziehungen zwischen Organisationsstruktur und Markterfolg nur schwach ausgeprägt. Deshalb haben Impulse zur Auslösung dynamischer Gestaltungsmaßnahmen nur geringe Merklichkeit (vgl. ebd., S. 586). Diese Beharrungstendenzen, so Frese weiter, könnten auch das weitgehende Fehlen ausdifferenzierter expliziter Gestaltungsphilosophien auf Seiten des Managements erklären. In evolutionstheoretischen Konzepten wird dieses Fehlen gar als Charakteristikum des Wandels in komplexen arbeitsteiligen Systemen angesehen.

Es gilt also, die komplexen Bedingungen einer Organisation und deren Wandel zu berücksichtigen und *Gestaltungsinstrumente* zu extrahieren, die eine Änderungsbereitschaft sichern und einen innovativen Wandel begünstigen. Dabei ist bei der dynamischen Organisationsgestaltung die Schwierigkeit zu meistern, eine kohärente Theorie hervorzubringen. Bisher hat die organisationstheoretische Auseinandersetzung mit dem Zusammenhang zwischen Strukturgestaltung und Wandel zu keiner geschlossenen Konzeption geführt. Es ist vielmehr noch von einer schemenhaften theoretischen Kontur zu sprechen, welche die Gestaltung von Strukturen unter dynamischen Gesichtspunkten ausmacht.

Die Ausführungen zu den notwendigen Gestaltungsinstrumenten oder Modulen tragen diesem Umstand Rechnung. „Hinsichtlich des Einsatzes einzelner Gestaltungsinstrumente oder Gruppierungen von Instrumenten werden Wirkungsmuster unterschieden, die theoretisch relativ kohärent sind und eine gewisse empirische Fundierung aufweisen" (Frese, 2005, S. 588) Die Auseinandersetzung mit Beiträgen in der Literatur erlaubt die Unterscheidung von vier dynamischen Gestaltungsmodulen, die in jeweiligen Strukturtypen eine spezifische Ausprägung finden (vgl. ebd., S. 13):

- Schaffung individueller Handlungsspielräume
- Entfaltung intrinsischer Motivationswirkungen
- Förderung der Absorption und des Transfers von Wissen
- Förderung der Fähigkeit zur Umsetzung von Änderungen

Eine große Anzahl organisationstheoretischer Konzepte räumt dem individuellen Handlungsspielraum eine vorrangige Stellung ein. Organisationsstrukturen, die durch eine geringe Regeldichte – das Gegenstück würden hier bürokratische Strukturen bilden – und durch offene Kommunikationsstrukturen ausgezeichnet sind, wirken innovationsfördernd. Ein hohes Maß an Autonomie und eine Kultur der Offenheit und des Dialogs sind die konstituierenden Elemente. Nach Gebert[29] fördert die individuelle Handlungsautonomie über die Wahrnehmung von Änderungsdruck und die positive Einschätzung von Änderungsfähigkeit die Innovationsaktivitäten der Organisation, bzw. der Mitarbeiter dieser Organisation (vgl. ders., 2002, S. 87f; zit. nach Frese, 2005, S. 593).

Eng damit verbunden sind die innovationsfördernden *Motivationskonzepte*. Hierbei sollte eingangs immer unterschieden werden zwischen der Motivation extrinsischer und intrinsischer Art. Liegt der organisatorischen Gestaltung die Annahme zu Grunde, dass der Mitarbeiter Handlungen um ihrer selbst Willen vollzieht, werden intrinsische Motivationseffekte angestrebt. Dahingegen werden extrinsische Motivationskonzepte vorgezogen, wenn man annimmt, des Mitarbeiters Handeln würde durch finanzielle Kompensation oder gewonnene Reputation beeinflusst. Die Frage nach der Beurteilung extrinsischer Motivationskonzepte ist Gegenstand derzeitiger Diskussionen: extrinsische, auf die Erbringung von Handlungsdruck ausgerichtete Motivationssysteme, die auf Ergebnis- und Erfolgszuordnungen beruhen und leistungsabhängige Entgelte präferieren, werden in der theoretisch fundierten Literatur zum Qualitätsmanagement[30] überwiegend kritisch betrachtet (vgl. ebd., S. 599). Hinzu kommt, dass bei der dynamischen Organisationsgestaltung – nicht wie bei der statischen mit einem hohen Konkretisierungsgrad – die Möglichkeiten einer Beschreibung der anzustrebenden Handlungsergebnisse begrenzt sind, da aussagefähige Sollgrößen bei innovativen Aktivitäten, die Bisheriges in Frage stellen, nur schwer formuliert werden können. Die intrinsische Motivation ist also die Größe, die bei der dynamischen Organisationsbetrachtung ziehend ist. Hierbei spielen v.a. die neue Ideen generierende Wirkung des Gefordert-Seins und der positiven Emotionalität eine zentrale Rolle. Ohne weiter auf diese Bedingungen und Voraussetzungen einzugehen, stellt sich die Frage nach der organisatorischen Gestaltung. Nach Gebert

---

29 Gebert, D.: Führung und Innovation. Stuttgart 2002.
30 Vgl. beispielsweise Graebig, K: Wörterbuch Qualitätsmanagement, 2006; oder Hartz, S.: Qualitätsmanagement. 2. Aufl. 2006.

(s.o.) liegen die Effekte des Gefordert-Seins und der positiven Emotionalität in zeitlich relativ stabilen Merkmalen der Mitarbeiter begründet. Damit ist dann auf die Kompetenz der Personalwirtschaftslehre, bzw. der (Arbeits-) Psychologie verwiesen (vgl. Kap. 2.1.4). Auf struktureller Ebene müssten Aufgaben und Anforderungen entwickelt werden, die das Potential intrinsisch motivierter Mitarbeiter voll ausschöpfen. Dafür ist eine aussagefähige Systematik vonnöten, die unterschiedliche Innovationsgrade erfasst und Unterschiede verschiedener Modelle dynamischer Organisationsstrukturen erhellt (vgl. ebd., S. 598).

Die Wirkung einer organisatorischen Gestaltungsmaßnahme bemisst sich, so die Forderung nach dem dritten Gestaltungsmodul, nach der Förderung der Fähigkeit der Mitarbeiter zur kognitiven Verarbeitung und Integration neuen Wissens. Dabei muss zwischen Wissensabsorption und Wissenstransfer unterschieden werden. Wissensabsorption einer Person oder einer Organisation bezeichnet die Integration neuen Wissens in die vorhandenen Wissensstrukturen. Das an die kognitive Lerntheorie angelehnte Konzept betont die Absorptionskapazität. Diese hängt von der Tiefe und Breite des vorhandenen Wissens ab und von der Diversität. Da bei der organisatorischen Gestaltung durch die Zuordnung von Aufgaben und die Etablierung von Kommunikationsbeziehungen die Wissensstruktur nachhaltig beeinflusst wird, ist die Relevanz dieses Konzepts hier offensichtlich. Allerdings existieren keine fundierten Studien, die unter der Berücksichtigung der Absorptionsthese gestaltungsorientierte Betrachtungen anstellen (vgl. Frese, 2005, S. 691)

Wendet man sich der Frage des Transfers von Wissen zu, so kommt dem Problem der Fähigkeit zur Artikulation von Wissen Relevanz zu: „Die Artikulationsfähigkeit stellt bei komplexen, häufig vom konkreten Anwendungsbezug abstrahierenden Wissensinhalten und bei impliziten, (nicht oder nur schwer kodifizierbaren) Wissen, einen limitierenden Faktor." (Frese, 2005, S. 13) Allerdings, so Frese abschließend, lässt sich mit Blick auf die Anforderungen der dynamischen Organisationsgestaltung feststellen, dass die Forschungsergebnisse keinen differenzierten und methodisch fundierten Zugang zu den organisatorisch relevanten Determinanten eröffnen (vgl. ebd., S. 607).

Bei der weiteren Ausgestaltung der Gestaltungsmodule spielt vor allem das Management im Prozess der Generierung und *Durchsetzung von Änderungen* eine Rolle. Dabei kann man laut Frese zwischen einem Managermodell und einem Evolutionsmodell unterscheiden (vgl. ebd., S. 14).

Beim Managermodell liegen der organisatorischen Gestaltung Vorstellungen des Managements zu Grunde, in der sich die Unternehmung zur Realisierung ihrer langfristigen Ziele positionieren sollte. Daher sind die Änderungsaktivitäten zu einem gewissen Grad geplant und auch fokussiert. Eine Separierung dieser Änderungsaktivitäten ist dabei in der Praxis ein häufig zu beobachtendes Phänomen, welches sich in verschiedenen Formen äußert. Die extremste Form der Separation ist die externe Akquisition: hierbei müssen die Gestaltungsmodule erst dann wirksam werden, bzw. erlangen an Bedeutung, wenn die Integration der neuen Aktivitäten in die bestehenden Unternehmensbereiche vorgesehen ist. Eine weitere Form der Separation, die weit verbreitet ist, ist die Bildung eigener Bereiche zur Generierung von Änderungsideen; sowie Formen der Projektorganisation, die zeitlich begrenzt Aufgaben der Neuproduktplanung übernehmen[31]. Bei der internen Bildung separierter Bereiche mit Änderungsaufgaben bestimmen die vier Gestaltungsmodule zur Umsetzung dynamischer Gestaltungsziele die Organisationsstruktur.

Im Evolutionsmodell lassen sich die Änderungsideen auf Impulse zurückführen, die in der gesamten Wertschöpfungskette einer Unternehmung entstehen können (vgl. Frese, 2005, S. 15). Sie entstehen in jeder Unternehmung, allerdings gewinnen sie nur selten eine das zukünftige Handlungspotential bestimmende Bedeutung. Hierbei spielen v.a. zwei Konstellationen eine größere Rolle. Das ist zum einen die Existenz langfristiger Beziehungen zu Transaktionspartnern, welche die Hervorbringung nachhaltiger Änderungen begünstigt; zum anderen ist es der Einfluss von Experten mit ausgeprägter Professionalisierung bei der operativen Steuerung. In diesem Rahmen nehmen dann v.a. zwei Gestaltungsmodule eine herausragende Stellung ein: ohne ein gewisses Maß an Handlungsautonomie ist die Entstehung neuer Ideen eher unwahrscheinlich, was Frese aus der Sichtung der aktuellen Literatur schließt (vgl. ebd.). Und ohne strukturelle Rahmenbedingungen zur Förderung der Motivation, die auf einer positiven Einstellung zum Wandel beruht, ist an keine Umsetzung von Änderungsideen zu denken. Frese hat in seiner einleitenden Übersicht einige Merkmale extrahiert, die für eine dynamische Organisationsgestaltung nicht nur von Bedeutung sind, sondern diese teilweise konstituieren. Auf die einzelnen Merkmale wird im Folgenden noch einzugehen sein. Wenn man sich die Entwicklung der Organisationsgestaltung, des organisationalen Wandels oder der Organisationsentwicklung näher betrachtet, so fällt auf, dass auch aus dieser Entwicklungskette wichtige Hinweise für eine erste 'Bestandsaufnahme' zu entnehmen sind.

2.1.3.2 Historischer Hintergrund und Modelle der Organisationsentwicklung

In der Betrachtung des historischen Hintergrundes der Organisationsentwicklung fallen v.a. zwei Institute oder Seminare auf, die als Wegbereiter angesehen werden können: das Connecticut-Seminar und das Tavistock Institut.

---

31 Vgl. hier auch New-Venture-Bereiche

Das Connecticut-Seminar, bei dem es vorerst um Programme zur Überwindung rassistischer Vorurteile ging, erkannte eher zufällig die herausragende Bedeutung des offenen Feedbacks für soziale Lernprozesse. Hier hatte man festgestellt, dass der gegenseitige offene Austausch von Beobachtungen der Verhaltensweisen von Gruppenmitgliedern sehr viel schneller und effektiver Verhaltensänderungen bewirken kann, als das Vorträge oder Informationsveranstaltun-
gen schaffen könnten (vgl. Rechtien, 1992, S.48). In den später so genannten T-
Groups wurde das Feedback als spezielle Methode verwandt. Dabei sieht die T-
Group einen unstrukturierten Beginn vor. Die dadurch hervorgerufene Verunsicherung evoziert stereotype Verhaltensweisen, so dass einzelne Gruppenmitglieder beginnen, sich mit ihren Meinungen und Verhaltensweise hervorzutun. Der
neue soziale Raum der Gruppe ermöglicht neue und ungewohnte Erfahrungen.
Dadurch sollen neue Informationen aufgenommen werden, die, insbesondere
durch das offene Feedback entstanden, zu Verhaltensänderungen führen. Die
neuen Verhaltensmuster sollen schließlich eingeübt und der Transfer in die normale Arbeitssituation durch Simulation vorbereitet werden (vgl. Schreyögg,
1999, S. 495 und Rechtin, ebd.). Am Tavistock-Institute gab es parallele Entwicklungen, die allerdings einen stark psychotherapeutischen Ansatz[32] präferierten. Die Wirkungsweise dieser konzipierten Trainings, welche in der damaligen
Praxis, um 1950 und später, regen Zuspruch fanden, wurde durch die Johari-
Fenster von Luft[33] und Ingham systematisierend untersucht und dargestellt. Das
Fenster stellt eine Vier-Felder-Matrix dar, welche schematisierend zwischen
einer Person und ihren Interaktionspartnern und zwischen bewusster und unbewusster Wahrnehmung unterscheidet:

Hierbei wird angenommen, dass der Bereich I typischerweise sehr klein ist,
die anderen Bereiche dagegen eher groß. Die Gruppentrainings und Gruppen-
entwicklungen lassen sich nun als Prozesse auffassen, den Bereich der freien
Aktivität sukzessive auszudehnen. Dies geschieht zu Lasten der anderen drei
Bereiche. Das Ziel eines solchen Trainings kann also als die Vergrößerung des
Bereichs I angesehen werden, als eine Erweiterung des Rahmens, der einem
selbst und den anderen bekannt ist. Dabei gilt die Annahme, dass der Widerstand
gegen Änderungen umso geringer ausfällt, je größer der Bereich I ist (vgl. Luft,
1972, S.23; zit. nach Schreyögg, 1999, S. 497). Das Johari-Fenster lässt sich
ebenso gut auf die Beziehungen zwischen Gruppen oder größeren Subsystemen
anwenden (vgl. Abb. 4).

---

32   Bion, W.R.: Experiences in groups and other papers. London 1961.
33   Luft, J.: Einführung in die Gruppendynamik. Stuttgart 1972.

Abbildung 4: Einführung in die Gruppendynamik. (Quelle: Luft, J.: 1972)

„Insgesamt gilt, dass das Feld 4 sehr viel schwieriger zu öffnen ist als die Felder 2 und 3, und in seiner Bedeutung häufig viel zu klein veranschlagt wird." (ebd.) Diese Gruppentrainingsmethoden haben in den 70er Jahren weltweite Verbreitung gefunden und schlugen immer mehr in den betrieblichen Wandelprozessen sich nieder. Innerhalb der Organisationstheorie wurde aufgrund dieser Entwicklung die Wandelthematik im eigenen Zweig, nämlich der Organisationsentwicklung, behandelt. Obwohl, so Schreyögg, der Begriff der Organisationsentwicklung bis zum heutigen Tage schillernd geblieben ist, stellt er Merkmale heraus, die mit dem Begriff am häufigsten verbunden sind:

- geplanter Wandel: Gegenstand der Bemühungen ist eine wohldurchdachte, gezielte Herbeiführung eines konkreten Wandelprozesses in Organisationen.
- ganzheitlicher Ansatz: Organisationsentwicklung zielt darauf, das gesamte System einem Wandel zu unterziehen. Die Projekte sind längerfristig angelegt.
- Anwendung sozialwissenschaftlicher Theorien: Die initiierten Wandelprozesse stützen sich in ihrer Wirkungsvermutung auf sozialwissenschaftliche Theorien.

- Struktur und Verhalten: Die Programme zielen sowohl auf Veränderungen des Verhaltens als auch auf der Organisationsstruktur ab.
- Intervention durch Spezialisten: Die Wandelprozesse werden von Spezialisten konzipiert und gesteuert; dazu bedarf es einer gezielten Ausbildung (ebd., S. 499).

Neben einer allgemeinen Steigerung der Effektivität wird in der Regel die Steigerung der Arbeitszufriedenheit oder die Förderung der menschlichen Entfaltungsmöglichkeiten als Ziel mit angegeben. In der Folge führt Schreyögg noch einen idealtypischen Phasenverlauf einer Organisationsentwicklung an, ein „idealtypisches Erfolgsmuster, das als repräsentativ für einen Großteil der Empfehlungen der OE-Literatur gelten darf." (ebd., S. 500) Hierbei wurden durch Greiner[34] 18 Fallstudien über erfolgreiche und missglückte Wandelprozesse ausgewertet: Der Grundansatz in allen erfolgreichen Fällen war partizipativ, so dass die vom Wandel Betroffenen mit in den Veränderungsprozess einbezogen wurden. Greiner stellt heraus, dass bei den erfolgreichen Veränderungen die Bereitschaft der Entscheidungsträger vorhanden war, ihre Macht zu teilen, während die erfolglosen zu delegativ oder autorativ angelegt waren (vgl. ebd.).

Der *Phasenverlauf* einer Organisationsentwicklung konnte hier in sechs Teile untergliedert werden. Die erste Phase betont die Notwendigkeit der Schaffung einer Veränderungsbereitschaft. Ein Wandelprozess war nur dort erfolgreich einzuleiten, wo auch die Organisation und deren Entscheidungsträger von seiner Notwendigkeit überzeugt waren.

In der zweiten Phase wird die oftmals nicht ausreichende Veränderungsbereitschaft durch einen externen Berater nochmals angeregt. Dieser ermöglichte einen ganz neuen Blick auf die Problematik, musste aber erst von der Organisation akzeptiert werden. Diejenigen, die nicht mit fertigen Lösungsvorschlägen aufwarteten, sondern den Blick der Beteiligten für die internen Probleme schärften und bei der neuen Sicht der Problemzusammenhänge unterstützten, waren am erfolgreichsten. Auf die Lockerung der traditionellen Sichtweise folgte in der dritten Phase der eigentliche Veränderungsprozess. Hier werden Problembereiche diagnostiziert und spezifische Probleme erkannt und auch benannt. Die moderierten Gruppensitzungen (s.o.) waren hier wieder die erfolgversprechendste Methode. In der vierten Phase werden neue Problemlösungen für die lokalisierten Probleme entwickelt, während der Berater für die tatsächliche Innovation zuständig ist. Ihm oblag es, zu überwachen, dass es nicht ´alten Wein in neuen Schläuchen´ gab. „Dazu mussten in den meisten Fällen erst einmal alte Blockaden, Abwehrhaltungen, Betriebsblindheit und Verkrustungen in einer gemeinsa-

---

34   Greiner, L. E.: Patterns of organizational change. In: Harvard buisiness review 45 (1967), Nr. 3, S. 119-130.

men Anstrengung überwunden werden." (Schreyögg, S. 502) Die fünfte Phase ist gekennzeichnet durch eine Experimentierphase. Eine Reversibilität der Entscheidungen ist in dieser Phase wichtig, um die Lösungen ausprobieren zu können. Wenn die Ergebnisse der Experimente positiv waren, beginnt die letzte Phase. In ihr werden die Entscheidungen durch positive Resultate verstärkt und neue Praktiken werden akzeptiert. Positive Resultate und die kontinuierliche Information über die Entwicklung der Ergebnisse bekräftigen die neuen Strukturen und ermutigen zur Ausdehnung der Experimente auf größere Einheiten. Es wird hierbei deutlich, dass es sich nicht mehr um eine herkömmliche Organisationsplanung handelt – um eine möglichst geschickte Umsetzung einer gefundenen Problemlösung –, sondern um eine Veränderung des Planungsprozesses selbst. Die Organisationsentwicklung richtet sich immer auf die Veränderung des Gesamtsystems. Die Interventionsmethoden fokussieren allerdings immer unterschiedliche Ebenen innerhalb dieses Gesamts: dabei wird zwischen der Ebene des Individuums, der Gruppe, der Beziehung zwischen Gruppen, des Gesamtsystems und der Beziehung zwischen Organisationen unterschieden. Die einzelnen Methoden sind aber immer im Kontext des Gesamtansatzes zu sehen und nicht als einzeln anwendbarer Baustein. Sie sind innerhalb eines Ansatzes entstanden, so dass auch deren Wirkung in diesem Zusammenhang einzuschätzen ist. Schreyögg schlägt daher vor, Modelle der Organisationsentwicklung vorzustellen und nicht einzelne Interventionsmethoden (vgl. Schreyögg, 1999, S. 503). Diesem Vorschlag soll hier gefolgt werden.

Im *Survey-Feedback-Ansatz* oder auch Datenrückkopplungsansatz steht die organisationsweite Informationssammlung über die Führungssituation und die auf eine Veränderung ausgerichtete Diskussion der Ergebnisse im Fokus. Die Führungskräfte und alle Mitarbeiter stellen also partizipativ die Problemdiagnose. Dabei hilft als Folie ein Idealmodell einer 'gesunden Organisation' (vgl. Beckhard[35], 1969). Die Gegenüberstellung von Ideal und Wirklichkeit soll das Motiv setzen, die aufgespürten Diskrepanzen mit Hilfe gezielter Veränderungspläne zu verringern. Dabei läuft der Rückkopplungsprozess solange, bis ein befriedigender Zustand erreicht ist. Neben der Diagnostik soll der Veränderungsimpuls aus der Gruppe und ihrem Veränderungsdrang fließen. Der Ansatz hat in privaten Unternehmen und öffentlichen Organisationen weite Verbreitung gefunden; allerdings wird die Idee der kontinuierlichen Fortführung nur selten praktiziert. Nach zwei bis drei Durchgängen wird der Feedback-Prozess meist abgebrochen (vgl. Schreyögg, 1999, S. 505).

Das *'Konfrontationstreffen'* nach Beckhard (s.o.) ist eine verkürzte Variante des Datenrückkopplungsansatzes. Aufgrund seines geringen zeitlichen Ausma-

---

35   Beckhard, R.: Organization Development: Strategies and Modells. Reading, Mass 1969.

ßes findet dieser Ansatz v.a. bei akuten Krisen mit ausgeprägten Widerstandstendenzen Anwendung. Der Ablauf ähnelt dem des Datenrückkopplungsansatzes. Nach der Einstimmungsphase, in der die Organisationsleitung Probleme und deren Bedeutung benennt, werden Gruppen geformt, welche einen repräsentativen Querschnitt der Organisation bilden. Vorgesetzte sollen nicht zusammen mit den Mitarbeitern sein. Die oberste Leitungsebene tagt für sich. Nach dieser Informationssammlung wird ein Austausch angesetzt, aus dem Prioritäten entwickelt und Aktionspläne entworfen werden. Die Methode zielt im Wesentlichen darauf ab, latent vorhandene Probleme und Blockaden aufzudecken und zu reflektieren. Allerdings wird dazu ein hinreichendes Maß an Vertrauen und Problemlösungsbereitschaft vorausgesetzt, welches oftmals, je nach Eskalationsgrad des Konfliktes, nicht vorhanden ist (vgl. ebd., S. 507).

Die *Prozessberatung* will im Unterschied zu den obigen Modellen keine Gestaltungsvorgaben machen. Die Organisationsmitglieder sollen kein vorgefundenes Ideal adaptieren, sondern in die Lage versetzt werden, nach unvoreingenommener Analyse die zweckmäßigste Lösung selbst zu finden. Die Prozessberatung ist eine Interventionsform, die der Organisation helfen soll, Ereignisse und Probleme in ihrem Umfeld wahrzunehmen, besser zu verstehen und in Handlungen umzusetzen. Also steht der Prozess selbst im Mittelpunkt der Betrachtung und nicht das Ergebnis. Dabei werden Methoden herangezogen, die beispielsweise auf die Konfrontation der Organisation mit neuen Perspektiven zielen, auf Öffnung von Kommunikationsblockaden oder auf das Aufdecken von destruktiven Konflikten zwischen Gruppen. „Die Prozessberatung wird von Schein (1969, S. 133f) als eine Art 'T-Gruppe für die gesamte Organisation' beschrieben. Die Berater erhalten die Rolle von Systemtherapeuten, die den gesamten Prozess ermöglichen; sie sollen ihn aber nicht nach ihren Idealvorstellungen lenken." (Schreyögg, 1999, S. 509) Schreyögg stellt abschließend heraus, dass bezweifelt werden muss, ob eine solche „Abstinenz" überhaupt praktizierbar ist und ob ein solches Vorgehen nicht eine Verschleierung der tatsächlich intendierten Interventionsziele darstellt. Eine Prozessbegleitung, so Schreyögg, sei ohne normative Basis praktisch kaum vorstellbar (vgl. ebd.). Die Prozessberatung ist in vielen Fällen auch nur eine Top-Management-Beratung mit der Annahme, dass die Beratungsimpulse dann auf das gesamte System übergehen. Hierfür würden aber eher die Begriffe der Supervision und des Coachings und deren inhaltliche Ausrichtung geeignet sein.

Das *Verhaltensgitter* stellt sozusagen den Gegenpol zur Prozessberatung dar. Dieser breitflächig kommerzialisierte Ansatz legt nicht nur das angestrebte Ergebnis des Prozesses von vornherein fest, sondern strukturiert auch den Entwicklungsprozess vollkommen vor. „Obwohl die weniger strukturierten Ansätze für ihr Vorgehen gute Gründe geltend machen können, sind die strukturierten

Modelle, wie etwa das Verhaltensgitter, wesentlich populärer geworden. Die Klienten können besser abschätzen, worauf sie sich einlassen, und welche Ergebnisse am Ende des Prozesses zu erwarten sind." (Schreyögg, 1999, S. 510)

Die *system- und kommunikationsorientierte Organisationsentwicklung* basiert, wie der Name schon sagt, auf einer gänzlich anderen Theorietradition. Die moderne System- und Kommunikationstheorie, v.a. durch Bateson und Watzlawick geprägt, ist Ausgangspunkt für die Überlegungen hinsichtlich des organisationalen Wandels. Dabei spielen Paradoxien, insbesondere die so genannte Doppelbindungstheorie der Schizophrenie und ihre Bedeutung für die Erklärung von Störungen eine herausragende Rolle. Neuere Ansätze der systemischen Organisationsentwicklung, die auf die autopoietischen Systeme von Maturana/ Varela oder Luhmann zurückgehen, wie die von Wimmer[36] oder Zink[37], werden hier vorerst nicht beachtet.

Die entscheidenden Impulse für eine systemorientierte Organisationsentwicklung kamen aus der Familientherapie, v.a. aus der Mailänder Schule unter der Leitung Palazzolis. Diese Schule leistete selbst den Übertrag des Therapiemodells für die Familie mit schizophrener Störung auf Organisationen und ihre Wandelprobleme. „Ausgehend von der eingangs erwähnten Kommunikationstheorie und einigen kybernetischen Überlegungen wird die Existenz von Paradoxien als Hauptverursacher von organisatorischen Wandelproblemen postuliert und im Gegenparadoxon der wesentliche Lösungsansatz gesehen." (Schreyögg, 1999, S. 512)

Eine Organisation, so diese Sichtweise, baut im Laufe der Zeit Handlungs- und Reaktionsweisen aus, die sich neben der offiziellen Organisationsstruktur zu einem inoffiziellen Muster von Regeln verdichten, das nur für dieses System gilt und dieses System auch bestimmt. Diese verstärken sich durch rekursive Interaktionen und werden zu einem schwer verstehbaren Gefüge. In pathologischen Systemen, so lautet die These, wird sich auf ganz bestimmte Störungen eingespielt. Das System richtet sich daran aus und mobilisiert viel Kraft und Trotz, diese hier pathologischen Muster aufrecht zu halten. Die Störungen sind im organisatorischen Kontext beispielsweise als Verschleppung von neuen Vorhaben, unrealisierte Pläne oder nachhinkende Geschäftsverteilungspläne zu finden. Sollen nun die Ursachen solcher Störungen gefunden und beseitigt werden, muss die Tiefenstruktur einer Organisation verstanden, die Tiefenstruktur eines Systems verändert, die heimlichen Spielregeln aufgeweicht werden. In solchen Sys-

---

36   Wimmer, R.: Was kann Beratung leisten? Zum Interventionsrepertoire und Interventionsverständnis der systemischen Organisationsberatung. In: ders. (Hrsg.): Organisationsberatung. Wiesbaden 1992. S. 59-111.

37   Zink, M.: Moving – Betrachtungen aus systemischer Sicht. In: Dreesmann, H./ Kraemer-Fieger, S. (Hrsg.): Moving. Frankfurt a.M. 1994. S. 23-54.

temen wird aber jede Veränderung als Gefahr empfunden. Veränderungszumutungen werden im Sinne einer negativen Rückkopplung sehr schnell in das herrschende Spiel des Systems integriert, so dass der gewohnte Ablauf, das 'alte Spiel' (unbewusst) fortgeführt werden kann (vgl. ebd., S. 513).

Die Annahme, dass sich wandlungsunfähige Organisationen in Paradoxien verfangen haben, bestimmt die Intervention: es werden paradoxe Interventionen konzipiert, welche beispielsweise problematische Interaktionen positiv konnotieren oder durch Umdeutung (refraiming) unerwartet positiv ausstilisieren. Die positive Bewertung und offene Anerkennung pathologischer Verhaltensweisen bedeutet häufig, den ersten Schritt zu ihrer Beseitigung zu tun (vgl. Simon/ Stierlin[38], 1984, S. 272; zit. nach ebd.). Dem 'trotzigen' System bleibt nur der Ausweg, dieses 'Symptom' zu beseitigen, will es denn weiterhin Widerstand gegen Handlungsempfehlungen leisten. Die destruktive Widerstandskraft wird konstruktiv gewendet. Die These lautet nun, dass das kognitive Muster dadurch in Bewegung gerät und sich das System so „aus der erstarrten Verklammerung löst, um sich aus dieser extrem widersprüchlichen Situation zu befreien". (ebd.) Dabei ist aber vorausgesetzt, dass die paradoxe Intervention die richtige Stelle trifft. Das setzt wiederum ein Höchstmaß an diagnostischer Kompetenz voraus, da die Tiefenstruktur der Organisation erkannt werden muss. Der Weg, den das System durch die paradoxe Intervention einschlägt, ist aber, der Theorie komplexer Systeme gemäß, nicht vorhersagbar. Die paradoxe Intervention will lediglich einen Weg aus der Sackgasse frei schlagen (vgl. auch Kap. 7.3).

Zum Abschluss soll noch kurz auf ein U.S. amerikanisches Beratungsprogramm eingegangen werden. Dieses verspricht durch das Aufdecken der 'heimlichen Spielregeln' (unwritten rules of the game) Unternehmen zu helfen, Barrieren gegen notwendige Veränderungen zu überwinden. Dabei erhofft es sich, allein durch die Aufdeckung der Regeln und Vorgabe neuer Richtlinien den gewünschten Effekt zu erzielen, nämlich die Bereitschaft für eine bereits konkretisierte Veränderung zu wecken. Die Intervention endet also bereits in der Diagnostik. Diese besteht aus Interviews, die später hinsichtlich der Kategorien motivierende Kräfte, machtausübende Kräfte und handlungsauslösende Kräfte gesichtet und ausgewertet werden (vgl. Scott-Morgan[39], 1994, S. 169/ 193; zit. nach ebd.). Anhand dieser Ausführung der genannten Modelle wird deutlich, welche Konzeptionen und Zugänge die Entwicklung der Organisationsentwicklung bestimmt haben und bestimmen. Aus ihr können für die Bestandsaufnahme wichtige Erkenntnisse und Ableitungen gewonnen werden. Diese finden in der Synopse ihren Platz (vgl. Kap. 2.3). Zuvor wird aber noch die psychologische Sichtweise der Organisationsberatung betrachtet.

---

38   Simon, F. B./ Stierlin, H.: Die Sprache der Familientherapie. Ein Vokabular. Stuttgart 1984.
39   Scott-Morgan, P.: Die heimlichen Spielregeln. Frankfurt a.M./ New York 1994.

2.1.4 Psychologisch orientierte Veränderungsmaßnahmen in Organisationen

Als abschließende Perspektive soll hier die psychologische angeführt werden. Die Organisationspsychologie ist ein Teilgebiet der Psychologie und versteht sich als angewandte Disziplin, die das Erleben, Verhalten und Handeln des Menschen in Organisationen in den Blickpunkt nimmt. Damit steht die Organisationspsychologie der Arbeitspsychologie sehr nahe. Sie beschäftigen sich beide schwerpunktmäßig mit dem gleichen Untersuchungsgegenstand, nämlich der Erwerbsarbeit in Organisationen – allerdings aus unterschiedlichen Perspektiven. Programmatisch umfasst die Arbeitspsychologie jedoch einen weiteren Gegenstandsbereich, wie beispielsweise auch die Eigenarbeit, die Hausfrauenarbeit oder die Berufsarbeit Selbstständiger. So wie auch die Organisationspsychologie die Mikropolitik thematisiert oder die Aufnahme erotischer Beziehungen oder das Entstehen und Erzählen von beispielsweise Firmenwitzen (vgl. Rosenstiel, 2003, S. 7). Die beiden Disziplinen besitzen also eigenständig bearbeitbare Fragestellungen, haben sich aber fast ausschließlich dem Überlappungsgebiet beider zugewandt: der Erwerbsarbeit in Organisationen. Daher neigen Arbeitspsychologen die Organisationspsychologie als einen Teilaspekt zu subsumieren, wie auch Organisationspsychologen arbeitspsychologische Theorien und Befunde unter ihrer Überschrift abhandeln. In mehreren Fällen werden die Namen auch gleichberechtigt nebeneinander geführt, wie in Lehrbüchern der Arbeits- und Organisationspsychologie (vgl. Wiendieck, 1994). Im weiteren Verlauf, wobei wie erwähnt elementare Überschneidungen vorhanden sind, soll die Organisationspsychologie den Blickwinkel ausmachen. Die Organisationspsychologie hat sich, wie fast jede wissenschaftliche Disziplin auch, im Laufe ihrer Entwicklung in weitere Teilgebiete gespalten und diese ausdifferenziert. Ein einheitliches Klassifikationsschema ist derzeit aber nicht vorhanden. Einigkeit besteht lediglich darin, dass sich die Organisationspsychologie – meist im Kontext Wirtschaft und Arbeit – auf das Erleben und Verhalten von Individuen bezieht, die sich in offenen, strukturierten und hierarchisch organisierten sozialen Gebilden vollziehen. Die Beziehung zwischen dem Individuum und der Organisation ist also das Zentrale (vgl. Rosenstiel/ Neumann, 2002). Dabei ist die Beziehung als ein Spannungsverhältnis zu verstehen, da die Organisation v.a. nach dem Prinzip der Zweckrationalität strukturiert ist und der Einzelne, der in der Organisation tätig ist, diesem Zweck zu dienen hat und somit zum Instrument reduziert wird. Seine individuellen Ziele, soweit sie nicht den Organisationszielen entsprechen, spielen keine Rolle. Auf der anderen Seite kann berufliche Arbeit für den Einzelnen der Weg zur Selbstverwirklichung und zur sozialen Integration sein. Latente oder auch manifeste Konflikte können durch dieses Spannungsverhältnis entstehen. Vor dem Hintergrund dieses Spannungsverhältnisses schlägt Rosenstiel eine

Unterscheidung des Gegenstandsbereiches vor, welche akzentuierend verschiedene Teilgebiete in den Mittelpunkt stellt:

- die Aufgabe,
- das Individuum,
- die Gruppe und
- die Organisation.

Diese Aufteilung, so Rosenstiel weiter, ergibt sich zudem daraus, dass die einzelnen Aspekte auf grundlagenwissenschaftliche Erkenntnisse zurückgreifen können, dass die Praxis der tätigen Organisationspsychologen sich auch in diese Aspekte aufteilt und dass ähnliche Aufteilungen in der deutschsprachigen Literatur verbreitet sind (vgl. ders., 2003, S. 15).

Wenn die Organisation als zweckrationales Gebilde verstanden wird, wird sie gegründet, um bestimmte Ziele zu erreichen und spezifischen Zwecken zu genügen. Die Komplexität dessen, was zu leisten ist, macht Arbeitsteilung erforderlich, wodurch sich prägnant beschriebene Aufgaben ergeben. Diese sind von Individuen zu erfüllen, welche von der Organisation ausgewählt und geschult werden. Die quantitativ oder qualitativ umfangreichen Aufgaben können allerdings nicht von Einzelnen geleistet werden, so dass Arbeitsgruppen notwendig werden. Die Gruppen müssen so gestaltet sein, dass die Aufgabe optimal erfüllt wird. Aus der koordinierten Aufgabenerfüllung durch eine Vielzahl von Arbeitsgruppen soll das übergeordnete Ziel der Organisation erreicht werden, welche auch die Rahmenbedingungen stellt. Allerdings wird in dieser ausgeführten Aufteilung die Organisation immer als rein zweckrationales Gebilde dargestellt, in dem die Organisationsmitglieder nur das tun, was die Aufgabe von ihnen verlangt. Tatsächlich aber haben Menschen vielfältige Wünsche, Motive und Handlungsintentionen, die keineswegs stets den Anforderungen der Organisation entsprechen. In diesem Zusammenhang spielen Konzepte zu Rollenverhalten (vg. Organ, 1990), zu persönlichen Zielen (vgl. Brunstein/ Maier, 1996), zu Cliquenbildung oder zur Mikropolitik in Organisationen (vgl. Neuberger, 1995) eine bedeutende Rolle[40].

Es wurde schon mehrfach hervorgehoben, dass die Betrachtung der Organisation und der Organisationsberatung oder -gestaltung ein multi- und transdisziplinäres Forschungs- und Praxisfeld ist. Daher sind unterschiedliche Aspekte von verschiedenen wissenschaftlichen Disziplinen aufgegriffen und bearbeitet

---

40   Organ, D.W.: The motivational basis of organizational citizenship behavior. In: Research in Organiszational Behavior, 12, 1990. Brunstein, J./ Maier, G: Persönliche Ziele: Ein Überblick zum Stand der Forschung. In: Psychologische Rundschau 47, 1996. Neuberger, O.: Mikropolitik. Enke: Stuttgart 1995.

worden, Nachbarwissenschaften wurden in den eigenen Diskurs mit aufgenommen und fachfremde Konzepte adaptiert und modelliert. So sind auch organisationspsychologische Schwerpunktfelder schon in der Untersuchung der oben genannten verschiedenen wissenschaftlichen Perspektiven mit aufgegangen, so dass sie hier nicht nochmals erwähnt werden müssen. Allerdings finden sich in der Literatur der Organisationspsychologie wichtige Untersuchungen, Hinweise und auch Phänomene, die noch keine Erwähnung fanden und deren Ausführung hier das Kapitel ausmachen soll: die Arbeitszufriedenheit und die für die Personalentwicklung typischen Felder der Motivation, aber auch der Angst. Beide sollen folgend angeführt werden, um die Bestandsaufnahme der Organisation und Organisationsberatung in der Fachliteratur in diesem Zusammenhang zu komplettieren. Dabei wird die Arbeitszufriedenheit, um auf die oben ausgeführte Unterteilung zurückzugreifen, unter dem Gesichtspunkt der Organisation betrachtet, während die Personalentwicklung unter dem Aspekt des Individuums zu sehen ist.

2.1.4.1 Arbeitszufriedenheit

Das Konzept der Arbeitszufriedenheit hat in den vergangenen Jahren an Bedeutung gewonnen und diese auch bewahrt. Geht man von der oben erwähnten Gliederung aus und bestimmt Arbeitszufriedenheit als ein Konzept, das gekennzeichnet ist durch die Analyseeinheit Individuum, das Analyseelement Arbeit und durch die Art der Messung, nämlich Bewertung, dann müsste Arbeitszufriedenheit unter die Überschrift Individuum gesetzt werden. Allerdings wird die Arbeitszufriedenheit ganz anders erhoben und interpretiert: in der Regel erfasst man die Arbeitszufriedenheit im Rahmen einer anonymen Massenumfrage, analysiert Mittelwerte und Streuungen und bezieht diese nicht auf einzelne Personen, sondern auf Abteilungen oder auf die Gesamtorganisation. Aus diesem Zusammenhang wird deutlich, dass das Konzept der Arbeitszufriedenheit aus der Betrachtungsperspektive der Organisation zu besprechen ist (vgl. Rosenstiel, 2003, S. 422).

Seit der Humanisierung des Arbeitslebens wird die Arbeitszufriedenheit als ein Indikator der Humanisierung neben anderen gesehen. Die Organisationsgestaltung, das heißt in diesem Zusammenhang, wie eine Organisation gestaltet werden muss, damit sich die Arbeitszufriedenheit erhöht, hat daher auch aus diesem Blickwinkel an Bedeutung und an Eigenständigkeit gewonnen. Arbeitszufriedenheit wird als die Einstellung zur Arbeit und zur Arbeitssituation in ihren verschiedenen Aspekten verstanden. Damit ist die wertende Stellungnahme zur Arbeit oder ihren Teilaspekten gemeint. Eine Reihe von ähnlichen Begriffen wird oftmals synonym der Arbeitszufriedenheit gebraucht: so werden beispielsweise Betriebsklima, Identifikation mit der Arbeit oder morale[41] mit gleicher Intention verwandt, allerdings verbergen sich hinter diesen Begriffen immer noch andere Bedeutungen, die sich nicht mit dem hier auszuführenden Verständnis von Arbeitszufriedenheit decken.

In der Diskussion um die Arbeitszufriedenheit lassen sich vier Akzente feststellen. Zum einen ist der physisch-ökonomische zu nennen, der v.a. die äußeren Arbeitsbedingungen und die finanzielle Entlohnung berücksichtigt. Des Weiteren der soziale Akzent, der insbesondere in den zwischenmenschlichen Beziehungen die Gründe der Arbeitszufriedenheit sieht. Der selbstverwirklichungsorientierte Akzent, der durch die humanistische Psychologie besonders hervorgehoben wurde, sieht die Arbeitszufriedenheit in der Möglichkeit, die der Einzelne zur Selbstverwirklichung innerhalb der Arbeitstätigkeit findet. Der persönlichkeitsorientierte ist zuletzt zu nennen: hier wird v.a. durch die Persönlichkeits-, die Sozial- und die Klinische Psychologie die Arbeitszufriedenheit oder auch Optimismus als vom Kontext relativ unabhängige Persönlichkeitszüge gesehen (vgl. Rosenstiel, 2003, S. 426).

Diese inhaltlichen Schwerpunktsetzungen sind den theoretischen Orientierungen geschuldet. Motivationstheoretische Konzepte bilden dabei den Grundstein. Sie sind zwar divergent, lassen aber die Unterteilung in bedürfnistheoretische, anreiztheoretische, gleichgewichtstheoretische und humanistische Ansätze zu. Vor allem das humanistische Verständnis von Arbeitszufriedenheit hat ein verstärktes Interesse gefunden. Das Ziel menschlichen Handelns ist in den humanistischen Ansätzen die Selbstverwirklichung und somit auch geistiges Wachstum. Die Zufriedenheit entsteht durch das Suchen von Anforderungen, die neue Erfahrungen und neue Sinnbezüge gewährleisten. Allerdings ist es auch verständlich, dass Konzepte, die spezifisch humane Probleme der Daseinsbewältigung und Lebenserfüllung untersuchen, nur schwer operationalisiert werden können. Die einzelnen theoretischen Schwerpunktsetzungen, das heißt das jeweilige Zufriedenheitskonzept, sind für die Organisationsgestaltung von Bedeutung. Ohne die einzelnen genannten Richtungen auszuführen, sei angemerkt, dass bei einer bedürfnis- oder gleichgewichtsorientierten Konzeption Zufriedenheit eher geringe Aktivität zur Folge hat, während nach anreiztheoretischen oder humanistischen Konzeptionen zu erwarten ist, dass Zufriedenheit zu neuen Aktivitäten führt.

---

41 In der amerikanischen Literatur ist mit ´morale´ ein emotional positiver Zustand der Betriebsangehörigen gemeint, der sich von der Arbeitszufriedenheit zweifach unterscheidet: er beinhaltet zusätzlich Solidarität mit dem Betrieb und ist zudem explizit auf Leistung ausgerichtet (vgl. Rosenstiel, 2003, S. 424/425).

Die Messung der Arbeitszufriedenheit hat auf der einen Seite zu erheblichen Problemen geführt, auf der anderen Seite aber auch zu einer Reihe mehr oder weniger standardisierten Verfahren. Ausgehend von dem mehrdimensionalen Gegenstand der Arbeitszufriedenheit konnten verschiedene Dimensionen ermittelt werden. In einer solchen Faktorenanalyse wurden neben einem allgemeinen Zufriedenheitsfaktor (Generalfaktor) die Dimensionen Kollegen, Arbeitsinhalt, Management und Führung, Bezahlung, Arbeitsbedingungen, Firma, Beförderung, Sozialleistungen, Förderung und Schule, Anerkennung und Status, Leistungserfolg, Verantwortung, Sicherheit und Zukunft und Entfaltungsmöglichkeit gefunden (vgl. Rosenstiel, 2003, S. 429). Diese Dimensionen schlagen sich dann auch in Überlegungen zur Beeinflussung der Arbeitszufriedenheit durch organisationale Maßnahmen nieder, die gleich Erwähnung finden.

Zuvor soll aber noch kurz auf die Folgen und Korrelate der Arbeitszufriedenheit eingegangen werden. Es wird seit der Human-Relations-Bewegung die These vertreten, dass Arbeitszufriedenheit zu hoher Arbeitsleistung führe. In dieser These ist enthalten, dass Zufriedenheit und Leistung positiv korrelieren, sowie die Vermutung, Zufriedenheit ist die Ursache der Leistung. Allerdings zeigen die empirischen Untersuchungen, die Rosenstiel anführt, nicht dasselbe Bild: in einer Metaanalyse von 74 vorliegenden Studien von Iaffaldano und Muchinsky[42] ist zu sehen, dass die Korrelation zwischen Arbeitszufriedenheit und Arbeitsleistung bei 0.17 liegt. Es gibt offensichtlich bestimmte Bedingungen, unter denen Leistung und Zufriedenheit positiv korrelieren; es gibt andere, unter denen die Korrelation gänzlich fehlt und schließlich solche, unter denen sogar negative Korrelationen auftreten. Weitere Korrelate der Arbeitszufriedenheit sind in einigen theoretischen und empirischen Arbeiten gefunden worden, die zwar wenig geklärt, dafür aber interessant erscheinen: so ist bei Arbeitsunzufriedenheit eine Steigerung der Neigung zum Unfall zu beobachten; sowie eine Steigerung des Auftretens physischer und seelischer Krankheiten und eine Senkung der Lebenserwartung. Außerdem scheint die Arbeitszufriedenheit die Lebenszufriedenheit zu beeinflussen (vgl. Rosenstiel, 2003, S. 438). Inhaltliche Schwerpunktfelder, die Einfluss auf die Arbeitszufriedenheit haben, sind in Faktorenanalysen, wie erwähnt, ausgeführt worden. An diesen Dimensionen orientiert sollen einige Hinweise gegeben werden, welche Maßnahmen in einer Organisation möglicherweise positiven Einfluss auf die durchschnittliche Arbeitszufriedenheit haben. Die durchschnittliche Arbeitszufriedenheit impliziert, dass Maßnahmen, die bei der einen Person Zufriedenheit erzeugen, das bei einer anderen keineswegs tun müssen.

---

42   Iaffaldana, M./ MMuchinsky, P.: Job satisfaction and job performance: a meta-analysis. In: Psychological Bulletin 97, 1985.

- Kollegen

Die Kollegen sind für die Arbeitszufriedenheit besonders wichtig. Das Gefühl, von diesen nicht akzeptiert zu werden, führt zu Unzufriedenheit. Daher kann es sinnvoll sein, kleine Gruppen mit hoher Kohäsion zu bilden, um die Arbeitszufriedenheit zu verbessern. Das gilt v.a. dann, wenn der Arbeitsinhalt wenig Befriedigungspotential hat.

- Vorgesetzter

Ein mitarbeiterorientiertes Führungsverhalten wirkt sich positiv auf die Arbeitszufriedenheit aus, was in einer großen Anzahl an Studien belegt worden ist.

- Tätigkeit

Der Arbeitsinhalt ist in einigen Bereichen mit die wichtigste Einflussvariable. Ein nicht überfordernder Handlungsspielraum und das Gefühl, eigene Persönlichkeitsanteile mit in die Arbeit einbringen zu können, erhöht die Arbeitszufriedenheit.

- Arbeitsbedingungen

Die äußeren Arbeitsbedingungen, wie ausreichende Hilfsmittel oder freundliche und zweckdienliche Arbeitsräume lassen einen positiven Einfluss erwarten.

- Organisieren und Leitung

Die Art und Weise, wie die Organisation als Ganzes gesehen wird, wie die einzelnen Bereiche zusammenarbeiten, wie der Informationsfluss gestaltet ist und wie die Politik in der Organisation erlebt wird wirkt sich auf die Arbeitzufriedenheit aus.

- Entwicklung

Das persönliche Vorwärtskommen, sowie die Aufstiegserwartungen und der erreichte Aufstieg sind meist mit persönlicher Zufriedenheit gekoppelt. Allerdings spielen hier v.a. Persönlichkeitsmerkmale eine Rolle, die einen Aufstieg je anders bewerten. Zudem müssen gesellschaftliche Veränderungen, Werte und Normen berücksichtigt werden, die einen Aufstieg als erstrebenswert oder eben nicht bestimmen.

- Bezahlung

Die Höhe der Bezahlung korreliert in aller Regel mit der Zufriedenheit. Allerdings ist zu beachten, dass sich die Zufriedenheit mit der Bezahlung nicht aus der absoluten Höhe ergibt, sondern aus der relationalen: der soziale Vergleich ist entscheidend.

• Arbeitszeit

Besonders gleitende Arbeitszeiten und andere Formen der Flexibilisierung erhöhen die Zufriedenheit, v.a. dort, wo die Arbeitszeit nicht mit Freizeitmöglichkei-
ten konkurriert. Es ist auch nicht zu übersehen, dass sich Schicht- und Nachtar-
beit negativ auf die Zufriedenheit auswirkt.

• Arbeitsplatzsicherheit

Die Sicherheit des Arbeitsplatzes ist für die Arbeitszufriedenheit besonders dann
bedeutsam, wenn sie als gefährdet wahrgenommen wird. Allerdings ist das auch
immer abhängig von der Arbeitsmarktlage (vgl. Rosenstiel, 2003, S. 442)

Die Maßnahmen und Aspekte weisen auf organisatorische Bedingungen hin,
welche sich im richtigen Maß gestaltet, positiv auf die Arbeitszufriedenheit der
Organisationsmitglieder auswirken können. Dabei ist aber zu beachten, dass
immer von einer durchschnittlichen Arbeitszufriedenheit gesprochen wurde und
dass somit der Indikator als relativ beschrieben werden muss. Alternative Vorschläge zum Konzept der Arbeitszufriedenheit, wie das Bewusstsein der Arbeitenden, der Grad der Entfremdung der Arbeit oder die Weite des Handlungsspielraum sind allerdings nicht so weit operationalisiert, dass sie hier Berücksichtigung finden (vgl. Rosenstiel, 2003, S. 443).

2.1.4.2 Personalentwicklung unter besonderer Berücksichtigung der Aspekte 'Selbstvertrauen' und 'Angstreduktion'

Das Ziel der Personalentwicklung lässt sich durch das Funktionieren der Organisation, gemessen am Grad der Zielerreichung, beschreiben und zugleich durch
die Berücksichtigung der Bedürfnisse der Organisationsmitglieder. Zum Einen
ist dadurch die Anpassung des Menschen an die Aufgabe ausgedrückt, zum Anderen die Anpassung der Aufgabe an den Menschen. Ersteres wird u.a. durch
personelle Entscheidungen auf eignungsdiagnostischer Grundlage angestrebt. Da
aus humanen und auch ökonomischen Gründen Menschen nicht beliebig austauschbar sind, trägt dieses Konzept nur begrenzt. Sowohl die Aufgabe als auch
der Mensch, und hier dann das Organisationsmitglied, ändern sich, so dass die
Zuordnungsentscheidung als überholt gelten kann. Ein dynamisches Konzept soll
dieses statische ersetzen, bzw. ergänzen. Als ein solches gelten die Maßnahmen
der Verhaltensmodifikation. Sie kann sich auf motorische und kognitive Fertigkeiten beziehen, wie es in den traditionellen Formen der Aus- und Weiterbildung
oft der Fall ist. Sie kann sich aber auch auf das Training emotionaler, motivatio-

naler, volitionaler[43] und sozialer Fertigkeiten und Kompetenzen beziehen. Diese meist als Training oder Schulung bezeichneten Maßnahmen sind Bestandteile der Personalentwicklung. Sie kann umschrieben werden als „die systematisch vorbereitete, durchgeführte und kontrollierte Förderung der Anlagen und Fähigkeiten des Mitarbeiters in Abstimmung mit seinen Erwartungen und Tätigkeiten." (Rüter, 1988, S. 3, zit. nach Rosenstiel, 2003, S. 211). Damit ist zum einen die einzelne Person, das Individuum angesprochen, zum anderen werden dabei aber auch die Interessen der Organisation berücksichtigt. Die Personalentwicklung setzen Organisationspsychologen durch Aus-, Fort- und Weiterbildung um, so dass durch gezielte Maßnahmen bestimmte Merkmale der Organisationsmitglieder stabilisiert oder modifiziert werden. Sie beinhaltet somit alle planmäßigen person-, stellen- und arbeitsplatzbezogenen Maßnahmen zur Ausbildung, Erhaltung oder Wiedererlangung der beruflichen Qualifikation. Die Maßnahmen setzen vorwiegend bei einzelnen Mitgliedern der Organisation an, sind jedoch eng verbunden mit Interventionen auf der Gruppenebene und der Organisationsebene verknüpft, die auf organisationale Gruppen oder auf die gesamte Organisation Bezug nehmen (vgl. Holling/ Liepmann, 1995, S. 286). Nichtintendierte Maßnahmen oder informelles Lernen, das bei der Qualifikation am Arbeitsplatz eine vermutlich bedeutsamere Rolle spielt als institutionalisierte Bildungsmaßnahmen, zählen nicht zur Personalentwicklung (vgl. Rosenstiel, 2003, S. 213). Allerdings ist der Erfolg des informellen Lernens für die Qualifizierung der Mitarbeiter bekannt, so dass durch bestimmte Maßnahmen beispielsweise der job rotation oder des job enrichment diese Wirkungen angebahnt werden sollen.

Bei der Entwicklung eines Aus-, Fort- oder Weiterbildungsprogramms sind v.a. die Festlegung der Lernziele, die Ableitung von Kriterien zur Überprüfung des Lernerfolgs, die Entwicklung eines angepassten inhaltlichen und methodischen Lernprogramms, die Durchführung, der Transfer in die Praxis und die Überprüfung des Lernerfolgs von Bedeutung. Für jeden einzelnen genannten Aspekt gibt es eine Reihe an Literatur und Hinweisen, wobei hier aber auch deutlich wird, dass bei der Personalentwicklung die Praxis gegenüber der Theorie dominiert. Es ist jedoch, so Rosenstiel, ein diesbezüglicher Wandel zu beobachten (vgl. ders., 2003, S. 212).

Bei der Planung einer solchen personalentwicklungsbezogenen Maßnahme, wie sie oben angedeutet wurde, gewinnt immer mehr das selbstgesteuerte Lernen an Bedeutung. Der Schwerpunkt liegt hier auf der selbstständigen Aufgabener-

---

43   Als Volition wird in der Psychologie der Prozess der Willensbildung bezeichnet. Die Volitionspsychologie bzw. Volitionsforschung ist ein Teilgebiet der Motivationspsychologie und untersucht Fragestellungen zur Bildung, Aufrechterhaltung, zeitlichen Dynamik und Realisierung von Absichten. Dabei steht die Frage im Vordergrund, wie die Umsetzung einer Zielintention in die Handlung erfolgt.

füllung des Lernenden: eine eigenständige Durchführung des Informierens, Planens und Entscheidens, des Kontrollierens und Bewertens soll die Probleme eines Lerntransfers in die Praxis minimieren. Wichtig ist hierbei immer der soziale Kontakt, bzw. der soziale Austausch. Durch Lernpartnerschaften oder soziale Netze sollen Rat und Hilfe schnell abrufbar sein, die gegenseitige Information wird zu eigen gewählten Zeitpunkten stattfinden und die Umsetzung der Lernziele soll auf diesem Wege unterstützt und auch kontrolliert werden. Einige Studien, hier ist die von Staudt und Kriegesmann[44] zu nennen, zeigen auf, dass der Lerntransfer von Aus-, Fort- und Weiterbildung oftmals enttäuschend ausfällt. So ist ein Erfolg von Führungsseminaren, in denen Vortrag und Diskussion die wesentlichsten Methoden darstellen, bestenfalls kurzfristig auf den Ebenen des Wissens und der Einstellungen, nicht aber auf der Ebene des Verhaltens nachweisbar (vgl. ebd., S. 218). Soll ein Lerntransfer überhaupt stattfinden, also der Übertrag des Lernzieles auf die berufliche Situation, dann muss zumindest gewährleistet sein,

- dass die Übung in der Lernsituation möglichst viele Elemente der Tätigkeit in der Arbeitssituation umfasst,
- dass auf die Anwendungsmöglichkeiten verwiesen wird,
- dass die Bedeutung und Wichtigkeit des Gelernten für die Praxis besonders hervorgehoben wird unter dem Gesichtspunkt der positiven Konsequenz,
- dass das Erlernte möglichst zeitnah erprobt, angepasst und habitualisiert werden kann,
- dass die Resultate des Lernens sofort als Feedback im Sinne der Information und der individuellen Verstärkung gegeben werden,
- dass die Lerninhalte über kürzere oder längere Zeitspannen als verteiltes oder konzentriertes Lernen angeboten werden,
- dass Konflikte bearbeitet oder beseitigt werden können, auch um Widersprüche aufzudecken und zu bearbeiten,
- und dass individuelle Unterschiede der Lernenden im Hinblick auf die Wahl der Methoden berücksichtigt werden (vgl. Weinert[45], 1998; zit. nach Rosenstiel, 2003, S. 219).

Baldwin und Ford haben in einer umfassenden Literaturauswertung und Analyse des Lerntransfers zwischen drei Aspekten unterschieden, von denen ein Transfer abhängt: Trainingsinput, Trainingsresultate und Transferbedingungen. Ihren An-

---

44 Staudt, E./ Kriegesmann, R: Weiterbildung. Ein Mythos zerbricht. In: Arbeitsgemeinschaft Qualifikations-Entwicklungs-Management (Hrsg.), Kompetenzentwicklung 99. Münster: Waxmann 1999.

45 Weinert, A. B.: Lehrbuch der Organisationspsychologie. 4. Aufl. Psychologie Verlags Union: München 1998

nahmen zufolge üben die Inputvariablen einen direkten Effekt sowie einen indi-rekten Effekt über die Trainingsergebnisse auf die Transferbedingungen aus. Der Einfluss von Merkmalen der Trainingsteilnehmer auf den Transfer ist noch unzu-reichend geklärt. In einigen Studien, so Holling und Liepmann, ergeben sich Hinweise darauf, dass positiver Transfer durch Leistungsmotivation und interne Kontrollüberzeugungen sowie Intelligenz gefördert wird. Auch Job Envolvement und das Vertrauen in den Erfolg der Trainingsmaßnahmen scheinen sich positiv auszuwirken. In Veröffentlichung von Praktikern wird immer wieder auf die große Bedeutung der Arbeitsumgebung und organisationaler Bedingungen für den Transfer hingewiesen (vgl. dies., 1998, S. 308). Ein gutes Organisationskli-ma, die Wertschätzung der Führung dem Training gegenüber und eine dement-sprechende Kommunikation zwischen Führung und Organisationsmitglieder scheinen positiv auf den Transfer zu wirken.

Zweifelsohne spielen die Fähig- und Fertigkeiten der Organisationsmitglie-der die gewichtigste Rolle bei der Erreichung von organisationalen Zielen. Die-ses instrumentelle Verhalten kann, wie oben beschrieben, über Aus-, Fort- und Weiterbildungsangebote stabilisiert oder verbessert werden, solange der Transfer in die berufliche Praxis gelingt. Es ist aber auch zu beobachten, dass trotz einer ausreichenden fachlichen Qualifizierung und der entsprechenden soft skills in einer konkreten Situation das erwartete Verhalten von einer Person nicht gezeigt werden kann (vgl. Rosenstiel, 2003, S. 236). Die Leistungen sind in einer kon-kreten Situation deutlich geringer, als man es aufgrund der Messung der Befähi-gung – beispielsweise mit Hilfe geeigneter Intelligenz- und Leistungstests – erwarten würde. Die jeweilige Person gibt an, dass sie sich blockiert fühle, dass sie einfach *Angst* habe. Derartige leistungsbehindernde Ängste sind weit verbrei-tet (vgl. ebd.). Bei der beruflichen Arbeit spielt Angst eine erhebliche und nicht selten leistungsmindernde Rolle. Angst ist u.a. ein Indikator höherer Aktivierung des Organismus. Umstritten ist, ob diese angstbedingte Aktivierung leistungsför-dernd oder leistungshindernd wirkt. Es spricht einiges dafür, dass bei geringfügig gesteigerter Angst die Leistung zunächst ebenfalls ansteigt, um dann bei weiter steigernder Angst wieder abzufallen. Die Leistung steigt nicht beliebig mit dem Aktivierungsniveau. Vielmehr sinkt die Leistung bei sehr starker Aktivierung und pendelt sich nicht auf einem hohen Niveau ein. Dieses Absinken wird dann als Angst oder Nervosität erlebt.

Psychoanalytische Ansätze stellen bei der Erklärung und Therapie von Ängsten ein geeignetes theoretisches Konstrukt dar. Allerdings ist der Organisa-tionspsychologe aus zeitlichen und rechtlichen Gründen nicht in der Lage, eine aufwendige psychoanalytische Angstbehandlung vorzunehmen. Da bei konkre-ten Phobien auch andere Vorgehensweisen wirksam sind, empfiehlt sich die Orientierung an einem anderem theoretischen Konstrukt: die Gegenkonditionierung. Soll die an Angst leidende Person in den bislang angstauslösenden Situationen angstfrei reagieren, dann ist zunächst ein Training der muskulären Entspannung, wie die Progressive Muskel-Relaxation[46], ratsam. Die so erlernte Entspannung soll dann zugleich mit den Vorstellungen der angstauslösenden Reize herbeigeführt werden. Das bedeutet, dass die bisher an spezifische Situation gebundene Angstreaktion durch angstinkompatible Verhaltensweisen ersetzt wird. Da muskuläre Anspannung ein Angstkorrelat darstellt, ist die muskuläre Entspannung als unvereinbar mit der Angstreaktion anzusehen und dadurch für die Gegenkonditionierung gut geeignet (vgl. Rosenstiel, 2003, S. 238). In Gesprächen und auch Beobachtungen kann die spezifische Angst ermittelt werden, so dass dann im Vorgehen der Angstreduktion eine Angsthierarchie erstellt werden kann. Diese wird dann systematisch in 'Behandlungsstunden' durchschritten, um schließlich die vorerst angstbesetzteste Situation sich angstfrei und entspannt vorzustellen. Die Fähigkeit, sich die angstauslösende Situation entspannt vorzustellen, ist damit zugleich auf das Verhalten generalisiert. Allerdings ist es nicht immer Aufgabe des Organisationspsychologen. Häufiger werden solche Organisationsmitglieder an therapeutische Institutionen überwiesen. Die Tatsache, dass Angst ein verbreitetes Phänomen im Berufsleben darstellt, ist der Organisationspsychologie bewusst, wenn auch die Behandlung oder die Angstreduktion nicht immer in ihr Aufgabengebiet fällt.

Das Training des *Selbstvertrauens* hingegen zählt zu den üblichen Maßnahmen der Personalentwicklung. Eine große Zahl beruflicher Situationen erfordert ein erhebliches Maß an Selbstvertrauen. Dies gilt von den Zielsetzungen des einzelnen und von den Anforderungen der Organisation. Manchen Organisationsmitgliedern fehlt das notwendige Selbstvertrauen. In diesen Fällen ist es ratsam und mit entsprechenden Trainingsprogrammen auch möglich, notwendige situationsspezifische Selbstsicherheit und soziale Kompetenz aufzubauen. Dabei greift die Organisationspsychologie auf mittelbare und unmittelbare Verstärkungstechniken zurück. Konzepte des Modelllernens, des instrumentellen und des operanten Konditionierens spielen hierbei eine Rolle. Bei der Anwendung solcher Verstärkerkonzepte ist es wichtig, nicht nur auf die Konsequenzen für den Einzelnen einzugehen, sondern auch, welche Konsequenzen sein unsicheres und vielleicht nachgiebiges Verhalten für Personen seiner sozialen Mitwelt hat. Nach einer Verhaltensanalyse, die auf verhaltenstheoretischer Grundlage basiert, soll es zu einem Aufbau alternativer Verhaltensweisen kommen. Es ist in der Analyse oftmals schwer, Situationen, in diesem Kontext diskriminative Reize, bei der Person auszumachen, da die Situationen, die das unerwünschte Verhalten bedingt und das Zielverhalten behindert haben, nicht mehr aktuell gegeben sind.

---

46 Vgl. in diesem Zusammenhang: Hofmann, Linneweh, Streich: Erfolgsfaktor Persönlichkeit. Beck: München 1997.

Sie muss durch Befragung aus der Lerngeschichte der Person abgeleitet werden. In der klassischen Form der Verhaltensmodifikation auf verstärkungstheoretischer Grundlage sieht der Aufbau des erwünschten Verhaltens eine klare Definition des Zielverhaltens vor. Es wird analysiert, in welchen Situationen das Zielverhalten zumindest ansatzweise auftritt. Ein Verstärkungsplan soll dafür sorgen, dass positive Verstärker konsequent dann auftreten, wenn das Zielverhalten beobachtet werden kann. Ein Problem beim Aufbau des Zielverhaltens besteht häufig darin, dass die Person es einfach nicht beherrscht, weil unerwünschte Verhaltensweisen sich verfestigt haben. Es ist also neben dem Einsatz von Verstärkern auch das Training des Zielverhaltens erforderlich (vgl. Rosenstiel, 2003, S. 242). In solchen Trainingsprogrammen spielen Methoden des mentalen Trainings, Rollenspiele, Planspiele oder auch Fallstudien eine Rolle (vgl. Holling/ Liepmann, 1993, S. 299ff).

Es gibt noch eine ganze Reihe an Bereichen und Aspekten, die bei der Personalentwicklung aus organisationspsychologischer Sicht Erwähnung finden müssten. Allerdings sind einige, wie schon erwähnt, in den obigen Sichtweisen aufgenommen worden. In diesem Zusammenhang soll der kurze Einblick in bestimmte Ziele und Methoden der Personalentwicklung ausreichen. Die spezifisch organisationspsychologischen Konzepte der Organisationsentwicklung und Organisationsgestaltung, die personale und strukturale Ansätze beinhalten, sind oftmals in den Nachbarwissenschaften ebenso enthalten wie es andersherum auch der Fall ist. Dezidierte Konzeptvorstellungen werden im weiteren Verlauf der Arbeit vorgenommen.

2.2 Organisationsberatung im Spiegel eigener Erfahrungen

Eine weitere Zugangsweise zum Gegenstand der Organisationsberatung soll die Erfahrung im Feld darstellen. Das Projekt zeichnet sich vor allem dadurch aus, dass es parallel zur Konzeption dieser Arbeit stattgefunden hat. So bekam die theoretische Auseinandersetzung immer eine neue Färbung geliefert, die allein durch die Analyse der Diskurslage nicht hätte stattfinden können. Im Gegenzug wurde aber auch die im Projekt stattfindende Praxis neu bewertet und durch erweiterte Brillen betrachtet. Gemeinsam hatte das den Vorteil der Erdung der Theorie; und es hatte den Vorteil der theoriegeleiteten Praxis.

Der Autor hatte die Möglichkeit, eine Hauptschule bei der Umgestaltung ihres Schulkonzepts beratend zu begleiten, während die Diskurslage der Organisationsberatung analysiert und bewertet wurde. Einige zentrale Aspekte der Organisationsberatung (vgl. Kap. 2.1) konnten in dem eigenen Projekt wieder gefunden und berücksichtigt werden. Allerdings taten sich auch Probleme und unvorhersehbare Ereignisse auf, die in der Analyse der Fachdiskurse nicht zu finden waren; sie konnten wissenschaftlich nicht eingeordnet werden. Das gab den Anstoß zu einer weiteren Annäherung an den Gegenstandsbereich der Organisationsberatung. Im Folgenden wird einem Phänomen zugewandt, welches sich speziell durch eine 'Begrenztheit' des eigenen Fachdiskurses beschreiben lässt (Kap. 2.2.1). Dabei geht es vor allem um bereits bestehendes Wissen, das in irgendeiner Weise von der Organisation nicht gesehen, gehört oder ignoriert wurde. Im Kap. 2.2.4 wird erörtert, was dazu den Anlass geben könnte.

2.2.1 Die Begrenztheit des eigenen Fachdiskurses

Die Diskurslage hat gezeigt, dass sich verschiedene Wissenschaftszweige mit der Organisationsberatung beschäftigen: ein jeder fokussiert diesen Gegenstand aus seinem Blickwinkel, stellt aus seiner Perspektive Phänomene in den Vordergrund und gewichtet sie unterschiedlich in seinem Kontext. Allerdings zeigen die Fachdiskurse auch, dass es neben den spezifisch inhaltlichen Schwerpunkten einer Disziplin zu großen Überschneidungen oder Überlappungen kommt. Der Großteil der Überschneidungen wurde von einer Disziplin originär erkannt und behandelt, um später eine breitere Zustimmung auch in den weiteren Disziplinen zu finden. So ist es beispielsweise mittlerweile nicht erstaunlich, dass psychologisch orientiertes Wissen und orientierte Blickweisen auch in betriebswirtschaftlicher Literatur zu finden sind oder soziologische Untersuchungen und Erkenntnisse in der pädagogischen, o.ä. Das spricht zum einen für die Qualität dieses Wissens und dieser Ergebnisse, zum anderen aber auch für deren Popularität. Popularität meint in diesem Zusammenhang, dass fachfremdes Wissen gesehen und beurteilt worden ist und in den facheigenen Diskurs aufgenommen wurde, um seine eigene Subjektivität, die 'Identität' des Fachdiskurses zu erweitern, bzw. zu konstruieren. In der ständigen Auseinandersetzung mit dem Andersartigen kann es zur Reflexion über Partikularität und Kontingenz des eigenen Diskurses führen.

Was ist aber mit Wissensteilen und Erkenntnissen, die schon längst existierten, aber von angrenzenden, 'fremden' Diskursen nicht wahrgenommen werden, obwohl sie thematisch relevant erscheinen? In der Vorbereitung und Durchführung einzelner Phasen der Beratung und Begleitung der Schule wurde deutlich, dass sich die angestrebte Neukonzeptionierung auf bereits (länger) Bestehendes bezieht. Es waren keine Neuerungen in dem Sinne, dass hier neue Erkenntnisse der Schulforschung konzeptionalisiert werden sollten. In der Recherche zu inhaltlichen Schwerpunkten des Konzeptes zeigte sich, dass die meisten Vorschläge für das neue Schulkonzept schon längst formuliert wurden – und zwar nicht von Seiten der Schulforschung, sondern von Seiten eines angrenzenden Diskurses: der Sozialpädagogik. Hier wurde thematisch relevantes Wissen von einem angrenzenden Diskurs nicht gesehen oder gehört. Dieses Wissen wurde nicht in den eigenen Diskurs aufgenommen.

Im Folgenden soll untersucht werden, ob sich bestimmte Umstände oder Phänomene ausmachen lassen, die verantwortlich für ein solches Nicht-Hören oder für eine solche Nicht-Berücksichtigung sind. Dazu wird eine historische Betrachtung notwendig sein, welche die Ausgangsbedingungen formuliert (Kap. 2.2.1.1). Hierbei wird v.a. auf einen Autoren zurückgegriffen, der vor dreißig Jahren das Verhältnis zwischen Schule und Sozialpädagogik beschreibt und bewertet. Die Wahl dieses Autors und das Erscheinungsdatum verdeutlichen, dass Ideen und Forderungen, die vor dreißig Jahren aufkamen und gestellt wurden, erst heute in der Neukonzeptionierung der Schulen aktuell werden. Teilweise lesen sich seine Betrachtungen und Forderungen von 1976 wie Beiträge zur aktuellen Debatte zur Schullandschaft und zur Bildungsdiskussion[47]. Im Vergleich zum derzeitigen Verhältnis von Schule und Schulsozialarbeit als Kooperationsmodell (Kap. 2.2.1.2) wird das noch deutlicher. In der abschließenden Zusammenschau (Kap. 2.2.1.3) werden einzelne Beweggründe herausgestellt, die zu einem Nicht-Hören und Nicht-Berücksichtigen bestimmter Wissensteile führen können. Das Verhältnis der angrenzenden Diskurse der Schulpädagogik und der Sozialpädagogik kann als ein exemplarisches gelesen werden. An ihnen soll beispielhaft verdeutlicht werden, dass bestehendes Wissen, bestehende Erkenntnisse nicht in den eigenen Fachdiskurs aufgenommen werden, obwohl sie thematisch relevant sind und zur Erweiterung des eigenen Diskurses, der eigenen Identität beitragen können. Es wird im weiteren Verlauf zu zeigen sein, dass bei Beratungssituationen ein ganz ähnliches Phänomen auftritt.

2.2.2 *Eine historische Betrachtung des Verhältnisses von Schule und Sozialpädagogik*

Sozialarbeit und Sozialpädagogik, im Folgenden und in diesem Zusammenhang gleichsinnig verwandt, sind als private und öffentliche Reaktionen auf soziale und erzieherische Notfälle entstanden, bemühen sich aber, den Nothilfecharakter durch präventive und ausreichende erzieherische und sozialfürsorgerische Angebote zu überwinden. Der Beginn der Sozialpädagogik als gesellschaftliche Nothilfe kann auf den Anfang des 16. Jahrhunderts datiert werden, als der Nieder-

---

47   Vgl. PISA (Programme for International Student Assessment), 2003; TIMSS (Third International Trends in Mathmatics and Science Study), 2003; IGLU (Internationale-Grundschul-Lese-Untersuchung (PIRLS), 2001, 2006; Vernor Munoz, Un-Sonderberichterstatter, 2007

gang der Zünfte und andere gesellschaftliche Wandlungsprozesse eine Bettelpla-
ge auslösten (vgl. Iben, 1976, S. 18). Die bisherige statische Behandlung der
Armen und die Versorgung durch christliche Almosen wurden durch das An-
wachsen der umherziehenden Bettler erneuert. Da die kirchliche Armenpflege
nicht mehr ausreichte und die Bettler zudem als Bedrohung empfunden wurden,
entstanden unter dem Einfluss sozialkritischer Ansätze des Humanismus Überlegungen in Richtung einer sozialpädagogischen Behandlung der Armenfrage.
Dabei wurde vor allem auf die Erziehung und Ausbildung der Kinder Wert gelegt. Bereits hier wurde deutlich, dass Sozialpädagogik in gesellschaftlichen
Krisen als Krisenmanagement auf den Plan tritt. Die schulische Ausbildung
wurde als ein wichtiger Teil des sozialpädagogischen Konzepts verstanden und
man versprach sich dadurch einen wesentlichen Beitrag zur Lösung der sozialen
Problematik. Dieses Verständnis von der Einheit von Schule und Erziehung
spiegelt sich später in besonderer Weise im Werk Pestalozzis und in der Reformpädagogik wieder (vgl. ebd.). Die Jugendbewegung zu Beginn des 20. Jahrhunderts und die von ihr beeinflusste Reformpädagogik betonten in pädagogischen Modellen ebenfalls die Zusammengehörigkeit von Schule und Sozialpädagogik. Schule und Lebenswelt durchdrangen sich gegenseitig, indem das Lernen
von den Nöten und Freuden des Zusammenlebens inspiriert wurde und zu diesem Zusammenleben befähigen sollte[48]. In der Schulpädagogik blieb es nur bei
einzelnen Versuchen einer gegenseitigen Durchdringung.

Allerdings kam es ungeachtet dieser Verzahnung von Schule und Sozialpädagogik in bestimmten Modellen zu einer generellen Auseinanderentwicklung
beider Bereiche im Zuge der Verwissenschaftlichung der Schule, insbesondere
der Gymnasien. Das dreigliedrige Schulsystem entstand als hierarchische Struktur entsprechend den sozialen Schichten: das Gymnasium für die geistige Elite
und soziale Oberschicht, Realschulen für die Mittelschicht, Volksschulen für die
Landbevölkerung und das Proletariat und Hilfsschulen in der Nachfolge der
Armenschulen für das Subproletariat. Die Berufung auf unterschiedliche Bega-
bungen diente dabei als wissenschaftliche Legitimation für Privilegierung und
Benachteiligung. Der relativ hohe gesellschaftliche Status des Gymnasiallehrers
und seine höhere Besoldung führten dazu, dass sich alle anderen Lehrergruppen
an ihm orientierten und ihr geringes Prestige durch Angleichung an ihn zu erhöhen suchten. Das damit angestrebte Selbstverständnis als Fachwissenschaftler
drängte den Erziehungsauftrag und das sozialpädagogische Engagement zunehmend in den Hintergrund. Die Verwissenschaftlichung der Lehrerausbildung
bewirkte durch die fortschreitende einzelwissenschaftliche Sichtweise den

---

48 Vgl. hierzu: Link: Pädagogische Konferenzen und kollegiale Schulentwicklung in der Oden-
    waldschule. In: Göhlich (Hrgs.): Pädagogische Organisationsforschung. Verlag für Sozialwis-
    senschaften: Wiesbaden 2005.

Schwund erzieherischer und sozialpädagogischer Aspekte (vgl. ebd., S. 20). Die Sozialpädagogik hatte allenfalls die Schule von auffällig gewordenen Schülern zu 'befreien', um ein reibungsfreies Funktionieren des Schulapparates zu garantieren (vgl. Reyer, 1976, S. 41). Die Beziehung zwischen Schule und Sozialpädagogik reduzierte sich hier auf ein Lieferant-Abnehmer-Verhältnis, das auch durch den niedrigen Status des Sozialpädagogen unterstrichen wurde (vgl. Iben, 1976, S. 20).

Aber auch die sozioökonomische Entwicklung der industriellen Gesellschaft hat zu dem Auseinanderfallen von Schule und Sozialpädagogik beigesteuert. Mit Beginn der Manufaktur und Industrie kam es zum Ausbau der sekundären Sozialisationsträger. Das Auseinanderrücken von Arbeitsstätte und familiären Lebensraum und die Kluft zwischen dem, was die Familie an Qualifikationen vermitteln konnte, und den Ausbildungsansprüchen der Arbeitswelt führten zu neu geschaffenen Institutionen der Jugendfürsorge, welche erzieherische Defizite auszugleichen suchten. Vor allem die drohende Verwahrlosung und die faktischen Abweichungen der Proletarierjugend lösten sozialpädagogische Impulse aus, die seit 1900 zur fortschreitenden Institutionalisierung der Gegenmaßnahmen und sozialen Kontrollen führten (vgl. ebd., S. 21). Der deutliche Nothilfecharakter der anfänglichen Sozialpädagogik führte schon früh zu einer Identifizierung mit seiner Klientel. Der bis heute gegenüber dem Lehrer besoldungs- und prestigemäßig niedrige Status erschwerte den Prozess der professionellen Selbstfindung und verhinderte die Durchsetzung einer entsprechend ausgestatteten offensiven und präventiven Sozialpädagogik. „Es lag vornehmlich an diesen Statusunterschieden, wenn das Gespräch zwischen Lehrern und Sozialpädagogen nie wirklich in Gang gekommen ist und noch heute mancher Sozialarbeiter, der als Mitarbeiter in einer Schule eingestellt wird, in Verkennung seiner Rolle versucht, ein besserer Lehrer zu sein." (ebd.)

1929 wurde die Aufgabenbestimmung der Sozialpädagogik als außerhalb der Schule liegend formuliert und ist bis in die 70er Jahre nicht wesentlich verändert worden[49]. Dass es im Jugendhilfegesetz von 1973 nicht verändert wurde, führt Iben wesentlich auch auf Kompetenzängste der Sozial- und Kultusministerien zurück (vgl. ders., 1976, S. 22). Erst ab den 60er Jahren des 20. Jahrhunderts sind wieder erste Tendenzen einer Kooperation zwischen Schule und Sozialpädagogik sichtbar. Durch die studentischen Unruhen[50] dieser Zeit und durch die in den USA entwickelten Methoden des Social-Case-Work, des Social-Group-

---

49   die heutige Situation wird im weiteren Verlauf dargestellt (Kap. 2.2.2)
50   Die studentischen Unruhen haben allerdings dabei eine ambivalente Funktion gehabt. Zum
      einen sensibilisierten sie für die gesellschaftlichen Missstände der damaligen Zeit, zum
      anderen wurde die Sozialpädagogik aber auch als „Knecht des kapitalistischen Systems" verurteilt.
      (vgl. näher: Iben, 1976, S. 23)

Work und der Community-Organization erlangte die Sozialpädagogik wieder mehr Ansehen, vor allem dann, als sie sich als wissenschaftliche Disziplin etablierte. Die sozialpädagogische Sichtweise erfuhr eine Aufwertung, als ein neuer dynamischer Begabungsbegriff eingeführt wurde. Die Diskussion um die so genannten Begabungsreserven und die Bildungsbarrieren sowie die entscheidende Rolle des Anregungsmilieus ließen sozialpädagogische Ansätze wieder aktuell erscheinen. Beispiele skandinavischer Gesamtschulen unterstrichen die Wichtigkeit und Schlüsselfunktion von sozialpädagogischen Modellen, wie der Schülerhilfe. Sie verweisen darauf, dass das komplizierte System einer Gesamtschule ohne ein Team der Schülerhilfe nicht in der Lage sei, die angestrebte Chancengerechtigkeit zu verwirklichen. Ohne Angebote der Schullaufberatung, Stützkursen bei Lernschwierigkeiten, Lehrer- und Elternberatung, von diagnostischen und anderen Hilfen sei das Ziel der Gesamtschule nicht zu erreichen. Das an das schwedische Modell angelehnte Konzept der Schülerhilfe, das auch schon in den Niederlanden bestand und auf der effektiven Zusammenarbeit von Psychologen, Medizinern, Sozialpädagogen, Heilpädagogen und Lehrern beruht, hat bis heute nicht verwirklicht werden können. Einzelne Modellprojekte sowie der schulpsychologische Dienst bilden die Ausnahme (vgl. ebd., S. 24). Die ersten beobachtbaren Versuche, die 1976 geschildert werden konnten, stellten eine solch enge Beziehung zwischen Schule und Lebenswelt dar, dass die Kluft zwischen bildungsfeindlichem Milieu und mileufremder Schule verringert werden konnte. Iben stellte zu der Zeit fest, dass „nur so [...] sich die verbreitete Schulfeindlichkeit in Arbeiterfamilien und die soziokulturelle Benachteiligung ihrer Kinder durch eine mittelschichtorientierte Schule und ihre oft lebensfernen und wenig relevanten Inhalte überwinden [lasse]." (ders., 1976, S.26) Die Bildungsfragen und sozialen Probleme der damaligen Gegenwart, aber auch der Zukunft lassen sich, so Iben weiter, nur in der Kooperation zwischen Schule und Sozialpädagogik bewältigen. So wenig sich schulischer und außerschulischer Bereich ohne Schaden isolieren lassen, so wenig kann eine Trennung von Schule und Sozialpädagogik im Interesse beider liegen.

Die angeführte Auflösung der Funktionseinheit Schule und Sozialpädagogik hatte die institutionell-organisatorische Trennung in Schule und Jugendfürsorge zur Folge sowie eine unterschiedliche gesellschaftliche Wertschätzung. Die schon erwähnten Statusunterschiede und die zumeist negativ stigmatisierenden Auswirkungen sozialpädagogischer Einrichtungen und ihrer Maßnahmen auf die betroffenen Kinder und Jugendlichen sowie die Sozialpädagogen selbst kann, so Reyer, auf die Entwicklung der Schule zur Regelagentur zurückgeführt werden (vgl. ders., 1976, S. 39). Schule wird unmittelbar notwendig zur Aufrechterhaltung gesellschaftlicher Reproduktion und Kontinuität. Die Sozialpädagogik wurde institutionalisiert als flankierende Ergänzung zum familialen und schulischen

Regelbereich, um jugendliche Ausbruchs- und Aufkündigungstendenzen sozial-integrativ auffangen zu können. Obwohl die Reformpädagogik und die Sozialpä-dagogik der 1920er Jahre einige kritische Einstellungen gegenüber der Schule in ein Konzept einer sozialpädagogischen Schule einbrachte, entwickelten sich die Schule und die sozialpädagogischen Sozialisationsbereiche isoliert voneinander. Diese Entwicklung hing sicherlich mit der unterschiedlichen Funktionswichtig-keit schulischer und sozialpädagogischer Sozialisationsbereiche für die gesell-schaftliche Reproduktion und Kontinuität zusammen; aber auch mit einem Inte-ressenausgleich zwischen dem Staat und den großen gesellschaftlichen Organisa-tionen, vor allem der Kirchen (vgl. Reyer, 1976, S. 41). Der Staat wurde auf dem Gebiet des Schulwesens fast ausschließlicher Erziehungsträger und trat im Be-reich der Jugendhilfe nur subsidiär in Erscheinung: die Schule als Regelagentur und sozialpädagogische Einrichtungen als fakultativ-flankierende Agenturen. Sollte sich eine Veränderung im Verhältnis zwischen Schule und Sozialpädago-gik vollziehen, so müssten „Widersprüche, Konflikte und Defizite im Sozialisa-tionssystem, die mit Hilfe von sozialpädagogischen Einrichtungen und Maßnah-men aufgefangen werden sollen, quantitativ und qualitativ das traditionelle sozi-alpädagogische Potential übersteigen und zu einer ständigen Gefährdung gesell-schaftlicher Reproduktion und Kontinuität werden." (ebd., S. 42) Dadurch würde der sozialpädagogische Bereich tendenziell in den Regelagenturbereich integriert werden und somit Merkmale einer Regelagentur annehmen.

2.2.3 Das derzeitige Verhältnis von Schule und Sozialpädagogik. Schulsozialarbeit als Kooperationsmodell

Schulsozialarbeit gilt als die intensivste Form der Zusammenarbeit zwischen Jugendhilfe und Schule. Sie ist gleichermaßen eine freizeitpädagogische oder beraterische Maßnahme, die von Schulen selbst organisiert und in der Regel über den Schulträger finanziert wird. Sie kann als Auftrag der Jugendhilfe bezeichnet werden, die leistungsschwache, sozial ausgegrenzte oder benachteiligte Schüler unterstützt. Dabei ist die Schulsozialarbeit keine eigenständige Profession und kann nicht exakt beschrieben werden, ist nicht amtlich dokumentiert, nicht sys-tematisch erfasst und weder in der erziehungs- noch sozialwissenschaftlichen Diskussion als eindeutige Funktion abgegrenzt (vgl. Tillmann, 1982, S. 12). Neuere Sichtweisen und Definitionsversuche verstehen unter Schulsozialarbeit verschiedene Arbeitsansätze, mit denen Sozialarbeiter in der Schule arbeiten (vgl. Segel, 1996) oder sämtliche Aktivitäten und Ansätze einer verbindlich vereinbarten, dauerhaften und gleichberechtigten Kooperation von Jugendhilfe und Schule, durch die sozialpädagogisches Handeln am Ort sowie im Umfeld der

Schule ermöglicht wird (vgl. Olk/ Bathke/ Hartnuß, 2000, zit. nach Just, 2004, S. 36). Aus der Bundesarbeitsgemeinschaft der Landesjugendämter von 1993 geht hervor, dass Schulsozialarbeit als eine präventive Form der Jugendhilfe zur Förderung von Kindern im schulpflichtigen Alter, die sich in das Lebensfeld der jungen Menschen, hier an einem speziellen, für Kinder und Jugendliche besonders wichtigen Ort, die Schule, begibt, verstanden. Die Schulsozialarbeit kann und soll durch ihr Wirken auch die kritische Auseinandersetzung mit sich selbst bewirken (vgl. ebd.). Just formuliert 2004:

> „Schulsozialarbeit ist zu verstehen als pädagogisches Angebot zur Erlangung von Schlüsselqualifikationen im Bereich von Kooperation und Kommunikation, in der Wahrnehmung und Unterstützung Sozialisationsbedingter Grundbedürfnisse jedes Einzelnen und in der Erkennung des eigenen Selbstwertgefühls als Basis für Persönlichkeitsentfaltung und -entwicklung. Dabei bedient sich die Schulsozialpädagogik verschiedener Methoden und Beratungsansätze unter Einbeziehung des jeweiligen sozialen Bezugssystems, das den individuellen Schulalltag und das soziokulturelle Umfeld prägt. Schulsozialpädagogik setzt eine intensive Zusammenarbeit zwischen Schul- und Sozialpädagogen in professioneller Gleichrangigkeit und klarer Rollendefinition voraus zu Gunsten der gleichen Kinder und Jugendlichen. Parallel dazu ist konstruktive Elternarbeit erforderlich." (dies., S. 36/ 37)

Damit scheint zumindest inhaltlich eine genauere Formulierung von Schulsozialarbeit möglich. Allerdings betont der achte Jugendbericht (1990), dass es noch nicht gelungen ist, eine politisch-administrative Beziehung beider Institutionen herzustellen, die eine gemeinsame Arbeitsteilung und Zusammenarbeit im Interesse der Schüler ermöglicht. Der neunte Jugendbericht (1994) greift diesen Aspekt auf, ergänzt ihn zudem mit einer Zusammenarbeitsverpflichtung gemäß §81 des KJHG. Im zehnten Kinder- und Jugendbericht (1998) wird herausgestellt, dass die Schulsozialarbeit ihre rechtliche Grundlage gefunden und sozialpädagogische Hilfen anzubieten hat, die im schulischen Bereich der Integration von Schülern mit sozialen Benachteiligungen und individuellen Beeinträchtigungen gerecht werden soll. Damit ist Schulsozialarbeit Teil des professionellen Handelns in der Schule. Vier Jahre später stellt der elfte Kinder- und Jugendbericht (2002), nachdem die Integration rechtens und vonstatten zu gehen schien, eine ganz andere Frage: Wie können Schule und Jugendhilfe die Herausforderung gemeinsam bewältigen, wenn unterschiedliche Sichtweisen die Ausführungen der ureigensten Aufgaben der jeweiligen Profession und klare Definition von Bildung die Zusammenarbeit beeinträchtigen und erschweren, obwohl nach dem Bildungsbegriff der ´Kommission Bildung´ Erziehung eine gemeinsame Aufgabe von Familie, Schule und Jugendhilfe ist (vgl. Just, 2004, S. 38). Die rechtlichen Rahmenbedingungen zur Kooperation von Jugendhilfe und Schule ergeben sich aus der Grundlage des KJHG und des Schulverwaltungsgesetzes. Damit stimmen Schule und Jugendhilfe in ihren grundlegenden Zielsetzungen überein: sie sollen die Persönlichkeit junger Menschen stärken, sie zu eigenverantwortlichen Handeln und zur Wahrnehmung gemeinschaftlicher und sozialer Verhaltensweisen befähigen und auf das Leben vorbereiten. Ein gesellschaftlicher Auftrag zur Zusammenarbeit ist also gegeben. Dennoch findet Zusammenarbeit zwischen Jugendhilfe und Schule in der Umsetzung eher vereinzelt statt, obwohl die Notwendigkeit besteht und die Erforderlichkeit allgemein und fachlich anerkannt ist (vgl. BFSFJ, 2002, S. 17, zit. nach Just, 2004, S. 39).

Stellte 1982 Tillmann noch fest, dass an etwa zwei bis drei Prozent der deutschen Schulen Schulsozialarbeit geleistet wurde, kann man heute von wesentlich mehr Schulen ausgehen, obwohl sie dokumentarisch nicht erfasst sind, was zum einen in der Vielgestaltigkeit der Projekte, zum anderen in der unklaren Begriffsbestimmung 'Schulsozialarbeit' begründet liegt (vgl. Tillmann, 1982, S. 15; vgl. Just, 2004, S. 47). Die Kooperationsformen waren damals äußerst selten, was zumeist auf die Schwierigkeit der institutionellen Funktionsteilung der Schule zurückgeführt wurde. Allerdings stellten auch schon damals die Gesamtschulen eine Ausnahme dar[51]. Ab Mitte der 1990er Jahre wurden dann auch die Hauptschulen[52] mehr in den Fokus genommen: durch verschiedene Pilotprojekte und Modellversuche wurde die Schulsozialarbeit an Hauptschulen gefördert und unterstützt. Der Erlass des Kultusministeriums in NRW im Rahmen einer Vereinbarung mit den Landesjugendämtern und verschiedenen Schulträgern unterstrich die Notwendigkeit einer sozialpädagogischen Unterstützung an Hauptschulen. Mittlerweile zeichnen sich positive Entwicklungen und Veränderungen in der schulsozialpädagogischen Landschaft ab. Vom Ministerium für Schule, Jugend und Kinder des Landes NRW wurden aus Mitteln des Landes befristete Einstellungen von Sozialarbeitskräften an Hauptschulen eingerichtet mit dem Ausblick auf Verstetigung und Ausweitung dieses Angebotes. In einigen Städten ist die Befristung bereits aufgehoben worden. Allerdings ist ein allgemein anerkanntes Konzept zur Eingrenzung und inhaltlichen Ausgestaltung des Berufsbildes noch nicht vorhanden, so dass es zunächst Aufgabe einer jeden sozialpädagogischen Fachkraft ist, eine standortspezifische Konzeption zu erstellen, die die besonderen Rahmenbedingungen und Möglichkeiten der jeweiligen Hauptschule zu Grunde legt (vgl. Just, 2004, S. 52). Eine nicht einheitliche Formulierung der Standards und Ziele der Schulsozialarbeit bietet zwar individuellen Gestaltungsspielraum und –freiraum, erschwert allerdings eine (einheitliche) konzeptionelle

---

51   In NRW gibt es seit 25 Jahren einen eigenständigen Bereich der Sozialpädagogik an Gesamtschulen.
52   Im weiteren Verlauf erhält die Hauptschule eine größere Bedeutung. An ihr sind wesentliche Entwicklungen im Verhältnis Schulsozialarbeit und Schule besonders gut nachvollziehbar.

Entwicklung zu Gunsten einer Legitimierung oder Evaluierung der schulsozial-pädagogischen Arbeit[53].

Zudem ist die momentane Stellung der Hauptschule im Gefüge des Schulsystems und in der gesellschaftlichen Wertschätzung alles andere als positiv: die als Restschule oftmals abgestempelte Schulform erfreut sich immer weniger an Beliebtheit. So würden nur noch knapp 10 % der Eltern ihre Grundschulkinder auf eine Hauptschule schicken (vgl. www.spiegel.de; 04/2007). In der Hauptschule finden sich außerdem nicht nur die an einem spezifischen Bildungsgang interessierten Kinder und Jugendlichen, sondern diejenigen, die von anderen Schulen nicht aufgenommen oder wieder abgegeben wurden, die Lernprobleme haben oder die aus sozialen, regionalen oder ethnischen Gründen diese Schule wählen (vgl. Kiper, 2001, S. 96).

Betrachtet man diese Daten[54] und die Zusammensetzung der Schülerschaft, so scheint es nicht verwunderlich, dass gerade die Hauptschule mit der Schulsozialarbeit in eine engere Kooperation geführt wurde. In diesem Zusammenhang stellt sich aber die Schulsozialarbeit wieder als fakultativ-flankierendes Angebot dar (s.o.). In diesem Sinne kann von einer sozialpädagogischen Schule nicht die Rede sein. Es liegt hierbei eher die Tendenz einer Integration von Sozialpädagogik in die Schule, bzw. vielmehr noch ein additiv-kooperatives Modell vor (vgl. Kiper, 2001, S. 231). Die Probleme, die in einer Hauptschule zum Alltag gehören, wie Schulabsentismus, Schulunlust, Verhaltensauffälligkeit oder Lernschwierigkeiten, betonen eher den Nothilfecharakter der Sozialpädagogik (s.o.).

Wenn in der Hauptschule, für die eingeräumt wird, sie hätte wie keine andere Schulform eine enge Beziehung zwischen Lehrern und Schülern, die in einer pädagogischen individuellen Vielfalt geboten wird und die Lehrer sich um die persönlichen Probleme mehr kümmern als in anderen Schulformen (vgl. Thimm, 2000, S. 505), dann scheint die Hauptschule der günstigste Anknüpfungspunkt für eine Kooperation zwischen Schule und Sozialpädagogik. Durch den Erlass des Ministeriums (s.o.) wurde auch der erste 'offizielle' Schritt getan, denn Schulsozialarbeiter sind an Hauptschulen beschäftigt. Allerdings sind wechselseitige Vorbehalte und Berührungsängste nach wie vor Anlass für das Scheitern von Kooperationen in der Realität von Schule und Jugendhilfe (vgl. Just, 2004, S. 53).

Im jüngsten Kinder- und Jugendbericht (2006) wird versucht, diese Kooperation durch die Formulierung einer Trias zu verbessern: die Trias von Bildung, Erziehung und Betreuung soll das institutionelle Denken überwinden und die

---

53 Für den Regierungsbezirk Düsseldorf (Mönchengladbach) ist von einem Arbeitskreis ein Konzept entwickelt worden, welches einen qualitativen Standard für die Schulsozialarbeit setzen möchte: Schulsozialarbeit an Mönchengladbacher Hauptschulen (2008).

54 Ausführlicher und den aktuellen Stand aufnehmend, vgl. www.spiegel.de (04/2007)

Zuständigkeiten zusammenlegen. Damit soll die implizite Hierarchie der Begriffe Bildung, Erziehung und Betreuung und der damit in Verbindung gebrachten Bereiche relativiert werden. Es wird eine Öffnung und Weiterbildung der beteiligten Institutionen (wie Schule, Kinder- und Jugendhilfe und auch Familie) gefordert, welche die Verwobenheit der Trias als Gestaltungschance begreifen kann. Trotzdem erscheinen die Kooperationsaufgaben den Schulen immer noch als Zusatzleistung zur 'normalen' Arbeit; sie sind noch kein selbstverständlicher Bestandteil im Arbeitsalltag der Lehrkräfte geworden (vgl. ebd., 2006).

Die Wichtigkeit dieser Kooperation wird in den unterschiedlichsten Zusammenhängen unterstrichen und gefordert. Die Forderung nach Kooperation stellt beispielsweise auch einen grundlegenden Gedanken in der aktuellen Umgestaltung der Schulen in Ganztagsschulen dar (vgl. ISA, 2008). Hier ist die Kooperation eine tragende Säule in der Konzeption. Auch in den „Theorien der Schule" (vgl. Baumgart/ Lang, 2006) tauchen diese Forderungen auf. Und hier wird auch deutlich, dass es keineswegs neue Forderungen sind, denn alternative Schulformen oder reformpädagogische Ansätze[55] haben diese Forderungen schon längst umgesetzt. Wie kann es also sein, dass pädagogische Ideen mit praktischer Relevanz, obwohl schon öfter gefordert, keine Umsetzung finden?

2.2.4 Eine (interpretative) Zusammenschau

Worauf kann man ein solch mögliches Scheitern zurückführen? Worin kann die Nicht-Berücksichtigung begründet liegen? Es wurde eingangs die Frage aufgeworfen, warum angrenzende, 'fremde Wissensteile', obwohl thematisch relevant, nicht in den eigenen Fachdiskurs aufgenommen werden. Zur Veranschaulichung eines solchen Vorgangs wurde das Verhältnis der Schule zur Sozialpädagogik ein wenig erhellt. Dieses Verhältnis ist nicht nur der aktuellen Bildungsdiskussion und der Reform von Schule wegen aufgeführt worden, sondern auch aufgrund der Felderfahrung, die der Autor in diesem Bereich sammeln und auswerten konnte (vgl. Kap. 2.2.2). Der Überblick über die historische Entwicklung und das derzeitige Verhältnis beider geben einige Anhaltspunkte für ein Nicht-Berücksichtigen, für ein Übersehen 'fachfremden Wissens' oder ein Scheitern einer Umsetzung. Dabei kann nicht davon ausgegangen werden, dass der gewählte Blickwinkel eine vollständige Beantwortung der komplexen Frage sichert. Gesellschaftliche Rahmenbedingung sowie individuelle Voraussetzungen setzen Grenzen, die in diesem Zusammenhang nur ansatzweise Berücksichtigung finden. Durch den gewählten Fokus werden allerdings Phänomene aufgezeigt, die

---

55   Vgl. www.laborschule.de (05/2008) oder www.br-online.de (05/2007)

Aufschluss geben über mögliche Gründe für ein oben beschriebenes Scheitern oder eine Nicht-Berücksichtigung.

Die *Institutionalisierung*, bzw. die institutionalisierte Funktionsteilung von Schule als Regelagentur und Sozialpädagogik als fakultativ-flankierendes Angebot wurde aus der Perspektive der historischen Entwicklung beschrieben und bestimmt das derzeitige Verhältnis noch immer (vgl. Kap. 2.2..11 und 2.2.1.2). Trotz dass die Schulsozialarbeit als Kooperationsmodell zwischen Schule und Sozialpädagogik immer mehr Gewicht bekommt und auch rechtlich untermauert ist, findet kein regelrechter Austausch beider Disziplinen statt (vgl. Kap. 2.2.1.2). Die Barriere scheint hier der *Begriff der Institution*, bzw. der Institutionalisierung auszumachen. Ein eigenes Kapitel wird sich mit diesem Gegenstand beschäftigen müssen (Kap. 4.2), so dass an dieser Stelle ein anderer Aspekt in den Vordergrund gehoben werden kann: immer wieder werden von den oben zitierten Autoren Verhaltensweisen und Phänomene beschrieben, die eine Kooperation scheitern lassen. In einem anderen Zusammenhang und aus einem anderen Blickwinkel könnte man von 'nicht-rationalen' Entscheidungen sprechen.

So werden *Statusunterschiede* zwischen Schule und Sozialpädagogik immer wieder aufgeführt, wenn „kein Gespräch" stattfindet (Iben, 1976, S. 21), wenn also eine Kooperation nicht vollzogen wird und ein fremder Diskurs nicht 'gehört' wird. Diese durch Besoldung und Prestige zu Tage tretenden Unterschiede haben eine professionelle Selbstfindung erschwert und eine Durchsetzung einer Kooperation verhindert. Die unterschiedliche gesellschaftliche Wertschätzung und das eigene Berufsverständnis – der Schulsozialarbeiter versucht in Verkennung seiner Rolle ein besserer Lehrer zu sein (s.o.) – haben den Dialog zwischen Schule und Sozialpädagogik verhindert (vgl. Reyer, 1976, S. 39). Nicht thematisch relevante Inhalte bilden die Grundlage für einen fruchtbaren oder - losen Dialog, sondern gesellschaftliche Stigmatisierungen.

In dem Kinder- und Jugendbericht von 2002 (s.o.) heißt es, dass unterschiedliche *Sichtweisen* die Ausführungen der ureigensten Aufgaben der jeweiligen Profession beeinträchtigen und erschweren. Die unterschiedlichen Sichtweisen, die sich auf einen gemeinsamen Gegenstand beziehen, werden hier nicht als fruchtbare Chance gesehen, seine eigenen Ansichten und Sichtweisen zu erweitern oder zu verbessern; sie werden vielmehr als ein Hindernis betrachtet, einen Dialog zu führen. Trotz der allgemein anerkannten Notwendigkeit einer Kooperation, findet eine Zusammenarbeit nur vereinzelt statt. Wechselseitige *Vorbehalte* und *Berührungsängste* können als Anlass für das Scheitern von Kooperationen zwischen Schule und Sozialpädagogik bezeichnet werden (vgl. Just, 2004, S. 53). Selbst Kompetenzängste der Sozial- und Kultusministerien können hierzu herangezogen werden (vgl. Iben, 1976, S. 22).

Die in der historischen Entwicklung angelegten möglichen Gründe für ein Scheitern einer Kooperation, für das Scheitern eines Dialogs in diesem Zusammenhang bekommen durch die eben angeführten Aspekte eine neue Färbung: Statusunterschiede, unterschiedliche Sichtweisen, Vorbehalte, Berührungsängste und Kompetenzängste werden immer wieder genannt, um das Verhältnis zwischen Schule und Sozialpädagogik zu beschreiben. Fachliche Differenzen, unvereinbare Menschenbilder oder fachspezifische Sichtweisen auf einen Gegenstand werden hier beispielhaft gar nicht genannt. Die aufgeführten Autoren, deren Veröffentlichungen sich über 30 Jahre erstrecken, sehen neben der institutionalisierten Funktionsteilung in den genannten Aspekten die Triebfeder des Scheiterns. Das auf *Ängste*, *Vorbehalte* oder *Widerstand* zurückzuführende Scheitern einer Zusammenarbeit, eines Dialogs ist für das Verständnis eines kooperativen Verhältnisses zwischen Schule und Sozialpädagogik eine zu berücksichtigende Größe.

Um eine Kooperation erfolgreich und fruchtbar zu gestalten, scheint es notwendig, die unterschiedlichen Herangehensweisen, die zahlreichen Barrieren und die Vorurteile bewusst zu *reflektieren* und zu thematisieren. Dabei bedarf es intensiver Kommunikations- und Verständigungsprozesse zwischen den Kooperationspartnern (vgl. Speck, 2002-2005). Eine fruchtbare Kooperation, die in der Lage ist, Wissen des jeweilig anderen Partners zu sehen, zu bewerten und eventuell sogar in den eigenen Diskurs zu übernehmen, kann auch als Ziel einer erfolgreichen Beratungssituation formuliert werden. Freilich ist eine Kooperation zwischen – in diesem Fall – Schule und Sozialpädagogik nicht mit einer Beratungssituation gleichzusetzen. Allerdings weist die Ausführung des Verhältnisses und der Kooperation zwischen Schule und Sozialpädagogik auf einen wichtigen Aspekt für eine Beratungssituation hin: das vorhandene Wissen eines Diskurses, einer 'Institution' oder eines Teilgebietes wird – obwohl thematisch, inhaltlich relevant – oft im eigenen Diskurs, im eigenen Bereich nicht gehört; und das nicht deshalb, weil es für das eigene Denken oder Handeln uninteressant ist, sondern weil Ängste, Vorbehalte, Widerstände oder gesellschaftliche Wertschätzungen das 'Hören' und 'Übernehmen' fachfremden Wissens verhindern.

2.3 Die Kernelemente der Bestandsaufnahme: Synopse

Über die fachspezifischen Grenzen einer Betrachtung hinwegschauend fällt auf, dass einige Themen sich wie ein roter Faden durch die einzelnen Unterkapitel ziehen. Zwar sind diese Themen immer auch auf ihren jeweiligen Kontext hin zu bewerten und zu verstehen, allerdings bleibt die Häufigkeit ihrer Nennung bei dieser Betrachtung. Die fachlichen Hintergründe determinieren in einigen Fällen

das Verständnis eines solchen Themas; in anderen Fällen ist die Hinwegnahme
dieser fachspezifischen Brille aber sehr hilfreich und öffnet neue Verständnis-
möglichkeiten. Wie oben auch immer wieder beschrieben, ist gerade die Multi-
disziplinarität die Chance, den Gegenstand aus verschiedenen Richtungen auszu-
leuchten. Durch die Hinwegnahme des engen (eigenen) fachspezifischen (Denk-)
Rahmens eröffnet sich die Möglichkeit, das ′Andere′ zu sehen. Dabei tauchen
durch die Hinzunahme des bisher fachlich ′Fremden′ Ansichten auf, die ein
umfassenderes Verständnis zulassen. Dieser Herangehens- und Betrachtungsweise folgend kristallisieren sich in der näheren Analyse der vorigen Kapitel unterschiedliche Themenkomplexe heraus, welche sich analytisch trennen lassen, das
Bild der Organisationsberatung aber nur zusammen wiedergeben können.

Die komplexe *soziologische* Sichtweise der Organisationsberatung wurde
durch ganz unterschiedliche Blickrichtungen versucht einzufangen: dafür wurden
eine metatheoretische Sichtung der bestehenden Beratungsansätze, ein neu entwickelter Ansatz, der eine Forschungs-Praxis-Lücke versucht zu füllen, eine
empirische Studie, eine Analyse einer gescheiterten Organisationsberatung und
eine normative Theorie der Organisationsberatung herangezogen (vgl. Kap.
2.1.1). Das blitzlichtartige Untersuchen ist hier am besten geeignet, die heterogene Landschaft der soziologischen Organisationsberatungssituation einzufangen. „Denn der Blick in die Literatur zur soziologischen Organisationsberatung
[bietet] nur ein diffuses Bild." (Schwarz, 2008, S. 20) Die Beratungsforschung
scheint sich erst langsam zu etablieren, so dass mit diesem Vorgehen das breite
(′ungeordnete′) Spektrum am ehesten wiedergegeben werden kann. Die vier
herangezogenen Arbeiten fokussieren aus ihrem jeweiligen Blickwinkel den
Gegenstand der Organisationsberatung. Trotz ihrer unterschiedlichen Herangehensweisen ergibt sich allerdings eine Schnittmenge sich wiederholender Forderungen für eine gelingende Organisationsberatung: sie fordern ein dialogisches
Modell (vgl. Kap. 2.1.1.2), welches sich durch Offenheit und (Selbst-) Reflexivität auszeichnet (vgl. Kap. 2.1.1.1 und .3). Dabei spielen sowohl die Aspekte des
fachspezifischen Wissens (Beraterwissen) eine wichtige Rolle (vgl. ebd.), wie
auch das Wissen um Organisationen (vgl. 2.1.1.1 und .4). Durch die Formulierung gezielter Interventionen und methodischer Umsetzungsmöglichkeiten fordern diese soziologischen Autoren eine Abkehr vom expertokratischen Paradigma und eine Hinwendung zur reflexiven, aktiven Wissensaneignung (Kap. 2.1.
1.1 und .2). Mit Berücksichtigung dieser Aspekte kann es aber immer noch zu
einem Scheitern oder Erliegen des Beratungsprozesses kommen. Daher werden
hier verschiedene Ursachen formuliert, die zu Konflikten, Widerständen oder
Ängsten in der Beratungssituation führen können (vgl. Kap. 2.1.1.3 und .4). Den
Aspekten der Gewohnheit, der Erwartungen und der versteckten Interessen wird
dabei Bedeutung beigemessen. Aus agenturtheoretischer Sicht können diese

Interessen als hidden characteristics, hidden intentions, hidden knowledge und hidden action beschrieben werden. Sie schlagen sich in der Informationsasymmetrie in der Interaktion nieder und müssen für eine gelingende Beratung weitestgehend aufgedeckt oder zumindest berücksichtigt werden (Kap. 2.1.1.5).

Die *pädagogische* Perspektive auf die Organisationsberatung, welche die Unterstützung der Lernprozesse größerer sozialer Gebilde fokussiert und es als Organisationslernen oder organisationales Lernen versteht, schließt sich den soziologischen Ausführungen weitgehend an, begreift die Phänomene und Prozesse aber unter dem Aspekt unterschiedlicher Lernmodelle. Aus lerntheoretischer Perspektive werden unterschiedliche Lernebenen dargestellt, die eine Veränderung in einer Organisation ermöglichen, aber auch verhindern: über die Modelle des single-loop- und des double-loop- sowie des deutero-learnings (vgl. Kap. 2.1.2.1) können Lernprozesse verdeutlicht werden, die zu einer Veränderung oder zu Widerständen in der Organisation führen. Diese Modelle basieren zumeist auf kognitiven Wissensanteilen. Dabei spielen aber auch unbewusste Anteile eine gewichtige Rolle, die unter dem Begriff der Kollusion eingeführt wurden und weiter im Konzept der Organisationskultur aufgefangen werden. Die Kultur wird aus der pädagogischen Sichtweise als Resultat kollektiver Lernprozesse verstanden: ein Resultat gemeinsamen organisationalen Lernens, welches allerdings als informell bezeichnet werden muss. Dieses informelle Lernen verdichtet sich als Erfahrung auf der Ebene der 'basic underlying assumptions' und dient der Legitimation der Ordnung der Organisation. Sie begründen fundamental das Verhalten der Organisationsmitglieder und schaffen Sinnhaftigkeit (vgl. ebd.). Eine starke Organisationskultur kann eine Reihe von Veränderungswiderständen hervorrufen, die sich beispielsweise in paradoxen Schleifen äußert und das double-loop-learning verhindert. Es ist daher bei Veränderungsvorhaben vonnöten, durch eine gemeinschaftliche Rekonstruktion oder Selbsterkundung die 'inoffiziellen' Glaubensannahmen der Organisation zu entschlüsseln. Dabei wird wiederum auf die Offenheit und Unvoreingenommenheit als Kernvoraussetzung verwiesen, bzw. auf die Methode der herrschaftsfreien Kommunikation (vgl. Kap. 2.1.2.1). Festgefügte Basisorientierungen und Handlungsmuster sollten für eine erfolgreiche Veränderung einer Revision unterzogen werden.

Das *betriebswirtschaftliche* Verständnis von Organisationsberatung ist vornehmlich kognitionswissenschaftlich ausgerichtet und beschäftigt sich mit Routinen als Verhaltensrepertoire in Verbindung mit dem Phänomen des Lernens und der Anpassung. Dabei wird einer Organisation immer eine Tendenz zur Invarianz unterstellt, die auf ganz unterschiedliche Faktoren zurückgeführt wird (vgl. Kap. 2.1.3.1). Neben der Extraktion von Gestaltungsinstrumenten, die sich durch Schaffung individueller Handlungsspielräume, intrinsische Motivation, Förderung des Wissenstransfers und der Fähigkeit zur Umsetzung von Änderun-

gen umschreiben, führt auch die betriebswirtschaftliche Perspektive die Autonomie, eine Kultur der Offenheit und den Dialog als konstituierende Elemente
einer gelingenden Organisationsberatung an (vgl. ebd.). In dem historischen
Abriss und den einzelnen Modellen der Organisationsentwicklung wird das
nochmals deutlich (vgl. Kap. 2.1.3.2). Dabei kann besonders hervorgehoben
werden, dass sich auch die betriebswirtschaftliche Auslegung der Organisationsberatung der bewussten und unbewussten Wahrnehmung von Wandelprozessen
öffnete und feststellte, dass der Bereich des Unbewussten in Wandelprozessen
meist zu klein veranschlagt worden sei. Der Widerstand gegen Änderungen würde umso kleiner ausfallen, je größer der Bereich der freien, durchgehend bewussten Aktivität ausfiele (vgl. Johari-Fenster, ebd.). Je mehr der Grundansatz der
Organisationsentwicklung partizipativ und weniger autorativ oder delegativ
ausfällt, desto wahrscheinlicher ist von einer erfolgreichen Organisationsentwicklung auszugehen (vgl. Kap. 2.1.3.2).

Die *psychologische* Perspektive zu Veränderungsmaßnahmen in Organisationen wurde unter anderen hier durch die Arbeitszufriedenheit und die Personalentwicklung wiedergegeben. Andere Konzepte wie das des Rollenverhaltens
oder der Cliquenbildung wurden nicht berücksichtigt, da sie in einem anderen
Kontext Erwähnung finden (s.o.). Hier wurden organisatorische Bedingungen
berücksichtigt, die sich positiv auf die Arbeitszufriedenheit auswirken. Die Arbeitszufriedenheit wird aus der Perspektive der Organisation begriffen und nicht
aus der des Individuums; sie ist daher immer als durchschnittliche Zufriedenheit
zu verstehen. Physisch-ökonomische, soziale, selbstverwirklichungsorientierte
und persönlichkeitsorientierte Aspekte spielen im Verständnis der Arbeitszufriedenheit eine Rolle. Diese können auf der Ebene der organisationalen Veränderungsmaßnahmen in folgenden Dimensionen operationalisiert werden: Kollegen,
Arbeitsinhalt, Management und Führung, Bezahlung, Arbeitsbedingungen, Firma, Beförderung, Sozialleistungen, Förderung, Anerkennung und Status, Leistungserfolg, Verantwortung, Sicherheit und Zukunft und Entfaltungsmöglichkeit
(vgl. Kap. 2.1.4.1). Die Berücksichtigung und Veränderung einzelner Dimensionen kann zu einer Erhöhung der Arbeitszufriedenheit führen, welche sich positiv
auf die Lebenszufriedenheit auswirkt. In der Personalentwicklung als Bestandteil
psychologisch orientierter Organisationsberatungen und -entwicklungen spielen
unterschiedliche Lernmodelle eine wesentliche Rolle. Dabei wird schon eingangs
erwähnt, dass neben Trainings und Schulungen vor allem nichtintendierte Maßnahmen, bzw. das informelle Lernen bei der Qualifikation am Arbeitsplatz ein
weitaus bedeutsameres Gewicht haben als institutionalisierte Bildungsmaßnahmen. Diese greifen aber immer mehr auf das selbstgesteuerte Lernen zurück und
suchen den Lerntransfer durch bestimmte Aspekte zu optimieren (vgl. Kap.
2.1.4.2). Die einzelnen Aspekte wie zeitnahe Erprobung, Aufdecken von Wider-

sprüchen, individuelle Unterschiede der Lernenden oder der Gesichtspunkt der positiven Konsequenz, scheinen aber gegenüber der Arbeitsumgebung und den organisationalen Bedingungen für einen gelingenden Transfer an Bedeutung zu verlieren. Hier werden eher einem guten Organisationsklima, einer Wertschätzung der Führung und eine dementsprechende Kommunikation positive Auswirkungen beigemessen (vgl. 2.1.4.1). Zuletzt wird im Rahmen dieser Perspektive noch auf bestimmte Ängste eingegangen, die nicht selten zu einer Blockierung oder einer Leistungsminderung führen. Unerwünschte Verhaltensweisen haben sich oft derart verfestigt, dass kein alternatives Verhalten angebahnt werden kann (vgl. ebd.).

Verlässt man die fachspezifischen Perspektiven und betrachtet die behandelte Organisationsberatung aus einer gewissen Distanz, so lassen sich bestimmte Teilbereiche ausmachen.

Zum einen muss die *Organisation* an sich genannt werden. Das *Wissen* um bestimmte Organisationen scheint unumgänglich, wenn gelingend intervenieren werden soll. Es scheint, dass damit eine Passfähigkeit zwischen Organisation und Berater hergestellt werden soll. Damit ist aber auch eine weitere Perspektive angesprochen: die der Institution oder des *institutionellen Rahmens* (vgl. auch Kap. 2.1.1.3). Wenn bestimmte Abläufe in Organisationen betrachtet werden und immer wieder auf Routinen und routinierte Handlungen verwiesen wird, dann müssen auch institutionelle Kontexte mit berücksichtigt werden. Durch eine (theoretische) Auseinandersetzung mit diesen sozialen Gebilden gelingt scheinbar ein Einblick in die Innenwelt dieser 'Systeme'.

Zum anderen ist der *Berater* zu nennen. Dieser muss, wie eben erwähnt, neben den ausreichenden Kenntnissen über die jeweilige Organisation und Institution über ein *Beraterwissen* verfügen, welches attraktiv für die Organisation erscheint. Dieses fachspezifische Wissen gilt es, in Form eines Dialogs der Organisation zu 'vermitteln'. Damit kommt man zum zentralen Teilgebiet der Organisationsberatung: zum eigentlichen Prozess der *Beratung*: Sie wird immer als ein *Dialog* formuliert, der durch Offenheit, Unvoreingenommenheit, Wertschätzung, Autonomie und (Selbst-) Reflexivität beschrieben wird. Diese Bedingungen werden als konstituierend für einen gelingenden Prozess beschrieben. Damit wendet man sich vollends vom expertokratischen Paradigma ab und plädiert für eine aktive Wissensaneignung, für ein selbstgesteuertes Lernen, für einen partizipativen, nicht autorativen und nicht delegativen Grundansatz. Das bedeutet, dass durch eine aus allen Perspektiven geforderte Kultur der Offenheit, welche die Konstruktion der Welt und die Weltsicht des Anderen ernst nimmt, grundlegend ist – wie einige Berater formulierten (vgl. Kap. 2.1.1.3). Dieser Dialog ereignet sich aber nicht reibungsfrei. Es kommt seitens der Organisationen zu Widerständen und Blockaden, welche hier den nächsten Teilbereich markieren

sollen. Es erscheint also notwendig, das *Phänomen des Widerstands* näher aus-
zuleuchten. Die einzelnen Perspektiven machten deutlich, dass dieses Phänomen
v.a. als unbewusste Kraft verstanden werden muss. Damit geht eine Forderung
der Steigerung der Selbstreflexivität einher, um Widerstände in die Bewusstheit
und Organisationsberatung zu einem Gelingen zu führen. Der Weg dahin wurde
vor allem über die *Organisationskultur* gesucht. Diese scheint imstande zu sein,
unbewusste Erfahrungen, Erwartungen, Glaubensannahmen, unhinterfragte
Handlungsmuster, inoffizielle Regeln, feststehende Routinen oder fest gefügte
Basisorientierungen zu beherbergen. Ein Anheben dieser ʹverstecken Annah-
menʹ in die Bewusstheit, eine Bewusstwerdung dieser Orientierungen kann
durch eine gemeinschaftliche Rekonstruktion, durch eine Selbsterkundung erreicht werden. Die *Steigerung der Selbstreflexivität* soll unbewusste Bereiche der
freien und bewussten Aktivität zuführen, um Veränderungen und Wandel zu
ermöglichen – also eine Organisationsberatung nachhaltig wirken zu lassen.

Die genannten Teilbereiche bilden den Kern einer Organisationsberatung.
Die Forderung nach Berücksichtigung dieser Teilbereiche scheint die Bedingung
für eine gelingende Organisationsberatung auszumachen. Die Bereiche werden
von den einzelnen fachspezifischen Perspektiven als die konstituierenden formuliert. Eine Konzeptionierung eines Organisationsberatungsansatzes hat sich demnach auch vorerst mit diesen Bereichen zu beschäftigen:

- ein Verständnis von Organisation und Institution
- die Organisationskultur
- das Phänomen des Widerstands
- eine Idee der Unterhaltung, einer gelingenden Kommunikation (Dialog)
- ein Maß an Selbstreflexivität
- der fachliche Input nicht-expertokratischer Natur (Beraterwissen)

Die extrahierten Teilbereiche oder Bestimmungsgrößen einer gelingenden Organisationsberatung sollen die Markierungen des weiteren Vorgehens darstellen.

3 Das Wissenschaftsfach der Motologie

„Motologie versteht sich als Wissenschaft von der menschlichen Bewegung, die sich mit den Zusammenhängen von Motorik, Persönlichkeit und Umwelt beschäftigt. Sie sieht Bewegung als Grundlage der Handlungsfähigkeit des Menschen: als Grundlage der Kompetenz zur Auseinandersetzung mit sich selbst und der sozialen und dinglichen Umwelt. Sie definiert umfassend Motorik als wesentlichen Bereich der Persönlichkeit, in dem Wahrnehmen – Erleben und Verarbeiten – Bewegen eine Einheit bilden." (Philippi-Eisenburger, 1991, S. 7)

„Psychomotorik ist der Ausdruck für eine Lebensphilosophie und setzt sich aus den sich gegenseitig bedingenden Begriffen Psyche, die für das Nicht-Greifbare wie Geist, Seele, Gefühl und Verstand steht, und Motorik als Einheit von Bewegungen und Wahrnehmung zusammen." (Seewald, 1993, zit. nach Fischer 2004, S.9)

„Motologie ist die Lehre von der Motorik als Grundlage der Handlungs- und Kommunikationsfähigkeit des Menschen, ihrer Entwicklung, ihrer Störungen und deren Behandlung." (Schilling, 1981, S. 187)

„Motologie ist die Lehre über den Zusammenhang zwischen Bewegung und Psyche. Ihr Ziel ist es, Entwicklung ganzheitlich zu fördern. Im Mittelpunkt der Motologie steht die Frage, wie man über die Arbeit mit Körperlichkeit und Bewegung Menschen in ihrer Entwicklung unterstützen kann. Sie beschäftigt sich mit allen Altersgruppen." (www.uni.marburg.de/fb21/motologie; 01/2008)

Die Zitate sind allesamt aus Einleitungen und Einführungen in das Wissenschaftsgebiet der Motologie oder der Psychomotorik[56] entnommen. Verschiedene Autoren akzentuieren – auch historisch bedingt – unterschiedliche Begriffe und Zusammenhänge. Man kann in Anlehnung an Dewe die verschiedenen Akzentuierungen als eine Art kubistische Betrachtung desselben Gegenstandsbereiches verstehen. Sie alle betrachten die Bewegung und die Körperlichkeit in Zusammenhang mit psychischen Phänomenen aus unterschiedlichen Perspektiven und auch unterschiedlichen Brillen. Neben- und ineinander ergibt sich eine kubistische Zeichnung der Motologie und Psychomotorik, welche für den 'laienhaften'

---

56 Dabei ist anzumerken, dass der Unterschied zwischen Psychomotorik und Motologie hier nicht inhaltlich sondern institutionell zu begründen ist (vgl. Seewald, 2007, S. 12).

Betrachter zunächst diffus erscheint, für den geübteren jedoch eine Komplexität eröffnet, die nicht anders darstellbar ist. Mit dem Auftreten der Diskussion um den Verstehenden Ansatz wurde das monopolartige Theorieverständnis der Motologie in ihrer frühen Zeit erst aufgeweicht, so dass man mittlerweile selbstverständlich davon ausgeht, dass es mehrere Ansätze in der Psychomotorik und Motologie gibt. Die unterschiedlichen Betrachtungsweisen und Verständnisse dieses Gegenstandsbereiches führten allerdings auch zu der Befürchtung, dass die psychomotorische Vielfalt zu einer Vielzahl verkommen könne und so nicht lebendige Buntheit und Chance ausstrahle, sondern eher Diffusität und Profillosigkeit des Fachs. Es gilt also, das integrative Moment immer wieder herauszustellen. Die Suche nach dem Gemeinsamen und Identitätssichernden ist gefragt (vgl. Seewald, 1996, S. 238). Im Kapitel 3.2 soll genau diesem Grundlegenden nachgegangen werden. Zuvor ist aber die Forderung mancher Autoren aufzuzeigen, ein einheitliches Fachgebiet mit einem widerspruchsfreien System voneinander abhängiger Aussagen präsentieren zu wollen (vgl. Fischer, 2004, S. 9; Hammer, 2004, S. 243). Der Wunsch nach einer einheitlichen Theorie einer motologischen Wissenschaft ist zwar nachvollziehbar und vielleicht auch Triebfeder der Motivation, allerdings würde eine solche Theorie im Verständnis dieser Arbeit wohl eher zum Stillstand und zur Abgeschlossenheit gegenüber Neuem führen. Die Widersprüche, Lücken und 'Ungereimtheiten' erhalten nicht nur die Praxis und die Praxeologie lebendig und originell, sondern auch das Wissenschaftsgebiet der Motologie. In diesem Sinne sind die Widersprüche nicht aufzulösen, sie müssen ausgehalten und v.a. genutzt werden. In Kapitel 3.1 wird daher sowohl eine Einführung in die Fachsystematik(en) der Motologie gegeben; als dass auch unterschiedliche Gliederungsformen der Psychomotorik Berücksichtigung finden.

Aus diesem Verständnis heraus können Forschungsvorhaben und Desiderate der Motologie formuliert werden (Kap. 3.3). Diese zeigen nicht nur eine (notwendige) Entwicklung des Fachs auf, sie beziehen auch gesellschaftliche Veränderungen mit ein, so dass Aktualität gegeben ist. Mit dem Abschluss der Praxeologie des Verstehenden Ansatzes wird ein Schwerpunkt innerhalb dieses Kapitels gelegt (Kap. 3.4). Die allgemeine Annäherung an das Fach in all seiner unterschiedlichen Auslegung und die Praxeologie des Verstehenden Ansatzes zeigen eine erste Richtung auf, wie im weiteren Verlauf die Organisationsberatung aus motologischer Sicht betrachtet werden kann. Es gilt also bei der Betrachtung des Gegenstandes der Organisationsberatung, sowohl die allgemeine Motologie mit ihren Differenzierungen zu berücksichtigen als auch speziell den Verstehenden Ansatz. Im Kapitel 10 und 11 wird darauf nochmals explizit Bezug genommen.

3.1 Die Motologie in ihrer Fachsystematik und Buntheit

Das Wissenschaftsgebiet der Motologie war und ist das Ergebnis der Verwissenschaftlichung einer psychomotorischen Praxis, die u.a. durch Kiphard vor allem in den 1970er Jahren große Verbreitung und großen Anklang fand. Das in diesen Jahren geschaffene Gedanken- und Übungsgut der Psychomotorik sollte nun lehrbar gemacht und (weiter) theoretisch fundiert werden[57]: um die Erfolge der Psychomotorik zu begründen, brauchte man die Legitimationskraft der Wissenschaft. Zudem waren differenzierte Konzepte der Diagnostik und Förderung oder Therapie notwendig, um die damalige Psychomotorik auf ein vergleichbares Niveau wie andere anerkannte Verfahren im klinischen und förderpädagogischen Kontext zu heben. Schilling und Eggert widmeten sich vor allem der Diagnostik und trugen das quantitativ-empirische Wissenschaftsverständnis der Psychologie in die Psychomotorik hinein (vgl. Seewald, 2007, S. 10). Durch die Entwicklung des Trampolin-Körper-Koordinationstest (TKT), 1970, des Körperkoordinationstest für Kinder (KTK), 1974, und des Sensomotorische Entwicklungsgitters, 1975, verhalfen Kiphard, Schilling und Hünnekens der psychomotorischen Diagnostik zu allgemeiner Anerkennung. Für die Anfangszeit der Verwissenschaftlichung war also ein diagnostischer Fundament konstitutiv.

1993 sieht Seewald das Wissenschaftsfach der Motologie noch (immer) in der Entstehung. In Anlehnung an Clark[58] sieht er in der Motologie zwar die 'Dominanz einzelner Forscher', die Existenz 'kleiner professioneller Organisationen', 'Universitätslehrstühle für einzelne' und ein 'Ausbildungsprogramm' als gegeben, stuft die Motologie aber noch in das 'Stadium 3: Entstehung einer akademischen Wissenschaft'[59] ein (vgl. ders., 1993, S. 240). Zwar ist ein Master-Studiengang im letzten Jahr an der Universität Marburg akkreditiert, ein weiterer universitärer Ausbildungsgang jedoch schon geschlossen worden. Auch noch 2004 stecke nach Hammer die Motologie als Wissenschaft in den „Kinderschuhen" (ders., S. 243). Er kritisiert, dass es der Motologie nicht gelungen sei, ein einheitliches Theoriegebäude für eine motologische Wissenschaft zu formulieren: „eine fundierte, eigene Theorie ist noch nicht in Sicht." (ders.) Ähnlich schätzt es auch Fischer ein, wenn er feststellt, „dass das noch junge Wissen-

---

57 Bis in diese Jahre galt die Psychomotorik eher als 'Meisterlehre', ein praxeologisches Konzept, das eng an die Person des Meisters (Kiphard) gebunden ist und ihr Selbstverständnis aus der Praxis und weniger aus theoretischen Begründungszusammenhängen gewinnt (vgl. Fischer, 2007, S. 16).

58 Clark, T. N.: Die Stadien wissenschaftlicher Institutionalisierung. In: Weingart, P. (Hrsg.): Wissenschaftssoziologie 2. Frankfurt a.M. 1974)

59 Die fünf Stadien der wissenschaftlichen Institutionalisierung: 1. der einsame Wissenschaftler, 2. Amateurwissenschaft, 3. entstehende akademische Wissenschaft, 4. etablierte Wissenschaft, 5. Big Science (vgl. Clark, 1974, S. 110)

schaftsgebiet [...] noch weit davon entfernt ist, sich als einheitliches Fachgebiet mit einem widerspruchsfreien System von einander abhängigen Aussagen zu präsentieren." (ders., 2004, S. 9) Seewald hält in dem Sinne dagegen, als dass er fragt, ob es unter den besonderen Entstehungsbedingungen des Faches und Problemlagen der Motologie überhaupt zu einem Vorhandensein eines Satzes von zusammenhängenden Ideen, eine Art von Paradigma kommen kann. Er fragt, „ob es hier jemals ein Paradigma geben kann. Das Einigende der Motologie besteht primär im Fragefeld und nur sekundär im theoretisch homogenen Antwortenkanon." (ders., 1993, S. 240). Dies gilt allerdings ʻnurʻ für die wissenschaftliche Institutionalisierung oder die akademische Wissenschaft (s.o.). Betrachtet man die praktische Auslegung des Fachs, so lässt sich leicht feststellen, dass die psychomotorische Idee in vielen Bereichen Verbreitung und auch Verankerung gefunden hat (vgl. www.psychomotorik.com; Stand 01/2008).

Vor allem Schilling hat durch seine wissenschaftliche Grundlegung des Fachgebiets Motologie und durch einige wissenschaftliche Projekte die Voraussetzungen geschaffen, sich universitär zu etablieren und die (wissenschaftliche) Entwicklung des Fachs anzustoßen (vgl. Fischer, 2004, S. 18). Nach Schilling beschäftigt sich die Motologie, wie eingangs aufgeführt, mit der „Lehre der Motorik als Grundlage der Handlungs- und Kommunikationsfähigkeit des Menschen, ihrer Entwicklung, ihrer Störungen und deren Behandlung." (Schilling, 1981, S. 187) Das Fach gliedert sich daher auch in die Teilgebiete der Motogenese, der Motodiagnostik und der Motopathologie. In der Anwendung gliedert es sich in die *Motopädagogik* und die Mototherapie. Erstere ist als Unterrichtslehre zu verstehen, die durch gezieltes und variiertes Wahrnehmungs- und Bewegungslernen die Entwicklung der Gesamtpersönlichkeit des Kindes fördern will. Die Prinzipien der Motopädagogik wurden aus den therapeutischen Maßnahmen abgeleitet. So entstand ein allgemeines Konzept der Erziehung durch Bewegung. „Das systematische Erlernen und Variieren von Wahrnehmung und Bewegung wurde zu einem Grundpfeiler jeder Erziehung, zu einer notwendigen Forderung für die Erziehung aller Kinder." (ders., S. 185) Motopädagogik kann somit als Konzept der Persönlichkeitsbildung über motorische Lernprozesse verstanden werden. Gemeinsam mit der Mototherapie gestaltet die Motopädagogik die angewandte Motologie. Die Basis für diese Anwendung, für das motopädagogische und –therapeutische Handeln, sind die Erkenntnisse über die Entwicklung des Menschen (Motogenese) mittels diagnostischer Maßnahmen und Ableitungen aus Theorien (Motodiagnostik). Ziel dieser Motopädagogik ist es, dass das Kind durch den Erwerb von Wahrnehmungs- und Handlungsmustern lernt, sich selbst und seine Umwelt optimal zu beherrschen.

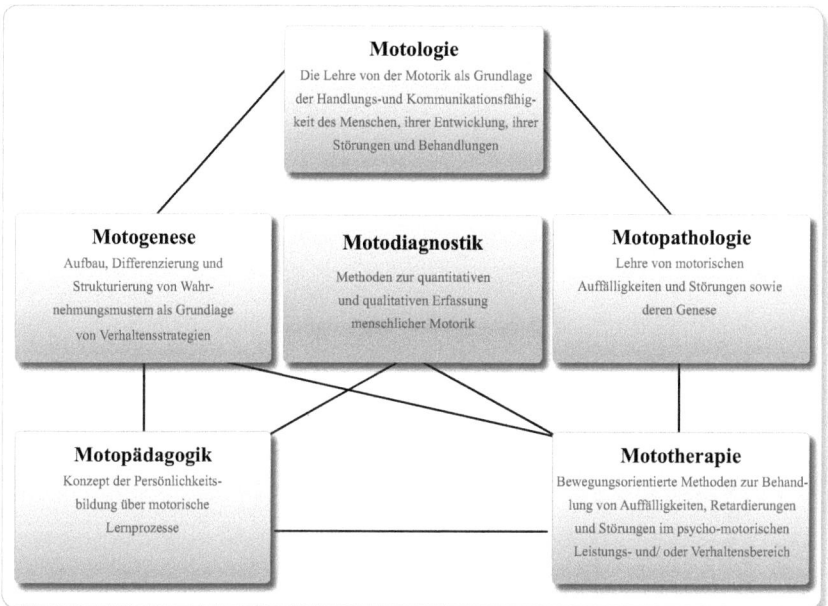

Abbildung 5:   Aufbau des Fachgebiets Motologie (Quelle: Schilling, 1981)

Die *Mototherapie* versteht sich als bewegungsorientierte Methode zur Behandlung von Auffälligkeiten, Retardierungen und Störungen im psychomotorischen Verhaltens- und Leistungsbereich (vgl. Hünnekens, 1981, S. 195). Den betreffenden Kindern fehlt es an einem breiten Erfahrungsschatz, an Generalisierungsmöglichkeiten und an variablen Anpassungsmöglichkeiten des Gelernten an neue Situationen. Die ihnen zur Verfügung stehenden Wahrnehmungs- und Bewegungsmuster waren nur in alltäglichen, eingeschliffenen Situationen anwendbar. Diese Kinder waren in ihrer Persönlichkeitsentwicklung fundamental gestört: daraus resultierte eine hohe Verletzbarkeit, Irritierbarkeit und Selbstunsicherheit (vgl. Schilling, 1981, S. 185). Daher sucht die Mototherapie und auch (v.a.) die Motopädagogik den Menschen in der Form anzuregen, dass er sich handelnd seine Umwelt erschließe, um seinen Bedürfnissen entsprechend auf sie einwirken zu können. Indem vielfältige Wahrnehmungs- und Bewegungserfahrungen in Handlungssituationen vermittelt werden, wird eine Verbesserung der Anpassungsfähigkeit angestrebt. „Motopädagogik ist auf die Ganzheit der menschlichen Persönlichkeit gerichtet, weil sie nicht die Verbesserung bestimmter motorischer Fertigkeiten in das Zentrum stellt, sondern weil sie Bewegungshandeln als Verwirklichungsmöglichkeit der kindlichen Persönlichkeit und als wesentliches Mittel der Förderung betrachtet (Irmischer, 1987, 13[60])." (Fischer, 2004, S. 20). Aber nicht nur die kindliche Persönlichkeit und kindliche Entwicklung wird angesprochen und thematisiert, sondern die gesamte Lebensspanne. Folglich werden auch Konzepte der Angewandten Motologie für Jugendliche, Erwachsene und Senioren in die Anwendungsfelder dieser Fachsystematik eingeordnet.

Allerdings treten bei einer Systematisierung auch immer wieder Probleme, bzw. Überschneidungen auf. Die Zuordnung bestimmter Praxiskonzepte fällt schwer, da sie weder im pädagogischen noch im therapeutischen Bereich voll aufgehen. Selbst die Psychomotorische Übungsbehandlung als historisch erster Ansatz der Psychomotorik sieht sich als Verfahren an der Schnittkante zwischen dem therapeutischen und dem pädagogischen Paradigma. Wenn aus systemtheoretischer Sicht die Spezifika pädagogischen und therapeutischen Handelns herausgefiltert werden und mit denen des psychomotorischen Handelns und Denkens verglichen werden, so fällt auf, dass sich wichtige Ansätze der Psychomotorik und Motologie (vgl. Kap. 12.1) keinem der beiden großen Paradigmen zuordnen lassen (vgl. Seewald, 1998, S. 136). Seewald sieht einen Ausweg aus diesem 'Dilemma', in dem er in Anlehnung an den Förderbegriff der Frühförderung ein drittes, eigenständiges Paradigma heranzieht, welches im Überschneidungsfeld von Pädagogik und Therapie entstanden ist: das *Entwicklungsförderungsparadigma* (vgl. ders.). Betrachtet man die anfängliche wissenschaftliche Fundierung des Fachs, so erscheint dieses Paradigma der Entwicklungsförderung sehr nahe liegend. Die theoretische Basis bestand seitdem aus Entwicklungstheorien, die anfangs angelehnt waren an das Handlungsparadigma, an die Theorien Piagets und an Theorien des motorischen Lernens. Diese Ausrichtung an Entwicklung hat sich auch nach der Ausdifferenzierung in mehrere Ansätze seit Mitte der 1980er Jahre nicht verändert. „Inzwischen werden nur mehr und andere Entwicklungstheorien zu Rate gezogen: Über das Konstrukt der Entwicklungsaufgabe wird die Verbindung zur Gesellschaft stärker gesucht, die ökologisch-systemische Betrachtung will die Individuumszentriertheit überwinden und 'verstehende Entwicklungstheorien' versuchen die Identitätsentwicklung stärker zu thematisieren." (Seewald, 1998, S. 140)

Das Aufkommen verschiedener Diskussionslinien oder Perspektiven, also die Ausdifferenzierung des Fachs in mehrere Ansätze lässt auch die Schilling'sche Fachsystematik (s.o.) aufweichen. Diese Systematik kann keine eindeutige Zuweisung bestimmter Konzepte und Ansätze leisten. Daher hat beispielsweise auch Fischer eine eigenständige Gliederungsform der Psychomotorik

---

60   Irmischer, T.: Lehrbrief: Grundzüge der Motopädagogik. Aktionskreis Psychomotorik. Lemgo
      1987.

gewählt. Die Diskussionslinien nachzeichnend unterscheidet Fischer zwischen der funktionalen, der erkenntnisstrukturierenden, der indentitätsbildenden und der ökologisch-systemischen Perspektive der Psychomotorik und ordnet die unterschiedlichen psychomotorischen Ansätze der jeweiligen Perspektive zu (vgl. ders., 2004, S. 27). Dadurch erhält er eine Vierteilung, die sich nicht auf die Bereiche Mototherapie und Motopädagogik beziehen lässt und die auch nicht in einem der weiteren Teilgebiete beherbergt werden kann. Zwar kann eine jede der Vierteilung in unterschiedliche Teilgebiete ausdifferenziert werden – bspw. in motogenetische oder motodiagnostische Aspekte, bzw. auch in motopädagogi-sche oder -therapeutische Elemente; die einzelnen, systematisierenden Teilgebie-te bieten allerdings keinen sammelnden Überbau mehr an.

Ähnliches muss auch festgehalten werden, wenn man die Gliederungsform Hammers und Köckenbergers heranzieht. In ihrem Lehrbuch der Psychomotorik, welches explizit die Praxeologie der Psychomotorik fokussiert und nicht die Wissenschaft der Motologie, gliedern sie den Gegenstandsbereich in psychomo-torische Ansätze und Positionen und Arbeitsfelder der Psychomotorik (vgl. dies., 2004, S.5). Die Zweiteilung der Angewandten Motologie oder der Psychomoto-rik ist also auch hier aufgehoben worden. Da die Autoren vornehmlich Psycho-motorikern eine Hilfestellung für die Praxis geben wollen, halten sie es „für legitim, die unterschiedlichen Ansätze nebeneinander zu stellen, ohne sie zu werten." (Hammer, 2004, S. 10) Das bringt zweifellos den Vorteil mit sich, prak-tisch versierter agieren zu können und dem Klienten (wahrscheinlich) auch ge-rechter zu werden; allerdings verliert sich in einem Nebeneinander auch schnell die immer wieder geforderte Stringenz oder eine übersichtliche Systematik.

Eine solche hat Seewald für das Fach der Motologie versucht zu liefern (vgl. Abb.). Da sie explizit das Fachgebiet der Motologie systematisiert, ist sie nur mit der Systematik Schillings vergleichbar. Die anderen genannten Autoren (s.o.) gliedern zwar diesen Gegenstandsbereich, erheben aber keinen Anspruch auf eine Fachsystematik.

In der Systematik Seewalds bilden die Ansätze der Motologie den Kernbe-reich (vgl. Seewald, 2005, S. 2). Sie bilden das Zentrum und stehen in wechsel-seitigem Einfluss zu den umliegenden Teilgebieten der Motologie. Durch die oben erwähnte Ausdifferenzierung des Fachs ab Mitte der 1980er Jahre wurden mehrere Sichtweisen und Diskussionslinien laut, die sich in Ansätzen manifes-tierten. Diese verschiedenen Ideen- und Gedankenkomplexe werden in den Mit-telpunkt der Fachsystematik gestellt. Sie machen sozusagen 'das Herz' der Mo-tologie aus. Hierbei werden unterschiedliche Ansätze aufgeführt und geordnet: es wird vornehmlich zwischen allgemeinen und zielgruppen-/ institutionenspezifi-schen Ansätzen unterschieden. Unter den allgemeinen Ansätzen summiert See-wald den Kompetenztheoretischen Ansatz, die Sensorische Integrationsbehandlung, den Verstehenden Ansatz und den Systemisch-konstruktivistischen Ansatz. Jeder dieser Ansätze wird in Kapitel 12.1 ausgeführt, wobei der Verstehende Ansatz auch in diesem Kapitel schon eine schwerpunktmäßige Ausführung[61] erhält.

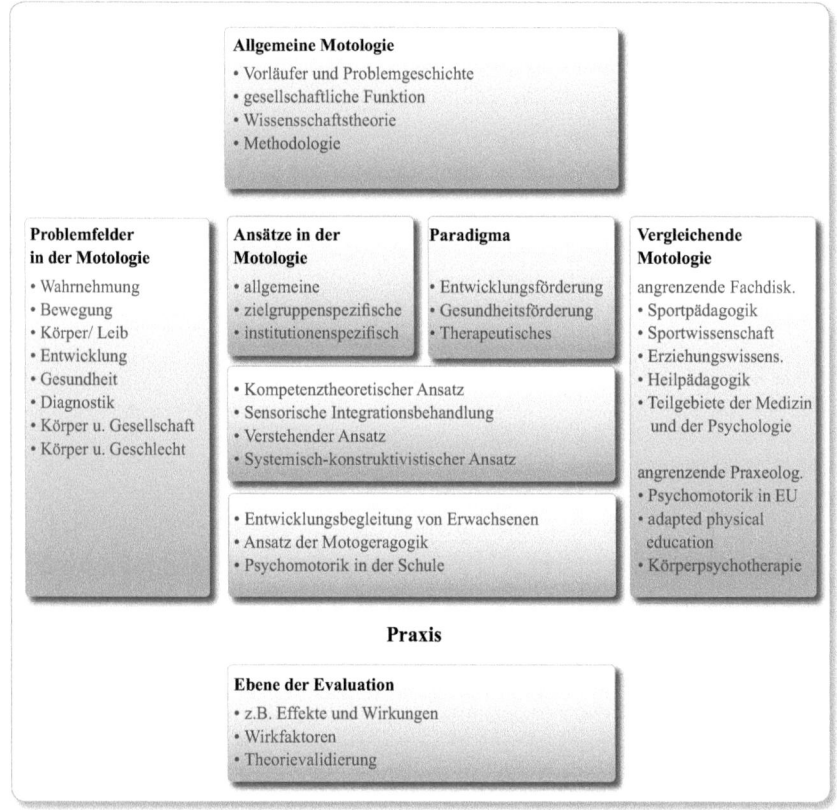

Abbildung 6:   Fachsystematik Motologie (Quelle: Seewald, 2005)

Zu den zielgruppenspezifischen werden die Entwicklungsbegleitung von Erwachsenen und der Ansatz der Motogeragogik gezählt; sowie Psychomotorik in der Schule zu den institutionenspezifischen Ansätzen zählt.

---

61 Aus dem weiteren Verlauf wird deutlich, warum der Verstehende Ansatz hier schon eine Erwähnung erfährt. Er bildet in dieser Arbeit die Nahtstelle zwischen der Organisationsberatung und der Motologie (vgl. Kap. 9, 10).

Während Schilling die Angewandte Motologie noch in Motopädagogik und -therapie untergliederte und somit Einordnungsprobleme aufkamen, führt Seewald im Zusammenhang der Ansätze paradigmatische Leitmotive an. Das Entwicklungsförderungsparadigma, das Gesundheitsförderungsparadigma und das therapeutische Paradigma ersetzen die Schilling'schen Felder und geben eine jeweilige Handlungs- und Denkrichtung vor, die für die einzelnen Ansätze grundlegend sind. Der erwähnte Kernbereich steht im unmittelbaren Kontakt zur Praxis, welche eigenen Gesetzmäßigkeiten folgt. Die An- und Rückbindung der Praxis an praxeologische und bezugstheoretische 'Erkenntnisse' stellt daher ein ebenso notwendiges wie konstitutives Arbeitsfeld der Motologie dar, wie auch die Ebene der Evaluation. Diese setzt sich mit Effekten und Wirkungen, mit spezifischen und unspezifischen Wirkfaktoren und mit der Theorievalidierung auseinander. Vor allem dient sie der Legitimierung gegenüber Dritten. Die Allgemeine Motologie bildet sozusagen das Dach der Systematik. Vorläufer und Problemgeschichte, gesellschaftliche Funktionen, Wissenschaftstheorien und methodologische Gesichtspunkte kreisen den Gegenstandsbereich allgemein ein und bestimmen die Relevanz, bzw. auch die theoretische Stringenz. In Verbindung mit der Allgemeinen Motologie und dem Kern der Ansätze entsteht eine wechselseitige Beziehung zu den Problemfeldern der Motologie. Wahrnehmung und Bewegung, Körper und Leib und die Entwicklung sind Kernbereiche und Kernthemen der Motologie. Während Schilling diese noch in die Motogenese und -pathologie einordnete und mit der Motodiagnostik eine Dreiteilung herstellte, welche stark an dem therapeutischen Paradigma orientiert war, versammelt Seewald diese Felder in einem einzelnen Teilgebiet. Ebenso fasst er die Diagnostik als eines der Problemfelder der Motologie auf. Hier wird die Entwicklung des Fachs am deutlichsten. Stellte die diagnostische Forschung in den Anfangsjahren der Motologie noch das Fundament für die Begründung des Fachs (s.o.), so ist sie nun von den Ansätzen im Zentrum der Fachsystematik 'verdrängt' worden. Sie gilt nun als nicht mehr zentrales 'Problemfeld' der Motologie, sondern von der Wertigkeit als eines unter den anderen. Die Felder der Gesundheit und auch die Felder 'Körper und Gesellschaft' und 'Körper und Geschlecht' sind Themen, die aufgrund gesellschaftlicher Entwicklung mehr Relevanz erhalten haben und/ oder als 'Lücken' in den bestehenden Ansätzen auffielen. Durch das Teilgebiet der Vergleichenden Motologie werden zum einen die motologischen Erkenntnisse immer wieder rückgebunden an angrenzende Wissenschaften und Praxeologien, zum anderen erhält die Motologie durch diese auch immer wieder wertvolle Hinweise und Erkenntnisse, die sie selbst als Entwicklungsmöglichkeit erkennen kann. Durch die Vergleichende Motologie wird verhindert, dass sich das Fach 'bodenlos' weiter entwickelt und den Bezug verliert. Die Verstörung als systemi-

scher Begriff, sowie die Erdung sind wertvolle Aufgaben der Vergleichenden Motologie.
In diesem Konzept wird vor allem die Alterität betont. Durch sie kann es möglich sein, sich selbst zu vergewissern und sich selbst zu erweitern. Durch die Aufnahme des Anderen – und gerade nicht die ablehnende Abwehr – kann eine Grundlage für den Dialog geschaffen werden und es eröffnen sich Entfaltungsmöglichkeiten (vgl. v.a. Kap. 8). Ähnlich wie die angrenzenden Wissenschaften und Praxeologien Einfluss nehmen auf den Kernbereich der Motologie und umgekehrt, kann auch innerhalb des Kernbereichs mit einer 'Angrenzung' umgegangen werden. Den Praktikern ist dieses Phänomen schon lange bewusst: nur durch das Aufsetzen mehrerer Theorie- und Ansatzbrillen kann dem Klienten eine 'maßgeschneiderte' Begleitung und Förderung angeboten werden. Dabei ist das Entscheidende, dass die Hinzunahme einer weiteren Brille die bisherigen Unzulänglichkeiten erkennt und thematisieren kann. Ein solcher Umgang mit Alterität – gerade im wissenschaftlichen Bereich – kann nur zu Entwicklungsmöglichkeiten des Fachs führen. Allerdings setzt es voraus, sich von dem Eigenen lösen und es mit Abstand durch den Anderen betrachten zu können. Eine solche Auffassung und Arbeitsweise führt nicht zu einer befürchteten Profillosigkeit und Diffusität des Fachs (s.o.), die sich durch ein pures Nebeneinander beschreibt, sondern zu einer Buntheit (s.o.), die dem Gegenstandsbereich der Motologie am nahesten kommt – ähnlich einer kubistischen Zeichnung der Motologie.

3.2 Die Kernelemente und Problemfelder der Motologie

Es wurde schon deutlich gemacht, dass verschiedene Diskussionslinien und auch Ansätze in der Motologie aufgekommen sind. Sie einen sich unter dem Dach der Motologie, auch wenn sie bestimmte Inhaltsbereiche unterschiedlich auslegen und akzentuieren. In der Fachsystematik werden diese Inhaltsbereiche unter dem Teilgebiet der Problemfelder der Motologie aufgeführt. Die Ansätze rekurrieren auf diese Problemfelder und beziehen unterschiedliche Gewichtungen in ihre theoretische Konzeption mit ein. Die verschiedenen Ansätze und ihre Bezugstheorien, bzw. ihr Verständnis von den jeweiligen Feldern soll hier nicht im Vordergrund stehen. Diese werden in Kapitel 12 separat behandelt. In diesem an die Fachsystematik anschließenden Kapitel soll das Einigende, das Gemeinsame der Motologie im Fokus stehen. „Die Suche nach dem Gemeinsamen und Identitätssichernden ist gefragt." (Seewald, 1996, S. 238) Dabei wird sich zum einen an den Problemfeldern der Motologie orientiert, zum anderen aber auch an der Relevanz dieser Felder für die Organisationsberatung). Durch diese Einschränkung erhält man eine Schnittmenge, die aus den Bereichen *'Bewegung/ Wahr-nehmung'*, *'Köper/ Leib'* und *'Entwicklung'* besteht. Die übrigen Problemfelder schwingen zwar bei jeder theoretischen und auch praktischen Auseinanderset-zung mit, sie sind aber für diesen Fall nicht konstitutiv. Wenn in diesem Zusam-menhang von dem Gemeinsamen und Einigenden gesprochen wird, dann bedeu-tet das nicht, dass die jeweiligen Themenbereichen soweit abstrahiert werden, bis sie von jeder Sichtweise und theoretischen Brille getragen werden; es bedeutet vielmehr, dass die Auswahl des Feldes das Einigende ausmacht. Jedes einzelne Feld muss dann freilich wieder differenziert betrachtet werden. Es werden also im Folgenden verschiedene Dimensionen der Bewegung und Wahrnehmung, des Körpers und des Leibes und der Entwicklung aufgeführt. Die Ausführungen zu den Begriffen und Problemfeldern der Motologie zeichnen auch eine Entwick-lungslinie der Psychomotorik und der Motologie nach. So können in ihrem Ent-stehen die unterschiedlichen Perspektiven auch chronologisch gelesen werden: allerdings lösten die jüngeren Perspektiven die älteren nicht ab, vielmehr beste-hen sie nebeneinander und zeichnen gemeinsam ein umfassendes Bild des Ge-genstandsbereiches der Motologie.

In der Psychomotorik, bzw. in einigen Konzepten, kann die *Bewegung* als Funktionsgeschehen betrachtet werden. Dabei machen Kriterien wie Gewandt-heit, Koordiniertheit, Rhythmik, Sicherheit, Tempo, Kraft, Ausdauer, Tonusre-gulation o.ä. den Fokus aus. Abweichungen von der 'Normentwicklung' dieser Bereiche werden als Rückstand und aufzuholendes Defizit verstanden und müs-sen 'beglichen' werden. Dazu bieten sich Wahrnehmungs- und Bewegungsübun-gen an, die speziell den 'defizitären' Bereich ansprechen. Durch Stimulierung bestimmter basaler Wahrnehmungsmodalitäten und Übungen verschiedener sensomotorischer Art soll es gelingen, die bisher nicht vollzogenen Entwick-lungsschritte nachzuholen; dabei spielt die Entwicklungsrichtung und Reihenfol-ge eine entscheidende Rolle (vgl. Kesper/ Hottinger, 1999, S. 27). In diesem Sinne wird *Wahrnehmung* als sensorische Reizaufnahme und Bedingung der sensorischen (cerebralen) Integration verstanden, so wie Bewegung als Anpas-sungsreaktion verstanden wird. Dieses am medizinischen Modell orientierte Ver-ständnis versteht Bewegung als komplexes Steuerungsgeschehen, das durch Übung verbessert werden kann (vgl. Seewald, 1993, S. 51; Fischer, 2007, S. 222).

Wahrnehmung und Bewegung können aber auch als Strukturierungsleistun-gen des Individuums verstanden werden. Es müssen im Verlauf der Entwicklung Wahrnehmungs- und Bewegungsmuster erworben und aufgebaut werden, mit denen sich das Individuum immer wieder veränderten Umweltbedingungen an-passen kann. Diese werden soweit kombiniert und automatisiert, dass sie auf neue Situationen übertragen werden können. Diese Wahrnehmungs- und Bewegungsmuster werden als Grundlage der Handlungsfähigkeit gesehen. So werden auch ungenügende oder nicht ausreichende Bewegungs- und Wahrnehmungsmuster als Ursache für sekundäre Störungen oder Problematiken betrachtet: sensomotorische Probleme führen beispielsweise zu Lernversagen, welches zu Selbstwertverunsicherung und unangepasste Reaktionsbildungen führen kann, die wiederum auf das Lernverhalten negativ einwirken (vgl. ebd., S. 52). Diese ʹTeufelskreis-Problematik soll durch eine kompetenzorientierte Förderung unterbrochen werden. Durch Erfahrungssituationen auf unterschiedlichen Ebenen, die vom Individuum (selbst) bestimmt werden, werden Kompetenzen (und Muster) erworben, die systematisch zu Erfolgserlebnissen führen sollen. Eine Stärkung des Selbstwertgefühls soll das Individuum indirekt in die Lage versetzen, seine Schwächen zu überwinden, bzw. adäquater damit umzugehen. Dieses v.a. auf die Piagetʹsche Entwicklungstheorie aufbauende Verständnis von Bewegung und Wahrnehmung hat in der Psychomotorik einen großen Stellenwert inne. Mittlerweile hat aber auch das Bedeutungsphänomen der Bewegung eine ähnliche Stellung erhalten: Hierbei wird Bewegung als bedeutungsvoll verstanden, das Individuum drückt sich in der Bewegung aus und teilt sich mit. „Die Bewegungsgeschichte ist Teil der Lebensgeschichte und zeigt dominierende Lebensthemen." (Seewald, 1993, S. 52) Vor dem Hintergrund einer verstehenden Entwicklungstheorie lassen sich bestimmte Motive im Spiel, in der Bewegung begreifen. Die Bewegung wird hier nicht als Ortsveränderung im Raum im physikalischen Sinn verstanden, sondern als wichtigste Form der Weltzuwendung. Die Psychomotorik bietet dem Individuum einen Freiraum, in dem es sich symbolisch ausdrücken kann. Damit wird nicht eine explizite Förderung der Motorik angestrebt, diese ereignet sich meist von selbst durch eine größere Bewegungs- und Experimentierfreude. Vielmehr ist es die Möglichkeit des symbolischen Ausdrucks, welche das Selbst des Individuums stärkt (vgl. ebd., S. 53). Dieses Verständnis von Bewegung ist nicht nur persönlichkeitsbezogen wie im obigen Bewegungsmodell, sondern persönlichkeitsintegrierend. Das wird noch explizit verdeutlicht, wenn der Verstehende Ansatz erläutert wird. Aber auch im folgenden Leibbegriff bekommt dieser Aspekt eine Ausführung.

Diesen Perspektiven auf die Bewegung folgend und unter Einschluss systemisch-konstruktivistischer Annahmen, welche Bewegung als Zuschreibungsprozess und als Teil der Weltkonstruktion verstehen, kommt Haas zu einem Bewegungsverständnis, welches sie für die Motologie als geltend sieht (vgl. dies., 1999, S. 42). Dabei erkennt sie das Fundament in den Bezugstheorien des Gestaltkreises, verschiedener Handlungstheorien und in strukturgenetischen und psychosozialen Entwicklungstheorien[62]. Nach Haas sind folgende Thesen für den Verständniszusammenhang von Bewegung zentral:

- Bewegung umfasst nicht nur die physikalischen, organisch-physiologischen und biomechanischen Aspekte, sondern kann als existentielle Bezogenheit des Menschen zu seiner Welt angesehen werden.
- Bewegung wird als aktive Leistung des Individuums verstanden. Diese Selbstbewegung steht in einer reziproken interaktionellen Beziehung zu ihrer Umwelt.
- Bewegung und Wahrnehmung als aktive Handlungen entsprechen einer subjektiven Auswahl und stehen in einer spiralförmigen Beziehung zueinander und zur Umwelt.
- Wahrnehmungs- und Handlungsstrukturen werden im Laufe der Entwicklung in der Auseinandersetzung mit der Umwelt kontinuierlich ausgebildet und verändert. Auf diese Weise vollzieht sich Entwicklung.
- Bewegung realisiert Handlung in der Einheit von Wahrnehmen, Erleben und Verarbeiten und in der Einheit der biologischen, psychischen, sozialen Gesamtheit der Person.
- Die Persönlichkeit des Menschen entwickelt sich durch handelnde Auseinandersetzung mit der Welt, in deren Verlauf sich auf der Basis sensomotorischerSchemata unterschiedliche Erkenntnisstrukturen entwickeln und kontinuierlich verändern.
- Auf der Basis von Körpererfahrungen entwickeln sich Vorstellungen vom eigenen Körper (Körperkonzept) und von der eigenen Person (Selbstkonzept).
- Identität wird über konkrete Handlungen (Bewegung) und deren implizite soziokulturelle Bewertungen erfahren (vgl. Haas, 1999, S. 42)

Das Bewegungs- und Wahrnehmungsverständnis ist eng an das Körpermodell, bzw. hier genauer: Leibmodell gebunden. Herrscht ein funktionales Verständnis von Bewegung und Wahrnehmung (s.o.), liegt diesem auch ein funktionales und instrumentales Verständnis vom Körper zugrunde. Hierbei wird der Körper aus einer biologischen, physiologisch-anatomischen Perspektive heraus betrachtet. Der Begriff des *Körpers* ist im heutigen Sprachgebrauch mit einer instrumentalisierenden Bewegungskultur verbunden: „Der menschliche Körper soll in seiner natürlichen Form verändert und gesellschaftlichen Normen von Schönheit und Gesundheit entsprechen." (ebd., S. 46) Auf diesen Körperbegriff, der eine Illusi-

---

62 Vor allem von Weizsäcker, Leontjew und Kaminski, Piaget, Scherler und Erikson bilden hier mit ihren Theorien das Fundament einer Motologie, die sich auch auf das Erwachsenenalter ausgerichtet hat.

on von Kontrollierbarkeit errichtet, soll aber im weiteren Verlauf nicht eingegangen werden.

In Anlehnung an das oben beschriebene Bewegungsverständnis soll vielmehr einer Einheit von Körper, Seele und Geist, einer psychophysischen Dynamik und psychosomatischen Sichtweise entsprochen werden. Und sogar noch
weiter: Mit dem Begriff des *Leibes* soll der Dualismus Körper-Geist aufgehoben
werden, bzw. zielt der Begriff auf das Präreflexive: „Der Leib besitzt bei Merleau-Ponty das Privileg der ursprünglichen Sinnfindung. Leiblich treten wir in
Kommunikation mit der Welt, die ihren Sinn auf einer präreflexiven Ebene of-
fenbart. Merleau-Ponty vermeidet eine vorschnelle Aufspaltung in physische und
psychische Welten, die ein Verständnis latenter Sinnprozesse enorm erschwert,
wenn nicht gar verhindert." (Seewald, 1992, S. 17) Merleau-Ponty hat mit seiner
'Phänomenologie der Wahrnehmung' (1966) Husserls Phänomenologie weiter
geführt und in gewisser Weise auch radikalisiert, indem er versuchte, das selbst-
reflexive Ich durch die Analyse des Bewegungsphänomens zu unterwandern. Er
konzentriert sich auf solche Aspekte der Bewegung, in denen die 'ursprüngliche
Einheit' von Leib und Welt zum Ausdruck kommt. Dadurch versucht er, auf „die
Sachen selbst"[63] zurückzugehen, „in eine Welt, die wir vorab aller Reflexionen
immer schon 'bewohnen'. In dieser Welt gibt es wohl Polaritäten, aber keine
Dualismen wie die von 'Körper' und 'Geist'." (Seewald, 1995, S. 214)

Diese Denkrichtung fordert eine Umlenkung des Blicks auf die Welt; ein
Entdecken der elementaren Gegebenheiten in ihrer lebensweltlichen Erscheinung, frei von wissenschaftlicher Abstraktion. Im Leib sieht Merleau-Ponty
genau jenes zentrale Element. Er stellt den impliziten Sinn in den Mittelpunkt
seines Denkens und versucht die Erfahrung als unmittelbar leibliche zu rehabilitieren und sie aus der Umklammerung durch den Empirismus und Intellektualismus zu befreien (vgl. Seewald, 1992, S. 21). Merleau-Ponty zeigt, dass sich
das denkende Ich im leiblichen gründet und vorgezeichnet findet. Dabei setzt er
den ungeteilten Leib den Teilungen des Ichs als Basis. „Selbst wenn der Mensch
auf seine Leiblichkeit reflektiert, findet er sich als leibliches Wesen immer schon
vor." (Seewald, 1996a, S. 29) Das bewusste Ich bringt nach Merleau-Ponty seine
Wahrnehmung nicht hervor, sondern ist auf die Vorarbeit des Leibes angewiesen. Damit setzt er den Leib als ein 'Vor-Ich', das die Welt primordial erfährt
und begreift. „Mein Leib hat seine Welt oder begreift seine Welt, ohne erst den
Durchgang durch 'Vorstellungen' nehmen […] zu müssen." (Merleau-Ponty, zit.
n. Seewald, 1992, S. 33) Damit wird ein wichtiger Aspekt herausgestellt: der
Leib ist mit der primordialen Welt verbunden oder verwurzelt. Er ist „unsere

---

63   Vgl. Husserls Postulat des Zurückgehens zu den Sachen selbst bei Fellmann, F.: Phänomeno-
      logie. Eine Einführung. Junius Verlag: Hamburg 2006, S. 29.

Verankerung in der Welt." (ebd.) Der Leib bildet den existentiellen Untergrund für die Wahrnehmung und für die Symbolfunktion (vgl. Kap. 3.4 und 10). Dieses Verständnis des Leibes, dieses 'Körper-Modell, findet in mehreren Ansätzen – nicht nur in der Motologie – Berücksichtigung und auch Anwendung. Der Verstehende Ansatz bezieht sich durch seine phänomenologische (und symboltheoretische) Fundierung am weitesten auf dieses Leibverständnis. Der Leib ist hierbei nicht nur Gegenstand, die Leiblichkeit ist auch Bestandteil der Methode des Verstehens (vgl. 3.4).

Es ist schon des Öfteren angeklungen, dass *Entwicklung* und Entwicklungsvorstellungen die theoretische Basis für psychomotorische Konzeptionen lieferten; und dass der Begriff der Entwicklung in Definitionen der Motologie einen konstitutiven Platz erhielt (s.o.). Es ist hier nicht das Anliegen, einzelne Entwicklungstheorien darzustellen und sie nach der Relevanz für die Motologie abzuklopfen[64]. Es sollen hier vielmehr Marksteine vorgestellt werden, die für das Verständnis von Entwicklung paradigmatische Weichen gestellt haben. Wenn sich die Psychomotorik und mit ihr einzelne Ansätze als theoriegeleitete Praxis verstehen, kann sich die Motologie als entwicklungstheoriegeleitete Anwendungswissenschaft verstehen. Fischer formuliert es aus seiner Perspektive „eindeutig als entwicklungstheoriegeleitete Handlungswissenschaft mit Ausrichtung auf die Erforschung der dynamischen Person-Umwelt-Interaktion." (ders., 2004, S. 75)

Die Komplexität des Entwicklungsgeschehens macht es notwendig, dass die Motologie zur Erhellung ihres Gegenstandsbereiches verschiedene Entwicklungstheorien heranziehen muss, da die einzelnen Theorien jeweils nur einen Ausschnitt in ihren Fokus nehmen (können) (vgl. Kap. 8.2). Dadurch geben unterschiedliche Entwicklungstheorien den verschiedenen Ansätzen ihre Blickwinkel und Anwendungsmöglichkeiten, bzw. wissenschaftliche Legitimation. Für Haas ist es beispielsweise notwendig, eine möglichst multifaktorielle Betrachtung der Entwicklung zu gewährleisten, da nur sie der Multidirektionalität und -dimensionalität von in diesem Fall Erwachsenenbiographien entsprechen kann (vgl. dies., 1999, S. 71). So stellt sie Erkenntnisse und Standpunkte der verschiedenen 'Developmental Sciences' nebeneinander, ohne – soweit möglich – Bezüge zwischen ihnen herzustellen und ohne grundsätzlich eine Hierarchie von Wichtigkeiten und Bedeutsamkeiten für den Entwicklungsprozess aufzuzeigen. Dieser Ansicht wird hier vorläufig gefolgt, da einzelne Perspektiven nebeneinander am ehesten die unterschiedlichen Marksteine oder theorieübergreifenden, metatheoretischen Orientierungen aufzeigen können:

---

[64] Vgl. hierzu Fischer (2007), Haas (1999) oder Philippi-Eisenburger (1991) aus motologischer Perspektive oder allgemeiner, überblicksartig: Flammer (2006): Entwicklungstheorien.

Entwicklung wird im motologischen Verständnis als subjektive Sinn-Konstruktion verstanden. Hierbei wird die Perspektive der sich entwickelnden Person unterstrichen, so dass Vorstellungen über Entwicklung der Person ein Bemühen tragfähiger Sinnkonstruktionen attestieren (vgl. Fischer, 2004, S. 76). Für die Person sind die Objekte der Umwelt (Gegenstände, Personen, Handlungsräume) nicht per se relevant, sondern erst durch subjektiv erfahrbare Sinngebungen und Bedeutungsimplikationen. Damit ist eine Perspektive auf die Person als Akteur eingeführt: Entwicklung muss als selbstgestalteter Prozess konzipiert werden.

Die erwähnte Umwelt wird weiter nicht nur als Rahmen für die individuelle Entwicklung gesehen; sie bildet mit der Person ein komplementäres Konstrukt. Diese Annahme der Person-Umwelt-Beziehung oder der Interaktion wurde v.a. durch die systemisch-ökologische Theorie in die Entwicklungsdiskussion getragen. Die Person und ihre Umwelt sind als Entwicklungspartner zu verstehen, so dass eine Entwicklungsförderung auch mit wechselnder Zentrierung beide 'Partner' zu berücksichtigen hat. Damit wurde eine Dezentrierung des Denkens von einem rein anthropozentrierten Menschenbild zu einer Analyse-Einheit von Person und Umwelt eingeleitet (vgl. Lang[65], 1987; zit. nach Haas, 1999, S. 69). Diese Begrifflichkeiten beziehen auch die geschichtliche Einbettung und den Kontextualismus mit ein. Bedingungen und Ereignisse der Umwelt, soziokulturelle Situationen oder die Einbindung der Person in einen Kulturkreis sind wesentliche Momente, die in dieser Orientierung der Entwicklungsbetrachtung Einfluss haben.

Durch diese beiden metatheoretischen Orientierungen muss Entwicklung auch weiter als dynamischer und lebenslanger Prozess verstanden werden. Dadurch wird eine offene Vorannahme des Entwicklungsverlaufes erzwungen, der von den jeweils vorgefundenen und aufgesuchten Handlungswelten abhängt (vgl. Fischer, 2004, S. 77). Fischer beschreibt in Anlehnung an Geulen[66] die Vorstellung von Entwicklung als Modell von Weichenstellungen, „das von der Tatsache ausgeht, dass Personen in ihrem Entwicklungsverlauf auf zahlreiche kulturell bedingte Handlungs- und Entscheidungsalternativen treffen, die den Entwicklungsverlauf problematisieren und individualisieren." (ders.) Je nach Entwicklungsstand sind dies Angebote zur Ausübung bestimmter Aktivitäten, die bestimmte Handlungskompetenzen ansprechen, welche sich aus der Wechselwirkung personeller und kontextueller Faktoren ergeben. Die Entwicklungsförde-

---

65   Lang, A.: Die kopernikanische Wende steht in der Psychologie noch aus! Hinweise auf eine ökologische Entwicklungspsychologie. In: Schweizerische Zeitschrift für Psychologie, 47 (2/3), 93-108.

66   Geulen, D.: Die Integration von entwicklungspsychologischer Theorie und empirischer Sozialforschung. Zeitschrift für Sozialisationsforschung und Erziehungssoziologie 7,1, S. 2-25.

rung kann also bei der Passung von subjektiven und objektiven Strukturierungen behilflich sein (vgl. ebd.). Perspektiven auf die Entwicklung, die den Bereich des Erwachsenenalters fokussieren, stellen explizit heraus, was häufig flüchtig übersehen wird, da es mittlerweile als selbstverständlich erachtet wird, nämlich dass die Entwicklung ein lebenslanger Prozess ist.

Dieser lebenslange Prozess ist gekennzeichnet durch Gewinn und Verlust. Ein jeder Entwicklungsschritt ist nicht nur ein Gewinn, er hat immer auch etwas Verlustartiges zu 'beklagen'. Besonders in der Perspektive, Entwicklung als Abfolge von Leib- und Beziehungsthemen zu begreifen, wird der Aspekt des Gewinnens und Verlierens, des Bindens und Wieder-Lösens, der Nähe und Wieder-Distanz deutlich (vgl. Seewald, 2007, S. 45).

Bewegung und Wahrnehmung, Leib und Körper sowie Entwicklung sind die zentralen Themen der Motologie. Durch die schlaglichtartige Umschreibung dieser wesentlichen Elemente soll eine ungefähre Vorstellung erreicht werden, wie sich der Gegenstandsbereich der Motologie darstellt. Trotz des 'nur' Überblickshaften soll ein Fundament gelegt sein, von dem aus Differenzierungen nachvollziehbarer werden. Es wurde an mehreren Stellen auf weitere Kapitel verwiesen, die jeweils auf bestimmte Themen näher eingehen, bzw. diese ausführlich behandeln. Bewegung und Wahrnehmung, Leib und Körper sowie Entwicklung sind die konstituierenden Felder der Motologie, die im weiteren Verlauf der Arbeit immer mehr Konturen erhalten und differenziert in einzelne Ansätze eingebunden werden. Diese Differenzierungen machen es möglich, dass bestimmte Sichtweisen und Diskussionslinien von Bewegung, Leib und Entwicklung einen erheblichen Einfluss auf die Organisationsberatung nehmen können; und das nicht nur inhaltlich, sondern auch methodisch.

3.3 Entwicklungen im Wissenschaftsfach der Motologie: Desiderate

In der Motologie und auch in angrenzenden Arbeitsfeldern wird immer wieder gefragt: quo vadis, Motologie? (vgl. Prenner, 1996, S. 12). Das hat zum einen mit der institutionellen Entwicklung[67] des Wissenschaftsfachs zu tun, zum anderen mit der Profilbildung und Abgrenzungsversuchen gegenüber inhaltlich ähnlichen Fächern. Mit der Frage ist aber nicht nur eine aktuelle Standortbestimmung angesprochen, es klingt in dieser Frage im umgangssprachlichen Kontext auch immer ein: 'wohin soll das noch führen' und 'wie soll das weitergehen' mit. Mit der Akkreditierung des konsekutiven Masterstudiengangs Motologie ist zumindest vorerst die mitklingende Färbung dieser Fragestellung beantwortet. Bleibt

---

67   Der Aufbaustudiengang Motologie an der Erfurter Universität wurde 1998 geschlossen.

aber immer noch die vorrangige Standortbestimmung, die durchaus ihre Berechtigung hat: das reflektierte Innehalten lässt die eigene Position leichter bestimmen und zeigt deutlicher neue Entwicklungsmöglichkeiten auf. Eine (Neu-) Positionierung kann immer dann absichtsvoll vollzogen werden, wenn der Ausgangsbereich klar umrissen ist.

Allerdings gibt es auch einen fast konträren Weg, sich Entwicklungsmöglichkeiten zu eröffnen, bzw. diese zu nutzen. Es ist hierbei eine Art Sogwirkung von gesellschaftlicher oder auch individueller Seite zu beobachten. Dieser meist in der Praxis spürbare Sog zieht motologische Kompetenzen an oder fordert diese ein. Es obliegt dann der Motologie, diesen Sog anzunehmen und diese gespürte oder herangetragene Lücke wissenschaftlich zu füllen. Beide Wege der (Neu-) Positionierung und der Entwicklung sind notwendig und sind vergleichbar mit bottom-up- oder top-down-Prozessen: bei ersteren werden aus der vorhandenen wissenschaftlichen Basis neue Wege erschlossen; bei letzterem zeigen Praxis und gesellschaftliche Veränderungen oder Notwendigkeiten Bedarfe auf, die von der Motologie angenommen und befriedigt werden können. Beide zusammengenommen sichern die Existenz und die Weiterentwicklung dieses Wissenschaftsfachs. Beiden Wegen wird hier entsprochen.

Der oben zitierte Prenner zieht 1996 eine solche Entwicklungslinie der Motologie nach. Nachdem er die Anfänge und wissenschaftliche Fundierung des Fachs rekonstruiert hat, stellt er diese in den Kontext der gesellschaftlichen Entwicklungstendenzen und zeigt die Auswirkung für die Motologie auf. In Anlehnung an Beck[68] formuliert er über die Kennzeichen der Risikogesellschaft Thesen, die den *Körper* in den Mittelpunkt stellen: der Körper werde zu einer Quelle der Selbstvergewisserung. Der Körper könne in einer Gesellschaft mit raschem sozialen Wandel persönlichen Halt geben und so ein stabilisierendes Ich-Gefühl erzeugen: „Die Sorge um die eigene Gesundheit, die veränderte Einstellung zum Körper, das Bedürfnis sich selbst mehr zu spüren und sich seiner selbst zu vergewissern, haben in diesen gesellschaftlichen Veränderungen ihre Wurzeln." (ders., 1996, S. 20). Zu dieser Zeit wurde schon die Bedeutung und Wichtigkeit der *Gesundheit* in den motologischen Kontext gestellt. Prenner sieht es daher auch in seinem Ausblick für sinnvoll an, stärker Ansätze der Gesundheitswissenschaft in die Motologie mit aufzunehmen. Es bleibt zu diesem Zeitpunkt noch offen, ob es sinnvoller ist, bestehende Ansätze in die Motologie zu integrieren oder ob es der Motologie gelingen kann, eigene Vorstellungen und Ansätze zu entwickeln. Die Relevanz der Gesundheit und der Gesundheitsförderung wurde zumindest schon zu der Zeit explizit herausgestellt. Ähnlich verhält es sich mit einer weiteren, ausblickhaften Anmerkung Prenners. Er sieht Inhalte und Verfah-

---

68   Beck, U.: Risikogesellschaft. Au den Weg in eine andere Moderne. Suhrkamp: Frankfurt 1986.

ren der *Organisationsentwicklung* als notwendig für die motologische Ausbildung an, da leitende Positionen in solchen Organisationen von Motologen angestrebt werden (vgl. ders., S. 25).

Das Thema Gesundheit ist seitdem immer mal wieder in der wissenschaftlichen Diskussion aufgetaucht, erhielt aber erst später einen nennenswerten Platz. Mittlerweile ist der Begriff 'Gesundheit' aus der motologischen Diskussion nicht mehr wegzudenken[69], so dass auch deutlich bemerkt werden kann, dass Gesundheit ein motologisches Arbeits- und Forschungsfeld geworden ist. So sind erste Ergebnisse und Ansätze schon sichtbar, wie aber auch dieses Feld noch als Desiderat formuliert werden kann. Das wird deutlich, wenn Seewald *Gesundheitsförderung* als neues Paradigma in die Motologie einführt, es aber noch vorsichtig mit einem Fragezeichen in Verbindung bringt, da ein neues Paradigma sich in seiner ganzen Breite und mit den Konsequenzen derzeit noch gar nicht darstellen lässt (vgl. ders., 2006, S. 290). Mit dem Aufkommen der gesellschaftlichen Relevanz von Gesundheit und auch der Relevanz für die Motologie wurden auch der Betrieb, die industrielle Fertigung und das Arbeitsleben in den Fokus einer motologischen Betrachtung genommen. Dabei fiel v.a. Haas et al. auf, dass innerhalb der betrieblichen Gesundheitsförderung im Handlungsleitfaden der Krankenkassen Begriffe auftauchen, die eigentlich vornehmlich von psychomotorischer Seite Berücksichtigung finden: Themenfelder wie Selbstwirksamkeit, Stimmungsbeeinflussung, Körperkonzept, Entspannungsfähigkeit, Körpererfahrungen und positive Bewegungserlebnisse in der Gruppe sind psychomotorische Angebote, die aber nicht unter dem Etikett der Gesundheitsförderung in der psychomotorischen Fachdiskussion benannt werden. Nach Haas et al. ist das ein Defizit, das sie mit einem Forschungsprojekt und einer Ausdifferenzierung eines gesundheitsfördernden Konzepts (für den Betrieb) aus psychomotorischer Sicht auszugleichen suchen (vgl. Haas et al., 2007, S. 157).

Aber nicht nur die betriebliche Gesundheitsförderung steht im derzeitigen Interesse der Motologie, sondern auch die Frage des Gesundbleibens von postmodernen Erwerbstätigen. Schröder geht der Frage nach, wie Erwerbstätige trotz der hohen und veränderten Anforderungen der Arbeitswelt eine Balance zwischen Arbeit und Leben finden können, die sie gesund erhält. Er sieht in der Leiblichkeit, im Leib als Ort der Selbstvergewisserung die Chance, sich seiner eigenen Situation bewusst zu werden, ein Frühwarnsystem für Belastungen zu entwickeln oder Verhaltensmöglichkeiten auszuprobieren und zu erspüren. Leib, Sinn und Gesundheit sind einander bedingende Phänomene, die die inhaltliche Ausrichtung einer motologischen Gesundheitsförderung bestimmen (vgl. ders., 2007, S. 151ff).

---

69   Beispielhaft ist hier zu nennen: Fischer/ Knab/ Behrens (Hrsg.): Bewegung in Bildung und Gesundheit (2006) oder Schwerpunktheft 'Gesundheitsförderung' in motorik 3(30) 2007

Nach Haas ist das Thema Gesundheit zwar nicht sehr früh explizit angesprochen worden, es schwang allerdings seit der Kiphard'schen Psychomotorischen Übungsbehandlung immer mit. Aus dieser Perspektive kann man dann
gleiches oder ähnliches wohl auch von dem Begriff der Bildung sagen: er
schwang in vielen Diskussionslinien, v.a. in der der Motopädagogik, mit; explizite Erwähnung und Ausdifferenzierung erlangte er aber erst in jüngster Zeit.
Mit dem Aufkommen der Bildungsdiskussion seit Veröffentlichung diverser
Studien der OECD, welche den Bildungsstand von SchülerInnen und die Leistungsfähigkeit verschiedener Bildungssysteme[70] in den Fokus nahmen, erhielt
auch die Diskussion um Bildung im psychomotorischen und motologischen
Kontext Beachtung. Verschiedene Autoren weisen dabei explizit auf die Bedeutung des Körpers/ Leibes für die Bildung hin (vgl. bspw. Wendler, 2007, S. 44).
Das Thema Bildung kann aber auch weiterhin als Desiderat formuliert werden,
da bisher dafür keine tragfähigen Konzepte geliefert worden sind. Die Grundlagen der Psychomotorik und Motologie sind bisher nicht auf der Basis unterschiedlicher Bildungs- und Erziehungstheorien diskutiert worden, sondern auf
der Basis von Entwicklungstheorien und förderdiagnostischen Konzepten.

Bleibt zuletzt noch auf die von Prenner erwähnte *Organisationsentwicklung*
als Desiderat einzugehen (s.o.). Seiner Argumentationslinie folgend ist die Motologie befähigt, in ihrer Anwendung leitende Funktionen zu übernehmen. Daher
biete es sich an, bzw. dränge sich auf, Themen und Ansätze der Organisationsentwicklung mit einzubeziehen. Ob die Triebfeder der Auseinandersetzung mit
dem Gegenstand der Organisationsentwicklung nun aus diesem Grund zu befür-
worten ist, muss an dieser Stelle offen gelassen werden. Zweifelsfrei befindet
sich aber das Wissenschaftsfach der Motologie mittlerweile auf einem Entwicklungsstand, der es erlaubt, das generierte (motologische, psychomotorische)
Wissen Dritten zur Verfügung zur stellen; und das nicht nur in der direkten
Klientenbegegnung, sondern in Form einer *Organisationsberatung*. Genauere
Vorstellungen, Konzepte oder Ansätze sind noch nicht in wissenschaftlicher
Form gegeben. Hier einen ersten Versuch und eine erste Orientierung zu geben,
ist Ziel dieser Arbeit. Der Masterstudiengang der Motologie an der Philipps-
Universität Marburg hat ein Modul 'Organisationsberatung'[71] konstruiert. In
diesem sollen Elemente der Organisationsberatung in den motologischen Fachdiskurs eingebunden sowie Konzepte und Instrumente erarbeitet werden, die in
einer (motologischen) Beratungssituation zur Anwendung gelangen.

Nach Seewald wird die Organisationsberatung allerdings nicht ohne das
Thema Gesundheit auskommen. Die theoretische Ausrichtung müsse Gesundheit
einen zentralen Stellenwert einrichten (vgl. ders., 2006, S. 289). Damit wären

---

70   Vgl. hierzu überblicksartig: www.oecd.org/de/bildungsaufeinenblick (01/2008)
71   Vgl. hierzu http:// www.uni-marburg.de/fb21/motologie/studium/studienordnung/anlage1.html

zwei der drei aufgeführten Überbegriffe der Desiderate konzeptionell miteinander verbunden.

Die angestammten Inhalte der Motologie erhaltend hat sich das Wissenschaftsfach also um die großen Begriffe der Gesundheit, der Bildung und der Organisation erweitert. Jeder einzelne wird eine Reihe von Ausdifferenzierungen und verschiedenen Lesarten nach sich ziehen. In diesem Zusammenhang steht v.a. der Gegenstandsbereich der Organisation im Vordergrund. Es wird im weiteren Verlauf zu zeigen sein, inwiefern die Beschäftigung mit der Organisationsberatung von Seiten der Motologie eine fruchtbare ist. Mit der Nachzeichnung bestimmter Entwicklungen im Wissenschaftsfach und der Nennung unterschiedlicher Desiderate soll verdeutlicht sein, dass zum einen die Beschäftigung mit einem solchen Thema einer (notwendigen) historisch-gesellschaftlichen Entwicklung folgt; zum anderen die (notwendige) Beschäftigung von mehreren Autoren gesehen wird. Die immer subjektive Färbung eines Ausblicks unterschiedlicher Autoren eint sich in diesem Fall in der Formulierung der genannten Desiderate. Das Hauptkapitel abschließend wird nun der Verstehende Ansatz mit seiner Praxeologie näher bestimmt. Dieser oben schon erwähnte Schwerpunkt ergibt sich aus der Konfrontation von Organisationsberatung und Motologie; so zumindest die Lesart dieser Arbeit, welche durch die weiteren Kapitel deutlich wird. In diesem Zusammenhang kann ein weiteres Desiderat formuliert werden, welches speziell den Verstehenden Ansatz betrifft: nach Seewald ist das Verstehen von größeren sozialen Einheiten, wie Institutionen, ein wünschenswertes Erweiterungsprojekt, welches den Verstehenden Ansatz als Metapher einer „Baustelle" erweitert (vgl. ders., 2007, S. 140).

3.4 Verstehender Ansatz: Entwicklungsverständnis und Praxeologie

Im Vorigen wurde sich dem Gegenstandbereich der Motologie ein wenig genähert. Dabei standen zentrale Begriffe im Vordergrund, die von unterschiedlichen Blickwinkeln aus betrachtet wurden. Das Schlaglichtartige hat die Umrisse des Fachs ausgeleuchtet und aufgezeigt, welche Entwicklungstendenzen und Richtungen beherbergt werden. Nun sollen diese Umrisse und zentralen Begriffe aus der verstehenden Perspektive aufgegriffen und ausgeführt werden. Der Verstehende Ansatz in seiner Architektur steht dabei allerdings nicht im Fokus; es wird hier auf das entwicklungstheoretische Verständnis und auf die Praxeologie des Verstehenden Ansatzes eingegangen. Diese bilden in gewisser Weise die Nahtstelle für eine weitere Beschäftigung mit dem Feld und vor allem dem Prozess der Organisationsberatung.

Aus der Perspektive der Bewegung und des leiblichen „Zur-Welt-Seins" wird Entwicklung als ein sich erweiternder Prozess verstanden, in dem Menschen Sinn vorfinden und Sinn neu schaffen (vgl. Seewald, 2007, S. 44). Es handelt sich hierbei nicht nur um den bewusst erzeugten Sinn, sondern vor allem um den impliziten und unbewussten Sinn. „Dahinter steckt die Einsicht, dass wir in unseren mentalen Produktionen nicht nur durch unser bewusstes Urteilsvermögen und unsere Vernunft bestimmt werden, sondern auch durch unsere Leiblichkeit. Leiblich lassen wir uns von den Appellen dieser Welt ′ansprechen′." (ebd.) Es entstehen im Inszenieren und Bespielen der ′Appelle′ und im Ertragen von Widerfahrnissen bedeutungsvolle Szenen in und mit der Welt, die sich in bewussten Erinnerungen und im Leibgedächtnis ablagern. Diese bilden „jenes Geflecht von gelebten Spuren, welches uns ein Gefühl davon gibt, wer wir sind." (ebd., S. 45)

In dem sich erweiternden Prozess der Entwicklung ist die Balance von Autonomie und Bezogenheit zentral. Der scheinbare Widerspruch, mehr Autonomie zu gewinnen und dennoch mit sich selbst und den anderen in Beziehung zu stehen, kann insofern aufgelöst werden, als dass etwas gegeben werden muss und etwas anderes dafür erhalten wird. In Kapitel 3.2 wurde dafür das Prinzip des Gewinnens und Verlierens in die Entwicklungsdiskussion eingeführt. Seewald, der für diesen Zusammenhang Kerngedanken und Überlegungen Piagets, Kegans, Winnicotts und Eriksons heranzieht, formuliert es lebensweltlich, indem er schreibt: „Hergeben müssen wir ein Stück naiver Urverbundenheit mit allem, man könnte auch sagen ein Stück undifferenzierter Gleichsetzung unserer eigenen Bedürfnisse und Wünsche mit denen anderer Menschen. Dafür bekommen wir ein Stück Einsicht in den größeren (sozialen) Zusammenhang, von dem wir selbst ein Teil sind. Wir verstehen uns dadurch immer ein wenig besser, weil wir von uns und unserem Egozentrismus abrücken." (ders., ebd.) Dieser Gedanke der Dezentrierung wird im weiteren Verlauf, gerade im Prozess der Organisationsberatung noch eine gewichtige Rolle spielen. Im Vorgriff sei hier bereits angemerkt, dass dieser zentrale Entwicklungsaspekt metatheoretisch auf die Organisationsberatungssituation bezogen wird und im Kontext einer Organisationskultur eine neue Färbung erlangt (vgl. Kap. 8, 10). Ähnliches kann auch von einem weiteren zentralen Aspekt der Entwicklung gesagt werden: das Sich-Spiegeln im Zugehörigen.

In Einheits- und Trennungserfahrungen spielen die Themen ′zu-mir-gehörig′ und ′fremd′ eine Rolle. Im Spiel umgibt sich beispielsweise das Kind mit Zugehörigem, mit etwas, was ihm nahe ist oder ihm gehört. Das Fremde, also das Nicht-Zugehörige stellt so die andere Seite, das Andere dar. Dieses kann im Spiel in Zugehöriges verwandelt werden. „In den vielfältigen Wahlen des Essens, der Kleidung, der bevorzugten Medienfiguren und der eigenen Spielfantasien umgeben sich Kinder mit einem Hof an Zugehörigem und assimilieren Fremdheitsgefühle. Sie gewinnen dadurch an Sicherheit, weil sie sich in ihrem Zugehörigen spiegeln können. Das Gewählte wird zu einem Gegenüber und stiftet dadurch Identität." (ebd., S. 46) Dieser Gedanke wird in der zu konzipierenden Beratungssituationen eine kraftvolle Position bekommen. Es wird zu zeigen sein, dass dieser Aspekt – wie in den metatheoretischen Orientierungen aufgeführt (Kap. 3.2) – auch im Erwachsenenalter ein zu berücksichtigender ist.

Die strukturelle Dimension der Entwicklung wird in der verstehenden Perspektive angereichert durch eine inhaltliche. Entwicklung wird hier als eine Abfolge von Beziehungs- und Leibthemen verstanden. Auf dem Weg zu mehr Autonomie und Identität durchlaufen alle Menschen ähnliche Etappen. Diese sind charakterisiert durch bevorzugte Sinnthemen, welche universalen Anspruch haben und (immer) mit dem eigenen Körper im Zusammenhang stehen. Sie dienen der Praxeologie als wichtigster Verstehenshintergund (vgl. weiter unten). Entwicklung wird hier als nicht-deterministisch, aber universalistisch und unidirektional verstanden (vgl. ebd., S. 47).

Zur Verdeutlichung und wegen seiner Bedeutungskraft für die folgenden Ausführungen soll das frühe Erwachsenenalter in seinen *Erlebnisspuren, Sinnthemen* und *symbolischen Echos* kurz erläutert werden. Dabei sind einige der (Lebens-) Themen nicht nur in Bezug zu diesem Altersabschnitt zu lesen; sie bilden auch eine hervorragende Metapher für (organisationale) Veränderungen.

Das frühe Erwachsenenalter (ca. 20-40 Jahre) ist aus verstehender Perspektive mit Themen in Verbindung zu bringen, die sich um Orientierung und Wegfindung drehen. Vor allem gesellschaftliche Strukturen wirken in diesem Altersabschnitt derart, dass vom „flexiblen Menschen" gesprochen werden muss (vgl. Sennett, 1998). Auf der einen Seite muss auf berufliche Erfordernisse mit Flexibilität reagiert werden; auf der anderen Seite erfordern Existenz- und Familiengründungswünsche oder -vorstellungen Verlässlichkeit und Sicherheit. Die Aufgabe, die sich dem frühen Erwachsenenalter stellt, ist, die Ambiguität der gesellschaftlichen Anforderungen und der eigenen Vorstellungen nicht nur als Bedrohung zu empfinden, sondern eben auch als Chance. Es gilt ein Aushalten von Widersprüchen:

- „Flexibilität versus Verbindlichkeit;
- Leistungsfähigkeit versus Leistungsfetischismus;
- Selbstwirksamkeit mit und trotz Kinderwunsch;
- unerfüllte Berufwünsche ertragen ohne Bitterkeit oder Resignation;
- sein eigenes Tempo finden und halten trotz Beschleunigungserfahrung;
- an der Spaßkultur teilhaben, ohne ihr zu verfallen; .[...]" (Seewald, 2007, S. 80)

Aus diesen *Lebensthemen* lassen sich (motologische) Situationen herauskristallisieren, die Seewald als *symbolisches Echo* bezeichnet. Damit meint er einen
Widerhall von Themen in kulturell Überliefertem, wie in Märchen oder Kinder-
spielen, aber auch in den symbolischen Äußerungsformen des einzelnen Kindes
und Erwachsenen. Dieses symbolische Echo könnte also die Themen beinhalten:

- „Seinen eigenen Standort finden
- Geben und Nehmen
- Sein eigenes Tempo finden
- Sich-Lösen und Sich-Verbinden
- Sich in die Gruppe einfügen und sich abgrenzen
- Seine Balance mit einem Partner finden
- Sich kreative Räume öffnen und füllen
- Loslassen und Entspannen" (ebd.)

Dabei wird nach Seewald das Herausfinden des „Mir-Gemäßen" viele dieser
Themen ausmachen. Das Finden des eigenen Standorts, aber in Verbindung mit
anderen, untermalt auch die weiteren, genannten Echos. Das wird auch deutlich,
wenn man sich die *Ziele* verstehenden Arbeitens vergegenwärtigt. Hierbei ist der
Fokus wieder auf die Eigenaktivität gelegt, so dass das Ziel des Verstehenden
Ansatzes paradox angelegt sein muss: dem Klienten helfen, seine eigenen Wege
zu gehen und die eigenen Ziele zu finden. Nach einer motologischen Bewe-
gungsreihe sollte nach Seewald der Klient „klarer sehen und spüren, was er
möchte, was ihm gut tut, welche Alternativen bestehen und gewählt bzw. nicht
gewählt werden und welche Bedürfnisse und Neigungen existieren, die akzeptiert bzw. nicht akzeptiert werden sollen bzw. können. Und dies alles bezogen
auf das eigene Leibverhältnis wie auf den bewegend-handelnden Umgang mit
sich selbst und anderen Menschen." (ders., 2007, S. 97) Dadurch wird deutlich,
inwiefern das Finden des eigenen Standorts und das 'Mir-Gemäße' durchziehende Themen verstehender Arbeit sind.

Diese Ziele anvisierend ist es aber die Eigenart verstehenden Arbeitens,
keinen 'Königsweg' anbieten zu können. Es werden also 'nur' Generierungs-
prinzipien von Praxissituationen vorgestellt. Diese kommen verstehenden Arbeiten am nahesten; und diese sind auch für diesen Zusammenhang der Organisationsberatung wertvoll. Im Folgenden werden daher Strukturierungsformen, Standardsituationen und Situationstypen dargestellt. Letzteres bietet wieder eine
unmittelbare Nahtstelle für die Ausrichtung dieses Konzeptes an. In Anlehnung
an Kliphuis[72] schlägt Seewald folgende Strukturierungsformen vor, die den Mög-

---

72   Kliphuis, M.: Die Hantierung kreativer Prozesse in Bildung und Hilfeleistung. In: Wils, L.
      (Hrsg.): Spielenderweise. Leverkusen: Putty 1977.

lichkeitsraum der Psychomotorik in angemessener Form öffnen, aber auch strukturieren können. Durch sie kann am ehesten ein angemessenes Maß für das jeweilige Klientel gefunden werden. Aber, so Seewald weiter, ist dafür nicht nur das Wissen um die Wirkung von Strukturierungsformen notwendig, sondern auch ein leibliches Mitsein (vgl. ders., 2007, S. 98).

Im Folgenden werden zunächst die Strukturierungsformen Rituale, Räume, Material und Sozialformen angesprochen: *Rituale* schaffen in einer (motologischen) Einheit Inseln des verlässlichen Halts und der Vorhersehbarkeit. Von diesen Inseln lässt sich das Unsichere und das Wagnis besser in Angriff nehmen. Rituale binden Ängste vor dem Ausgeliefertsein und der Willkür, die nicht zu verstehen und zu kontrollieren ist sowie Rituale Geborgenheit spenden. Es ist allerdings genau zu beobachten, wann Rituale ein sicherheitspendendes, angstbindendes und geborgenheitgebendes Moment sind und wann diese den Klienten in ein Muster bannen, das durch Erstarrung und Unflexibilität geprägt ist (vgl. ebd., S. 99). Der Appellcharakter von Räumen ist sehr unterschiedlich und sollte daher in der motologischen Situation bedacht sein. Räume stehen in direktem, leiblichen Austausch mit Befindlichkeiten des Menschen. Es entstehen unmittelbar Gefühle der Behausung, des Sich-Wohlfühlens, der Geborgenheit, wie auch Unbehausung, Verloren-Gehen oder Platzangst präsent werden können. „Im Verstehenden Ansatz geht es darum, die bevorzugten Raumbedürfnisse des Klienten zu erkennen: Werden enge oder weite Räume ausgesucht, wo platziert man sich – in der Mitte, vor der Wand oder zum Licht hin? Man muss die Zwiesprache des Klienten mit dem Raum erfassen, um 'mitreden' zu können." (ebd.) Verschiedene Aufbauten im Raum, die unterschiedliche Ausdehnung und Platzierungen haben können, können vorab helfen, den Raum zu strukturieren. Ähnlich zu den Räumen, nur hier deutlicher, zeigt sich der Appellcharakter im Umgang mit *Material*. Es lässt sich in der motologischen Situation beobachten, welcher Dialog sich zwischen Material und Klient jeweils einstellt. Vor allem bei Zweckentfremdung des Materials ist dieser Dialog aufschlussreich. Die formalen Strukturen des Materials sind für alle Menschen gleich, ihr Appellcharakter kann aber je nach Bedürfnislage und Vorerfahrungen sehr verschieden sein. Die Wahl des Materials und die Art der Verwendung symbolisieren nach Winnicott[73] die 'innere Landschaft' des Klienten. Es präsentiert sich das 'Zur-Zeit-Gemäße', das ein Gefühl der Befriedigung beschert: es ist Selbstzweck und unmittelbar sinnvoll (vgl. ebd., 101). Als letztes in diesem Zusammenhang kann auf die *Sozialform* als Strukturierungsform eingegangen werden. Hierbei lassen sich Einzel-, Partner-, Kleingruppen- und Gruppenarbeit unterscheiden, die zu-

---

73 Winnicott, D.W.: Von der Kinderheilkunde zur Psychoanalyse. Frankfurt: Fischer 1983.

meist an Themen gebunden sind. Je nach gewählter Sozialform entsteht bei gleichem Thema ein anderer Fokus.

Unter *Standardsituationen* werden im Verstehenden Ansatz thematische Situationen verstanden, die nie gleich, wohl aber im Sinne von Familienähnlichkeiten vergleichbar sind. Es ist eine subjektive Auswahl, ein Ergebnis der praktischen Erfahrung, welche Situationen als Standardsituationen zu bezeichnen sind. Bei Seewald gelten der Hausbau, das Königreich, der Seilkontakt und das Tunnelspiel als Standardsituation (vgl. ders., S. 107). Dabei kann der Klient im metaphorischen Sinn seine eigene Stimmungslage ausdrücken. Diese kann langfristiger und übersituativer Natur sein oder aber auch eine Momentaufnahme. Es können durch unterschiedliche Aufgaben typische (oft implizite) Muster, Bedürfnisse oder Befindlichkeiten der Klienten aufgedeckt werden. Eine andere Klassifikation von Praxissituationen bilden die *Situationstypen*[74]. Seewald unterscheidet in seinem Verständnis Situationen der Bewegungsfreude und Aktivierung, des Symbolisierens und Gestaltens, metaphorische Situationen, Situationen der Zweckentfremdung und des kreativen Umdeutens, Bewegungsspiele, Situationen des Spürens und Gegenwärtigens und Situationen der Entspannung (vgl. ders., S. 109). Im Folgenden sollen drei der genannten Situationstypen herausgegriffen werden. Weiter oben wurden die Lebensthemen des frühen Erwachsenenalters beschrieben. „Diese Themen lassen sich durch metaphorische Situationen ansprechen; oft ergeben sich diese auch ungewollt aus einer Aktivität oder einem Spielraum. Verstehendes Arbeiten legt im Erwachsenenalter wert auf die Selbstzugewandtheit und die Entwicklung einer ´reflexiven Leiblichkeit´.“ In diesen metaphorischen Situationen eignen sich fast alle Themen, „die eine zweite Ebene zulassen – „die Ebene einer Rückwendung auf das Subjekt und seine Lebensgewohnheiten.“ (ebd., S. 81 und 109). Die Situationen der unmittelbaren Erfahrung werden auf möglicherweise zu verallgemeinernde Aspekte hin besprochen. Dabei entscheidet der Einzelne, ob ein Aspekt eine allgemeinere Bedeutung hat. Häufig sind diese Situationen auch mit Situationen des Spürens und Gegenwärtigens verbunden. Diese zielen direkt auf leibliche Sensibilitäten ab.

Als gewichtiger Gegenpol sind hier Situationen des (Bewegungs-) Spielens zu nennen. Sie betonen die Nicht-Reflexivität und die Unvermitteltheit, die in Bewegung stecken kann. Das Entspannende und Belustigende dieser Situationen kann erleichternd wirken, aber auch Unterschiede aufzeigen gegenüber reflexiven Situationen (vgl. ebd., S. 110).

---

74 Die Standardsituationen und Situationstypen werden im weiteren Verlauf ihre explizite Ausführung erlangen (Kap. 12.2). Allerdings wird dann das Organisationsmitglied – das einzelne Subjekt in seiner Eingebundenheit in die Organisation richtungsweisend sein.

4 Organisation und Institution: Kernmerkmale und Unterscheidungen

Aus der Synopse der Bestandsaufnahme und Analyse ging hervor, dass ein bestimmtes, klärendes Verständnis von Organisationen und Institutionen notwendig ist, um eine Organisationsberatung greifen zu können, bzw. genauer: um eine mögliche, motologische Organisationsberatung konzipieren zu können. Ein solches Verständnis zu schaffen, soll nun Ziel dieses Kapitels sein. Dabei wird sich ganz grundlegend an das Phänomen herangetastet. In beiden Unterkapiteln stehen vorerst die Begrifflichkeiten im Vordergrund. Es wird vor allem in Kap. 4.2 deutlich, dass es die klare, allgemeingültige Unterscheidung zwischen Organisation und Institution nicht gibt. Eine Festlegung auf ein Verständnis ist daher angezeigt. Kap. 4.2.1 sucht dies zuvorderst mit einem Zitat zu leisten. Allerdings ist eine Darstellung des Verhältnisses zwischen Organisation und Institution dafür notwendig (Kap. 4.2.2). Der auszuführende Doppelcharakter der Institution wird sich sowohl in der Betrachtung des Verhältnisses zur Organisation deutlich, wie auch im Verhältnis zum Subjekt (Kap. 4.2.3). Sicherheit und Begrenzung sowie freies Handeln im Rahmen sind Begriffspaare, die schon in der Überchrift der jeweiligen Kapitel die Richtung anzeigen.

Bevor jedoch die Organisation als Referenz herangezogen werden kann, muss diese als soziales Gebilde zunächst erhellt werden: so stellen Ausführungen umgangs- und bildungssprachlicher Art den Boden für die genauere, theoretisch-begriffliche Annäherung (Kap. 4.1.1). Das darauf folgende Kapitel der theoretischen Ansätze (Kap. 4.1.2) stellt eine weitere Differenzierung der Organisation dar. In diesen werden neuere und ältere Entwicklungslinien nachgezeichnet, da sich die verschiedenen Ansätze und Sichtweisen nicht im Sinne von Alternativen ablösten; vielmehr entwickeln sich verschiedene Blickwinkel jeweils parallel nebeneinander. Gerade die jüngsten Ansätze zeichnen sich dadurch aus, frühere und neuere Ansätze zu integrieren, so dass die Grenzen der einzelnen Ansätze fließend werden, denn: „...wenngleich die Perspektiven sich zu verschiedenen Zeiten herausbildeten, ist es den späteren keineswegs gelungen, die früheren zu verdrängen. Die ... Perspektiven leben nebeneinander fort, und jede hat nach wie vor ihre Gefolgschaft." (Scott, 1986, S. 89, zit. n. Walter-Busch, 1996, S. 59) In diesem Überblick wird dann abschließend deutlich, dass die hermeneutische

Sichtweise die bestimmende auf die Organisation wird. Ziel dieser präferierten Sichtweise ist es, die lebendige Organisation voller Prozesse und Strömungen zu erfassen und nicht eine sterile Beschreibung von Organisationen zu erlangen, die aus abstrakten Variablen besteht. Das Kapitel 4.1.3 befasst sich mit dieser Auslegung und stellt die qualitativen Konzepte der Organisationsforschung dar.

4.1 Die Organisation

„Organisation: weder den Dingen ihren Lauf noch den Menschen ihren Willen lassen."[75] Mit diesem Zitat führt Endruweit in das Gegenstandsgebiet der Organisationssoziologie ein (vgl. ders., 2004, S.7). Er stellt heraus, dass es nur wenige Aussagen zu Organisationen gibt, die als zitatwürdig gehalten werden – außerhalb der Fachkreise. Dieses hier gehört dazu: die boshafte Konnotation zeigt deutlich, dass die Organisation nicht durchweg als ein Versuch gesehen wird, durch mehr Planung mehr Fortschritt und mehr Sicherheit zu bieten. Allerdings soll diese Doppelbödigkeit hier nicht den Ausgangspunkt darstellen, gleichwohl die Gegensätzlichkeit und der inhaltliche Widerspruch im weiteren Verlauf der Arbeit noch ihre Berücksichtigung finden werden. Im Folgenden wird sich dem Gegenstand der Organisation schrittweise genähert. Über Ausführungen zur Begrifflichkeit (4.1.1) und theoretischen Ansätzen (4.1.2) finden verschiedene qualitative Konzepte der Organisationsforschung Erwähnung (4.1.3). Diese Schritte sollen ein sowohl historisches als auch konzeptionelles Bild der Organisation zeichnen. Es wird hier eine Grundlage erarbeitet, auf welcher die weiteren konzeptionellen Schritte der Arbeit fußen. Ein differenziertes Verständnis von Organisationen führt nicht nur zu einer leichteren Einordnung bestehender Organisationsberatungsansätze; es führt auch zu einer größeren Sicherheit und Kreativität in der Konzeptionierung einer motologischen Organisationsberatung. Es bildet den Grundstock für weitere Überlegungen hinsichtlich weiterer theoretischer Bestimmungsgrößen und möglicher Interventionsformen.

4.1.1 Der Begriff der Organisation

Der Begriff der Organisation erfährt je nach fachwissenschaftlicher Ausrichtung eine andere Verwendung (vgl. Endruweit, 2004, S. 17 oder Spitschka, 1993, S. 13). Im Folgenden soll ein Begriff der Organisation ausgebreitet werden, unter dem sich die meisten Auslegungen subsumieren lassen. Bei der Definition kann

---

75   Anonymes Zitat aus Tange, E.G.: Der boshafte Zitatenschatz, Frankfurt a.M.: Eichborn 2001, S. 395.

von drei verschiedenen Kategoriegruppen ausgegangen werden, die auch als soziologische Überbegriffe Anwendung finden: Organisation können als sozialer Prozess, als sozialer Katalysator und als soziales Subjekt verstanden werden (vgl. ebd.) Der *soziale Prozess* bezeichnet allgemein den Akt des Organisierens. Diese bestimmte Tätigkeit wird als das Regeln des Zusammenwirkens aller in einer Organisation Tätigen durch bestimmte Festlegungen bezeichnet (vgl. Spitschka, 1993, S. 14). Organisation als *sozialer Katalysator* meint die Organisiertheit, was in der neueren Soziologie als Sozialstruktur bezeichnet wird. Hier wird es verstanden als ein soziologisches Objekt, das in Gestalt einer intervenierenden Variable soziale Prozesse beschleunigt, bremst oder in ihrer Richtung verändert (vgl. Endruweit, 2004, S. 18). Es kann auch als das Ergebnis des Organisierens angesehen werden, welches als ein wirkungsvolles Gefüge entsteht, das ein Ziel verfolgt. Innerhalb dieses Begriffsverständnisses kann man zwischen Ablauf- und Aufbau-Organisation differenzieren: Die Aufbau-Organisation wird dabei als das Ordnungsgefüge eines Gebildes verstanden, dessen Aufgabe es ist, zielgerichtete, wechselseitig miteinander verbundene Strukturen zu bilden, während die Ablauf-Organisation das Ordnungsgefüge der in Raum und Zeit ablaufenden Arbeit meint (vgl. Spitschka, 1993, S. 14). Ein *soziales Subjekt* ist gemeint, wenn man einen Betrieb, eine Behörde oder einen Verein o.ä. als Organisation bezeichnet. Hierbei wird auf das griechische 'Organon' verwiesen, das mit 'Teil eines lebenden Wesens', 'Teil eines Organismus' übersetzt werden kann. Es ist der sinnvolle Ordnungszusammenhang, der zur Erfüllung eines Zieles errichtet wird. In der Organisationssoziologie, aber auch in der Wirtschaftswissenschaft oder der Psychologie wird der Begriff der Organisation mittlerweile ausschließlich als soziales Subjekt verstanden (vgl. Endruweit, 2004, S. 19; Türk, 1978, S. 2; Bühner, 2004; Stieger/ Lippmann, 1999). Im Folgenden soll dieses Begriffsverständnis vorherrschend sein.

Um die Organisation als soziales Subjekt weiter bestimmen zu können, müssen Merkmale extrahiert werden, die nur auf diese Art von sozialem Subjekt zutreffen: das heißt, dass ein positiver Organisationsbegriff gewonnen werden muss. In Anlehnung an Endruweit soll hier nochmals komprimiert eine Auflistung bestimmter Organisationsmerkmale vorgenommen werden, welche in ganz unterschiedlichen fachwissenschaftlichen Zugangsweisen vorzufinden sind, wenn auch mit unterschiedlicher Schwerpunktsetzung und Abweichungen, (vgl. Spitschka, 1993; Bühner, 2004, Schanz, 1994):

- Orientierung auf bestimmte Ziele
- Errichtung speziell zum Zweck der Erreichung von ausdrücklich definierten Zielen
- Besitz einer formalen Struktur

- Arbeitsteilung, einschließlich Machtdifferenzierung und Verantwortungsdelegation
- Einrichtung auf Dauer oder zumindest langfristige Existenz
- Kontrolle durch spezielle Machtzentren
- Optimierung des Personals durch qualitätsorientierten Austausch
- Rationale Koordination des Handelns
- Genau feststellbarer Mitgliederkreis und Verfahren für Aufnahme und Ausschluss
- Oder allgemein: ein sehr komplexes Interaktions- und Kooperationssystem (Endruweit, 2004, S. 19/20)

Dabei kann nun allerdings ein soziales Subjekt, wie oben als Kategoriegruppe herausgestellt, sowohl singularischen Charakter haben als auch pluralischen, d.h. dass ein einziger Mensch ein soziales Subjekt ist wie auch eine Mehrzahl von Individuen. Organisationen zählen zu den pluralischen sozialen Subjekten, welchen wiederum eine Unterteilung erfahren:

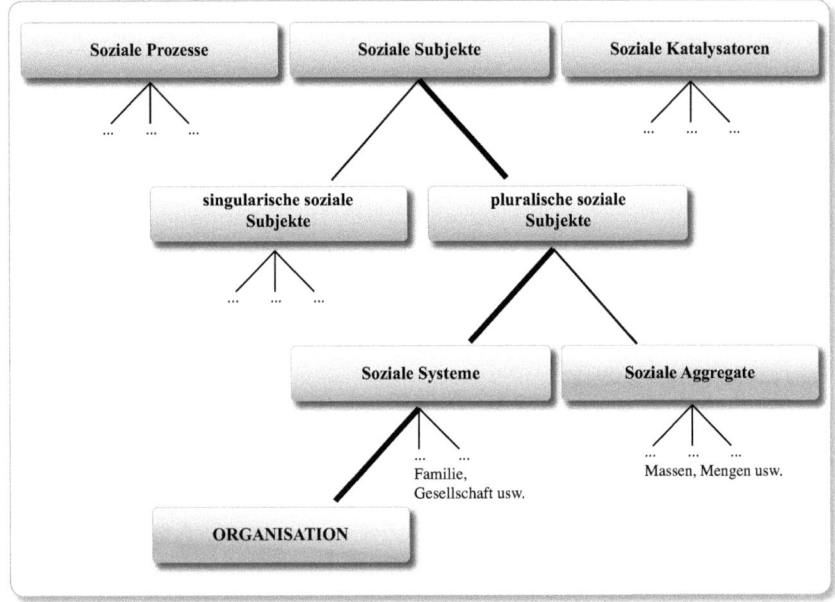

Abbildung 7:   Stellung der Organisation innerhalb eines Systems von Gegenständen der Soziologie (Quelle: Endruweit, 2005)

Der Ausdifferenzierung folgend ergibt sich ein Organisationsbegriff, der eine Organisation als ein soziales System[76] mit überdurchschnittlich spezifizierter Zielbestimmung und überdurchschnittlich spezifizierter Struktur beschreibt, so dass er sich genau durch diese konstitutiven Elemente von den anderen sozialen Subjekten unterscheidet. Zur weiteren Präzisierung des Organisationsbegriffs ist es vonnöten, ihn gegenüber anderen, vielleicht auch neueren Begriffen abzugrenzen. Dabei werden Begriffe herangezogen, die oft im Zusammenhang mit Organisation genannt werden. Dabei wird ersichtlich werden, dass die abgegrenzten Begriffe nicht nur als weitere negative Bestimmung des Organisationsbegriffs zu verstehen sind, sondern auch eine weiter auffüllende Funktion übernehmen, die den Gesamtkomplex der Organisation näher beleuchten. Auf einige wird im späteren Verlauf nochmals zurückgegriffen.

Netzwerke sind innerhalb eines Sozialsystems relativ stabile Substrukturen, deren Elemente einander in ihren Beziehungen bevorzugen gegenüber anderen Elementen, mit denen gleiche Beziehungen im Prinzip genauso möglich wären. Innerhalb von Organisationen sind Netzwerke deshalb in der Regel nichts anderes als informelle Gruppen. Damit sind Netzwerke keine Alternative zu Organisationen, sondern man kann Netzwerke als Organisationsform ansehen oder als eine zusätzliche Ebene der Handlungskoordination. (vgl. Endruweit, 2004, S. 26/27). Die *Virtuelle Organisation* kann als eine Kooperation von rechtlich unabhängigen Firmen oder Personen definiert werden, die ihre Kernkompetenzen zu einer vertikalen oder horizontalen Integration beisteuern und sich dem Kunden als eine einzige Organisation darstellen. Dabei soll der zeitweilige Zusammenschluss der Kernkompetenzen von weiterhin selbstständigen Organisationen für einen bestimmten und begrenzten Zweck, aber ohne neue Hierarchie und Bürokratie, hohe Flexibilität und Effizienz für begrenzte spezielle Aufgaben bereitstellen. Mit der Bezugnahme auf Kooperation oder Zusammenarbeit wird die virtuelle Organisation als sozialer Prozess definiert. Dieser wurde allerdings oben schon vom sozialen Subjekt abgegrenzt (vgl. ebd., 2004, S. 29) Eine *soziale Bewegung* ist ein soziales Subjekt, das aus einer relativ großen Anzahl von Menschen besteht, die unter einer zentralen Führung, aber ohne sehr feste Organisation ein gemeinsames Anliegen gegenüber der Gesamtgesellschaft oder deren politischen Einrichtungen vertreten. Dadurch würde dem oben genannten Organisationskriterium der überdurchschnittlich spezifizierten Struktur nicht Rechnung getragen. Missverständnisse kommen hier vor allem dadurch zustande, dass soziale Bewegungen in der US amerikanischen Literatur mit social movement organizations bezeichnet werden und so als Organisationen übersetzt in der hiesigen Literatur auftauchen (vgl. ebd., 2004, S. 30).

---

76   Der Begriff 'System' wird in diesem Zusammenhang (noch) bildungssprachlich verwandt. Vergleiche im Unterschied hierzu Kap. 7..3.

4.1.2   Theoretische Ansätze – Organisationstheorien

„Man traut allenfalls noch einer Mehrzahl unterschiedlicher, ja widersprüchlicher Theorien zusammen zu, die komplexen Realitäten von Organisationen fortschreitend besser erhellen zu können." (Walter-Busch, 1996, S. 48)

Eine Theorie ist immer so lange aktuell, bis entscheidende Veränderungen, bzw. Korrekturen diese Theorie ablösen und einen neuen Theorieansatz deklarieren. In allen wissenschaftlichen Texten zur Organisationstheorie werden die 'historischen' Theorieansätze immer wieder neu zitiert und ausgelegt. Alle Autoren sind sich darin einig, dass die Theorien zu Organisationen des 20. Jahrhunderts immer noch Aktualitäten beinhalten, die es lohnend erscheinen lassen, einen näheren Blick auf sie zu werfen (vgl. bspw. Walter-Busch, 1996; Endruweit, 2004, Bühner, 2004, Hill/ Fehlbaum/ Ulrich, 1998). Abgesehen des Wertes, den es für neuere Theorieansätze hat, wird auch hier deutlich, welchen Erkenntnisgewinn es wegbereiten kann, wenn verschiedene Perspektiven gleichwertig herangezogen werden, denn: „Der entscheidende Wandel ... besteht in der weit verbreiteten Erkenntnis, dass wir mit unserer Einsicht in Organisationsphänomene nur vorankommen, wenn wir mehrere theoretische Perspektiven kombiniert verwenden." (Hall, 1991, S. 7, zit. nach Walter-Busch, 1996, S. 49) Daher werden nun die einzelnen Perspektiven aufgeführt. Ordnendes Kriterium stellt das Menschenbild dar, weil so die Passfähigkeit zwischen Motologie und Organisation am besten abtastbar ist. Dabei wird schon deutlich, dass letztendlich die hermeneutische Sichtweise auf Organisationen die Oberhand behalten wird. Es wird nicht so sehr auf naturwissenschaftlich exakte, also empirisch gesicherte Theorienbildung geschaut, die paradigmenmonistisch vorgehen, sondern auf einen Theorienpluralismus, der sich hinsichtlich Stimmigkeit, Sachadäquatheit, Scharf- oder Tiefsinnigkeit, Originalität oder Zeitgemäßheit hin untersuchen lässt (vgl. Walter-Busch, 1996, S. 88).

Der mechanistische Mensch: der Mensch als Produktionsfaktor
Der Begründer des *Scientific Management* Frederick Taylor, 1911, löste weltweit eine Rationalisierungsbewegung aus, die bis heute nicht abgerissen ist. Sein Anliegen war es, die Arbeitsleistung durch ein effizienteres System der organisatorischen Arbeitsteilung und der Arbeitsausführung ohne Steigerung der Belastung der Arbeiter zu erhöhen. Dafür postulierte er zwei Leitideen, das der Kooperation zwischen Arbeitgeber und -nehmer zur effizienten Arbeitsorganisation; und das der Verwissenschaftlichung: Taylor vertraute auf die objektive Wissenschaft als Weg zur Optimierung der Arbeitsmethoden. Die Methoden und Leistungen der einzelnen sollten nach objektiven, sachlich begründbaren Kriterien

geplant, kontrolliert und bewertet werden. Seine Methoden und Instrumente bezogen sich weitgehend auf die manuelle Arbeit der frühmodernen Manufaktur, allerdings wurden sie relativ schnell auf industrielle Produktionstechniken übertragen (vgl. ebd., S. 411). An die Stelle der zuvor notwendigen persönlichen Kontrolle tritt die unmittelbare Kontrolle durch das technische System und seine Zwänge. Der Weg der konsequenten Entpersönlichung und Versachlichung durch fortschreitende Automation war damit vorgezeichnet. Neben den positiven Auswirkungen der Produktivitätssteigerung auf der Basis des rationelleren Einsatzes von Mitarbeitern, der Verkürzung der Arbeitszeit und Lohnerhöhungen war der Taylorismus und dessen Weiterführungen v.a. wegen seines mechanistischen Menschenbildes in der Kritik. Der Mensch wurde instrumentell als billiger Produktionsfaktor gesehen, dessen Vorbild die Maschine sein sollte. Ohne höhere Bedürfnisse, mit streng zweckrationalen Verhalten und ohne eigenes Interesse am Organisationsziel war der Mensch zum homo oeconomicus geworden, frei von sozio-emotionalen Eigenschaften. Im organisationstheoretischen Denken wurde die Gegenbewegung bereits in den dreißiger Jahren durch die Human-Relations-Entdeckungen ausgelöst (vgl. ebd., S. 413)

Der bürokratische Mensch als Aufgabenträger
Der *bürokratisch-administrative Ansatz* umfasst zum einen die von Max Weber begründete bürokratische Variante, zum anderen die von Henry Fayol administrative und die darauf aufbauende, traditionelle betriebswirtschaftliche Organisationslehre. Hier war nicht die Leistungssteigerung im Produktionsbetrieb im Fokus der Betrachtung, sondern die Leistungssteigerung in der Administration oder Verwaltung. Die *bürokratische Variante* befasste sich also nicht mit den Arbeitern wie im Scientific- Management, sondern mit den Angestellten oder Beamten. Der Soziologe Weber bildete den Bürokratiebegriff als Idealtypus einer größtmöglich effizienten Organisation und zugleich als Kategorie einer legalen Herrschaft. Er befasste sich nicht mit der Beschreibung der Wirklichkeit, vielmehr konstruierte er idealtypisch ein Sollschema, das strukturell erfüllt werden sollte, um die legale Herrschaftsausübung möglichst zweckrational zu gestalten. Wenn die von ihm explizierten Merkmale der Arbeitsteilung, der Autoritätshierarchie, des festen Regelsystems und eines Systems von Verfahrensweisen, der Unpersönlichkeit der zwischenmenschlicher Beziehungen und der festen Aufstiegschancen in einer Organisation zu finden waren, war die formal rationalste Form der Herrschaftsausübung und damit die höchste Zweckmäßigkeit gewährleistet (vgl. Hill/ Fehlbaum/ Ulrich, 1998, S. 415). Bürokratie soll demnach die organisationale Steuerung durch einen hohen Grad an Vorhersehbarkeit menschlichen Verhaltens ermöglichen. Webers Theorie wird als der erste wissenschaftliche Ansatz der Beschäftigung mit organisatorischen Fragen bezeich-

net (vgl. Endruweit, 2004, S. 64). Die *administrative Variante* war ebenso normativ ausgerichtet, dass heißt ihr Ziel war die Bereitstellung von instrumental-rationalen Soll-Strukturen und die Entwicklung terminologischer Aussagensysteme für eine effiziente Strukturierung von Organisationen. Fayol entwarf die Grundmodelle der Linien- und Stab-Linien-Organisation, formulierte 14 grundlegende Organisationsprinzipien und unterschied fünf Funktionen der Administration: Planung, Organisation, Anweisung, Koordination, Kontrolle (vgl. ebd., S. 418). Im deutschsprachigen Raum entwickelte sich die klassische betriebswirtschaftliche Organisationslehre als Hauptrichtung der administrativen Variante.

Beiden Varianten ist – wie auch im Scientific-Management – das mechanistische Menschenbild gemein. Im Unterschied zum Scientific-Management stand hier weniger das technische Problem der Anpassung des Menschen an die Maschine als vielmehr die damals auffällige Verbreitung von wirklichen Verwaltungsapparaten im Vordergrund. Die Ausklammerung von verhaltenswissenschaftlichen Aspekten und damit der sozio-emotionalen Rationalität der Organisationen, wie auch die Vernachlässigung der Umwelt und damit der Probleme der Situationsabhängigkeit bereiteten den Gegenbewegungen den Weg.

Der motivierte Mensch, der Bedürfnisträger

Als erste Variante des *motivationsorientierten Ansatzes* entwickelte sich um 1930 die *Human-Relations-Bewegung*. Die neuerkannten sozialpsychologischen Aspekte rückten in den Vordergrund und verdrängten teilweise strukturelle Fragestellungen völlig. Das Interesse galt nicht mehr den instrumental-rationellsten Strukturen einer Soll-Organisation, sondern den Bedingungen von Arbeitszufriedenheit. So ist es für die motivationsorientierte Organisationslehre kennzeichnend, dass sie gegenüber der früheren strukturellen Makrobeobachtung nun eine Mikrobeobachtung, nämlich die Beobachtung des Individuums und kleiner Gruppen in Organisationen vornahm. Es wurde auf diesem Wege festgestellt, dass informale Beziehungen der Organisationsmitglieder erheblichen Einfluss auf das Funktionieren einer Organisation haben. Damit war das Betriebsklima entdeckt, so dass Betriebe und andere Organisationen vor zwei Hauptaufgaben gestellt waren: das Produzieren oder Anbieten von Produkten und Leistungen und das ´creating and distributing´ von Arbeitszufriedenheit jedes Einzelnen (vgl. Endruweit, 2004, S. 65). Allerdings war nach wie vor das Leistungsdenken zielbestimmend, so dass die Erhöhung der Arbeitszufriedenheit im Sinne der sozio-emotionalen Rationalität der Organisation einen günstigen Einfluss auf die instrumentale Rationalität versprach (vgl. Hill/ Fehlbaum/ Ulrich, 1998, S. 420). So wurde zwar, und das ist das Hauptverdienst der Human-Relations-Bewegung, das mechanistische Menschenbild überwunden, allerdings war immer noch eine instrumentale Ausrichtung auf die Produktivität unübersehbar. Die sozialpsychologischen Erkenntnisse zwangen zwar den Menschen als sozial motiviertes Gruppenwesen zu sehen, allerdings wurde auf den intrinsischen Motivationsgehalt einer sinnvollen Arbeit selbst noch kein Wert gelegt. Das Schlagwort 'Leistung dank Zufriedenheit' beschreibt dabei den Ansatz sehr anschaulich, wobei deutlich wird, dass das Problem der Motivation nicht über die Arbeit selbst angegangen wurde (vgl. Hill/ Fehlbaum/ Ulrich, 1998, S. 423).

Die *Human-Ressources-Variante* kehrte das Schlagwort um in: 'Zufriedenheit dank Leistung' und maß nicht mehr nur der Zufriedenheit den entscheidenden Schlüssel zu, sondern der Motivation und der Persönlichkeitsentwicklung. Die befriedigende zwischenmenschliche Beziehung kann zwar den Tag des Mitarbeiters erfreulicher machen, aber sie kann seinen Anspruch nicht erfüllen, dass die Arbeit weniger fremdbestimmt und weniger routinemäßig sein soll. Das hängt vielmehr von dem Arbeitsinhalt selbst ab: die Arbeit sollte die Fähigkeiten des Mitarbeiters herausfordern, Abwechslung bieten, einen Sinn erkennen lassen, Raum für eigene Entscheidungen und Selbstverantwortung bieten (vgl. Hill/ Fehlbaum/ Ulrich, 1998, S. 426). So wird der Mitarbeiter hier nicht mehr 'nur' als soziales Gruppenwesen erkannt, sondern als motivierter Mensch, als ein sich entfaltender Mensch, in dessen Motivationsstruktur in verschiedenen Phasen unterschiedliche Bedürfnisse dominant sind. Begriffe wie Anerkennungs- und Statusbedürfnisse, schöpferische Betätigung, Verantwortungsübernahme oder Partizipation am Entscheidungsprozess wurden immer häufiger angeführt und finden auch jetzt noch ihren Widerhall. Die Beiträge der motivationsorientierten Ansätze bedeuten einen großen Fortschritt; gemessen an der Komplexität einer Organisation beleuchten sie allerdings nur Teilaspekte. Zudem hat das Konzept des management by motivation noch immer einen mechanistischen Anstrich. „Noch immer wird der Mensch tendenziell als instrumentales Objekt manipuliert, wenn auch weniger ausgeprägt als früher. Motivationsorientierte Führungskonzepte sind im Grunde ein Surrogat für den fehlenden authentischen Sinn der Arbeit für den arbeitenden Menschen." (siehe Hill/ Fehlbaum/ Ulrich, 1998, S. 427)

The administrative man, der Entscheidungsträger
Unter den *entscheidungsorientierten Ansatz* fallen zwei grundverschiedene Varianten, eine *verhaltenswissenschaftlich-deskriptive* und eine *mathematisch-normative* Richtung, die allerdings auf demselben Bedingungsrahmen basieren. Es rückten aufgrund der zunehmenden Automation und der Zunahme der EDV-Systemtechnik Problemlösungsaufgaben statt Routineaufgaben in den Vordergrund der Organisationsbetrachtung. Man realisierte, dass weder die komplexen Entscheidungsprozesse in der Unternehmung erforscht waren noch systematische Problemlösungs- und Entscheidungstechniken zur Verfügung standen. Das Men-

schenbild wurde daher auch dahingehend gewandelt, dass man nicht mehr vom economic man sprach, sondern vielmehr vom administrative man, der unter beschränkter Information und unter gebundener Rationalität entscheiden muss (vgl. Hill/ Fehlbaum/ Ulrich, 1998, S. 428).

Mit der normativen Variante versuchte man Entscheidungsmodelle zu entwickeln, mit denen optimale Verhaltensweisen für bestimmte Problemtypen ermittelt werden können. Dabei griff man auf Verfahren der mathematischen Programmierung, wie die Lineare Programmierung, auf die Spieltheorie oder auf eine mathematische Teamtheorie zurück. Alle Ansätze innerhalb dieser Variante versuchten auf mathematische Weise unbekannte Variablen (wie Umweltbedingungen, Zufall, Entscheidungen des 'Gegenspielers', Informationslücken) innerhalb einer Gleichung berechenbar, also nahezu vorhersagbar zu machen, womit eine optimale oder möglichst befriedigende Gestaltung der Organisationsstruktur oder der Gruppenprozesse erreicht werden sollte. Dabei wird schon deutlich, dass hier wiederum eine sehr mechanistische Vorstellung vorherrscht, die der des Scientific Management sehr nahe kommt. Die Möglichkeit, das Organisationsproblem an sich als Ganzes mathematisch zu erfassen, erscheint aufgrund der beschränkten Formalisierbarkeit vieler organisatorischer Variablen, insbesondere sozialpsychologischer, jedoch äußerst gering (vgl. Hill/ Fehlbaum/ Ulrich, 1998, S. 431).

Die verhaltenswissenschaftliche Variante fokussiert das tatsächliche Entscheidungsverhalten von Individuen, Gruppen oder organisierter sozialer Systeme auf deskriptiv-realanalytische Weise. Normative Entscheidungsmodelle sind nur dann aussichtsreich, wenn sie von realistischen Vorstellungen des tatsächlichen Entscheidungsverhaltens getragen werden. Hier wurde zum ersten Mal die Organisationstheorie systematisch mit verhaltenswissenschaftlichen Untersuchungen von kognitiven Prozessen verbunden, was das Denken späterer Autoren, vor allem der Richtung des motivationsorientierten und der organisations-soziologischen Ansätze, prägte. Die sehr auf Verhaltensforschung zentrierte Denkweise vernachlässigte demnach die Probleme der organisatorischen Gesamtstruktur sowie aufgrund ihrer empirisch-analytischen Vorgehensweise hemeneutisch-interpretative Ansätze der Sozialforschung. Die entscheidungsorientierten Varianten ließen beispielsweise organisations-kulturelle Sinnzusammenhänge unberücksichtigt und entwarfen einen rein sozialtechnischen Praxisbezug (vgl. Hill/ Fehlbaum/ Ulrich, 1998, S. 434).

The complex man: der Komplexitätsbewältiger
In diesem *systemorientierten Ansatz* wurden nun die verhaltenswissenschaftlichen Erkenntnisse mit der strukturellen Betrachtung verbunden. Auffallend ist die Betonung des situativen Denkens, weswegen dieser Ansatz auch als

kontingenztheoretischer bezeichnet wird. Das Ziel besteht nicht mehr darin, absolut gültige Wirkzusammenhänge zu finden und als Organisationsprinzipien zu empfehlen, sondern situativ eingegrenzte Aussagen über Wirkungszusammenhänge zu gewinnen, da die Struktur des offenen Systems in permanenter Wechselbeziehung zu einwirkenden, kontextuellen Variablen steht. Dabei wird versucht über Fachgrenzen hinweg zu gehen, das heißt eine interdisziplinäre Ausrichtung zu fordern, die vor allem versucht, psychologisches, soziologisches und strukturelles Denken zu verbinden. Der systemorientierte Ansatz ist zwischen einem organisationssoziologischen Ansatz, einem systemtheoretisch-kybernetischen und einem integrierenden Grundkonzept eines sozio-technischen Systems zu unterscheiden (vgl. Hill/ Fehlbaum/ Ulrich, 1998, S. 434) (vgl. weiter unten). Allen gemein ist der Bedingungsrahmen der 50er und 60er Jahre des 20. Jahrhunderts. Es ist eine Fortschrittsbewegung zu bemerken, die schon den entscheidungsorientierten Ansatz prägte. Jetzt ist die Komplexität vieler Organisationen sprunghaft gewachsen, der Fortschritt der Informationstechnologie war gewaltig, die Umweltdynamik und damit die Umweltabhängigkeit der sozialen Systeme sind deutlicher geworden, ebenso sind Ausbildung, Professionalisierung und Bedürfnisniveau der Mitarbeiter gestiegen. Gesamthaft kann von einer wachsenden Komplexität und Dynamik einer organisierten Gesellschaft gesprochen werden (vgl. ebd., S. 435). Da nicht nur die Struktur und die Funktionen der einzelnen sozialen Systeme an Komplexität zugenommen haben, sondern auch die Beziehungsstruktur zwischen ihnen, die Beziehungen der Individuen zu den sozialen Systemen und auch v.v., wird der administrative man zum complex man, der sich an eine komplexe Umwelt anpassen muss.

Im Zentrum des *organisationssoziologischen* Interesses, vor allem geprägt durch die strukturell-funktionale Theorie Parsons, standen das System-, bzw. das Organisationsziel. Parson zerlegt das System in die analytischen Kategorien Struktur (statischer Aspekt) und Funktion (dynamischer Aspekt) unter den Bezugspunkten der Systemerhaltung und der Zielerreichung. Soziale Prozesse können dann in Bezug auf das Systemziel funktional oder dysfunktional sein. Die Organisationssoziologie teilt demnach die Organisationen nach ihren Zielen ein, was in Bürokratie-Modellen noch stetig abgelehnt wurde. Durch die empirisch-analytische Ausrichtung und den situativen Ansatz des offenen Systems ist die organisationssoziologische Richtung in der Bedeutung und im Einfluss auf die Organisationsbetrachtung sehr gestiegen. Allerdings können auch hier, obwohl längst nicht abschließend, einige Kritikpunkte genannt werden. So herrscht auch hier durch die starke Makrobeobachtung eine Vernachlässigung der sozial-psychologischen Variablen, so dass die Relevanz von subjektiven Intentionen der Entscheidungsträger für die Erklärung beobachtbarer Organisationsformen weitgehend ausgeblendet wurde (vgl. Hill/ Fehlbaum/ Ulrich, 1998, S. 439).

Die *systemisch-kybernetische Variante* hat im Vergleich zur organisations-
soziologischen das Systemdenken nicht auf soziologische Probleme hin zugeschnitten, sondern, ausgehend von kybernetischen Strukturmodellen aus der
Biologie und den informationstheoretischen Entwicklungen, Systemeigenschaf-
ten wie Regelung, Ultrastabilität, Multistabilität auf soziale Systeme übertragen,
um damit die Dynamik des Systemverhaltens zu beschreiben und zu erklären.
Dabei ging es vor allem darum, soziale Systeme kybernetisch zu interpretieren,
sie also hinsichtlich der Selbstregelung, der Anpassung, der Lernfähigkeit oder
hinsichtlich der Selbstorganisation zu untersuchen, um aus diesen Erkenntnissen
Gestaltungs- und Lenkungsmöglichkeiten sozialer Systeme zu erhalten (vgl.
Endruweit, 2004, S. 73). Die Anwendbarkeit kybernetischer Modelle, die aus
den Naturwissenschaften stammen, im Bereich sozialer Systeme ist noch nicht
abschließend geklärt – vor allem aus methodologischer Sicht –, allerdings ist ihr
Nutzen für die Organisationsforschung unzweifelhaft (vgl. ebd.).

Die *soziotechnische Variante des systemorientierten Ansatzes* zeigt nun die
in der systemisch-kybernetischen Variante fehlende Integration sozialwissenschaftlicher Ansätze auf. Sie verbindet strukturelle, soziale und technologische
Aspekte und weitet ihre Beobachtung auf die Mikro- und Makroebene aus, so
dass sowohl Individuen, Gruppen, Gesamtsysteme oder Supersysteme kontin-
genztheoretisch erfasst werden. Die Tavistock-Gruppe entwickelte ab dem Jahr
1950 das Konzept des soziotechnischen Systems und betonte besonders aus sozialpsychologischer Sicht die Abhängigkeit der sozialen und strukturellen Aspekte
von der eingesetzten Technologie. Lawrence und Lorsch begründeten ihre soziotechnische Variante als Kontingenz-Theorie der Organisationen eher aus der
soziologischen Makrobeobachtung (vgl. Hill/ Fehlbaum/ Ulrich, 1998, S. 443)
und hellten vor allen die Umwelteinflüsse hinsichtlich Sicherheit und Unsicherheit auf. Bei steigender Unsicherheit der Umwelt müssen die organisationalen
(Sub-)Systeme umso vielfältiger sein, um eine möglichst maximale Leistung zu
erbringen (vgl. Endruweit, 2004, S. 71).

Die soziotechnische Variante, unter die v.a. die soziotechnische Integrati-
onstheorie Thompsons fällt, integriert erstmals strukturelle, soziologische, psychologische und technologische sowie interne und externe Zusammenhänge
gleichermaßen. Allerdings wird dieser Variante oft vorgeworfen, keine echte
Integration zu erreichen, da sie nicht als Forschungskonzept sondern ´nur´ als
Systematisierungskonzept verstanden werden kann. (vgl. Hill/ Fehlbaum/ Ulrich,
1998, S. 444).

The symbolic man, der Sinnsucher und
der strategische Akteur als Interessenträger
Seit den 70er Jahren des letzten Jahrhunderts, besonders aber ab den 80er Jahre
sind in der Organisationstheorie deutliche Themenverschiebungen festzustellen
(vgl. Hill/ Fehlbaum/ Ulrich, 1998, S. 445). Die verhaltens- und systemtheoretischen Modelle, die organisatorische Tatbestände aus objektiven Situationsdeter-
minanten zu erklären versuchen, werden zumeist ergänzt oder abgelöst durch
Ansätze, die sich vermehrt für das intentionale Handeln der Menschen, für ihre
subjektive Wahrnehmung der Organisation und die Interaktionsprozesse in organisierten sozialen Systemen interessieren, so dass man in Anlehnung an Touraine
von einer Rückkehr des Akteurs in die Organisationstheorie sprechen kann (zit.
n. Hill/ Fehlbaum/ Ulrich, 1998, S.445). Das hat sich in einzelnen Ansätzen und
Varianten ganz unterschiedlich niedergeschlagen. Es herrscht eine Fülle an Perspektiven, die je nach theoretischer Gesinnung die Organisation in Augenschein
nehmen.
    Die *(transaktionskosten-)ökonomische Theorie* der Organisation geht nicht,
wie die kontingenztheoretischen Ansätze, von der Unterstellung aus, organisatorische Strukturen und Prozesse seien primär aus objektiven Situationsbedingungen zu erklären, sondern fokussiert die immer bestehenden Handlungsspielräume, die strategisch genutzt werden müssen. Bei Unternehmen und Institutionen,
die dem Profit-Bereich zuzuordnen sind, führt der Weg zur Erklärung der Zusammenhänge dieser Organisationen über die Analyse der ökonomischen Kalkü-
le der Entscheidungsträger. Die Theorie versucht demnach zu klären, unter welchen Bedingungen eine hierarchisch-formale Organisation als Koordinationsme-
chanismus interaktiver Prozesse effizienter ist als die Koordinierung über Markt-
beziehungen, also – in diesem Sprachgebrauch – weniger Transaktionskosten
(Informations-, Anbahnungs-, Vereinbarungs- und Koordinations- sowie Kon-
troll- und Anpassungskosten) verursacht (vgl. Walter-Busch, 1996, S. 65, 287).
Dabei scheint der Versuch, strategische Nutzen- und Erfolgspotentiale bestimmter Organisationsformen in operative Effizienzkategorien zu erfassen, als reduktionistisch, blendet er doch die qualitativen Komponenten strategischer Konzepte
aus; sowie auch die theoretischen Aussagen der Transaktionskostenökonomie
entscheidende soziokulturelle Zusammenhänge oftmals völlig unberücksichtigt
lassen (vgl. Hill/ Fehlbaum/ Ulrich, 1998, S. 458).
    Die Perspektiven der *mikropolitischen Theorie* der Organisationen knüpfen
in ihrer Ausrichtung an bürokratietheoretische Einsichten Webers an, dass for-
male Organisationen als Form der Herrschaftsausübung zu begreifen sind (s.o.).
Das Hauptinteresse galt also der Untersuchung machtstrategischer Interaktionsprozesse innerhalb organisierter sozialer Systeme. Die wert-, interessen- und
machtfreien Organisationskonzepte wurden daher überwunden und als weltfremd

und zu technokratisch angesehen. 'Unsachliche' Interessen, frei von der reinen Zweckrationalität im Hinblick auf vorgegebene Systemziele, Machtverhältnisse und Konfliktstrategien stehen in den organisationspolitischen Prozessen im Fokus der Betrachtung (vgl. ebd., S. 446).

Bei der *ökologischen Evolutionstheorie* für Organisationen – auch human-ökologisch, populationsökologisch oder als soziologische Formulierung der Theorie der natürlichen Selektion benannt (vgl. Endruweit, 2004, S. 78) – galt das Hauptinteresse der Umwelt-Organisation-Beziehung. Die Vertreter dieser Richtung stellten fest, dass Organisationen keineswegs in der Lage seien, schnell, flexibel und rational auf veränderte Umweltbedingungen zu reagieren, wie es Kontingenztheoretiker noch behaupteten (vgl. Walter-Busch, 1996, S. 234). Vielmehr setzten sie dieser traditionellen eine neue Perspektive entgegen, die Organisationen als äußerst träge Systeme mit sehr engen Grenzen der Reaktionsfähigkeit und Flexibilität zu sehen lehrt; und zwar durch einen Wechsel der Beobachtungsposition: anstatt einzelne Organisationen während ihres Lebenszyklus zu beobachten, wandten sie ihre Aufmerksamkeit ganzen Populationen von Organisationen zu. Sie setzten also der Anpassungsperspektive von Organisationen voriger Theorievorstellungen eine Selektionsorientierung entgegen. Damit brachen sie die weit verbreitete Auffassung, dass das Überleben von Organisationen v.a. von deren Fähigkeit abhängt, sich veränderten Umweltbedingungen rechtzeitig anzupassen. Durch empirische Studien, v.a von Hannan und Freeman[77], wurde herausgestellt, dass sich Organisationen lebenslang durch das „Eigenschaftsbündel" (zit. nach. ebd., S. 237) auszeichnen, das ihnen ihre Umgebung zur Zeit ihrer Entstehung mit auf den Weg gab. „Einschneidende Änderungen ihrer Form – d.h. vor allem ihrer Strategie und Struktur, sind danach nur noch ausnahmsweise möglich, und haben aus der Weitwinkelperspektive der Populationsökologen niemals die Bedeutung, die ihnen Organisationspraktiker mit ihren Illusionen und Ideologien des Management of Change gewöhnlich zuschreiben." (ebd.)

Die Forschungsmethoden der Populationsökologie und auch der Kontingenztheorie waren überwiegend quantitativer Natur. Als sich gegen Ende der 1970er Jahre Ernüchterung über die doch eher dünnen Ergebnisse kontingenztheoretischer Forschungsprogramme verbreitete, wurden wieder qualitative Methoden, wie sie vorher nur in der Human-Relations-Bewegung zu finden waren, kräftig aufgewertet (vgl. Walter-Busch, 1996, S. 64). Qualitative und interpretative Organisationsmodelle, in denen Organisationen ihre Alltagsrealitäten selbst konstruieren und ihnen Sinn verleihen, erhielten starken Auftrieb. Vor allem der Organisationskulturforschung war dieser Auftrieb zu verdanken (vgl. Kap. 5).

---

77   Hannan, M./ Fremann, J.: The Population Ecology of Organizations. In: American Journal of Sociology 82 (1977)

4.1.3 Qualitative Konzepte der Organisationsforschung

Die qualitative Organisationsforschung verstand sich Anfang der 1980er Jahre als der Versuch einer grundsätzlichen Korrektur der Defizite quantifizierbarer Methoden. Dabei griff sie v.a. auf bewährte Ansätze interpretativer Sozialwissenschaft zurück. Die Ansätze der Human-Relations-Bewegung, die sich gerade durch qualitativ-klinische Methoden auszeichneten, waren akademisch weniger anerkannt als die zu der Zeit aktiven Strömungen des symbolischen Interaktionismus von Mead, Blumer und Goffman sowie der phänomenologischen (Schütz) und ethnomethodologischen (Garfinkel) Soziologie[78].

Ziel dieses Wechsels oder Umbruchs war es, die *lebendige Organisation* voller Prozesse und Strömungen zu erfassen und nicht eine sterile Beschreibung von Organisationen zu erlangen, die aus abstrakten Variablen besteht. Dafür wurde es notwendig, eine Organisation über eine längere Zeit teilnehmend zu beobachten; nur so könne man den richtigen Sinn für die organisationsintern wirklich relevanten Dinge ausbilden, um sie wirklich anfühlen und schmecken zu können (Mintzberg, 1979, zit. nach Walter-Busch, 1996, S. 256). Dadurch wurden Prozesse und Verfahren innerhalb einer Organisation in den Fokus genommen, die analytisch durch standardisierte Verfahren der Gewinnung und Verarbeitung von Informationen gar nicht lesbar waren. Sie verlangten den Einsatz heuristischer, hermeneutisch sensibler Methoden der Situationsdeutung. Die Soft System Methodology von Checkland oder das System Dynamics von Forester tragen diesen Bedingungen Rechnung und begründeten eine nichtszientistische Systementwicklungsphilosophie.

Zur gleichen Zeit nahm in der Praxis das Unbehagen an den negativen Folgen analytisch zergliedernder Managementtechniken zu. In den USA wurde die Auffassung vertreten, dass die wirtschaftlichen Konkurrenten, vornehmlich Japan, nicht zuletzt wegen der wissenschaftlichen Entscheidungstechniken der US-Managementführung an Boden gewannen. Der Beginn der Organisationskulturbewegung der 1980er Jahre kann auf diese Auffassung zurückgeführt werden. Es wurden Forderungen laut, die eine kultur- und menschenorientierten, kundennahe Führung beinhalteten und so der Firmenkultur eine erfolgsentscheidende Bedeutung beimaßen (vgl. Kap. 5).

---

78 Weder der phänomenologischen noch der ethnomethodologischen Soziologie ist es gelungen, eine richtungsweisende Organisationstheorie zu entwickeln. So liefern Studien dieser Richtungen inhaltlich aufschlussreiche Anregungen, ein konturiertes interpretatives Forschungsprogramm dagegen hat sich nicht herausgeschält. Allerdings sind beide für die weitere Entwicklung v.a. mainstreamkritischer Ansätze in ihrer Relevanz unerlässlich (vgl. auch Walter-Busch, 1996 oder Maeder, 1995).

In der Folge entstanden Perspektiven in der Organisationsforschung, welche die (Haupt-) Aufgaben des Managements in der *Kulturentwicklung* sahen und definierten so die Unternehmung als soziokulturelle Institution, als soziale Lebenswelt, als eine kommunikativ zu rationalisierende Lebenswelt. Allerdings wurde hier relativ schnell deutlich, dass kein neues, die anderen (Älteren) ersetzendes, Paradigma konstruiert werden konnte, sondern wohl eher ein ergänzendes, zu ihnen komplementäres Quasiparadigma. Das Ergebnis war eine dualistische Sichtweise, ein dualistisches Wissenschaftsprogramm, das die beiden Perspektiven der funktionalen Systemrationalisierung einerseits und der kommunikativen Rationalisierung sozialer Interaktionen andererseits gleichermaßen gelten lässt. Keine der beiden Perspektiven kann in diesem Sinne auf die andere reduziert werden. „Denn der Umgang mit alternierenden Problemperspektiven ist für [...] ganzheitliches Denken geradezu konstitutiv." (Ulrich, 1987, zit. nach Walter-Busch, 1996, S. 265)

Diese tolerante Grundeinstellung gegenüber Problemen der Organisationstheorie und der Praxis ist zu einem Definitionsmerkmal *postmoderner Organisationsforschung* geworden. Wie in sehr vielen wissenschaftlichen und nahezu in allen gesellschaftlichen Bereichen ist auch in der Organisationsforschung die Postmoderne-Diskussion sehr schnell rezipiert worden. Das spricht für das Reifestadium der Verwissenschaftlichung, in dem die Organisationsforschung mittlerweile angekommen ist. Zahlreiche Forschungs- und Beratungszentren sind nach der Pionier- und Etablierungsphase eingerichtet worden, was voraussetzt, dass sowohl in der Theorie als auch in der Praxis erfolgreich neue Ideen verbreitet werden konnten. Die große Anzahl der verschiedenen profilierungsfähigen Theorien, Methoden und Praxisberatungskonzepte, die immer noch mit steigendem Bedarf wachsen, bringt es auch mit sich, dass es nicht gelungen ist, auch nur größere Minderheiten forschender Fachleute für eine Richtung einzunehmen (vgl. Walter-Busch, 1996, S. 268).

Allerdings ist somit auch die Möglichkeit vorhanden, durch Prinzipien der *Perspektivenverkehrung* und *Perspektivenvermehrung* 'neue' Erkenntnisse zu gewinnen. Morgan macht ab den 1980er Jahren beispielsweise von diesem pluralistisch ausgelegten Prinzip der Perspektivenvermehrung konsequent Gebrauch. So wandelte er verschiedene theoretische Ansichten von Organisation in Metaphern um, die neben der heuristischen Anregungsfunktion auch deutlich machen, dass vom pluralistischen Standpunkt aus gesehen, „Organisationen immer zugleich mehrere Dinge sind" (zit. nach Walter-Busch, 1996, S. 269).

Da jede spezielle Sichtweise auf und von Organisationen ihre Grenzen hat, kommt es darauf an, die jeweilige Situation der Organisation zu sehen, zu verstehen, auszulegen, zu lesen. „Die Suche nach universalen, autoritativen 'wahren' Erklärungen der sozialen Realität [ist] stets, da mit der Aufwertung einer besonderen auf Kosten anderer Perspektiven verbunden, problematisch und unvollständig." (Morgan, 1993, zit. nach Walter-Busch, 1996, S. 273) Auf diese Weise wird jede Perspektive mit dem Anderen konfrontiert, um mögliche blinde Flecken zu identifizieren; um zu erhellen, was die jeweilige Perspektive ausklammert oder verdrängt (vgl. Kap. 8). Es entsteht eine Vielzahl gleichwertiger, gleich sinnvoll erscheinender Standpunkte, so dass die als 'Wahrheit' geltende Ansicht relativiert wird. Realitätskonstruktionen repräsentieren demnach keine 'objektiv gegebenen' Realitäten, vielmehr sind es die verschiedenen Weisen, in denen Menschen ihre Wirklichkeit konstruieren.

Der *radikale Konstruktivismus* von Maturana und Varela hat in der Organisationstheorie großen Anklang gefunden. Mit der Einführung der Autopoeisis haben sie den selbstreferentiellen, geschlossenen Charakter lebender Systeme hervorgehoben. In der Adaption der Organisationsforschung wurde dadurch die Begrenztheit der Wirkungsmöglichkeiten äußerer Eingriffe in Organisationen erkannt (vgl. Kap. 7). Arbeitsorganisationen oder andere Typen von Organisationen sind demnach selbstorganisierende Systeme, die ihre eigene Identität – das Netzwerk ihrer internen Beziehungen als fundamentale Invariante – beizubehalten suchen (vgl. Walter-Busch, 1996, S. 281). Neben dieser systemstützenden Aufgabe der einzelnen Mitarbeiter wird ihnen aber auch eine störende Aufgabe zugeteilt: „Sie sind einerseits an der Systemproduktion und -stabilisierung beteiligt, aufgrund ihres nur partiellen Einschlusses sind sie andererseits das Medium, über das systemstörende Einflüsse Eingang in das System finden. Störungen bewirken Widersprüche; diese sind potentielle Quelle von Entwicklungen des Gesamtsystems." (Baitsch, 1993, S. 40; zit. n. ebd.)

Der *Sozialkonstruktivismus*, der sich insofern vom radikalen Konstruktivismus unterscheidet, als dass er die Ichbezogenheit aufhebt und durch ein relationales, beziehungsorientiertes Paradigma ersetzt, ist für viele neuere Ansätze der Organisationsforschung wegweisend. Er fördert durch seine Ausrichtung v.a. mainstreamkritische und pluralistische Ansätze. Dem Sozialkonstruktivismus gilt das als real, was kollektive Beziehungsprozesse als real definieren. Diese werden als Kommunikationsversuche betrachtet, die einen Menschen immer in einen anderen diskursiven Raum versetzen, das heißt, in eine andere Beziehungsdomäne. Das sozialkonstruktivistische Denken wird so zu einem Mittel, andersartige Realitäten zu erkennen und so neue Arten von Beziehungen zu erleben. Unter anderem aufbauend auf den dekonstruktivistischen Ansatz Derridas soll der sozialkonstruktivistisch Denkende selbstkritisch seinen eigenen Standpunkt dekonstruieren, um seine eigene Redeweise mit anderen Stimmen bereichern zu können (vgl. Gergen, 1994, zit. nach Walter-Busch, 1996, S. 277).

Diese Grundannahmen postmoderner und konstruktivistischer Positionen differenzieren sich in unterschiedliche Richtungen organisationaler Forschung, u.a. in die Beziehungstheorie von Organisationen von Dachler, Hosking und Morley[79]. Diese zieht noch einmal das menschliche Beziehungspotential in den Mittelpunkt der Betrachtung, so dass auch die Führung einer Organisation als relationale definiert wird. Damit heben sie sich von den traditionellen, ´männlichen´ Verfügungsinteressen ab, die ein technokratisch verkürztes Bild vom Menschen erkennen lassen.

In den jeweiligen Richtungen der qualitativen Organisationsforschung werden Annahmen und Vorteile laut, welche eine nähere Beachtung verdienen. Einzelne Aspekte der Ausführungen zur postmodernen Organisationsforschung werden v.a. in Kap. 8, 9.1 thematisiert: das einführende Zitat in die theoretischen Ansätze stellt eine Art Leitgedanken dar: nur sich (scheinbar) widersprechende Theorien sind demnach imstande, sich den komplexen Realitäten von Organisationen erhellend nähern zu können. Das sich Widersprechende, bzw. der Widerspruch oder die Gegensätzlichkeit spannen in der Konzeption dieser Arbeit den Bogen. Auf sie wird immer wieder einzugehen sein. Erste Gedanken sind dabei hier schon vorformuliert worden.

4.2 Institutionen – der institutionelle Kontext

Die Erläuterungen und Ausführungen zu Institutionen könnten genau so beginnen wie die der Organisationen. Nahezu alle einführenden Beiträge stellen anfangs heraus, dass keine einheitliche, theoretische Regelung des Begriffs vorherrscht und versuchen dieses anhand allgemein- oder bildungssprachlicher Beispiele zu verdeutlichen[80]. Hier soll allerdings schon zu Beginn das Verständnis von Institutionen mit Esser klar bezeichnet werden: „Eine Institution sei – ganz knapp und allgemein gesagt – eine Erwartung über die Einhaltung bestimmter Regeln, die verbindliche Geltung beanspruchen." (ebd., 2000, S. 2)

Im Folgenden soll der Begriff der Institution weiter ausdifferenziert und erhellt werden. Dabei ist es notwendig, ihn auch von anderen, und hier v.a. von dem Begriff der Organisation, zu unterscheiden (Kap 4.2.1). Eine Verhältnisbestimmung zwischen Organisation und Institution folgt, wobei kritische Momente aufgezeigt werden (Kap. 4.2.2). Aber nicht nur die Organisation als soziales Gebilde (vgl. Kap. 4.1) ist in einem institutionellen Kontext zu verorten, sondern auch das handelnde Subjekt. Eine Positionsbestimmung des Subjektes in einer Institution soll hier beschrieben werden, um erste Andeutungen für einen Beratungsprozess herausfiltern zu können (Kap. 4.2.3). Dabei sei nochmals vermerkt,

---

79   Vgl.: Hosking, D.M./ Dachler, P./ Gergen, K.: Management and Organization: Relational Alternatives to Individualism. Avebury: Aldershot. 1995. (S. 1-28)

80   Vgl. hierzu beispielsweise Balzer, 1993, Kapitel 1: Warum Institutionen wichtig sind

dass es in dieser Ausführung nicht darum geht, einen vollständigen Überblick über das Phänomen der Institution mit all ihren Facetten und zu berücksichtigenden Merkmalen und Betrachtungsweisen zu vermitteln; vielmehr ist der Blick auf die Institution durch das Anliegen der Arbeit fokussiert. Freilich werden dabei auch einführende, allgemeine Sichtweisen wiedergegeben.

4.2.1 Der Begriff der Institution

Die Soziologie ist diejenige Wissenschaft, welche sich originär mit Institutionen beschäftigt. Durkheim[81] definiert die Soziologie selbst als die Wissenschaft von den Institutionen, deren Entstehung und Wirkungsart. Und auch Esser versteht die Soziologie vor allem als die Wissenschaft von der Beschreibung und von der Erklärung der vielen verschiedenen Institutionen der Gesellschaften der Menschen. Insofern scheint es für die nähere Bestimmung des Begriffs der Institution mehr als sinnvoll, sich von der soziologischen Betrachtungsweise dem Phänomen zu nähern:

Esser führt in seinen soziologischen Grundlagen seine Definition der Institution (s.o.) weiter aus, indem er die einzelnen Bestandteile näher betrachtet. In Anlehnung an Durkheim stellt er heraus, dass Institutionen zwei wesentliche Merkmale aufzeigen. Zum einen handelt es sich um „Glaubensvorstellungen, bzw. damit verbundene Verhaltensweisen der Akteure", die aber zum anderen „nicht in das Belieben der Akteure gestellt sind, sondern durch die Gesellschaft geregelt, festgesetzt und damit nötigenfalls erzwungen werden." (ebd., S.4) Berger und Luckmann[82] formulieren, dass Institutionen Regeln für Problemlösungen des Alltags seien. Dabei definieren Institutionen das, was sinnvoll und möglich ist und gewinnen bald eine objektive Macht über das Handeln der Menschen. Dieser können sich die Menschen kaum noch entziehen, obwohl nur sie die Regeln und die darauf aufbauenden Institutionen geschaffen haben und durch ihr Tun auch fortwährend reproduzieren (vgl. ebd., S. 3). Zuvor aber wurde das als sinnvoll und möglich Erachtete durch die Institutionalisierung auf Dauer gestellt, das heißt, es wurde ein habitualisiertes Handeln festgeschrieben. Die Habitualisierung des Handelns wiederum entstand durch Wiederholung, bzw. Generalisierung von Verhaltensweisen, die sich auf immer wieder auftauchende Situationen bezogen (vgl. Schönig, 2000, S. 89). Dadurch wurden also auf kollektiver Ebene routinemäßige Muster gebildet, die durch den Prozess der Institutionalisierung

---

81   Durkheim, E.: Die Regeln der soziologischen Methode. Hrsg.: König, R. 5. Aufl. Darmstadt 1976
82   Berger, P./ Luckmann, T.: Die gesellschaftliche Konstruktion der Wirklichkeit. Eine Theorie der Wissenssoziologie. 5. Aufl. Frankfurt a.M. 1977.

als Richtschnur galten, bzw. zur Regel wurden, welche sich dann durch allgemeine Verbindlichkeit, durch einen Geltungsanspruch auszeichneten. Daraus
ergibt sich auch folgender Definitionsversuch von René König, nach dem „eine
Institution die Art und Weise ist, wie bestimmte Dinge getan werden müssen"
(Esser, 2000, S. 7); sowie auch von John H. Rawls, nach dem eine Institution ein
Regelsystem darstellt, nach dessen Regeln bestimmte Handlungsformen erlaubt,
andere verboten sind. Für den Übertretungsfall sieht dieses Regelsystem bestimmte Sanktionen, wie Strafen oder Gegenmaßnahmen vor (vgl. ebd.).

Aus den aufgeführten Definitionen wird deutlich, dass sie versuchen, durch
ihre Prägnanz, aber auch Kürze möglichst Allgemeingültigkeit zu beanspruchen.
Hier liegt dann aber, wie bei vielen Definitionsversuchen, auch das kritische
Moment: so bemängelt beispielsweise Mertens, der pädagogische Institutionen
untersucht, dass bei der Formulierung Essers u.a. Phänomene mit eingeschlossen
werden, die er nicht als Institutionen anerkennt, genau wie andere, in seinem Fall
die Familie, nicht als Institution gelten (vgl. Mertens, 2006, S. 14). Es wird wiederum deutlich, dass je nach spezifischer Ausrichtung eine engere oder gar andere Definition vonnöten ist. Für diesen Verlauf der Arbeit ist allerdings genau der
allen gemeine Kern der Ausführungen relevant, unabhängig einzelner Fachrich-
tungen.

Es muss allerdings noch auf den Unterschied zwischen Organisation und Institution eingegangen werden. Manche Autoren setzten die beiden Begrifflichkeiten in ihrer Bedeutung gleich (vgl. Balzer, 1993, S. 2). Das ist in diesem für
die Arbeit wichtigen Verständnis nicht zulässig (vgl. Rehberg, 2003, S. 37).
Organisation sind, wie oben ausgeführt soziale Gebilde mit durchaus formellen,
d.h. institutionellen Charakter, in denen soziale Regeln angewandt werden, allerdings, und das ist das entscheidende Merkmal, nicht allein daraus bestehen. Organisationen können durchaus durch die im Ziel, in den Mitgliedschaftskriterien
oder in der Verfassung niedergelegten Regeln als Institutionen bezeichnet werden. „Institutionelle Regeln sind damit nicht nur ein Teil, sondern geradezu das
Kernstück, ein Definitionsbestandteil des Begriffs der Organisation. Sie sind mit
dem sozialen Gebilde der Organisation selbst aber nicht identisch, weil eine
Organisation nicht nur aus ihren institutionellen Regeln besteht, sondern u.a.
auch aus informellen Vorgängen und Machtverteilungen, die – zum Beispiel –
die Geltung der institutionellen Regeln in der Organisation nachhaltig beeinflussen können." (Esser, 2000, S. 5; vgl. auch S. 237) Letzteres erfährt in dieser
Arbeit noch Berücksichtigung. In dem Kapitel zur Organisationskultur (Kap. 5)
wird unter vielen anderen Gesichtspunkten jener nochmals angesprochen und in
den Gesamtkontext eingebunden.

4.2.2 Institutionen und Organisationen: Sicherheit und Begrenzung

Es ist oben schon angeklungen, dass Organisationen im Kern u.a. durch eine institutionelle Ordnung definiert sind. Diese institutionelle Ordnung kann neben anderen als die äußere Umwelt einer Organisation angesehen werden. Damit sind alle Gegebenheiten gemeint, mit denen sich die Organisation als ein sich repro-duzierendes soziales Gebilde auseinandersetzen muss, aus denen es die Mittel bezieht, die es zu seiner Reproduktion braucht und die die Bedingungen für ihre Reproduktion setzt (vgl. Esser, 2000, S. 242). Es sind also die externen Randbe-dingungen v.a. ökonomischer und sozialer Art, die das Agieren der Organisation mitunter bestimmen. Organisationen benutzen aber die Mittel, die sie aus der äußeren Umwelt besorgen, zu ihren eigenen Zwecken und nach ihren eigenen Regeln. Das macht sie ja gerade als Organisation mit einem spezifischen Ziel aus. Mit der inneren Umwelt sind v.a. die konkreten Akteure einer Organisation gemeint. Mit ihnen muss sich die Organisation ebenfalls als „Gegebenheiten" auseinandersetzen. Denn die Akteure können den „idealen Gesamtplan einer Organisation" (ebd.) mitunter behindern oder verändern. Hiermit sind wieder die informellen Gruppen einer Organisation angesprochen, also die persönlichen Beziehungen quer zu den eigentlich nur vorgesehenen formellen Rollenbezie-hungen. Diese spielen aber erst im nächsten Kapitel eine Rolle. Hier ist es die äußere Umwelt der Organisation, die in den Fokus genommen werden soll; und speziell sind es die *institutionellen Rahmenbedingungen* oder die institutionelle Ordnung einer Organisation:

Neben ganz unterschiedlichen Funktionen – wie beispielsweise der Orien-tierungs- und Ordnungsfunktion oder der gesellschaftlichen Lenkungsfunktion – definieren Institutionen Situationen im Sinne einer Festlegung der Regeln (s.o.) des gerade geltenden „Spiels" (Esser, 2000, S. 19). Diese Festlegung bringt im-mer zweierlei mit sich: zum einen entlastet eine verbindliche Festlegung das organisationale Handeln, zum anderen schränkt es die Handlungsalternativen ein. Eine Reduktion der Komplexität von Handlungsalternativen seitens der Instituti-on oder der institutionellen Ordnung kann so zu einer größeren, weil entlasten-den Sicherheit führen; kann aber im gleichen Maße auch die Wahl anderer, nicht vorgesehener Handlungsalternativen verhindern. Schelsky[83] führt in diesem Zusammenhang an, dass erst durch die geschaffenen Institutionen entlastende Handlungsfelder geschaffen werden konnten, dass also erst durch die Institution Handlungsfähigkeit für einzelne Menschen sowie für Organisationen entsteht. Nämlich durch „Entlastung von zu großem Entscheidungsdruck, Hilfe bei der Übernahme riskanter Alternativen, Schutz vor der Unvernunft und die gerade für

---

83 Schelsky, H.: Zur soziologischen Theorie der Institutionen. In: Schelsky (Hrsg.): Zur Theorie der Institutionen. Düsseldorf 1970

Initiative und Innovation nötige Festlegung und 'Definition' der Situation." (Esser, 2000, S. 20) In diesem Sinne kann man von einer regelrechten Schutzfunktion der Institution sprechen. Die dauerhafte Bereitstellung eines festen Orientierungsrahmens ist allerdings auch zweifelsfrei der Grund für die Ultrastabilität, die Institutionen immer nachgesagt wird (vgl. Schönig, 2000, S. 88). „Der Verhaltensmodus wird beibehalten, und zwar auch dann, wenn das Motiv seine Aktualität längst verloren hat. Darin liegt die Schwerfälligkeit von Institutionen. Eine Regelung ist entlastend, zwingt aber alle unerbittlich zur Befolgung, auch wenn das Motiv, welches die Regelung notwendig machte, sich inzwischen verschoben hat." (Adl-Amini, 1985, S. 67, zit. nach ebd., S. 89) Das wurde auch schon bei der obigen Definition von Berger und Luckmann und bei der Selbstmacht der Institutionen deutlich. „Mit der Regelung reglementiert der Mensch sich selbst; das ist ent- und belastend zugleich." (ebd.)

Der *Doppelcharakter* der Institution wird solange nicht spürbar wie das organisationale Handeln reibungslos verläuft. Der institutionelle Rahmen gibt den Verhaltensmodus vor. Das käme einem Weberschen idealtypischen Bürokratiemodell gleich. Hat aber der Verhaltensmodus, wie Adl-Amini schreibt, seine Aktualität verloren, so müssen Innovationsprozesse greifen, die den Doppelcharakter der Institution deutlich werden lassen. Ein institutioneller Wandel vollzieht sich immer von der Basis her: wenn die Organisation als ineffizient oder ineffektiv gilt, wenn das Interesse der Organisation an der Geltung der Institution widersprüchlich wird, dann wirkt sich dieses auf die Plausibilität der legitimierenden Ideen der Institution aus (vgl. Esser, 2000, S. 367). Die Folge ist eine Notwendigkeit eines institutionellen Wandels. Die Reichweite eines solchen Wandels kann sowohl externe Institutionen erreichen, als auch interne. Externe Institutionen stecken einen weiten Rahmen von Regeln ab. Im allgemeinsten wäre das zum Beispiel die politische Verfassung einer Gesellschaft. Ein Wandel auf dieser Ebene ist stets ein größerer Akt, welcher fast nur in Form einer gewaltsamen Aktion vollzogen werden könnte. Dieser Wandel steht hier nicht im Interesse. Dahingegen kann ein Wandel interner Institutionen allmählich, experimentell und konsensuell erfolgen (vgl. ebd., S. 40, S. 368). Dabei spielen in unterschiedlicher Gewichtung exogene und endogene Faktoren und Impulse sowie geplante und ungeplante Aktionen eine entscheidende Rolle.

Allerdings – und das wurde durch die Ultrastabilität angedeutet – verläuft ein institutioneller Wandel aufgrund von Ineffektivität oder Widersprüchlichkeit keineswegs so reibungslos, wie eben im Idealtypus kurz angerissen. Eine institutionelle Änderungsresistenz ist zu beobachten, welche sich durch verschiedene Mechanismen beschreiben lässt: Bestimmte institutionelle Regeln erfordern ein Wissen, das auf die Nutzung der Regel gerichtet ist. Dieses spezifische Wissen ist an die Gültigkeit der Regel gebunden und wird bei Änderung der Regel oder gar Wegfall unnötig, bzw. unvollständig. Würde ein institutioneller Wandel das spezifische Wissen einer Organisation überflüssig machen, verlöre die Organisation ihre Existenzberechtigung. Ein Widerstand gegen diesen Wandel wäre in diesem Fall nur verständlich und folgerichtig. Ähnliches gilt auch bei unproduktiven Anreizen eines Wandels: sind die vorhandenen Regeln zwar überaltert, undurchschaubar oder ineffizient für eine Institution, für einen bestimmten Zweig aber durchaus produktiv und ertragssteigernd, so wird dieser Zweig den institutionellen Wandel bremsen oder zu verhindern suchen. Die Selbsterhaltungstendenz unterschiedlicher Systeme wird an solchen Beispielen sehr deutlich und nachvollziehbar.

Institutionen umfassen u.a. auch Glaubensvorstellungen, die nicht individuell beliebig variieren, sondern den festen, orientierenden und ordnenden Rahmen abgeben. Sie werden v.a. durch Weltbilder und Ideologien legitimiert. Die Organisation betrachtet diese Regeln im Normalfall als fair und gerecht und folgt ihnen. Ideologische Rechtfertigungen können aber als Bremse gegen einen eventuell nötigen Wandel wirken, denn Ideologien suggerieren, dass ihre Weltsicht die einzig gültige und 'vernünftige' sei. In diesem Sinne steuern sie die gesamte Weltsicht (vgl. Esser, 2000, S. 377 und Zima, 2004, S.56). Damit steuern sie auch den Erwerb von Wissen und Kenntnissen und lenken die Aufmerksamkeit ausschließlich auf ihren eigenen institutionellen Rahmen. Institutionelles Wissen und legitimierende Ideologien verstärken sich so gegenseitig. Die daraus resultierende 'Starrheit' einer Institution kann einen Wandel gänzlich verhindern. Gerade der letzte Punkt der ideologischen Erstarrung wird nochmals ausführlich aufgegriffen und stellt u.a. einen wesentlichen Kerngedanken dieser Konzeption einer motologischen Beratung dar (vgl. Kap. 8.2, 9.1).

Der schon angeführte Gedanke des Doppelcharakters einer Institution wird auch hier wieder spürbar: Solange die legitimierende Ideologie nicht in Frage gestellt wird, bietet sie der Organisation Halt und Sicherheit und dadurch einen gewissen Spielraum von Handlungen und Entscheidungen. Sobald jedoch die ideologischen Rechtfertigungen in Frage gestellt werden, Widersprüche auftauchen oder Innovationen verhindert werden, gebärdet sich die institutionelle Ordnung einengend und behindernd, aber durchaus machtvoll. Aber auch innerhalb dieser „ultrastabilen" Rahmenbedingungen gelingt es Organisationen, den nutzbaren, freien Raum innerhalb des Gefüges kreativ zu füllen. Schönig hat dafür am Beispiel der Schule empirische Studien aufgeführt, die aufzeigen, dass in manchen Organisationen die „Gestaltungsspielräume ausgeschöpft" (ebd., 2000, S. 90), während in anderen Organisationen diese gar nicht genutzt werden. In diesem Zusammenhang kann die Frage als zentral erscheinen, inwieweit Selbstbestimmung einer Organisation innerhalb des durch die Institution fremdbestimmten Rahmens ermöglicht wird? Merkens, der die Frage im Kontext der pädagogischen Institutionen aufwirft, führt dabei „die Schulkultur oder die Kultur einer pädagogischen Institution" an (ebd., 2006, S. 86). In dieser und durch diese Kultur, so Merkens, kann ein Rahmen gefunden werden, der ein höheres Maß an Flexibilität zulässt und so Innovationen einzuleiten, bzw. Gestaltungsspielräume auszuschöpfen weiß. Zunächst sei das Verhältnis der Institution zum Subjekt aufgegriffen:

4.2.3 Institutionen und Subjekt: freies Handeln im Rahmen

Einige der Gedanken, die das Verhältnis der Institution zur Organisation erläutert haben, können auch in diesem Zusammenhang angeführt werden, da sich an manchen Stellen die Organisation nicht abgehoben von ihren Mitgliedern betrachten lässt. So nimmt das Subjekt aus mancher Betrachtungsperspektive eine ähnliche Position ein wie die Organisation, ohne dass die Organisation als korporativer Akteur[84] ausgezeichnet wäre. Das wird formal schon augenfällig, da die beiden Begriffe Organisation und Organisationsmitglieder in einigen abgegrenzten Themen oftmals abwechselnd gebraucht werden können, jedoch nicht synonym. Es tauchen also inhaltlich Überschneidungen auf, welche jedoch mit einer anderen Brille zu lesen sind; und zwar der subjektiven:

Die Institution bietet dem Subjekt einen ebenso Halt wie Sicherheit gebenden Rahmen, wie es auch bei der Organisation zu beobachten war. Und sie kann das Subjekt in seiner freien Entfaltung und der freien Wahl von Entscheidungen ebenso einengen und behindern, wie das eine Organisation auch zu spüren bekommt. Allerdings ist dieser Doppelcharakter v.a. auf der Ebene des Subjekts spürbar. Die Organisationsmitglieder sind diejenigen, die die institutionellen Erwartungen in der Organisation erfüllen und sich an die institutionellen Regeln zu halten haben. „Die Regeln stecken das Feld des Handelns und die Arena des Geschehens ab, aber die Menschen nutzen – und umgehen – sie, vor dem Hintergrund immer auch ihrer Interessen und sonstigen Möglichkeiten." (Esser, 2000, S. 297) Das kann schon daraufhin deuten, dass das Verhältnis zwischen Institution und Subjekt ein spannungsgeladenes sein kann.

Zur Erhellung des Verhältnisses zwischen Institution und Subjekt kann man auf das *Konzept der Sozialen Rolle* zurückgreifen. „Soziale Rollen sind an soziale Positionen geknüpfte sanktionierbare Erwartungen." (ebd., S. 141) Dabei gelten sie als Muster von gegenseitig aufeinander eingestellten Erwartungen und Beziehungen. Diese Erwartungen und Orientierungen ergeben sich aus der Organisation eines Kollektivs in unterscheidbare und typische Positionen. Und daran

---

84   Korporative Akteure sind Organisationen, die als ´juristische´ Personen wie ´natürliche´ Personen entscheiden und handeln können (vgl. Esser 2000, S. 241)

knüpfen sich dann typische Muster des Handelns, des Fühlens und der Identifikation zwischen den Akteuren. Die sozialen Rollen können als eine zentrale Instanz der Vermittlung zwischen der Gesamtheit einer Gesellschaft und dem konkreten Handeln der Individuen gesehen werden; und insofern eignet sich das Konzept der Sozialen Rollen zur näheren Betrachtungsweise des Verhältnisses. Es sollen hier allerdings nicht die Kernmerkmale sozialer Rollen wiedergegeben werden[85]. Es ist schon im obigen Kapitel zu dem Organisationsverhältnis deutlich geworden, dass die gänzliche Erfüllung der Rollenerwartungen beispielsweise einer Position in einer Institution zu keinerlei Irritationen führt. Als bildlicher Vergleich wird in diesem Zusammenhang immer wieder die Metapher der Rädchen im Werk herangezogen. Es wurde ebenfalls oben deutlich, dass eine gehorsame und widerspruchsfreie Befolgung der institutionellen Ordnung, eine Hinnahme und Akzeptanz der ideologischen Rechtfertigungen einer Institution als eine mögliche Bremse bei Innovationen oder Veränderungen zu verstehen ist.

Allerdings sind viele Rollensysteme so beschrieben, dass den Rollenanforderungen nicht ohne weiteres entsprochen werden kann. Daher sollen hier die Rollenkonflikte, -ambiguität und -distanz ein wenig mehr in den Fokus genommen werden, weil durch diese auch das spezielle Verhältnis zwischen Subjekt und Institution am deutlichsten wird.

Die Komplexität eines Rollensatzes kann über die bloße Unübersichtlichkeit hinausgehen – die Erfüllung aller erwarteten Rollenanforderungen ist oft schon von den Ressourcen des Akteurs her nicht möglich. Hinzu kommt, dass manche Rollen oder nur Rollenelemente ein und derselben Position in ihren Anforderungen schon Widersprüche in sich bergen oder in Konflikt mit den Erwartungen an Positionen stehen, die der Akteur sonst noch inne hat (vgl. Esser, 2000, S. 167). Dabei wird schon deutlich, dass zwischen Inter- und Intra-Rollenkonflikten unterschieden werden muss. Erste entstehen aus den Widersprüchen zwischen kompletten Rollen, der Intra-Konflikt aus den Widersprüchen zwischen den Elementen einer Rolle. Aus diesen möglichen Konflikten resultiert ein so genannter Rollenstress, welcher auf zwei verschiedenen Ebenen beschrieben werden kann. Die strukturell orientierte Sichtweise fokussiert den Rollenstress aus der Perspektive der sozialen Struktur und nennt über die sozialen Mechanismen[86] Möglichkeiten zur Entschärfung der Rollenkonflikte. Dabei steht die Institution an oberster Stelle, welche durch wiederum institutionalisierte Regeln imstande

---

85   als einführender Überblick ist geeignet: Esser, H.: Soziologie. Spezielle Grundlagen. Bd. 5: Institutionen. S. 141-198.

86   Robert K. Merton, 1973, hat die sozialen Mechanismen entwickelt: Relative Bedeutsamkeit, Machtunterschiede, Abschirmung, Übersehbarkeit, Soziale Unterstützung und Beschränkungen im Rollensatz, welche bei Einführung oder Erhalt Rollenkonflikte eindämmen können. Es kann als ein Versuch der Integration der Positionsstruktur und der Rollenstruktur gesehen werden (vgl. Esser, 2000, S. 169f).

sein sollte, über diese sozialen Mechanismen den Konflikt zu lösen, bzw. zu entschärfen. Die akteursorientierte Sichtweise setzt bei der Beobachtung an, dass kein Rollensystem so integriert sein kann, als dass keine Rollenkonflikte auftauchen könnten. Daher betrachten sie den einzelnen Akteur, der durch die Rollenmanipulation[87] und das Rollenhandeln befähigt ist, Rollenkonflikte zu umgehen und Rollenstress zu mindern. Mit dem Begriff des Rollenhandelns wird das Ausmaß beschrieben, mit welchem sich der Akteur der Rollenausübung einsetzen will.

Es wird hierbei deutlich, dass es sich um einen aktiven Prozess handelt, der gar nicht in die Definitionen der Institutionen passen will. Die Sichtweise der Institutionen als über funktionale Positionen definierte normative Erwartungen wird dadurch verändert. „Die Institutionen begründen keine 'objektiven', 'vor' jedem Akteur geltenden Erwartungs- und Beziehungssysteme, sondern: 'Unter Rollen-Beziehungen verstehen wir die Folge von Verhandlungen zwischen Rollen-Partnern, in denen im Einzelnen festgelegt wird, was jeder in seiner Rolle zu leisten hat und seinerseits vom anderen erwarten darf; dazu gehören der unausgesetzte Vergleich möglicher Verhaltensweisen in einer Rolle und die Wahl desjenigen Verhaltens, das nach Meinung des Rollen-Spielers seinen Rollen-Stress mindern kann.' (vgl. Goode, 1973, S. 336)". (Esser, 2000, S. 174)

Das normative Paradigma der Institutionen ist damit erweicht. Es zählen nicht mehr nur die abstrakten, institutionellen Pflichten, sondern das, was die Akteure aus diesen Pflichten machen, „wie sie sie handhaben und, wenn es zuviel wird, sie auch manipulieren und unterlaufen." (ebd.) Aus dieser Perspektive ist auch das oben genannte Ausschöpfen der Gestaltungsspielräume (innerhalb eines institutionellen Rahmens) lesbar. In diesem Zusammenhang ist das Konzept der Rollendistanz anzuführen, wobei hier noch auf die soziale Identität und das Ich zurückgegriffen wird. „Die Rollendistanz ist eine Strategie, um einer unerwünschten Identitätszuschreibung durch ein bestimmtes strategisches und alle Möglichkeiten findig nutzendes Rollenhandeln zu entgehen." (ebd., S. 184) Es ist dabei allen genannten Möglichkeiten und Strategien gemein, dass die Rollenerwartungen, also die betreffende Situation, klar definiert sind. Der institutionelle Rahmen sollte das gewährleisten. Allerdings gibt es auch Situationen, die nur schwach oder gar nicht definiert sind (Rollenambiguität). Hierbei muss der Akteur allmählich vorantastend handeln, um zu einer immer vorläufig bleibenden Definition der Situation zu gelangen. Das kann zum einen an einer nicht klar formulierten Rolle liegen, zum anderen daran, dass dem Akteur die Verbindung zwischen Situation und Erwartung nicht klar ist; oder auch: dass die Rolle ab-

---

87   William J. Goode nennt sechs Möglichkeiten: Abschirmung, Delegierung, Verzicht, Ausweitung, Grenzen der Ausweitung, Beschränkungen, mit denen der Akteur entscheidet, ob und wieweit er in eine Rollenbeziehung eintritt oder nicht (vgl. Esser, 2000, S. 176f).

sichtlich so unklar definiert ist: nämlich dass bei der Rollenübernahme keine blinde Ausführung der Rolle, sondern eine kreative Ausfüllung gefordert wird. Auch bei der letzten Situation ist auf die aktive Rolle des Akteurs verwiesen. Theoretisch wird dieser (Paradigmen-) Wechsel mit dem interpretativen Paradigma ausgeführt. Das normativ gesteuerte Handeln, das heißt die fixe Verbindung zwischen der Situation, den gespeicherten Erwartungen und der Auslösung des Handeln wurde ein immer weniger anwendbarer Spezialfall. Das Handeln wurde nun als Folge eines interpretativen Prozesses angesehen, der Reflexion, also auch Nachdenken und Entscheiden mit beinhaltet. Die 'technische' Ausführung einer Rolle, das heißt, nach dem normativen Paradigma gerichtete 'Role-playing' ist damit aber keinesfalls verschwunden. Die meisten Rollenbeziehungen des Alltags vollziehen sich auf diese Weise (vgl. ebd., S. 187) – und vermitteln gerade dadurch den Akteuren, wie oben ausgeführt, Halt und Sicherheit.

Damit stehen die Akteure gewissermaßen vor der 'Wahl': das dem normativen Paradigma folgende Role-Playing, also das eher automatisch-unreflektierte Reagieren auf Rollenerwartungen; oder das dem interpretativen Paradigma folgende Role-Making und Role-Taking[88], also das kreative Ausfüllen einer Rolle in mehr oder minder vorgegebenen Rahmenbedingungen und Erwartungen?

„Wenn die Situation einfach, stabil und 'wie erwartet' erscheint, und wenn ein neuer Weg nur Verwunderung und sogar Schlimmeres bedeuten würde, dann tut ein Akteur gut daran, den Rollen im Sinne des unreflektiert-automatischen Role-Playing zu folgen. Wenn sie dagegen komplex, instabil und ungewohnt ist, und wenn sich die Abweichung von den starren Vorschriften zu lohnen beginnt, dann wäre es sehr angeraten zur Technik des reflektierenden und kalkulierenden Role-Taking bzw. des Role-Making zu greifen." (Esser, 2000, S. 196) Wie eingangs formuliert kann das Role-Playing als Akzeptieren und Hinnehmen der ideologischen Rechtfertigungen einer Institution gelesen werden, wie auch als mögliche Bremse bei Innovationen. Zweifelsfrei liegt es nicht immer im Akteur zu entscheiden, welches Rollenhandeln nun angezeigt ist. Oftmals entscheidet der institutionelle Rahmen, was verlangt und erwartet wird. Allerdings, und das ist auch das Kernstück des Role-Makings, können Anforderungen gelesen und interpretiert werden. Es gilt nicht die normative Erwartung allein, sondern – wie erläutert – die aktive Auseinandersetzung damit und die entsprechende Gestaltung dieser Rolle. Damit ist das Subjekt oder der Akteur zwangsweise in ein Spannungsverhältnis gesetzt, das es zu seinen Gunsten zwar nicht auflösen, aber zu gestalten vermag. Die Institution grenzt – und das ist der eine Teil ihres Dop-

---

88   die Begriffe Role-Taking und Role-Making wurde von H. Turner eingeführt: Turner: Process versus Conformity. In: Rose, A.M. (Hrsg.): Human Behavior and Social Processes. Boston 1962, S. 23.

pelcharakters – die Handlungsmöglichkeiten des Subjekts ein. Das aktive Rollenhandeln – und hier speziell das Role-Making – befähigt aber das Subjekt, seine institutionell festgelegte Rolle zu gestalten, teilweise auch in bewusster Abweichung von den vorgeschriebenen Erwartungen. Insofern liefert sich das Subjekt nicht den handlungsbegrenzenden Momenten dieser Struktur aus, sondern es weiß die 'Orientierungsleistungen' der Institution zu nutzen, um seine eigenen Handlungs- und Verhaltensmöglichkeiten zu erweitern und zu verfeinern. Damit rückt der autonome Charakter des Subjekts in der Institution wieder mehr in den Vordergrund (vgl. Schönig, 2000, S. 90).

Dieser letzte Aspekt, der an unterschiedlichen Stellen immer wieder auftauchte, ist ein zentraler, da er für diese Konzeption einer motologischen Beratung unentbehrlich ist. Das Subjekt, der Akteur, das Organisationsmitglied hat, sobald es die ideologischen Rechtfertigungen einer Institution in Frage stellt, Widersprüche verspürt oder Neues anbahnen möchte, die Möglichkeit, seine institutionell scheinbar festgelegte Rolle zu gestalten, zu erweitern oder mitunter sogar neu zu schreiben. Dabei hat er sich in dem vorgegebenen Rahmen zu bewegen, der allerdings, und das wurde auch ausgeführt, sogar 'verschoben' werden kann. Das Subjekt bewegt sich demnach zwischen den eigenen, freien Wahlmöglichkeiten und den reglementierenden Institutionen. Diese Spannungsqualität ist ein zentrales Moment einer Beratungssituation. Nach Schönig ist die Beratung ein Instrument, mit dem die freiheitseröffnenden Momente aus der Komplexität der Institution herausgefiltert und nutzbar gemacht werden könnten (ebd., 2000, S. 90). Die Spannung zwischen der Subjektivität und der Determiniertheit durch Institutionen muss, so Adl-Amini, als ein dialektischer Prozess erfasst werden, der dauerhaft thematisiert werden muss. Dadurch entstünde, so Adl-Amini weiter, eine selbstreferentielle Denkstruktur (vgl. ebd., 1985, S. 70; zit. nach Schönig, 2000, S. 91). Im weiteren Verlauf der Arbeit wird dieser Aspekt noch ausführlich aufgegriffen und erläutert. Die Ausgangssituation ist dabei aber eine völlig andere. Ausgehend von der Dialogischen Theorie (Kap. 8) wird die Spannung, die dialektische Gegenüberstellung in den Betrachtungsfokus genommen, allerdings, wie hier auch angedacht, ohne die Hegelsche Versöhnung. Das Aushalten der Spannung, das Nutzen der Ambiguität stellt ein wesentliches Prinzip dieser Arbeit dar.

Abschließend sei nochmals auf das Moment des oben angedeuteten Widerstand eingegangen: institutionelles Wissen und legitimierende Ideologien verstärken sich so gegenseitig, dass die daraus resultierende Starrheit einer Institution einen Wandel gänzlich verhindern kann (s.o.). Die hier scheinbar negative Konnotation des Widerstands gegen Änderungen sollte noch von einer anderen Seite her beschrieben werden. Die aktive, sinnvolle Seite des Widerstands wird daher in Kapitel 6 betont.

5 Grundlegende Glaubens- und Wertvorstellungen: Organisationskultur

Der überraschende Erfolg japanischer Arbeits-, Organisations- und Produktionsmethoden konnte nicht mit der herkömmlich bürokratisch-tayloristischer Auffassung von Organisationen erklärt werden (vgl. Kap. 4.1). Vergleichende Forschungen stellten heraus, dass vor allem weiche Faktoren der Organisationsführung in der corporate identity den Unterschied ausmachten. Die Studien beispielsweise von Ouchi[89], 1981, identifizierten bei japanischen Managern und Angestellten eher kollektivistische und ganzheitliche Einstellungen, bei amerikanischen eher materialistische und individualistische. Durch vergleichende Analysen kamen sie zu dem Schluss, dass die japanischen Einstellungen einen Organisationstypus begünstigten, der im Vergleich zu amerikanischen leistungsfähiger war. Der Ruf nach einem Kultur beeinflussenden Management nach japanischem Vorbild wurde laut. Zur gleichen Zeit wurde auch in der Organisationswissenschaft eine Theoriekrise deutlich, die sich in der Unzufriedenheit mit der funktionalistischen Denkweise und den weitgehend quantitativ angelegten Untersuchungsverfahren zeigte. Für die Analyse und Erklärung komplexer organisatorischer Vorgänge schienen diese Wege als unzureichend. Der Begriff der Organisationskultur versprach hier Abhilfe zu leisten, da seine kulturwissenschaftliche Ausrichtung neue Forschungsprogramme im Bereich von Management und Organisation zu generieren versprach.

Ein weiterer Weg wurde der Organisationskultur und ihrer Betonung durch sozialstrukturelle und kulturelle Wandlungsprozesse in der Gesellschaft gebahnt. Es war in den 1980er Jahren eine Verschiebung von instrumentalistisch-extrinsischen Arbeitsorientierungen (Motiv der materiellen Sicherheit) hin zu solchen Arbeitsorientierungen zu verzeichnen, die eher Inhalte, Sinnhaftigkeit und Kommunikation in den Vordergrund stellten (vgl. Beck, 1986, S. 220) Dieser Motivationskrise begegneten und begegnen die Unternehmen mit umfangreichen Maßnahmen und Programmen zur Institutionalisierung starker, organisationsübergreifender Kulturen. Ähnlich ist es von Seiten des ökonomischen Systems zu sehen: Neue Produktionstechnologien und der schnelle Wechsel von

---

89   Ouchi, W.G.: Theory Z: How American Business Can Meet the Japanese Challenge, Reading, MA: Addison-Wesley 1981.

Produkten sowie die damit einhergehenden Managemententscheidungen fordern den Organisationsmitgliedern einen derartigen Flexibilitäts- und Mobilitätsgrad ab, der keine dauerhafte und emotionale Identifikationsmöglichkeit mit dem Unternehmen zulässt. Die Schaffung und Stärkung von organisationalen Kulturen sollen neue Bindungs- und Identifikationsgefühle wecken, die gerade bei radikalen Veränderungen Konsistenz- und Kontinuitätserfahrungen ermöglichen (vgl. Franzpötter, 1997, S. 12).

Die aufgezählten Ereignisse und Prozesse ließen die Organisationskultur in den Mittelpunkt der Organisationsbetrachtung steigen. Sie wurde in manchen Zusammenhängen als das Allheilmittel gepriesen und die Wirkungen einer starken Organisationskultur als die entscheidenden für die Effizienz eines Unternehmens. So wurden in vielen Ansätzen und Konzeptionen die Organisationskultur und deren Wirkung einfach überschätzt. Allerdings ist der Kulturansatz von seinem Nischendasein[90] in das Zentrum des Interesses gerückt, sowohl in der Theorie als auch in der Praxis. „Und dort ist er – allen Modenkenrufen zum Trotz – bis zum heutigen Tag geblieben." (Schreyögg, 2003, S. 448) Wenn ein Konzept populär wird, besteht häufig die Tendenz, alles Mögliche der aktuellen Management-Konzepte hineinzuweben, bis es schließlich so verwässert, dass der eigentliche Sachverhalt undeutlich wird. So sollen hier anfangs die Merkmale der Organisationskultur aufgezeigt werden, die sich als Kernmerkmale vieler unterschiedlicher Kulturansätze herauskristallisiert haben (5.1). In einem weiteren Schritt werden zur Verdeutlichung die Hauptströme der konzeptionellen Betrachtung von Organisationskultur nachgezeichnet (5.2), um anschließend eine kritische Würdigung vornehmen zu können (5.3), in der deutlich werden soll, welches Erklärungsmodell das vorherrschende ist, welcher Ansatz der hier präferierte ist und wo die Ankopplungspunkte für den weiteren Verlauf liegen. Das wird durch den psychoanalytischen Zugang zur Organisationskultur (5.4) geleistet.

5.1 Kernmerkmale der Organisationskultur

Der Kulturbegriff ist der Ethnologie entliehen und bezeichnet dort die besonderen, historisch gewachsenen und zu einer komplexen Gestalt geronnenen Merkmale von Volksgruppen. Gemeint sind damit insbesondere Werte und Denkmuster einschließlich der sie vermittelnden Symbolsysteme, wie sie im Zuge

---

90   Die Anfänge der Organisationskultur werden in vielen Aufsätzen nachgezeichnet. Die meisten Autoren datieren sie schon in die Anfänge der Organisationsbetrachtung, in denen von einzelnen Organisationsmitgliedern gesprochen wird. Deutlicher wird es dann in den Human-Relations-Bewegungen. Vgl. hier für viele: Walter-Busch, 1996.

menschlicher Interaktionen entstanden sind. Eine engere Definition des Kulturbegriffes fällt schwer, da schon 1952 über 150 unterschiedliche Definitionen[91] bestanden und allgemeingültigere Charakteristiken der Kultur immer lückenhaft bleiben müssen. Die Organisationsforschung nimmt diesen für Volksgruppen entwickelten, vorerst vereinfachten Kulturbegriff auf und überträgt ihn auf Organisationen mit der Idee, dass jede Organisation für sich eine je spezifische Kultur entwickelt, das heißt in gewissem Sinne eine eigene Kulturgemeinschaft darstellt. Diese entwickelt eigene Vorstellungs- und Orientierungsmuster, die das Verhalten der Mitglieder nach innen und nach außen auf nachhaltige Weise prägen (vgl. Schreyögg, 2003, S. 450). Es lassen sich einige Kernmerkmale dieser Organisationskultur extrahieren, welche allerdings nur eine Schnittmenge, wenn auch die größte, repräsentieren. Um einen ersten Überblick über das 'Wesen' der Organisationskultur zu bekommen, empfiehlt es sich, vorerst anschauliche Merkmale aufzuzeigen – auch auf die Gefahr hin, bestimmte Ansätze und Sichtweisen zu verwässern, bzw. andere hervorzuheben. Das wird allerdings, wenn nötig, im weiteren Verlauf deutlich herausgestellt.

Für den ersten Überblick scheint dieses Vorgehen allerdings der erhellende und beste Weg zu sein. Die hier aufgeführten Merkmale lassen sich als Kernmerkmale bezeichnen und tauchen in den meisten Fällen in den Konzepten zur Organisationskultur auf. Die Auflistung orientiert sich an Schreyögg, 2003, S. 450:

- Organisationskulturen sind im Wesentlichen *implizit*. Es sind gemeinsam geteilte Überzeugungen, die das Selbstverständliche und die Eigendefinition der Organisation prägen. Sie liegen als selbstverständliche Annahmen dem täglichen Handeln zugrunde und bleiben meist unreflektiert.
- Sie beziehen sich auf *gemeinsame* Orientierungen, Werte und Handlungsmuster, sind also als *kollektives* Phänomen zu betrachten. Die Organisationskultur macht bis zu einem gewissen Grade das organisatorische Handeln einheitlich und kohärent.
- Organisationskulturen sind *konzeptionell*: sie repräsentieren die konzeptionelle Welt des Systems. Sie vermitteln Sinn und Orientierung in einer komplexen Welt, indem sie Muster für die Selektion, die Interpretation von Ereignissen vorgeben und Reaktionsweisen durch Handlungsprogramme vorstrukturieren.
- Die Organisationskultur prägt *emotional* und normiert, was gehasst und was geliebt wird, was ertragen und was zurückgewiesen werden muss. Die Organisationskultur prägt ganzheitlich, nicht analytisch.

---

91 Vgl. Kroeber/ Kluckhohn, 1952, zit. nach Jochheim, 2002, S. 17

- Sie ist ein *historischer* Lernprozess im Umgang mit Problemen aus der Umwelt und der internen Koordination. Bestimmte Handlungsweisen werden zu akzeptierten Problemlösungen. So gesehen ist die Organisationskultur ein kollektiver 'Wissensvorrat', der die Entwicklungsgeschichte der Organisation widerspiegelt. Der Lernprozess ist nie vollständig abgeschlossen, er wirkt später als Struktur auf neue Lernprozesse ein.

- Die Organisationskultur ist durch *Interaktion* gekennzeichnet und wird in einem Sozialisationsprozess vermittelt. Organisationen entwickeln zumeist eine Reihe von Praktiken, die dem neuen Organisationsmitglied verdeutlichen, wie im Sinne der kulturellen Tradition zu handeln ist. Dabei spielen Symbole eine ausschlaggebende Rolle, sowohl bei der Kommunikation als auch bei der generellen Expression.

Edgar Scheins Versuch, die verschiedenen Ebenen einer Organisationskultur zu ordnen und in Beziehung zu setzen, taucht in ganz unterschiedlichen Ansätzen und Konzeptionen auf (vgl. Schreyögg, 2003; Jochheim, 2002; Franzpötter, 1997; Schönig, 2000).

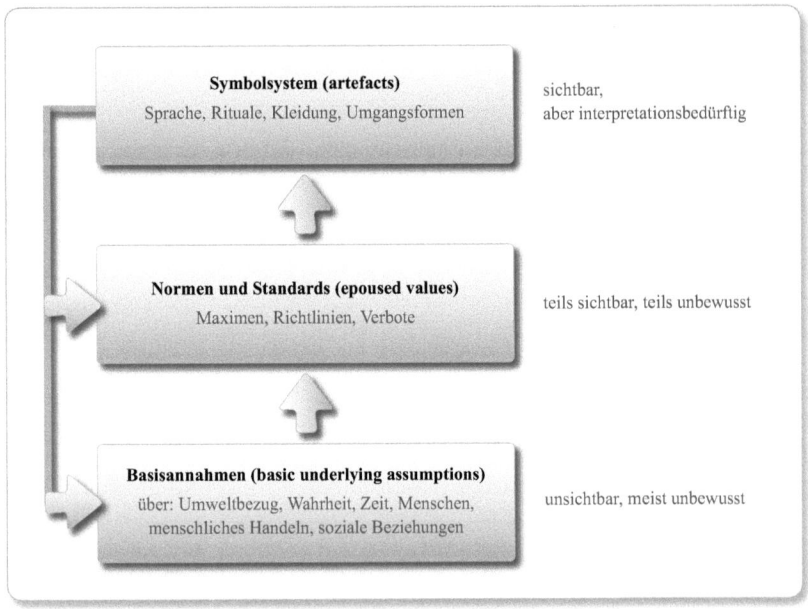

Abbildung 8:   Kulturebenen und ihr Zusammenhang – levels of culture and their interaction (Quelle: Schein, 1984)

Dem Ansatz wird eine vermittelnde Funktion zwischen funktionalistischen und interpretativ-kognitivistischen Richtungen, den beiden Hauptströmungen, zugesprochen (vgl. Kap. 5.2). Er erläutert in anschaulicher Weise den inneren Aufbau einer Organisationskultur. Dabei unterscheidet er zwischen Oberflächenphänomenen, welche beobachtet werden können und dem kulturellen Kern, welcher in einem Interpretationsprozess erschlossen werden muss.

Die *Basisannahmen* als tiefste Ebene bestehen aus einem Satz grundlegender Orientierungs- und Vorstellungsmuster. Es sind die selbstverständlichen Orientierungspunkte organisatorischen Handelns, die gewöhnlich ganz automatisch, ohne darüber nachzudenken oder sie zu kennen, verfolgt werden. In der Ausdifferenzierung der Annahmen orientiert sich Schein an Studien von Kluckhohn und Strodtbeck[92]:Dabei sind die Annahmen über die Umwelt (Umweltbezug) als Kernorientierung zu sehen. Nimmt das Organisationsmitglied oder auch die Organisation die Umwelt als schicksalhafte Kraft, als Widerfahrnis wahr oder sieht es sie als Herausforderung, die zu bewältigen ist, wenn man sich hinreichend anstrengt. Ein ähnliches, fragendes Vorgehen erhellt auch die weiteren fünf Vorstellungen und Annahmen, welche zusammengenommen die Basisannahmen einer Kultur nach Schein ausmachen:

Die Vorstellungen über die Wahrheit divergieren zwischen einem Vertrauen auf Fakten, welche als 'wahr' empfunden werden und einem Vertrauen beispielsweise auf Autoritätspersonen, welche die 'Wahrheit' verkünden; oder ist es der gefundene, tragfähige Kompromiss, der als 'Wahrheitsinstanz' fungiert. Die Vorstellungen über die Zeit in einer Organisation oder eines Organisationsmitgliedes entscheiden über den Umgang mit der Zeit: welchen Zeitrhythmus entwickelt die Organisation, wie wird sie geteilt oder als dringlich empfunden; was bedeutet zu spät, was zu früh? Bei den Annahmen über die Natur des Menschen sind es die impliziten Annahmen oder Alltagstheorien über allgemeine menschliche Wesenszüge: sind Mitarbeiter arbeitsscheu und nur extrinsisch zu motivieren oder sind Mitarbeiter Menschen, die Verantwortung übernehmen wollen und Freude an der Arbeit empfinden? Die Annahmen über die Natur menschlichen Handelns schlagen in diesem Zusammenhang in eine ähnliche Richtung. Wie sehen die Vorstellungen über Aktivität und Arbeit aus: wird Arbeit über reine Aktivität und Anwesenheit definiert, bedeutet Abwarten Passivität, ist das Büro der einzige Arbeitsplatz? So werden abschließend auch die Annahmen über die Natur zwischenmenschlicher Beziehungen durch kontrastierende Fragen erhellt: wie sehen die 'Regeln' über die Ordnung sozialer Beziehungen aus, sind sie eher egalitär oder hierarchisch? Wie wird mit Emotionen im Arbeitskontext umge-

---

92   Kluckhohn/ Strodtbeck, 1961, haben in ihren Studien sechs Grundthemen menschlicher Existenzbewältigung, unabhängig vom Einzelfall, in jeder (Landes-)Kultur identifiziert (zit. nach Schreyögg. 2003, S. 452).

gangen, sind die zulässig oder unerwünscht? Ist die Beziehung der Mitarbeiter eher durch Konkurrenz oder durch Kooperation geprägt?

Da es sich um nicht offensichtliche Einstellungen der Organisationsmitglieder und auch der Organisation handelt, welche – wie im Schema erkennbar – unsichtbar und meist unbewusst sind, ist die alltagssprachliche Annäherung an die verschiedenen Themen vorerst eher als treffend anzusehen, wohl wissend, dass einige Formulierungen eher verwässern als konturieren. Der wissenschaftliche Bezug zu einigen der angeschnittenen Themen folgt in den weiteren Kapiteln, wenn Bezugstheorien, Handlungstheorien und implizites Menschenbild die einzelnen Ansätze der Organisationskultur untermauern und transparent machen (vgl. Kap. 5.2).

Die meist unbewussten und ungeplant entstandenen Basisannahmen sind ineinander verwoben und bilden zusammen ein Muster oder eine Gestalt. Diese Gesamtheit schlägt sich in den *Normen und Standards* nieder, in konkreten Wertvorstellungen und Verhaltensstandards. Es formen sich dadurch ungeschriebene Verhaltensrichtlinien und Verbote, welche die Organisationsmitglieder mehr oder weniger teilen. Manche Organisationen greifen diese latent vorhandenen Orientierungsmuster auf und formulieren sie zu einer ausdrücklichen Managementphilosophie oder zu Führungsgrundsätzen (vgl. Schreyögg, 2003, S. 456). Allerdings sind diese meist Vorgaben von 'außen' und haben mit der gelebten Organisationskultur wenig zu tun. Es sind vielmehr Idealvorstellungen und Wunschbilder der Führung. Als Interventionsmaßnahme für einen organisationalen Wandel haben solche Idealvorstellungen allerdings Eingang in die Beraterliteratur gefunden[93]. Schultz hat 1994 Normen und Standards einer Abteilung schematisch dargestellt. In der Darstellung wird deutlich, wie Maximen und Richtlinien das Organisationsgeschehen ganz allgemein prägen. Reduzierte Sätze wie „Niemand kann es besser als wir; wir sind im Zentrum; uns braucht niemand zu belehren; dieses Terrain gehört uns" (ebd., S. 60) zeigen deutlich die Vorstellungen innerhalb einer Organisation bezüglich der Arbeitseinstellung. Hier wird allerdings – an dieser Stelle nur nebenbei bemerkt – schon deutlich, inwiefern Normen und Standards auch innovative Entwicklungen abblocken können.

Die unbewussten und unsichtbaren (Basis-)Annahmen sowie die bewussteren und auch operationaleren Standards finden in der dritten Ebene ihren Niederschlag: das *Symbolsystem* hat die Aufgabe, diesen schwer fassbaren, wenig bewussten Komplex von Annahmen, Interpretationsmustern und Wertvorstellungen lebendig zu erhalten, weiter auszubauen und an neue Mitglieder weiterzugeben. Die Symbole und Zeichen stellen den sichtbaren und daher am einfachsten zu-

---

gänglichen Teil der Organisationskultur dar[94]. Häufig wird allerdings übersehen, dass diese Symbolik nur im Zusammenhang mit den zugrunde liegenden Wertvorstellungen verstehbar ist (vgl. Schreyögg, 2003, S. 457).

Auf der Ebene der Symbolsysteme verdichtet sich also der Komplex der Annahmen und findet in Gestalt von Mythen, Legenden, Ritualen, Feiern, usw. seinen Ausdruck – es ist sozusagen die Sprache der Organisation, welche für sich die (Organisations-)'Wahrheit' beansprucht. Dadurch erhält diese Ebene auch die Funktion eines Erfahrungsspeichers und eines kollektiven Gedächtnisses, das die Mitglieder wiederum an den Grundbestand an Werten, Nomen und Regeln erinnert. „Durch die konsensuelle Sichtweise dessen, was an der jeweiligen Organisation wichtig ist, sorgt die Organisationskultur für Komplexitätsreduktion, Stabilität und Orientierung und damit für Sicherheit, Schutz, Verlässlichkeit und Zuversicht." (Schönig, 2000, S. 39)[95]

5.2 Konzeptuelle Betrachtung der Organisationskultur

Die Qualitäten des Habens und des Seins sind in Bezug zur Organisationskultur einleitend sehr hilfreich. Aus der grundlegenden Orientierung heraus – Organisationen haben Kulturen und Organisationen sind Kulturen – entwickeln sich zwei Hauptströme: die funktionalistische Betrachtungsweise von Organisationskulturen und die interpretative – diese beiden Richtungen sind auch die ältesten. Die funktionalistische Ausrichtung der Organisationskultur wurde 1982 entwickelt, während die interpretative als Gegenposition ein Jahr später folgte (vgl. Ebers, 1985 und Smircich, 1983). Viele weitere Konzeptionen werden in der Literatur dann oftmals als 'Mittelwege' zwischen den beiden ausgewiesen, bzw. lassen sich eher dem funktionalistischen oder eher dem interpretativen Paradigma zuordnen. Franzpötter schlägt mit Rückgriff auf Smircich (1983) eine Aufteilung in fünf unterschiedliche konzeptionelle Ansätze bzw. Begriffsverständnisse vor, die das jeweilige Programm zur Erforschung der Organisationskultur ausmachen:

- die kulturvergleichende Managementforschung,
- die Organisations- und Unternehmenskulturforschung,
- die kognitionstheoretische Organisationsanalyse,
- die symboltheoretische Organisationsanalyse und
- die psychodynamisch-strukturalistische Organisationsanalyse.

---

94 Hierunter zählen auch Begrüßungsformen, Verabschiedungen, architektonische Gestaltung, Firmenzeichen, Kleidung, Sprache und alle Geschichten und Erzählungen einer gelebten Organisation.

95 Vergleiche in diesem Zusammenhang auch Kapitel 4.2: der Doppelcharakter der Institution

Die *kulturvergleichende Managementforschung* denkt eine Organisation als prinzipiell 'kulturfrei', das heißt kulturelle Normen und Orientierungen werden von den Mitgliedern in die Organisation sozusagen erst importiert (vgl. Franzpötter, 1997, S. 23). Damit wird die Kultur als unabhängige externe Variable der Organisation gesehen. Landes- und regional-spezifische Wertorientierungen, Einstellungen und Verhaltensweisen von Managern und Angestellten beeinflussen das zweckrationale managerielle Kontrollsystem in ihrer Funktionslogik. Die vergleichende Managementforschung versucht diese Unterschiede der National-, Landes- und Regionalkulturen und deren Einfluss auf die Organisationen zu erfassen und zu vergleichen, um das Verständnis für andere Kulturen im Kontext multinational agierender Konzerne zu verbessern. Ein viel zitiertes Beispiel hierzu sind die Vergleichsstudien zwischen japanischen und US amerikanischen Unternehmen (s.o.).

Die *Organisations- und Unternehmenskulturforschung* behandelt die Kultur als organisationsinterne Variable. „Die Vertreter dieses Forschungsprogramms gehen im Wesentlichen von drei Annahmen aus: 1. Organisationskultur ist nur eine von mehreren organisatorischen Variablen. 2. Organisationskultur besteht aus Teileelementen, die sich zu einem homogenen Ganzen integrieren und sich in sichtbarer Weise in Form von Artefakten, Traditionen und kollektiven Verhaltensweisen manifestieren. 3. Organisationskultur erfüllt mehrere bestandwichtige Funktionen, die für die Zielerreichung, die Innovationsfähigkeit und den Markterfolg eines Unternehmens von zentraler Bedeutung sind." (Franzpötter, 1997, S. 24) Nach dieser Auffassung entwickelt die Organisation das Produkt Kultur. Es ist durch bestimmte Manifestationen sichtbar, die durch Rückschlüsse erlauben, auch die unsichtbaren Wertvorstellungen und Verhaltensnormen einer Organisation zu erkennen. So erscheint in dieser Sichtweise die Machbarkeit der Organisationskultur als wenig problematisch. Damit ist diese Sichtweise auch für organisationsberatende Fachleute überaus attraktiv: es gilt, die bestehende Ist-Kultur der Organisation, also die Artefakte, Verhaltensweisen und Werte zu identifizieren und in Richtung einer Soll-Kultur zu verändern. Die Soll-Kultur orientiert sich dabei an der Strategie eines Unternehmens. Ziel ist eine starke und intensive Organisationskultur, die sich möglichst mit der Unternehmensstrategie optimal deckt, um eine hohe Leistungsfähigkeit und Effizienz zu gewährleisten. Dieses instrumentalistisch-funktionalistische Organisations- und Kulturverständnis sieht in der Organisationskultur „die Summe der Lösungen für die Probleme der Anpassung an externe Einflüsse und der internen Integration, die eine Gruppe in einem evolutionären Prozess entdeckt oder durch Lernprozesse entwickelt hat." (Schein, 1985, S. 9, zit. nach Franzpötter, 1997, S. 24). Schein (s.o.) wird sehr oft in diesem funktionalistisch-instrumentalistischen Sinne zitiert, wobei – auch für den weiteren Verlauf – anzumerken ist, dass Schein zum einen die Organisa-

tionskultur nicht als eine Variable neben anderen, sondern als eine alles beein-
flussende Größe gesehen hat; und zum anderen, dass er das funktionalistische
Paradigma zum Teil aufgebrochen oder vielmehr erweitert hat, so dass ein reflexiver Prozess in der Kulturanalyse konstitutiv wurde, da von den sichtbaren
Manifestationen, also den artifacts, nicht ohne weiteres auf die basic underlying
assumptions geschlossen werden kann (vgl. Schein, 1985, S. 209; Jochheim,
2002, S. 73). In seiner Grundkonzeption des inneren Aufbaus der Organisationskultur kann Schein auch den psychodynamisch-strukturalistischen Konzeptionen
zugerechnet werden. Seine Kulturanalyse verleitet jedoch schnell dazu, den eigentlichen Kern zu verwässern und ihn funktionalistisch zu gebrauchen.

In der *kognitionstheoretischen Organisationsanalyse* wird die Organisationskultur nicht als eine Variable gesehen, wie in der instrumentalistischen Organisationskulturforschung, sondern als erkenntnisgenerierende Idee, bzw. als
Metapher – konträr zu den bestehenden Maschinen- und Organisationsmetaphern
(vgl. Franzpötter, 1997, S. 25). Unter Kultur wird hier ein System von Regel-
Wissen verstanden, dass sich Individuen und Gruppen in gemeinsamen Erfahrungen aneignen. Die kognitive Repräsentation von Organisation im Wissen des
Einzelnen entsteht aber nur in der interaktiven Auseinandersetzung mit organisatorischen (Mit-)Akteuren. Die individuellen Konstrukte können allerdings nicht
beliebig sein, sie orientieren sich an überlebensfähigen Koorientierungen und
konsensuellen Bereichen, wie Erfahrungen, Meinungen, Überzeugungen und
Wahrnehmungen. Organisationen existieren also vorerst nur als individuelle,
kognitive Repräsentation und werden jeweils erst im Handeln hervorgebracht
und reproduziert. Dabei ist der Perspektivwechsel in der kognitionstheoretischen
Lesart von großer Bedeutung: „die Mitglieder eines Organisationssettings werden als aktiv ihre Realität interpretierende Akteure gesehen und nicht als weitgehend passive Träger organisatorischen Rollenverhaltens." (Franzpötter, 1997, S.
26) Aus dem Beschriebenen wird deutlich, dass v.a. der symbolische Interaktionismus von Mead und Blumer als Bezugswissenschaft gedient hat. In der Erklärung der Entstehung der sozial konstruierten Wirklichkeit wird aber auch auf die
phänomenologisch ausgerichtete Erkenntnisphilosophie der Sozialwissenschaften von Schütz zurückgegriffen. Beide Denkrichtungen wurden in der Analyse
und Betrachtung von Organisationskulturen in unterschiedlichen Schwerpunktsetzungen herangezogen, so dass innerhalb der Klammer der kognitionstheoretischen Ausrichtung verschiedene Konzepte zur Organisationskultur, deren Entstehung, Stabilisierung und Entwicklung entstanden (vgl. Jochheim, 2002, S. 49
und 78).

Die *symboltheoretische Organisationsanalyse* betrachtet organisatorische
Kulturen als Bedeutungs- und Symbolsysteme. Bei der Analyse solcher Kulturen
liegt der Fokus auf den symbolischen, expressiven und sozialen Aspekten einer

Organisation, welche den organisatorischen Handlungen erst Bedeutung verleihen, welche den rational-instrumentalistischen Aufgaben und Zielen einer Organisation erst Sinn geben. Eine Organisation wird verstanden als ein System von symbolischen Begriffen, Formen, Kategorien und Bildern, durch die die Akteure ihre Situation definieren und interpretieren. Das bedeutet, dass das Verständnis von Organisationen in dieser Lesart problematisch und immer interpretationsbedürftig ist. Der Ansatz versucht zu beschreiben, wie Individuen ihre Erfahrungen deuten und verstehen und wie sie diese Deutungen und Verständnisse auf ihr Handeln beziehen (vgl. Franzpötter, 1997, S. 28). Die Beziehung zwischen latenten Strukturmustern und manifesten Handlungs- und Ausdrucksformen soll dabei beleuchtet werden, und zwar dergestalt, dass die rekurrenten Themen beschrieben werden, welche den symbolischen Diskurs repräsentieren und den Zusammenhang zwischen Werthaltungen, Überzeugungen, Deutungen, Wissenselementen und den beobachtbaren Handlungs-, Ausdrucks- und Interaktionsformen eines Organisationssettings sichtbar machen (vgl. ebd.).

Die symboltheoretische Ausrichtung ist in vielen Ansätzen und Konzepten zur Organisationskultur enthalten, allerdings immer in unterschiedlicher Ausprägung und 'Reinheit'. Zum Teil schlagen sich symboltheoretische Annahmen sogar in eher funktionalistisch ausgerichteten Konzeptionen nieder, obschon dabei gefragt werden muss, ob das Etikett 'symboltheoretisch' überhaupt noch angebracht ist. Viele solcher Konzepte sind oftmals Handlungsanleitungen für praxisorientierte Berater o.ä. und sorgen sich nicht um wissenschaftliche Exaktheit (vgl. Kap. 2.1).

Die *psychodynamisch-strukturalistische Organisationsanalyse* betrachtet Organisationen als Ausdrucksformen unbewusster Determinanten, Projektionen und Tiefenstrukturen des Menschen. Die Dynamik zwischen manifesten organisatorischen Ausdrucks- und Verhaltensformen und latenten unbewussten Triebkräften, Motiven und Determinanten soll hier erkannt und bewusst gemacht werden. Moderne Wirtschaftsunternehmen, so die Vertreter dieser Richtung[96], können nicht nur als rationale Leistungssysteme verstanden werden, die Güter und Dienstleistungen produzieren, sondern müssen als Orte verstanden werden, die durch Macht, Gewohnheiten, Sinn, Persönlichkeit, Beziehungen, Ängste usw. definiert werden. In ihnen treten atavistische Verhaltensmuster und archaische menschliche Kräfte hervor (vgl. Neuberger/ Kompa, 1987, S. 37). Dabei wird schon deutlich, dass als theoretische Perspektive ein psychoanalytischer Erklärungsansatz gewählt wurde, der zunächst bei den Persönlichkeitsmerkmalen des einzelnen Individuums ansetzt. Aber auch das Verhalten in dyadischen Beziehungen und Gruppen sowie überindividuelle Strukturen und Einrichtungen

---

96   Neuberger/ Kompa, 1987, Turner, 1977 und auch (zu großen Teilen) Schein, 1985.

werden in den Fokus genommen (vgl. Franzpötter, 1997, S. 29) So spielt beispielsweise der institutionalisierte Mechanismus der Angstabwehr in dieser Betrachtung von Organisationskultur eine wichtige Rolle, auf die später nochmals
ausführlich zurückgegriffen wird (vgl. Kap. 6.3 und 7.1). Aus der Sicht dieser
Richtung lässt sich die Organisationskultur anhand sprachlicher Äußerungen,
Handlungen und Artefakten identifizieren. Diese sprachlichen Äußerungen (s.o.)
können der Dechiffrierung von unbewussten Vorstellungen, von Mythen und
Machtspielen zugrunde gelegt werden. Dabei steht der Verwendungszusammen-
hang solcher sprachlicher Äußerungen durch die Organisationsmitglieder im
Vordergrund. Der Dechiffrierungsprozess lässt die Eigenwelt der Organisationsmitglieder in einem neuen Licht erscheinen, bisher übersehene Zusammenhänge werden entschleiert, so dass latente Sinnzusammenhänge aufgedeckt werden können (vgl. Neuberger/ Kompa, 1987, S. 59; Franzpötter, 1997, S. 29).
Sprachliche Äußerungen und kulturelle Artefakte entfalten ihre Wirkung im
konkreten Handeln, werden also erst in Ritualen, Bräuchen, Traditionen oder
Tabus deutlich. Diese institutionalisierten Handlungen haben aus psychoanalytischer Sicht die Funktion, Unsicherheiten (Ängste) zu bewältigen und Vertrauen
herzustellen (vgl. ebd.).

5.3 Gemeinsame Leitgedanken der Organisationskulturansätze

Eine dezidierte Kritik der einzelnen Organisationskulturansätze soll hier nicht
durchgeführt werden.[97] Vielmehr soll dargestellt werden, welche über-
spannenden Leitgedanken die einzelnen Ansätze ausmachen. Anders formuliert
ist nach den paradigmatischen Bestimmungen zu suchen, welche trotz verschiedener theoretischer Ausdifferenzierung zwei Richtungen zuzuordnen sind: dem
Kontrollparadigma und dem *Subjektivitätsparadigma* (vgl. Krell, 1988, 115).
    Das derzeit vorherrschende Erklärungsmodell lässt die Organisationskultur
als gemeinsames Wertesystem erscheinen. Die dominierende betriebswirtschaft-
lich-instrumentalistische Auslegung geht davon aus, dass eine hohe Identifikation der Mitarbeiter mit der Organisation, also die Internalisierung der 'Firmen-
philosophie' mit einer (messbaren) Wirkung der Kultur auf die gesamte Organisation einhergeht. Um die Wirkungen der Organisationskultur erfassen zu können, die Ausprägung zu messen, wird über zentrale Fragen versucht, messbare
Ursache-Wirkungs-Zusammenhänge zwischen der Organisationskultur, ihren
Faktoren und Kernelementen und den organisatorischen Funktionsleistungen zu
ermitteln. Es geht darum, den Übereinstimmungsgrad zwischen den Werteorien-

---

97   Vgl. dazu dann beispielsweise: Jochheim, 2002.

tierungen der Mitarbeiter und denen der Organisation zu bestimmen und Abweichungen zwischen dem Ist- und dem Soll-Zustand zu beseitigen (vgl. Franzpötter, 1997, S. 33). Es wird davon ausgegangen, dass die Struktur einer Organisation durch Rituale und Symbolisierungen der zugrunde liegenden Werte gestärkt und auch fortgesetzt wird. Unternehmensberater verschiedener Richtungen gehen u.a. diesem strukturfunktionalistischen Argumentationsmuster nach und entwerfen Dimensionen, anhand derer die Stärke oder Intensität von Organisationskulturen bestimmt werden können. Die funktionalistische Perspektive auf oder Analyse von Ritualen und Symbolisierungen lässt aus populärwissenschaftlicher Sicht die „magische Gleichung" (Franzpötter, 1997, S. 34) aufkommen, starke Kulturen seien gleichzusetzen mit hoher organisatorischer Effizienz und Produktivität. Symbole und Rituale ließen sich in diesem Kontext gezielt instrumentalisieren.

Diese Richtung bleibt dem *objektivistisch-funktionalen Paradigma* verhaftet. Aber auch weitere, oben angeführte Ansätze heben die Instrumentalisierung der Organisationskultur – wenn auch manchmal verdeckt – hervor. Selbst Kritiker der funktionalistischen Sichtweise, die die Begrenztheit organisatorischer Kontroll-, Machbarkeits- und Steuerungsstrategien hervorheben, enden oftmals darin, „zahlreiche Empfehlungen [auszusprechen], wie man aus der 'Idee' der Firmenkultur eine Strategie der sublimen Verhaltensbeeinflussung machen kann." (Franzpötter, 1997, S. 35) So wird die Kritik und Selbstkritik des Managements zu einem weiteren Bestandteil des funktionalistischen Managementdiskurses (vgl. ebd.). Vielleicht ist das aber auch ein grundlegendes Problem einer anwendungsbezogenen, hier v.a. betriebswirtschaftlichen Wissenschaft, welche für sich beansprucht, die Forschung immer wieder erden zu wollen, sie nicht in der 'Luft' nutzlos hängen zu lassen – zum einen entsteht gerade dadurch eine Fülle von praktischen Orientierungswissen; zum anderen aber auch die erwähnte 'Schieflage'.

Die sozialwissenschaftliche Sicht versucht genau gegen diese instrumentalistisch-objektivistische Engführung zu argumentieren. So nimmt sie Anleihen des *interpretativen Paradigmas* und konzeptualisiert die Organisationskultur nicht als gemeinsames Wertesystem, sondern als Geflecht von Bedeutungen, in denen Menschen ihre Erfahrungen interpretieren und nach denen sie ihr Handeln ausrichten (vgl. Kap. 5.2.). Nicht das Funktionieren einer Organisation, sondern die Bedeutungen, die das Handeln für die Akteure hat, müssen zum Gegenstand der Analyse werden (vgl. Franzpötter, 1997, S. 36). Symbolische Bedeutungen und sinnhafte organisatorische Konstruktionen von Wirklichkeit stehen in sozialwissenschaftlichen Betrachtungen von Organisationskulturen im Mittelpunkt. Zur Beschreibung solcher Annahmen können keine mechanistischen Ursache-Wirkungs-Modelle herangezogen werden; man muss vielmehr von komplexen

Einflussbeziehungen ausgehen, welchen aus sozialwissenschaftlicher Sicht nur mit deutenden und verstehenden Ansätzen und Methoden sich anzunähern ist.

Trotz des funktionalistischen 'Anstriches' ist es aber der Organisationskulturforschung zu verdanken, dass das Kontrollparadigma in der Organisationsforschung aufgebrochen wurde. Die Organisationskultur repräsentiert trotz der instrumentalisierenden Funktionen ein Subjektivitätsparadigma, das stärker auf Psychologisierungsstrategien hinausläuft (vgl. Krell, 1988). Der Mitarbeiter wird nicht weiter als 'Rädchen im Getriebe', als potentieller Störfaktor in der organisatorischen Rationalität gesehen, sondern als ein Mensch, der im Mittelpunkt der Betrachtung steht: die Organisation wird nicht als reibungsfrei operierende Maschine, System oder Struktur betrachtet, sondern eben als soziale Lebenswelt von Menschen, als ein sensibler Organismus, als Kultur, als Gemeinschaft (vgl. Franzpötter, 1997, S. 37). Das Subjektivitätsparadigma kehrt die Perspektive des Kontrollparadigmas um und „betont die emotionale und kreative Seite menschlichen Handelns in Organisationen, lenkt die Aufmerksamkeit des Beobachters einerseits auf die Bedürfnisse des einzelnen und der Gemeinschaft, andererseits auf die Ressourcen, die hieraus für die Organisation bestehen". (ebd.)

Die Organisationskulturforschung hat damit eine eindeutige Färbung angenommen. Sie fühlt sich dem Subjektivitätsparadigma näher, wenn auch teilweise instrumentalistisch-funktionalistische 'Verfärbungen' auszumachen sind. Im Fokus steht die Organisation als soziale Lebenswelt von Menschen: diese schaffen Bedeutung, interpretieren ihre Erfahrungen und richten ihr Handeln danach aus. Dabei entziehen sich diese Vorgänge oftmals der bewussten Kontrolle. Die verschiedenen Ansätze machen das durch den Begriff des 'Unbewussten' deutlich. Auch wenn der Begriff in manchen Fällen eher bildungssprachlich verwandt wird, ist die Nähe zur Psychoanalyse, bzw. sein Ursprung nicht zu leugnen.

Die Psychoanalyse hat von Beginn an neben der Beschreibung der Dynamik im Individuum auch einen kulturkritischen Ansatz vertreten, der das Verhalten in Gruppen, Institutionen und Gesellschaften beleuchten soll. Der Begriff der Psychodynamik bezeichnet dabei die Beziehungen zwischen den verschiedenen inneren Instanzen und Strebungen einer Person. Ein Teil dieser Abläufe bleibt der Person selbst unbewusst. Dadurch wird die Wirksamkeit dieser Abläufe erhöht – sie entziehen sich der bewussten Kontrolle des Erlebens. Diese unbewussten Vorgänge lassen sich nicht nur bei einzelnen Personen, sondern genauso bei Gruppen und Organisationen ausmachen (vgl. Lohmer, 2000, S. 18). Der psychoanalytische oder psychodynamische Zugang zur Organisationskultur ist von daher der geeignete, um dieses 'unbewusste' Verhalten der Organisationsmitglieder und der Organisation zu erhellen. Die Psychoanalyse als Bezugsgröße ist dabei nicht nur vom Ziel her zu begründen – das Wirken unbewusster Kräfte aufzudecken –, sondern auch inhaltlich: gerade wenn im Hinblick auf eine Organisationsberatung mit dieser explizit der Widerstand oder die Angst als Größen innerhalb einer Organisation angesprochen werden.

5.4 Der psychodynamische Zugang zur Organisationskultur

In dem Unterkaptitel der psychodynamisch-strukturalistischen Organisationsanalyse (Kap. 5.2) sind wegweisende Ausführungen schon angeklungen. Es wurde deutlich gemacht, dass die gemeinsam geteilten Grundannahmen, Regeln, Normen, Erwartungen und Werte, welche die Organisationskultur ausmachen, nicht ausschließlich über rationale, d.h. bewusst-intentionale Handlungen und Einstellungen zu verstehen sind. Vielmehr wird das Wirken unbewusster Kräfte menschlichen Geistes auf das Sinnsystem von Organisationen anerkannt. Auch Smircich, 1983, hebt in ihrem Überblick über verschiedene Kulturkonzepte hervor, dass dadurch auf die Psychoanalyse als Erklärungssystem für die Organisationskultur zurückgegriffen werden muss (vgl. Schönig, S. 36, 2000).

Diese Forderung ist in dem Maße leicht nach zu vollziehen, in dem die Basisannahmen, die basic assumptions (vgl. 5.1) einer Organisationskultur als grundlegendes Bestimmungsstück in fast allen aktuellen Organisationskulturansätzen anerkannt werden. Die grundlegenden Glaubens- und Wertvorstellungen, welche nicht frei zugänglich und formulierbar sind – in den meisten Ansätzen als 'unbewusst' beschrieben – stellen die Kulturbasis. Dieses Zentrum, auch als Kulturkern bezeichnet, ist mit einem Bereich verbunden, der die internen Normen und Richtlinien, die Mythen, Sagen, Legenden und Rituale repräsentiert und der die charakteristischen Denkgewohnheiten und Verhaltensweisen prägt. In Scheins Stufenmodell der Organisationskultur sind diese Bereiche als 'Normen und Standard' und 'Symbolsystem' bezeichnet (vgl. Kap. 5.1). Hier finden die nicht „hinterfragten Wahrheiten, die Selbstverständlichkeiten der Organisation in verdichteter Form Anschauung und Überzeugungskraft". (vgl. Schönig, 2000, S. 67)

Die Verbindung dieser Bereiche, der des Kerns und des Kulturnetzes (Normen, Symbole), muss durch eine Art 'Übersetzung' charakterisiert sein, da die unbewussten Grundannahmen eine sichtbare Erscheinung in Form von Ritualen oder Richtlinien annehmen. Die meisten Ansätze der Organisationskultur zeichnen diesen Weg ebenso nach, füllen aber diese Übersetzungsleistung nicht mit Inhalt. Die Psychoanalyse hilft als Erklärungssystem bei dieser Übersetzungsarbeit weiter. Die unbewusste Produktionsleistung, die eine Organisation hier vollbringt, kann in Anlehnung an Freuds Traumdeutung (1900) entschleiert werden (vgl. Schönig, 2000, S. 67).

Freud unterscheidet zwei Schichten des Traums: den latenten Traumgedanken und den manifesten Trauminhalt. Den Vorgang der Verwandlung vom latenten zum manifesten Trauminhalt nennt Freud die Traumarbeit (vgl. Freud, 2005, S. 27). Dabei stellt der manifeste Trauminhalt den Traumtext dar, wie er vom Schläfer erinnert wird.[98] Der latente Traumgedanke hingegen ist ein Triebwunsch, der sich hinter dem manifesten Traum verbirgt. Dieser Wunsch ist nicht ohne weiteres erkennbar, da er während des Schlafens zensiert und entstellt wird. „Die Psyche bedient sich quasi eines Tricks, um den von der moralischen Instanz Über-Ich verpönten Triebwunsch einer kompromisshaften Befriedigung zuzuführen. Damit das Ich sich nicht ängstigen oder Schuldgefühle verspüren muss, wird der Wunsch mit Hilfe der Traumarbeit verkleidet." (Schönig, 2000, S. 67) Freud umschreibt das mit: „Der Traum müsse dunkel bleiben, damit er die verpönten Traumgedanken nicht verrate. (ders., 2005, S. 73) Die Mechanismen dieser Traumarbeit sind vor allem die Verdichtung, die Verschiebung und die Symbolisierung (vgl. Freud, 2005, S. 37/ 46/ 71). Durch Symbole können unbewusste psychische Inhalte, denen der Zutritt zum Bewusstsein versperrt ist, doch im Bewusstsein repräsentiert werden. Symbole sind Ersatz für etwas anderes und ein Ausdrucksmittel für verdrängtes Material (vgl. Schönig, 2000, S. 67; Freud, 2005, S. 91). Das Symbol erscheint als Ersatzausdruck, der die Merkmale des zu Bezeichnenden vertritt. Mit der Analyse und Kenntnis der Traumsymbolik ist es möglich, „den Sinn einzelner Elemente des Trauminhalts oder einzelner Stücke des Traumes, oder mitunter selbst ganzer Träume zu verstehen, ohne den Träumer nach seinen Einfällen befragen zu müssen."(Freud, 2005, S. 91) Allerdings ist das Symbol nur lose mit dem Bezeichneten verbunden, so dass sich entsprechend seiner Mehrdeutigkeit ein gewisser Interpretationspielraum bietet; zumal die Kenntnis der Traumsymbolik entweder individuell geprägt ist oder in der universellen Übersetzung schwanken kann (vgl. Freud, 2005, S. 93).

Kets de Vries[99] hat in verschiedenen Ausführungen das Management und die Psychoanalyse miteinander in Verbindung gebracht. Dabei hat er mit Hilfe der Symbolisierungen die oben erwähnte 'Übersetzungsarbeit' erhellt: das Symbolsystem, das gemeinsam von den Organisationsmitgliedern geschaffen worden ist, gibt zum einen die geteilten Glaubensvorstellungen und die Verhaltensrichtlinien wieder; zum anderen werden dadurch aber auch die unliebsamen Erfahrungen im Organisationsleben verunklart. Dieses Symbolsystem bezeichnet Kets de Vries als Text der Organisation (vgl. ders.., 1991; zit. nach Schönig, 2000, S. 68). „Vergleichbar dem Traumtext der Freudschen Traumtheorie verdichten sich die subjektiven Erfahrungen der Organisationsmitglieder zu einem intersubjekti-

---

98   einschließlich einer sekundären Überarbeitung, so dass der Traumtext erzählt werden kann
99   Kets de Vries, M.F.R.: Chef-Typen. Zwischen Charisma und Chaos, Erfolg und Versagen. Gabler: Wiesbaden 1990.

ven symbolischen Netz, das der Interpretation nur bedingt zugänglich ist."
(Schönig, 2000, S. 68) Soll nun die Organisationskultur erkannt und beschrieben
werden, was in mehreren Organisationskulturansätzen als Ziel ausgewiesen ist
(vgl. 5.2), muss das kulturelle Netz und dessen Symbolisierungen analysiert und
gedeutet werden, um auf die 'basic assumptions' einer Organisation rückschlie-
ßen zu können. Das soll aber in dieser Stelle nicht weiter ausgeführt werden. Es
soll vielmehr weiterhin der psychoanalytische Blick die Betrachtung der Organisationskultur leiten. Schönig hat die v.a angloamerikanische Literatur der psychoanalytischen Forschung und Beratung in Organisationen gesichtet und dabei
herausgestellt, dass die Abwehrkonstellationen in allen gruppen- und organisati-
onsbezogenen analytischen Ansätzen das Zentrale ausmachen (vgl. ebd., 2000,
S. 55). Dabei stützt er sich auf Ergebnisse, die nicht einzeltherapeutisch gewonnen und auf Organisationen übertragen wurden, sondern auf Ergebnisse der Arbeit im Feld.[100] In den Studien wurde deutlich, dass man Gruppen nicht nur als
formalen Zusammenschluss von Menschen mit dem Ziel der Aufgabenerfüllung
betrachten kann; die Gruppe hat zudem die Funktion, das einzelne Mitglied
durch die Integration „gegen die bewusste Wahrnehmung von Unlust, seeli-
schem Schmerz und Angst zu schützen und zugleich die Organisation als Ganze
zu stabilisieren." (ebd., S. 55) Dieser Zusammenschluss der Gruppe wird, psy-
choanalytisch betrachtet, abgesichert durch die Valenz, d.h. durch den Zusammenschluss auf der unbewussten Ebene gemeinsamer Phantasien. Unbewusste
Gruppenthemen rufen bei den Einzelnen eine Eigenschwingung hervor, die wiederum bei den weiteren Gruppenmitgliedern Resonanz erzeugt. Es entsteht ein
kompliziertes interpersonales Abwehrarrangement mittels Übertragung, Gegen-
übertragung, Abspaltung, Projektion und projektiver Identifikation. Das Ziel
dieses Abwehrbündnisses ist die weitgehende Homogenisierung im Verhalten
und Erleben, so dass das Bedürfnis des Einzelnen nach Entlastung von Spannungen, Ängsten und Konflikten befriedigt werden kann. Dabei stabilisieren sich
wechselseitig die Abwehrkonstellationen: die Ängste und Konflikte des Einen
nutzen die komplementären 'Angebote' des Anderen und umgekehrt. Dieses
konzeptionelle Wissen um die 'Kollusion' ist als Erklärungsansatz der Psychodynamik in Organisationen mittlerweile anerkannt (vgl. ebd., S. 56).
    Die Organisationsmythen können nach Westerlund und Sjöstrand[101] (zit.
nach. Schönig, 2000, S. 67) ebenfalls mit Hilfe dieses Konstruktes des Abwehrbündnisses beschrieben werden. Sie vergleichen den Mythos mit einer Mauer,
wodurch unterstrichen wird, dass die Mythen aus einer defensiven Absicht der

---

100 Siehe dazu die Arbeiten des Londoner Tavistock Institute of Human Relations (Rice, 1958;
     Trist/ Higgin/ Murray/ Pollock, 1963) sowie Menzies Lehrkrankenhausstudie, 1960 und 1974
     und Kets de Vries, 1090, 1986, 1991)
101 Westerlund, G./ Sjöstrand, S.-E.: Organisationsmythen. Stuttgart 1981.

Organisationsmitglieder heraus eingesetzt werden oder worden sind. „Sie haben diese Mauer errichtet, um sich nicht ständig, zu oft und zu gründlich in einem Verteidigungsprozess aktiv zur Wehr setzen müssen. Weil er das Ausmaß der 'Lücken in der Mauer' sichtbar macht, würde dieser Verteidigungsprozess Unsicherheit und Ungewissheit schaffen." (ebd., 1981, S. 20, 21)

Es ist also aus dieser Betrachtung nachvollziehbar, wie eine Gruppe nach innen wirkt, wie sie sich festigt, sich nach außen abgrenzt und damit eine spezifische Kultur erzeugt; aber auch wie das Verhältnis zwischen Gruppe und Organisation oder Institution gestaltet ist. Denn sind innerhalb einer Gruppe die kulturellen Eigenprägungen sehr homogen und geschlossen, so wird die gesamte Organisationskultur inhomogener sein, da eher teilautonome Subkulturen uneinheitlich 'nebeneinander' wirken. In der Institution Schule (vgl. Kap. 6.2), so stellt Schönig heraus, ist dieses Nebeneinander verschiedener Gruppierungen augenfällig. „Das [hier] organisierende Prinzip der 'Gruppenbildung' scheint vornehmlich die Fächerung zu sein: Das jeweilige Unterrichtsfach bietet allen Personen, die es unterrichten, eine gemeinsame Identifikationsbasis." (ebd., 2000, S. 56) Analogien lassen sich hier zu einzelnen Abteilungen oder Units in weiteren Organisationen und Institutionen herausstellen, die aufgrund ihrer gemeinsamen Tätigkeit sich gegenüber anderen abgrenzen und so Gruppierungen entstehen lassen.

Das oben beschriebene Kollusionskonzept, das ursprünglich der ehetherapeutischen Forschung entstammt, kann nach Mentzos[102], 1988, ohne weiteres auch auf Organisationen und Institutionen bezogen werden. Er bezeichnet die Abwehrsysteme, die sich zwischen Personen(-gruppen) und Institutionen aufbauen als institutionalisierte Abwehr. Damit stellt sich zum einen die Institution in den Dienst der intrapsychischen und interpersonalen Abwehr; zum anderen bedient es sich aber auch der individuellen Bedürfnisse. Das bedeutet, dass einerseits die Institution eine Entlastungsfunktion übernimmt, da Einzelne oder Gruppen ihre Konflikte, Ängste oder Schuldgefühle in der Institution unterbringen können, ihre intra-psychische Abwehr also in der 'Realität' verankern; andererseits nutzt die Institution genau diese Funktion, um die Organisationsmitglieder zur Unterstützung der Institution zu motivieren und so zu ihrer Stabilisierung beizutragen[103] (vgl. ebd., S. 111; Schönig, 2000, S. 57). Das Kapitel 4.2 kam zu einem sehr ähnlichen Ergebnis; allerdings stellte in diesem Zusammenhang nicht die Psychoanalyse den Zugang, sondern soziologische Annahmen zur Institution und zur sozialen Rolle.

---

102 Mentzos, S.: Interpersonale und institutionalisierte Abwehr. Erw. Neuausgabe. Suhrkamp: Frnakfurt a.M. 1988.
103 Vgl. hierzu das Fallbeispiel aus Kap.6.2.

Aus der Sicht der Psychoanalyse ist es die primäre existentielle Angst des Subjekts, die als Antriebskraft für die Bildung gemeinschaftlichen Zusammenhalts und der Organisationskultur fungiert. Dabei ist die Abwehr als zentrale Kategorie beschrieben worden. Die Organisation dient also der individuellen und kollektiven Verarbeitung von Angst, und zwar dergestalt, dass das Abwehrsystem des Einen das des Anderen stabilisiert (Kollusion). Aus dieser Abwehr gehen symbolische Produkte hervor, die sich in der Organisationskultur materialisieren (vgl. Schönig, 2000, S. 60-65), also sichtbar werden. Diese Abwehrarrangements spiegeln sich aber auch in der Struktur einer Organisation wider. Die intrapsychischen Belastungen, die in interpersonalen Abwehrkonstellationen aufgehen, können in der Arbeitsstruktur einer Organisation ihren Niederschlag finden. Auf diese Weise nimmt die oben beschriebene institutionalisierte Abwehr ihren Anfang und der Kreis schließt sich aufgrund ihres kollusiven Charakters.

Mit Hilfe des psychoanalytischen Zugangs konnte der Zusammenhang zwischen unbewussten, gemeinsam geteilten Grundannahmen (basic assumptions) und den sichtbaren symbolischen Handlungen (Symbolsystem, Normen und Standards) erhellt werden, welcher in den meisten Organisationskulturzugängen zwar angenommen, aber nicht weiter thematisiert wurde. Zudem konnte die Entstehung einer Gruppe innerhalb einer Organisation, die Motivation zur Bildung einer Gruppe näher in die Betrachtung genommen werden. Allerdings kann man nicht konstatieren, dass die Organisationskultur in Abwehrvorgängen komplett aufginge. Es ist vielmehr eine Perspektive, die wichtige Bereiche und Vorgänge der Organisationskultur beleuchten kann. Einer Organisationskultur, der man sich über Merkmale deskriptiv annähern kann, die man vielleicht sogar durch messende Verfahren analysieren kann, ist zu großen Teilen nur interpretativ nahe zu kommen. Durch verstehende Methoden werden Bereiche der Organisationskultur geöffnet und eben verstehbar, die über andere Zugänge nur 'dunkel' blieben. Diese Sichtweise wird vor allem relevant, wenn im Weiteren von Beratung, bzw. Beratungsresistenz und Widerstand die Rede sein wird. Es kann nicht Sinn dieses Kapitels sein, die Organisationskultur so zu beschreiben, dass man über das zusammengetragene Wissen imstande ist, Mittel und Werkzeuge zu extrahieren, die eine Organisationskultur zu verändern vermögen. Ein Ziel ist in der Absicht zu finden, ein Erklärungssystem herausgestellt zu haben, dass bei folgenlosen Beratungen, bei Widerständen gegenüber Neuem, bei Innovationsfeindlichkeit oder bei Abneigungen gegenüber Veränderungen greift. Wenn die Psychoanalyse als Erklärungssystem greifen soll, dann müssen diese Bereiche näher betrachtet werden.

6 Das Phänomen des Widerstands

Lange Zeit hat die Organisationslehre und somit die Organisationsberatung ihren Fokus auf die Bestimmung der optimalen organisatorischen Lösung, die der veränderten Situation oder dem veränderten Stand des Organisationswissens Rechnung trägt, gerichtet. Dabei stand die Auswahl bestimmter Inhalte im Vordergrund. Die Umsetzung der neuen Lösung in die Praxis wurde lediglich als eine Frage der korrekten Anweisung gesehen (vgl. Schreyögg, 2003, S. 497). Damit folgte diese Praxis der Tradition des analytisch-linearen Denkens: die Trennung von Entscheidung und Handlung, von Willensbildung und Willensdurchsetzung. Die Bildung eines rationalen Willens, die Bestimmung der optimalen Alternative sollte schwerpunktmäßig eine Organisationsgestaltung ausmachen. Es wurde davon ausgegangen, dass aufgrund dieses entscheidungslogischen Denkansatzes die Veränderung einer Organisation, gleichgültig auf welcher Ebene und in welchem Umfang, im Wesentlichen nur als ein planerisches Problem zu begreifen sei. Denn es wurde angenommen, dass tatsächlich so wie beschlossen auch gehandelt werde. Die Realisierung der gefundenen Optimallösung wurde somit als problemlos gewertet.

Wenn die Umsetzung und Realisierung dennoch thematisiert wurde, dann zumeist mit einer möglichst exakten Beschreibung der neuen Anforderungen. Ein möglichst alle Eventualitäten umfassendes Umstellungsprogramm gab den Startschuss für die Veränderung der Organisation. Nach einer gewissen Toleranzzeit wurde es allen Mitarbeitern zur Pflicht gemacht, nach den neuen organisatorischen Richtlinien zu handeln – verbunden mit der Annahme, dass von da an auch tatsächlich alles nach Plan verläuft (vgl. ebd.). Bei Schwierigkeiten in der Umsetzung der angestrebten Veränderung wurde, gemäß des Denkansatzes und des Verständnisses von Organisationswandel als Planungsproblem, eine noch exaktere Planung der Umstellung vorgenommen. Allerdings führte diese Maßnahme eher zur Verschärfung der Probleme. Die verhaltenswissenschaftliche Organisationslehre, v.a. die Human-Ressourcen-Schule, erkannte erst den organisatorischen Wandel als eigenständiges Problem und brach mit der Vorstellung, der gesamte Wandelprozess sei ein Planungsproblem. Denn immer wieder erwies sich dieses Verständnis als Illusion. Es wurde zu häufig beobachtet, dass sich der Wandelprozess dahinschleppte, die Organisationsmitglieder der neuen Lösung widerstrebten, die alten Routinen die gewünschten Veränderungen er-

drückten und dass viel Unvorhergesehenes sich ereignete und die Umstellungs-
pläne untergruben. Die heutige Organisationslehre sieht in der Gestaltung von
Wandelprozessen eine zentrale Managementaufgabe und entwickelt spezielle
Ansätze für eine entsprechende Gestaltungslösung (vgl. ebd., S. 498).

Ausgangspunkt dieser eigenständigen Lösungsansätze für das Problem des
organisatorischen Wandels war die Einsicht, dass die Funktionstüchtigkeit neu
entwickelter Organisationsstrukturen ganz wesentlich von ihrer Akzeptanz durch
die Organisationsmitglieder und das System abhängt (vgl. ebd., S. 499). Das
spiegelte sich auch in der Diskurslage der Organisationsberatung deutlich wider
(Kap. 2.1). Hier wird der Widerstand im Wesentlichen als eine emotionale Sper-
re verstanden, welche Organisationsmitglieder und Systeme gegen Änderungen
aufbauen. Eine ähnliche Tendenz ist auch im Meinungsbild zu sehen (Kap. 2.3).
Ein vorerst nicht weiter differenzierter Widerstand schien in der Konzepterstel-
lung für den Ganztagsbetrieb in der Schule wesentlich für Probleme und Schwierigkeiten verantwortlich gewesen zu sein. Daher soll in diesem Kapitel das Phänomen des Widerstandes aus verschiedenen Blickwinkeln betrachtet werden.
Unterschiedliche Erklärungsansätze zum Widerstand gegen Änderungen, unterteilt in Widerstand aus der Person und Widerstand aus der Organisation, werden
vorgestellt, bevor einer (Deutungs-) Perspektive besondere Beachtung geschenkt
wird: die psychoanalytische Position.

6.1 Erklärungsansätze zum Widerstand gegen Veränderungen

Es ist vorweg notwendig zu klären, dass nicht jede Art von Widerstand unter das
zu behandelnde Phänomen Widerstand gegen Änderung fällt. Bei einer objektiven Verschlechterung der Lebenssituation, wie beispielsweise einer Entlassung
oder Abstufung, sind die Gründe für eine Abwehrhaltung evident und bedürfen
nicht einer gesonderten Erklärung. Hier gibt es auch im Rahmen des geltenden
industriellen Beziehungssystems Plattformen zur Aushandlung von Kompromis-
sen, wie dem Sozialplan oder Rationalisierungs-Schutzabkommen (vgl. Schreyögg, 2003, S. 499). Die Änderungswiderstände werden erst dann erklärungsbe-
dürftig, wenn ein veränderungsbedingter Nachteil monetärer oder nicht-mone-
tärer Art nicht erkennbar ist. Diese sollen im Folgenden im Vordergrund stehen.
Es ist ebenfalls notwendig zu erwähnen, dass in jüngster Zeit vorgeschlagen
wird, das Konzept *Widerstand gegen Änderungen* fallen zu lassen, da es eine
zu starke Parteinahme beinhalte (vgl. ebd.). In Anlehnung an Dent/ Goldberg[104]
werde damit implizit die Perspektive des Veränderers legitimiert und die Ableh-

---

104   Dent, E./ Goldberg, S.: Challenging „resistance to change". Journal of Applied Behavioral
      Science 25-41. March, 1999.

nung der Betroffenen kritisiert. Die Möglichkeit, dass der Widerstand sinnvoll, ethisch gerechtfertigt oder für das System auch funktional sei, werde von vorneherein ausgeschlossen (vgl. ders., S. 499). Es könnten auf diesem Wege alle möglichen Managementfehler entschuldigt werden, da den Beschäftigten die Verantwortung zugewiesen wird. Da diese Kritik leicht nachvollziehbar und gerechtfertigt ist – das Konzept ist leicht zu missbrauchen –, sollte man sich zumindest dieser Gefahr bewusst sein. Das Konzept öffnet aber auf der anderen Seite auch Einblicke auf zentrale Bewegungskräfte in Veränderungsprozessen, auf die ein aufgeklärtes Wandelmanagement nicht verzichten kann. Diesem Dilemma zu entweichen, sucht Piderit einen Ausweg in der Reformulierung dieses Konzepts, indem sie es als ambivalente Einstellung gegenüber Wandelprojekten versteht (vgl. dies., 2000, S. 783). Auf diese Weise ist der oben angeführten Kritik Rechnung getragen und ein großes Spektrum an Beweggründen trotzdem abgedeckt und angesprochen. Die Problematik der Legitimierung einer Beratung soll an dieser Stelle nicht weiter ausgeführt werden. In späteren Kapiteln (v.a. Kap. 8 und 11.2) wird durch die Bereiche der Identitätsbildung und der Alterität zu dem erwähnten Dilemma Stellung bezogen. Mit der Einführung der Dialogischen Theorie und dem motologischen Verständnis einer Organisationsberatung werden diese wichtigen Kritikpunkte behandelt.

Die verschiedenen Erklärungsansätze spannen einen weiten Bogen von einfachen Persistenz-Thesen bis hin zu komplexen Perzeptionsmodellen. Piderit, die verschiedene Sichtweisen und Definitionen der (employee) resistance sichtet und auswertet, kommt zu dem Schluss, dass „a review of past empirical research reveals three different emphases in conceptualizations of resistance: as a cognitive state, as an emotional state, and as a behaviour." (Piderit, 2000, S. 783).

Am geläufigsten ist die These, so Schreyögg, dass Menschen dazu neigen, einmal eingeschliffene Gewohnheiten beibehalten zu wollen oder genauer: dass sich einmal gebildete Verhaltensgewohnheiten mit der Zeit zu *Routinen* ausformen, deren Ausführung schließlich einen Befriedigungswert erhalten und deshalb Veränderungswiderstände entstehen lassen. Spezifische Arbeitsvollzüge verselbständigen sich zu Motiven, d.h. gewissermaßen zu einem Bedürfnis, und jeder Veränderungsvorschlag, diese Tätigkeit durch eine andere zu ersetzen, wird als eine Bedrohung der Bedürfnisbefriedigungssituation erlebt. Es handelt sich dabei also um eine Verhaltensfixierung, die allerdings – im Unterschied zu Primärbedürfnissen – unter besonderen Bedingungen wieder aufgehoben werden kann (vgl. ders., 2003, S. 500). Argyris und Schön[105] sprechen in diesem Zusammenhang von Defensivroutinen, von „defense mechanism caused by frustration and anxiety" (vgl. Bolognese, 2005, S. 1).

---

105 Argyris, / Schön: Organizational Learning. A Theory of Action Persperctive. Reading, Mass.: Addison Wesley 1978.

In jüngerer Zeit finden in der Erklärung von Veränderungswiderständen kognitive Strukturen, 'cognitive maps', starke Beachtung. Dabei sind die selektive Wahrnehmung und die Prioritäten, die die Selektion steuern, die Bezugsgrößen: die Organisation der Selektion beruht auf früher gebildeten, generalisierten Vorzugsregeln. Die Frage, in welchem Maße neue Informationen oder Empfehlungen für veränderte Abläufe aufgenommen oder abgewehrt werden, ist also wesentlich eine Frage der Vororientierungen (bias) (vgl. Schreyögg, 2003, S. 500). Emotional unangenehme oder beängstigende Stimuli haben eine höhere Wahrnehmungsschwelle als neutrale oder angenehme Stimuli. Die Wahrscheinlichkeit, dass organisatorische Veränderungsvorhaben auf eine Perzeptionsabwehr treffen, ist also verhältnismäßig hoch. Es gilt also, die Vororientierungen kennen zu lernen und sie als Bedingungen der Entschlüsselung des Widerstands zu verstehen (vgl. ebd., S. 501).

Eine weitere Verhaltenstendenz, die zur Erklärung des Widerstands gegen Änderungen beizutragen vermag, so Schreyögg, ist der *Frustrations-Regressions-Effekt*. Mit der Einführung von Veränderungsprogrammen werden häufig die eingeübten Verfahrensweisen entwertet, da sie nicht mehr zu dem gewünschten Erfolg führen. Die daraus resultierende mögliche Frustration löst häufig ein nicht vorwärts strebendes Suchen nach neuen Lösungen aus, sondern eher eine rückwärts gewandte Reaktion: „ein Festklammern an den alten Wegen oder eine heimliche Rückkehr zu dem Althergebrachten, wie es früher einmal galt. Die alte Situation wird zur 'goldenen Zeit' verklärt." (ders., S. 501) Auch in Arbeitsgruppen, die sich durch eine hohe Kohäsion auszeichnen, ist nicht selten ein solcher Widerstand zu beobachten. Sie wehren sich gegen ihre drohende Auflösung oder eine Veränderung ihrer internen Struktur (vgl. Brown[106], 2000, S. 44; zit. nach ebd.). Diese Widerstände sind oftmals nur aus der spezifischen organisatorischen Dynamik heraus erklärbar. Im Folgenden werden Erklärungsansätze vorgestellt, die den Widerstand aus der Organisation betreffen.

In jeder Organisation entwickeln sich auf informellen Wege Normen und kollektive Orientierungsmuster, die in der Regel auf einer mehr unbewussten Ebene wirken (vgl. Kap. 5). Diese Regeln und Normen besitzen eine starke Beharrungstendenz und bleiben in ihrer Dynamik häufig unerkannt. Stellen Veränderungsprogramme dieses Normensystem in Frage, stoßen sie in aller Regel auf einen energischen Widerstand. Je stärker und auch enthusiastischer die *Organisationskultur*, umso ausgeprägter ist der zu erwartende Widerstand bei grundlegenden Veränderungen (vgl. Schreyögg, 2003, S. 501). Dabei können die Änderungsvorhaben ganz unterschiedliche Ziele verfolgen. Wie aus Kapitel 5 hervorgeht, ist die Organisationskultur eine komplexe Größe, die auf bewusster und

---

106   Brown, R.: Group Processes. 2 Aufl. Oxford 2000.

unbewusster Ebene ein kompliziertes Geflecht aus Normen, Regeln und Verhaltensweisen beherbergt und somit bei fast allen Veränderungen berücksichtigt werden muss. Eine weitere Sichtweise wird durch den Begriff 'not invented here' angesprochen. Systeme reagieren oft ablehnend und abwehrend gegenüber Veränderungsprogrammen, weil sie von außen kommen. Es ist besonders typisch für die Widerstandsproblematik, weil die Abwehr in aller Regel rein emotionaler Natur ist und mit dem 'verletzten Systemstolz' zu umschreiben ist (vgl. Katz/ Allen[107], 1988; zit. nach ebd., S. 502). Ähnlich ist der 'Threat-Rigidy-Effect' einzuordnen: wird eine Veränderung als Bedrohung empfunden, so reagieren Systeme häufig mit Verhärtung und dem verkrampften Festhalten an einmal eingeübte Praktiken (vgl. Stan/ Sandelands/ Dutton[108], 1981; zit. nach ebd.). Tief verankerte Routinen und Strukturen (deep structure) werden nicht gern preisgegeben, da ein Ungleichgewichtszustand befürchtet wird, der mit Verwirrung und Chaos gleichgesetzt wird. So sind auch informale Status- und Prestigehierarchien durch eine Veränderungsmaßnahme bedroht. Gegen eine solche Änderung oder Neuverteilung der immateriellen Ressourcen werden oft 'politische Kräfte' mobilisiert.

In der populationsökologischen Forschung, so Schreyögg, wird seit Jahren auf das Phänomen *Strukturelle Trägheit* (organizational inertia) von Organisationen hingewiesen. Es wird hierbei angenommen, dass Organisationen eine Menge Energie mobilisieren, Praktiken zu stabilisieren und sie gegen Veränderungen zu schützen (vgl. ders., S. 502). Dabei ist die Trägheit nicht nur negativ konnotiert: erfolgreiche Praktiken müssen konserviert werden, um vor einem evolutionstheoretischen Hintergrund die Wahrscheinlichkeit des Überlebens zu erhöhen. Erst bei einem Wandel der externen Bedingungen kann diese Trägheit zur Gefahr werden. In diesem Fall wehrt das System die Veränderung als Zumutung ab. In eine ähnliche Richtung zeigt auch die Theorie der *Pfadabhängigkeit*. Diese Sichtweise birgt vor allem die Systemgeschichte: Veränderungsschritte werden in einem starken Maße von den Entscheidungen beeinflusst, die in der Vergangenheit getroffen wurde. „Eine Reihe von eigendynamischen Faktoren (Increasing Returns, Machtbalance, Routinen, Selektivität der Wahrnehmung usw.) bewirkt, dass sich Organisationen zunehmend innerhalb eines Korridors bewegen, in diesem Sinne einen Pfad bilden und diesen Pfad nur schwer verlassen können. Diese Trägheit führt im Extremfall zum völligen Stillstand (lock-in)." (Schreyögg, 2003, S. 503)

---

107 Katz/ Allen: Investigating the not invented here syndrom. In: Tushman/ Moore (Hrsg.): Readings in the management of innovation. 2. Aufl. Cambridge, Mass 1988..

108 Stan/ Sandelands/ Dutton: Threat-rigidity effects in organizational behaviour. In: Administrative Science Quarterly 26 (1981), S. 501-524.

Wie auch immer die einzelnen Erklärungsansätze ausfallen, so fasst Schreyögg zusammen, in jedem Fall äußern sich Widerstände gegen Änderungen in meist *verschlüsselter Form*, die erst als solche erkannt werden müssen. Widerstand ist ja zunächst einmal nicht legitim und bedarf deshalb der Maskierung. Sind Widerstände anfangs eher amorph und ungezielt, so formieren sich im Laufe des Prozesses die Kräfte, die letztlich als offenes Dagegen zu spüren und zu beobachten sind (vgl. ders., S. 503). Dass dem Widerstand gegen Änderungen nicht mit einer Sichtweise zu nähern ist, hat die Aufführung unterschiedlicher Erklärungsansätze gezeigt. „Any definition focusing on one view at the expense of the others is incomplete." (Piderit, 2000, S. 785) So sollte eine Annäherung und Definition der resistance nach Piderit immer die kognitive, die emotionale und die Verhaltensebene mit berücksichtigen (s.o.). Es gilt aber festzuhalten, dass sich eine Gegebenheit durch die verschiedenen Sichtweisen zieht: der Widerstand erscheint fast immer in verschlüsselter Form, ist anfangs zumeist unbewusst und bedarf – sollte der Widerstand erweicht werden – einem Prozess der Entschlüsselung, bzw. des Verstehens. Dent und Goldberg erweichen den Begriff des Widerstandes und schaffen durch eine veränderte Sichtweise eine neue Facette, die für ihr Verständnis vom organisatorischen Wandel grundlegend ist: „It is time that we dispense with the phrase resistance of change and find a more useful and appropriate models for describing what the phrase has come to mean – employees are not wholeheartedly embracing a change that management wants to implement." (dies., 1999, S. 26) Mit dieser veränderten Sichtweise auf das Phänomen des 'Widerstandes' wird deutlich, ohne es weiter ausführen zu müssen, dass die Perspektive der 'employees' mehr in den Blickfang gestellt wird. Eine Verschiebung der Aktivität von Seiten der 'Veränderer' in Richtung der zu Verändernden ist festzustellen. Die passive Rolle der Veränderten erlangt einen aktiven Part: sie sind diejenigen, die nicht jede Veränderungsmaßnahme hin- und annehmen, sondern: „Employee resistance man force management to rethink or reevaluate a proposed change initiative. It also can act as a gateway or filter, which can help organizations select from all possible changes the one that is most appropriate to the current situation. According to de Jager[109] (2001), 'resistance is simply a very effective, very powerful, very useful survival mechanism'" (Piderit, 2000; zit. nach Bolognese, 2005, S. 4)

---

109   de Jager, P.: Resistance to change: a new view of an old problem. In: The Futurist, 24-27. May/
      June 2001.

6.2 Tiefenpsychologische Deutungen des Widerstands

Was als Widerstand bezeichnet wird, hängt davon ab, aus welchem Blickwinkel dieser betrachtet wird. So kann Widerstand verstanden werden als jegliches Verhalten und Erleben, das sich dem Ziel der Veränderung widersetzt. Aus einer anderen Perspektive können Widerstände eine nützliche Funktion erhalten: aus dem Blickwinkel synthetischer Ich-Funktionen und des Selbstverständnisses einer Person bedeutet die Beibehaltung seines derzeitigen Verhaltens und Charakterhaltungen das Vermeiden unlustvoller Affekte und Spannungen, das Ausweichen vor weiteren Konflikten und Gefahrensituationen, die Fortsetzung kindlicher Befriedigungsmöglichkeiten und das Umgehen von Trauer, Scham und Enttäuschung (vgl. Mertens, 1993, S. 74). Das ehemals starre Verständnis von Widerständen als ein Hindernis in der Aufdeckung unbewusster Phantasien, das oftmals mit einem „bösartigen Nichtwollen" (ebd., S. 75) umschrieben wurde, wich einem Verständnis, das Widerstände als einen ungemein wichtigen Aspekt des psychischen Funktionierens, der Selbstwertregulierung, des eingespielten Selbstverständnisses darstellen, der für die jeweilige Person lebensnotwendig ist. Es greift also zu kurz, Widerstand nur negativ akzentuiert und als Ablehnung zu begreifen.

Viele Autoren innerhalb der Tiefenpsychologie haben hervorgehoben, dass das Konzept des Widerstandes die Gefahr heraufbeschwört, allzu leichtfertig die Meinungen und Verhaltensweisen einer Person kritisch zu entwerten (vgl. Rattner/ Danzer, 2000, S. 232). Dieser Einwand wurde auch schon in Kapitel 6.1 aus organisationstheoretischer Sicht angeführt. So wie auch ein erweitertes Verständnis, welches den Begriff des Widerstandes erweichte, deutlich machte, dass der Widerstand gegen Veränderungen nicht als einfache Ablehnung verstanden werden kann, sondern einen sinnvollen, „very effective, very powerful, very useful survival mechanism'" (s.o.) darstellt. Wenn also organisationstheoretisches Wissen sich bereits tiefenpsychologischer Annahmen geöffnet hat und diese in Neudefinitionen enthält, kommt die Frage nach der Notwendigkeit tiefenpsychologischer Perspektiven auf das Phänomen des Widerstandes auf.

Im Folgenden soll diese Notwendigkeit begründet werden. Dabei erzeugen nicht nur die in den Erklärungsansätzen verwendeten Termini, wie „Regression, unbewusste Ebene, tief verankerte Strukturen, Verhärtung oder verschlüsselte Form" (s.o.), die Nähe zu tiefenpsychologischen Gedanken und Annahmen, sondern auch die immer wieder herangezogene Organisationskultur (vgl. Kap. 5). Bevor in diesem Sinne ein Zusammenschluss vollzogen wird, erhalten die (Angewandte) Ich-Psychologie, hier insbesondere Blanck/ Blanck, und die Daseinanalyse eine kurze Ausführung, da besonders sie in der Lage sind, das Phänomen des Widerstands von der negativen Akzentuierung zu befreien.

Die *Ich-Psychologie* versteht sich als konsequente Fortführung und Erweiterung der Freudschen Psychoanalyse: durch die Entwicklung der Strukturtheorie, nach deren Vorstellungen auch das Ich unbewusste Anteile besitzt und nicht mehr mit dem Bewusstsein oder Vorbewusstsein identisch gesetzt wird, wurde die Kritik von Seiten der Psychoanalyse an der Ich-Psychologie und der Konflikt beider wesentlich entschärft. Hartmann, der gemeinhin als Vater der Ich-Psychologie gilt, suchte 1937 die Entdeckungen der Psychoanalyse mit den Ergebnissen anderer zeitgenössischen Disziplinen zu versöhnen. Er wollte mit seinen Begriffen der 'konfliktfreien Sphäre' und der Postulierung von 'primär autonomen Ich-Funktionen' die als Konfliktpsychologie konzipierte Triebpsychologie Freuds überwinden (vgl. Stoffels, 1986, S. 124). Hartmann arbeitete Ich-Funktionen heraus, wie Wahrnehmung, Sprache oder Motorik, die weitgehend unabhängig von der Triebentwicklung und dem Konflikt zwischen Trieb und Realität reifen. Er versuchte auf diese Weise die 'normale' Entwicklung im Rahmen einer allgemeinen Psychologie einer Klärung zuzuführen. Dabei erhält der Begriff der Abwehr im Rahmen seiner Ich-Theorie einen neuen Stellenwert. „Hier werden die Begriffe 'Trieb-Neutralisierung'[110] und 'Funktionswandel'[111] primär heteronomer Ich-Leistungen relevant. Sie dienen dazu, den Abwehrbegriff aus der Perspektive pathologischer Konflikt- und Angstbewältigung herauszulösen." (ebd., S. 125) Im Rahmen der Ich-Psychologie hat die intrapsychische Abwehr Aspekte einer Ich-Leistung im Hinblick auf Unabhängigkeit und Ich-Stärke angenommen. Insofern die intrapsychische Abwehr im interpersonellen Umgang als Widerstandverhalten in Erscheinung tritt, hat sich auch der Widerstandsbegriff verändert. Widerstand kann somit auch als eine Ich-Aktivität verstanden werden, die auf vermehrte Autonomie zielt. „Wer Nein sagt und Opposition übt, sagt zwar noch nicht 'Ich'. Aber Nein-Sagen läuft auf Grenzziehung hinaus zwischen Subjekt und Objekt. Diese Differenzierung geht einher mit der Differenzierung des Ich." (ebd., S. 126)

Mahler versteht den Widerstand als so genannte *Anti-Symbiose* (vgl. Stoffels, 1986, S. 136). Ähnlich zum oben Dargestellten sieht sie das Widerstehen des Säuglings der Mutter gegenüber als notwendigen Vorgang der Loslösung

---

110 Trieb-Neutralisierung ist als ein Vorgang zu verstehen, durch den libinöse und aggressive Triebenergien verschoben werden in eine Sphäre, wo sie dem Ich zur Verfügung stehen. Die Fähigkeit, auf diese Weise Triebenergie zu neutralisieren, führt dem Ich jene Energiebeiträge zu, welche es zur eigenen Strukturierung und Erweiterung seiner Funktionen bedarf (vgl. Stoffels, 1986, S. 125).

111 Mit dem Fortschreiten des Strukturierungsprozesses verändern bestimmte Verhaltensformen im Sinne von Abwehr bzw. Abwehrmechanismen ihre Funktion. Bei der Reinlichkeitserziehung wird beispielsweise durch den Funktionswandel der auf Lustvermeidung zielende Abwehrmechanismus zu einer lustvollen Aktivität mit dem Endergebnis des Erreichens von sekundärer Autonomie (vgl. ebd.).

und Individuation. Nach der autistischen Phase und in der ab dem 2. Lebensmonat sich vollziehenden symbiotischen Phase, in der sich das Kind eins wähnt mit der Mutter, vollzieht sich die „psychische Geburt des Menschen" (vgl. Mahler/ Pine/ Bergmann, 1997, S. 13). Die zweite, psychische Geburt wird durch den Drang nach Individuation unterhalten. Das Ausschlüpfen und Sich-Lösen aus der gemeinsamen Mutter-Kind-Membran sind die notwendige Folge des Individuationsdranges. Mahler vermutet, dass diese zweite Geburt etwa im sechsten Lebensmonat beginnt. Dieses Datum macht sie an Beobachtungen über den Einsatz der sich entwickelnden Motorik fest. Das Kind ist nicht mehr länger dasjenige, das sich anschmiegt und anlehnt, sondern das seinen Körper von der Mutter wegstemmt (vgl. ebd., S. 74). „Mahlers Beobachtungen zeigen, wie das Kind bereits im ersten Lebensjahr im wortwörtlichen Sinne seiner Mutter widersteht. Auf dem Boden der sich entwickelnden motorischen Fähigkeiten entsteht ein Forscherdrang, der sich aus der Umarmung lösen, Fremdes von Eigenem unterscheiden will. In Anlehnung an Anna Freud spricht Mahler von einer quasi normalen negativistischen Phase des Kleinkindes. Eine Befreiung aus der Mutter-Kind-Membran ist ohne diesen Negativismus nicht denkbar." (Stoffels, 1986, S. 139). Die Ich-psychologische Auffassung von Symbiose und Individuation und dem damit verbundenen Widerstehen des Kindes ließen eine Wandlung im Verständnis und im Umgang mit dem Widerstand entstehen.

In der Angewandten Ich-Psychologie ist es daher möglich, sich durch die entwicklungspsychologischen Kenntnisse auf die betreffende Person, in diesem Falle Patienten, besser einzustellen und seine Eigenständigkeit, die in ihm schlummernden, häufig unvermuteten autonomen Fähigkeiten zu beachten (vgl. Blanck/ Blanck[112], 1981, S 7; zit. nach Stoffels, 1986, S. 141). Daher kann es sich bei oppositioneller Einstellung und Negativismus, die sooft als Widerstand angesehen werden, um einen Kampf zur Errichtung und Wahrung der Identität handeln (ebd., S. 241). Es entsteht die Notwendigkeit, nicht den Widerstand zu bekämpfen, sondern sich mit dem Widerstand zu verbinden. Nur ein Bündnis mit der Widerstandsfähigkeit garantiert, dass Wachstum und Reifung nicht blockiert werden.[113] Der Mut zum Widerspruch, die Fähigkeit Nein zu sagen und sich zu verweigern stellen höchste Ebenen der Ich-Entwicklung dar, in denen sich eine abgegrenzte Ich-Identität und die Autonomie der Person äußern (vgl. Stoffels, 1986, S. 144).

---

112 Blanck/ Blanck: Angewandte Ich-Psychologie. 2. Aufl. Klett-Cotta: Stuttgart 1981
113 Die Ich-Abwehr ist nicht das Angriffsziel der analytisch-orientierten Methode. Angesteuertes Ziel ist vielmehr der Erwerb der Fähigkeit zu kompetenter Abwehr. In der Abwehr sollen die Anpassungsleistungen aufgespürt werden, die durch Funktionswandel zur sekundären Ich-Autonomie beitragen können. Auf diese Weise kann z.B. traumatische Angst vor Vernichtung abgebaut werden zur Signalangst (vgl. Stoffels, 1986, S. 143).

Die *Daseinsanalyse* als Strömung in der neueren Tiefenpsychologie, Medizin und Anthropologie wurde v.a. von Binswanger und Boss[114] eingeführt. Beide standen unter dem Einfluss von Heidegger[115], dessen Existenz- und Seinsphilosophie sie in das psychiatrische und psychologische Denken überführten. Demnach bestimmten sie die Neurose als ein verschlossenes, verstimmtes und angstgetöntes In-der-Welt-Sein des Menschen, das mit einem sehr schmalen Weltentwurf den Bedingungen und Möglichkeiten der Existenz kaum gerecht wird. Diese ängstliche Verstimmung und Verschlossenheit spiegelt die Sozialisation wider, die die meisten in unserer neurotischen Gesellschaft erfahren haben (vgl. Rattner/ Danzer, 2000, S. 231). Wenn sich die Entfremdungsphänomene vom eigentlichen Selbst-Sein so häufen, dass sie als psychische und physische Ausfallerscheinungen imponieren, ist eine Therapie erforderlich. In dieser Behandlung soll sich der Betroffene durch den Dialog mit dem Analytiker der Enge und Schmalspurigkeit seines Lebensentwurfes bewusst werden. „Er erfährt im Umgang mit der wesentlich freieren Therapeut-Persönlichkeit eine gewisse innere Umstimmung. Er lernt die Gefühle der Freude und der Heiterkeit kennen, in deren Lichte sich ihm die 'Fülle des Seins und des Seienden' offenbaren." (ebd.) Dabei entdeckt er auch sein verschüttetes Selbst, zu dem er sich nach und nach zu bekennen wagt. Die gewisse innere Umstimmung lässt den Betroffenen dann seine Angst durch den Mut zum Selbst-Sein ersetzen. Im Gespräch mit dem Betroffenen hört der Analytiker Möglichkeiten der inneren und äußeren Entfaltung heraus und fragt nicht wie in der klassischen Psychoanalyse 'Warum?', sondern 'Warum nicht?'. In dieser winzigen Akzentverschiebung liegt die Ermutigung dazu, sich verschüttete und verborgene Ausweitungen der Existenz anzueignen. Boss und seine Mitarbeiter berichten kaum je von Widerstandskämpfen mit ihren Patienten, weil ihre Haltung des Gewährens und Befreiens nur wenig Widerspenstigkeit erzeugt (vgl. ebd., S. 232). Jeder Mensch, so Boss weiter, trägt in sich einen Traum einer integralen, schöpferischen und freien Werdensbewegung, die man nur durch zarte Interventionen bestätigen muss, damit sie zum Zuge kommt. „Der Widerstand ist also nicht 'innerpsychisch', sondern betrifft die Sphären der Welt und der Wirklichkeit, die dem jeweiligen eingeengten Menschen vermauert sind." (ebd.) Durch vermutete überhöhte und imaginäre Gefahren zögert der Betroffene, sich in diese Richtung zu entfalten. Drängt man ihn, in diese Sphären vorzustoßen, weicht er aus und leistet (offensichtlichen) Widerstand. „Es bedarf einer besonderen Geschicklichkeit, durch Dialog und Verstehensarbeit diese Verängstigung zu vermindern." (ebd.)[116]

---

114 Binswanger, L.: Drei Formen missglückten Daseins – Verstiegenheit, Verschrobenheit, Manieriertheit. Tübingen 1956 und Boss, M.: Grundriss der Medizin und Psychoanalyse, Bern 1975.
115 Heidegger, M.: Sein und Zeit (1927), Tübingen 1986.
116 An dieser Stelle sei schon mal auf die folgenden Kapitel 9und 10 verwiesen

Die besondere Geschicklichkeit lässt sich am besten aus einigen *praktischen Aspekten* heraus bestimmen. In der Therapie sind beide Beteiligten vor die Notwendigkeit gestellt, sich zu entwickeln und zu wandeln, um sich wechselseitig verstehen und verständigen zu können. Es handelt sich also hier um einen dialektischen Prozess, nicht um eine „Einbahnstraße, wie es großmannssüchtige Therapeuten gerne sehen wollen." (ebd., S. 234) Ein guter Therapeut neigt immer zur Bescheidenheit und lässt auch sein Gegenüber fühlen, dass es sich um eine Kooperation auf der Basis der Gleichwertigkeit und Gleichberechtigung handelt. Aus einer solchen Haltung heraus ist es möglich, im Umgang mit Widerständen kompetenter zu werden. Dabei spielt auch das Tempo eine wichtige Rolle. Man erzeugt unnötige Widerstände, wenn man durch Raschheit und Radikalität den Betroffenen verängstigt, ihm Wahrheiten über ihn selbst 'an den Kopf wirft'. Daher scheint es empfehlenswert, jegliche Behandlung eher langsam und in kleinen Schritten durchzuführen. „Deutungen müssen gegeben werden; man soll sie aber nie als absolute und unantastbare Wahrheiten in den Raum stellen, die keinen Widerspruch dulden. Der Patient entscheidet in letzter Instanz, ob ihm eine Interpretation des Therapeuten weiterhilft und förderlich ist." (ebd.) Letztlich können auch Deutungen erst zu einem späteren Zeitpunkt für den Betroffenen Sinn machen, so dass er diese dann in seinen weiteren Lebensentwurf integrieren kann. Am wenigsten wird man auf Widerstände treffen, wenn der Analytiker oder Therapeut eine gewisse Ehrfurcht vor der Fremdpersönlichkeit zulassen kann. Diese ist aber erst möglich, wenn auch eine Ehrfurcht vor sich selbst spürbar ist. Wer die eigene Person hat reifen und entfalten lassen können, wird jene schonende Haltung an den Tag legen, die auch im Gegenüber Reife und Entfaltung fördert. Dabei kann der Gang der Ereignisse nicht vorweg bestimmt werden. Führung soll daher eher das Unterbewusste des Patienten und das des Therapeuten haben. „Therapeut und Patient sollen lernen, 'ihre Sache auf nichts zu stellen' (Goethe). Man möge sich relativ unbefangen der 'Sprache des Unbewussten' zuwenden, der zu lauschen eine besondere Kunstleistung ist." (ebd.)

In diesem Sinne erscheint die Therapie nicht als technisches Verfahren des Machens und Wollens, sondern vielmehr einer Lebenssituation, wo zwei Menschen eine gemeinsame Arbeit oder Muße im Einklang ihrer Seelen vollbringen. Rattner und Danzer vergleichen es mit dem Rudern eines Bootes, mit dem Tanz zweier Menschen und mit dem Erleben und Gestalten eines Kunstwerkes (vgl. dies., 2000, S. 234). In jedem Fall muss sich der Therapeut an die Behandlung der Person „'drangeben' und nicht als kühler Betrachter 'draußenbleiben'." (ebd.)

Bis hierher wurde der Widerstand als eine sinnvolle, aktive Leistung des Ichs beschrieben: als eine Steigerung der Autonomie, als Abgrenzung, als Auflösung der Symbiose, als Teil der Ich-Entwicklung und der Ich-Identität. Widerstand wurde aber auch als Sphäre der Welt und Wirklichkeit beschrieben, die vermauert zu sein scheint. Mit der Bewusstmachung und Auflösung des eigenen engen und schmalen Lebensentwurfs, der den Möglichkeiten der eigenen Existenz nicht gerecht wird, kann Widerstand abgebaut werden, bzw. kann so erst gar nicht groß entstehen. Im letzten Teil wurde der Widerstand sozusagen von seinem Gegenteil beschrieben, von seinem Nicht-Erscheinen her. Diese Ausführungen untermalen das zuvor Gesagte und verweisen vorab auf die praktische Umsetzung dieses Konzepts. Bis hierher wurde also das Ich fokussiert. Der Einzelne stand im Vordergrund: sowohl in der Entwicklung als auch in der Therapie. Das hat zweifellos viel zum Verständnis des Phänomens Widerstand beigetragen und wird es im weiteren Verlauf auch noch tun. Allerdings kann dieses Wissen nicht ohne weiteres auf Gruppen oder gar Organisationen überführt werden. Daher sollen nun die Referenzebenen erweitert werden. Über die Konzepte der Valenz und der Kollusion sowie der institutionalisierten Abwehr (vgl. Kap. 5.4) ist das zu erreichen. Ein Fallbeispiel aus der Schulberatung, dass Schönig (2000) anführt, verdeutlicht das sehr schön:

> „Das Kollegium einer Realschule in Thüringen ist darum bemüht, ein eigenes Schulkonzept zu entwickeln. […] Der Prozess gerät ins Stocken, als sich eine Kollegin mit einer gewissen Entrüstung zu Wort meldet: 'Ich weiß gar nicht, was das hier soll. Unsere Arbeitsbedingungen sind so mies, und wir reden von Schulentwicklung! Ohne echte Strukturverbesserungen durch das Kultusministerium lässt sich da doch nichts machen...' […] Mehrere Kollegen und Kolleginnen stimmen kopfnickend, durch Gemurmel oder auch Wortbeiträge zu. Im Verlauf des Gesprächs verschiebt sich schließlich der Akzent. Diejenigen, die sich ablehnend geäußert hatten, geben nun zu bedenken, dass sich die Erprobung neuer Lernformen – eines der deklarierten Ziele – nicht eignen würde, um den Schülern 'den nötigen Stoff' zu vermitteln."

Schönig macht nun in der Analyse dieser Situation deutlich, dass es sich vordergründig um die Unzufriedenheit der Sprecherin mit den Strukturbedingungen der Schulentwicklung handelt. Im weiteren Verlauf des Beratungsgesprächs wird allerdings deutlich, dass sich der kritische Hinweis als ein Abwehrargument herausstellt. Das deklarierte Ziel schlechthin wird abgelehnt.

> „Die Unzufriedenheit mit den Anforderungen der Schulentwicklung wird zunächst externalisiert, d.h. auf ein äußeres Realobjekt, das Kultusministerium, verschoben. Damit werden zugleich diffuse Ängste vor der Erprobung neuer Lernformen gebunden: Ich kann solange nichts Neues tun, wie das Kultusministerium nicht für annehmbare Rahmenbedingungen sorgt. Ängste zeigen sich vor allem in der Unterstellung, dass die neue Praxis das Gewohnte, nämlich die Vermittlung des Stoffes, unterlaufen und dadurch die eingeschliffene Routine stören würde. Das Abwehrmanöver der Lehrerin hat durchaus paradoxe Züge. Auf der einen Seite wird die Instituti-

on wegen ihrer Arbeitsbedingungen für die Undurchführbarkeit von Reformen verantwortlich gemacht, auf der anderen Seite wird gerade in der von manchen Personen angestrebten Reform eine Gefahr für die bewährte Praxis gesehen. Eine Veränderung der Institution wird dadurch ausgeschlossen. Das bedeutet auch, dass die Schule jenen Charakter beibehält, der es der Lehrerin erst ermöglicht, sich zu beklagen und ihre Unlust und diffusen Ängste auf die Institution zu projizieren. An dieser Stelle schließt sich der Teufelskreis; die Kollusion zwischen intrapsychischer Abwehr und Institution ist in vollem Gang. Die Institution liefert genau jene Bedingungen, die die Abwehr der Lehrerin festigt und die zugleich die Weiterentwicklung behindern." (vgl. ebd., S. 57/ 58)

Zudem zeigt Schönig mit diesem Fallbeispiel auf, dass die Lehrerin sehr rasch Personen auf ihrer Seite hat, die ihre Annahmen ungeprüft übernehmen. Die in diesem Fall neuen Lernformen wurden noch nicht geprüft, aber schon als ungeeignet abgewiesen. „Hier scheint sich also ein spontanes 'Einschwingen' einer Gruppe auf einem gemeinsamen regressiven Niveau zu ereignen, auf dem sich die Beteiligten unbewusst zu einem Abwehrbündnis zusammenschließen." (ders., 2000, S. 58). Bion bezeichnet dieses Verhalten – die regressive, d.h. die durch herabgesetztes kritisches Urteilsvermögen und unbewusste Erfüllung von Wünschen der Gruppenmitglieder – als das Verhalten der 'Grundannahme-Gruppe' (s.o.). Im Gegensatz hierzu steht die 'Aufgabengruppe', die durch die rationale Orientierung an Aufgaben gekennzeichnet ist. Die Grundannahmegruppe setzt sich dann durch, wenn die Aufgabenstruktur der Arbeitsgruppe zusammenbricht bzw. wenn die intra- und interpersonale Abwehr die Arbeitsenergien auf die Austragung unbewusster Konflikte lenkt (vgl. Schönig, 2000, S. 62).

Das Konzept der Kollusion und der institutionalisierten Abwehr zeigen auf, wie Abwehrbündnisse innerhalb eines Organisationsberatungsprozesses entstehen und wirken können. Der resultierende organisationale Widerstand gegen Veränderungen wird auf diese Weise transparenter. Einige der aufgezeigten Erklärungsansätze zum Widerstand (vgl. Kap. 6.1) können auch mit dieser theoretischen Brille gelesen werden. Dabei ist aber durch die Ausführungen der Daseinsanalyse und der Ich-Psychologie immer darauf zu achten, dass der Widerstand als eine sinnvolle Ich-Leistung zu verstehen ist, als eine Steigerung der Autonomie. Die Referenzebene des Individuums muss also bei der Referenzebene der Organisation immer mitgedacht werden, um den Widerstand nicht als einen unnötigen und zu beseitigenden missverstehen. Die praktischen Aspekte der Daseinsanalyse als ein Wachstumskonzept machen v.a. deutlich, auf welche Weise die Entstehung der Widerstände in der (therapeutischen) Interaktion vermieden, bzw. vermindert werden können. Missachtet man allerdings diese Aspekte und drängt den „eingeengten Menschen" (s.o.) oder den Betroffenen in 'Sphären', die ihm 'vermauert' scheinen, so weicht der Betroffene aus, leistet (offensichtlichen) Widerstand und wird in seiner Entfaltung eingeschränkt. Erst eine „besondere Geschicklichkeit" vermag es, durch Dialog und Verstehensarbeit diese Verängstigung zu mindern. Es wird im weiteren Verlauf zu zeigen sein, dass eine expertokratische Fachberatung die Organisation sowie den Einzelnen drängt, in vermauerte Sphären vorzudringen, so dass (organisationale) Widerstände entstehen. Es wird zu zeigen sein, dass dieses Konzept einer motologischen Organisationsberatung eine ´besondere Geschicklichkeit´ beherbergt und wie diese zu verstehen ist.

7 Ausgewählte Konzepte der Organisationsberatung

Bis hierher wurden drei der sechs genannten Größen thematisiert: das Phänomen des Widerstands, ein Verständnis von Organisation und Institution und die Organisationskultur. Dabei wurden die wichtigsten Ansichten erläutert und kritisch gewürdigt. Für ein jedes dieser Themen wurde eine Perspektive herausgestellt und gesondert behandelt: so wurden für die Betrachtung der Organisation qualitative Konzepte hervorgehoben, für die Institution stellte der Doppelcharakter das Wesentliche dar; in den Ausführungen zum Phänomen des Widerstands sowie zur Organisationskultur wurde v.a. die psychodynamische, tiefenpsychologische Deutungsperspektive betont. In diesem Kapitel sollen nun ausgewählte (wissenschaftliche) Konzepte der Organisationsberatung betrachtet werden. Die Auswahl dieser Konzepte erfolgte über Passung der im Verlauf der Arbeit extrahierten Bausteine und Themenkomplexe mit den hier folgenden konzeptionellen Annahmen. Dabei wurde darauf geachtet, inwiefern die Konzepte diese Bausteine integrieren und welche (methodischen) Konsequenzen daraus gezogen werden. In dieser Hinsicht sind v.a. drei Organisationsberatungsansätze aufzuzeigen: *Schulentwicklung beraten* (Schönig), *Beratende Rekonstruktion* (Dewe) und die *Systemische Organisationsberatung.*

Ihnen ist gemein, dass sie wissenschaftlich fundiert sind. Es ist schon angeklungen, dass im Feld der Organisationsberatung eine große Anzahl 'Ratgeber-Literatur' zu finden ist. Sie weisen zwar eine gewisse Feldkompetenz auf, reflektieren jedoch die nötigen Themenbereiche unzureichend. Neben der wissenschaftlichen Orientierung zeichnet die Konzepte ein spezielles Verständnis der geforderten Themen aus: so werden in 'Schulentwicklung beraten' vor allem die Organisationskultur und der Widerstand thematisiert. In 'Beratende Rekonstruktion' tritt v.a. ein besonderes Verständnis der Kommunikationssituation und der Selbstreflexivität hervor und in der 'Systemischen Organisationsberatung' markiert die Prozessualität, bzw. die Selbstreferenz das Wesentliche. Inwiefern der fachliche Input nicht-expertokratischer Natur hier eingeordnet werden kann – als letzter der geforderten Bausteine – wird sich abschließend herausstellen (vgl. Kap. 7.4). Die beiden erst genannten Konzepte oder Ansätze sind zwar nicht die in der Praxis meist verbreiteten und angewendeten, besitzen aber für die wissenschaftliche Betrachtung einen hohen Stellenwert. Die Systemische Organisationsberatung hingegen wird im Moment theoretisch ausgiebig diskutiert (vgl.

Kap. 2.1.1.1); ihr Marktanteil im Feld der Organisationsberatungen liegt aber nur bei 2,2 % (vgl. Walzer/ Scheller, 2000, S. 29). Auf diese besondere Situation soll im Kap. 7.4 eingegangen werden. Dort wird auch das weitere konzeptionelle Programm ausgebreitet werden. Zuvor werden nun vier – der systemische Ansatz wird durch zwei Autoren vertreten – Ansätze der Organisationsberatung in ihren konzeptionellen Zügen dargestellt und anschließend kritisch gewürdigt. Dabei dienen die extrahierten Größen als Referenz und Bedingung.

7.1 Schulentwicklung beraten (Schönig)

Das Modell einer mehrdimensionalen Organisationsberatung der einzelnen Schule, so auch der Untertitel des 2000 erschienenen Buches von Wolfgang Schönig, fokussiert als wesentliches Moment, als Schlüsselkonzept die Organisationskultur (in) der Schule. In seiner organisations- und schultheoretischen Klärung fügt Schönig verschiedene theoretische Stränge zusammen, um der Organisationsberatung gerecht zu werden. Dabei wird sich der Organisation zunächst aus *systemischer Sicht* genähert.

Diese Sichtweise bringt insoweit Erklärungsvorteile mit sich, als dass die Aufmerksamkeit auf die der jeweiligen Organisation eigenen Rationalität konzentriert wird, auf die offenen und verdeckten Handlungsleitlinien und auf die Verknüpfungsmodi zwischen den Elementen und Ebenen der Organisation. Damit geht eine klare Akzentverschiebung in der Beurteilung der System-Umwelt-Relation zugunsten größerer Eigenständigkeit der einzelnen Organisation einher (vgl. Schönig, 2000, S. 20). Es werden so die Unwahrscheinlichkeit gelingender Abstimmung, die Inkompatibilität von Systemoperationen und Umweltereignissen und das Misslingen von Intervention und Steuerung thematisiert. Allerdings sieht Schönig in dieser Sichtweise vier Problemfelder, welche aus seiner Sicht nicht mit einer Organisationsberatung in Einklang gebracht werden können. Zum einen ist es das Problem des Monadismus auf Kosten eines flexiblen System-Umwelt-Austausches, zum anderen das Problem des internen Strukturdeterminismus aufgrund der Überbetonung konservativer Rekursivität bzw. negativer Rückkopplung. Die Entsubjektivierung und Überbetonung der von den beteiligten Personen abstrahierenden Kommunikationsstrukturen wird von Schönig als weiteres Problemfeld angeführt (vgl. ders., 2000, S. 20). Als viertes Problem wird der Themenbereich der 'Nichtinterventionismusthese der Organisationsberatung' genannt, welches hier im Rahmen der Systemischen Organisationsberatung noch ausführlicher angesprochen und kritisiert wird (vgl. Kap. 7.3).

Diesen Problemfeldern folgend – vor allem der Annahme der Nichtinterventionismusthese – gelangt Schönig für seine Konzeption zu einem zweiten

Baustein: über die Rezeption verschiedener *Lerntheorien* geht er der Frage nach, ob Veränderungen in der Organisation mit dem Lernen der Organisation als ganzer zu erklären sind. Da die systemischen Denkansätze diese Frage komplett ausklammern, da sie auf die grundsätzliche operative Geschlossenheit verweisen, zieht Schönig zur Beantwortung das Lernmodell Batesons und von Agyris und Schön heran. Seine Kernthese lautet, dass Veränderungen in Organisationen, die nicht nur zufällig zustande kommen, sondern Ergebnis eines bewussten Gestaltungsprozesses sind, auf langfristige und komplexe Lernprozesse zurückzuführen sind (vgl. ders., 2000, S. 26). „Diese Prozesse werden dadurch gesteuert, dass die Beteiligten ihre Erfahrung mit bestimmten Arbeitskontexten ihrer Organisation interpretieren und sich aufgrund dieser Deutungen in eine positive Beziehung zu den Veränderungs- und Gestaltungsmöglichkeiten setzen. Eine Theorie der Organisationsberatung sollte also auch eine Theorie des Lernens beinhalten. So sieht Schönig zwar den systemischen Ansatz der Selbstorganisation und den Ansatz des organisationalen Lernens als notwendige Bestimmungsstücke dieser Theorie, da sie vor allem die innere Autonomie der Organisationen betonen, allerdings kommen sie in Erklärungsnot, wenn es um das Spezifische einer jeweiligen Organisation geht. Beiden mangelt es an einer Subjekttheorie, die die Bedeutung der Psychostrukturen bzw. Motivationskräfte der Organisationsmitglieder anerkennt (vgl. ebd., S. 36).

Daher zieht Schönig das *Konzept der Organisationskultur* hinzu: mit der Organisationskultur wird „die Natur der Menschen als personaler und gestaltender Faktor des Organisationslebens anthropologisch gefasst [...] und die individuellen lebensgeschichtlichen Prägungen der Organisationsmitglieder in ihrem Wechselverhältnis als potentiell sinn- und kulturstiftend gesehen [...]." (ebd.) Mit einer Revision der Psychoanalysekritik aus organisationstheoretischer und schultheoretischer Perspektive füllt Schönig die ausgemachten Lücken des Konzepts der Organisationskultur. Damit kann er Organisationskulturen als Konstrukte unbewusst erzeugter Glaubensgemeinschaften und Sinnsysteme fassen (vgl., ebd., S. 37). Abwehrkonstellationen in Gruppen und Organisationen spielen dabei eine gesonderte Rolle. Aus Sicht der Psychoanalyse ist die primäre existentielle Angst des Subjekts (Grundangst) als Antriebskraft für die Bildung gemeinschaftlichen Zusammenhalts und in diesem Falle der Organisationskultur verantwortlich (vgl., ebd., S. 65). Über die Konzepte der Valenz, der Kollusion und der Institutionalisierten Abwehr macht Schönig deutlich, dass mit einer nichtpathologischen Abwehr ein weiteres Bestimmungsstück gefunden worden ist, das den Ansatz der Organisationskultur ausmacht (vgl. ebd., S. 55, 56, 58).

In diesem Verständnis heißt Lernen dann, die Menschen mit der Kultur, mit der eigenen Angst und den organisationstypischen Formen der Angstbewältigung in einen konstruktiven Kontakt zu bringen. An dieser Stelle finden die

Psychoanalyse und konstruktivistisches, bzw. systemisches Denken auch einen gemeinsamen Bezugspunkt: denn Lernen bedeutet im Sinne der psychoanalytischen Rollenklärung, dass ein vorhandener Sinn, der zumindest zum Teil durch die Abwehr von Angst gespeist wird, verstört und durch konstruktive Alternativen ersetzt werden muss. Übertragen auf die Beratungssituation heißt das, dass der alte Orientierungsrahmen der Organisation irritiert werden muss, damit sich anknüpfend an die gewohnten Strukturen neue Wirklichkeitskonstruktionen aufbauen lassen können. Brunner[117] formuliert diese Beratung als 'Konstruktionsberatung' (vgl. Brunner, 1993, zit. nach ebd., S. 71). Um eine Organisation in ihrer Entwicklung begleiten zu können, muss allerdings nicht nur die innere, sondern auch die äußere Wirklichkeitskonstruktion berücksichtigt werden (vgl. ebd.).

Der Organisation wurde sich bis hierher mit drei Sichtweisen genähert: systemischer Ansatz, Lerntheorien, Organisationskultur. Die Aufgeschlossenheit der Einzelschule als Organisation gegenüber Veränderungen kann dadurch in Abhängigkeit von der Flexibilität der Organisationskultur betrachtet werden. „Schulen sind demnach potentielle teilautonome strukturierte Einheiten, die ihre banalen Handlungsstrukturen erweitern oder aber begrenzen können." (ebd., S. 93) Damit wird die Beratung die Schule als eigenständigen Erfahrungszusammenhang aufsuchen müssen. Expertokratische Wissenstransfers, klinisch-psychologische Vorgehensweisen oder staatliche Steuerungsimpulse zur Realisierung von Schulreformen auf der Ebene des Makrosystems werden daher als Maßnahme nicht greifen können. Die *entwicklungsfördernde Beratung*, die hier konzipiert werden soll, fokussiert die Verbesserung der Lern- und Lebensqualität der Schule als ganzer – die einzelne Schule als zu beratende Einheit. Der Beratung geht es um die Erhöhung der Selbstreflektivität und die gemeinsame Entwicklung von Problemlösungen im Diskurs. Aus der Auswertung Schönigs empirischer Studien[118] geht hervor, dass eine Schule, die sich selbst erneuern will, also auch Beratung einfordert, immer auf zweierlei Dinge angewiesen ist: nämlich auf die Bekräftigung positiver Entwicklungsimpulse und auf die Arbeit an den eingeschliffenen basic assumptions ihrer Organisationskultur. Ab einer bestimmten Entwicklungsstufe, so Schönig, haben alle Schulen der Studie auf der Ebene der Organisationskultur gearbeitet und hielten das auch für notwendig (vgl. ders., S. 137).

---

117   Brunner, E. J.: Organisationsdynamik. In: Schönig/ Brunner (Hrsg.): Organisationen beraten. Impulse für Theorie und Praxis. Freiburg 1993.

118   Schulreformprojekt: „Praktisches Lernen in der Schule" in: Akademie für Bildungsreform/ Robert Bosch Stiftung GmbH (Hrsg.:) Praktisches Lernen. Ergebnisse und Empfehlungen. Ein Memorandum. Weinheim 1993.

Diese Beobachtungen und Ergebnisse der analytischen Auseinandersetzungen ließen ein *mehrdimensionales Beratungskonzept* entstehen, das die Dimensionen 'Organisationstiefe der Entwicklung', die 'Zeit' und die 'Komplexität der Beratung' heraushebt. Mit der Organisationstiefe in der Organisationsberatung ist das Verhältnis zwischen der instrumentellen, rational steuerbaren Seite und der verborgenen Seite der Werte, Emotionen und unbewussten Grundannahmen der Organisation angesprochen. Wenn eine Organisation eine Kultur hat, wird die Kultur nur als Variable der Organisation angesehen; sie erscheint dann als eine Stellgröße, mit der die Unternehmensziele besser erreicht werden können. Betrachtet man hingegen die Organisation als Kultur, so erfasst man die urwüchsigen Muster der symbolischen Diskurse (vgl. Kap. 5). „Der Blick auf die tatsächlichen Verhältnisse sorgt dann dafür, dass wider jede Einheitsideologie die antagonistischen Kräfte berücksichtigt werden können." (Riley[119], 1983; zit. nach Schönig, 2000, S. 158) Sollte die Organisationsberatung nicht die Organisationskultur ansprechen, so würde die Komplexität sich verringern und Teilsysteme ansprechen oder eine periphere Veränderung in den Fokus nehmen. Die Dimension der Zeit wird in punktuelle, mittelfristige und langfristige Beratung unterschieden und nimmt somit die Dauer einer Organisationsberatung in den Fokus. Die Komplexität der Beratung bezieht sich auf die Art der gewünschten oder angestrebten Veränderungen: so weist eine instrumentelle Beratung, wie die Hilfe, der Dienst, der Rat oder die Unterweisung eine weniger komplexe Form auf als die Supervision oder Mediation oder gar die Organisationsdiagnose und Organisationsentwicklung. Die drei Dimensionen bedingen sich selbstverständlich: so kann eine mittelfristige Organisationsberatung Veränderungen auf einem höheren Komplexitätsniveau erreichen bei mittlerer Tiefe der Organisation. Eine punktuelle Organisationsberatung kann hingegen nur eine technische, instrumentelle Unterstützung bieten.

Es wird aus der Dimensionierung schon deutlich, dass nicht nur 'sehr' tief und komplex beraten werden muss. Im Vorfeld von Schulentwicklungen sind durchaus auch instrumentelle Beratungen angezeigt. Sollen allerdings eine Organisationsberatung und Schulentwicklung im Fokus stehen, so stellt die Analyse und Diagnose der Organisationskultur die entscheidende Interventionsebene dar (vgl. Schönig, 2000, S. 227). Dabei geht Schönig von der Prämisse aus, dass eine Organisationsentwicklung im allgemeinen und eine Schulentwicklung im besonderen bei den einzelnen Mitarbeitern beginnen, „die bereit sind, ihr Verhältnis zur Institution zu prüfen, die Glaubensannahmen ihrer Organisationskultur in Frage zu stellen und Autorität dafür zu übernehmen." (ders., S. 228) Das versucht Schönig mit Hilfe der Konzepte des 'Selbstmanagement-in-Rollen' von

---

119   Riley, P.: A Strucuturationist Account of Political Culture. In: Administrative Science Quaterly 28(1983), S. 120-134.

Miller (1976) oder Sievers (1998) und des 'Rollen-Verhandeln' von Harrison (1973) anzugehen. Diese Konzepte fokussieren das Individuum. Die Referenz-ebene der Gruppe soll nach Schönig durch die Beratung als Mediation angespro-chen werden: Beratung als Mediation soll als Vermittlungshilfe zwischen Kon-fliktparteien verstanden werden. Sie ist so eine Krisen- oder Kurzintervention, deren Stärke darin liegt, verhandlungsunfähigen Parteien in einer Problemsitua-tion, die eine baldige Lösung verlangt, zu helfen, wieder handlungs- und ent-scheidungsfähig zu werden. Mediation kann somit als eine Vorstufe der Analyse der Organisationskultur gesehen werden (vgl. ebd., S. 237).

Die Analyse und *Diagnose der Organisationskultur*, welche die zentrale In-tervention für eine Organisationsberatung oder -entwicklung in diesem Modell darstellt, wird in einem dreistufigen Ordnungssystem wiedergegeben. Dabei wird die Decodierung als wesentliches Moment genannt. Zum einen sollen die Sym-bolisierungsformen der Organisation (artifacts) decodiert werden. Die Lebens-geschichte, die Erfahrungen und zentralen Glaubensannahmen einer Organisati-on finden durch teils bewusste, teils unbewusste Prozesse der kollektiven Sym-bolisierung Ausdruck in sozialen und physischen Artefakten. Diese können zwar bewusst wahrgenommen werden als „rohe physische Tatsachen", müssen aber in ihrer eigentlichen Bedeutung erst verstanden werden (vgl. ebd., S. 245). Das wird aber erst möglich, wenn weitere Ebenen der Organisationskultur analysiert werden: die Decodierung des Werte-, Normen- und Regelsystems der Schule, also der epoused values, stellt den weiteren Schritt dar. Damit ist eine Ebene angesprochen, die zwischen den artifacts und den unbewussten basic assumpti-ons anzusiedeln ist. Durch die Hinzunahme des Unbewussten sind auch methodi-schen Schwierigkeiten zu sehen. Mit Hilfe eines Analyseschema von Schein (1992) wird versucht, die bewussten Werte, Normen und Regeln zu entschlüs-seln. Dabei wählt eine Gruppe eine Liste der gefundenen artifacts aus, die ihr interessant erscheint. Die Gruppenmitglieder werden dann gefragt, warum be-stimmte Artefakte existieren. Mit der Frage der Beweggründe wird die Aufmerk-samkeit auf ein bestimmtes Segment der Organisationskultur gelegt, nämlich die bevorzugten Werte. Die Antworten indizieren erste epoused values und Glau-bensannahmen. Die nicht von allen Mitgliedern gleich eingeschätzten Items werden gesondert notiert. Es wird so herausgearbeitet, ob verschiedene Subgrup-pen vorhanden sind, die unterschiedliche Werte präferieren. Das Ergebnis ist eine Struktur von Items, die eine gemeinsame Zustimmung, gruppenweise Zu-stimmung oder Ablehnung sowie eine Gruppe von Artefakten sichtbar macht, die gar nicht erklärt worden sind. Diese Struktur ist die Basis für die Suche nach den basic assumptions (vgl. ders., 1992; zit. nach Schönig, 2000, S. 255).

Schönig erweitert und erhöht die Aussagekraft dieses Vorgehens, indem er die Analyse des Regelsystems der Organisation mit hinzuzieht. Mit Hilfe der von

König und Volmer (1993) entwickelten Systematisierung der Regelanalyse[120] lässt sich anschließend feststellen, ob die Beziehungen zwischen Werten und Normen einerseits und den Regeln andererseits noch stimmig sind oder korrigiert werden müssen. Je präziser es einer Organisation gelingt, so Schönig, das komplexe System aus Werten, Normen und Regeln zu analysieren, desto leichter fällt es den Organisationsmitgliedern, Bereiche zu identifizieren, in denen sie Regelveränderungen für sinnvoll, möglich und eben auch vereinbarungswürdig halten (vgl. ders., S. 258).

In der letzten Phase der Analyse geht es um die Decodierung der Glaubensannahmen, also um das Aufdecken und Beeinflussen der basic assumptions. Dabei sollen vor allem Unterschiede aufgedeckt werden: die innere Welt, die Welt der Tiefenüberzeugungen und Glaubensannahmen, soll von einer äußeren, die durch jene konstituiert wird, gesondert werden. Es wird geschaut, ob die epoused values alle artifacts erklären können oder ob Erklärungslücken, Spannungen, Widersprüche oder Unvereinbarkeiten auftauchen. Dieser erste Schritt soll den Organisationsmitgliedern den Charakter von basic assumptions erkennen lassen, so dass ihnen deutlich wird, dass das eigene Verhalten in der Organisation vielmehr durch die Glaubensannahmen gesteuert wird als durch die epoused values. In einem weiteren Schritt sollen gebildete Untergruppen ihre eigenen basic assumptions formulieren, untersuchen ob diese hinderlich oder förderlich für die geplanten Veränderungen sind und welche Grundannahmen sie in der Großgruppe vermissen. Das Verfahren wird beendet, indem die Subgruppen wieder zusammengeführt und aufgefordert werden, ihre basic assumptions vorzutragen. Dabei soll ein konsensueller Bereich von gemeinsamen basic assumptions gefunden werden und dessen Bedeutung geklärt werden. Schein führt allerdings an, dass Veränderungen der Organisationskultur schwerlich zu erwarten sind, wenn das Hauptaugenmerk auf die Korrektur hinderlicher basic assumptions gelegt wird. Es wird also ein Weg gesucht, der zwischen den 'shared underlying assumptions' und den nicht vereinbaren einzelnen Glaubensannahmen anzusiedeln ist. Letztere behalten ihre Existenzberechtigung; ihr Infragestellen würde in diesem Verständnis nur Widerstände hervorrufen (vgl. ebd., S. 264).

Schönig kritisiert, dass die Arbeit an Tiefenüberzeugungen nicht in einer Schein'schen Stundentaktung vollzogen werden kann. Es bedarf vielmehr, um Tiefenüberzeugungen transparent und veränderbar zu machen, eines zirkulären Prozesses, der immer wieder die Transformationsleitungen zwischen der Metaebene der Beratung und der Arbeitsebene überprüft (vgl. ders., S. 265). Weiter werden in diesem Verfahren die Angst vor Veränderungen, Abwehr und ver-

---

120 Die Systematisierung der Regelanalyse beruht beispielsweise auf Methoden, wie 'Erfassung von Regeln durch Beobachtung', 'Erfassung von Regeln durch Interviews' oder 'Erfassung von Regeln durch Dokumentenanalyse' (vgl. König/ Volmer, 1993, S. 193ff).

deckte Machtspiele zwar benannt, aber nicht berücksichtigt. Weder auf der Pro-
zessebene noch in den theoretischen Überlegungen nehmen sie einen ihnen ge-
bührenden Raum ein. Letztlich verweist Schönig auf den Mangel, ein adäquates
methodisches Instrumentarium bereitzustellen. Je mehr die Hintergrundüberzeu-
gungen der Organisationsmitglieder in den Fokus rücken, desto weniger scheint
das gesprochene Wort ein hinreichendes Mittel der Mitteilung und Verständigung zu sein. Daher verweist Schönig auf die analogen Verfahren, die vor allem
in der systemischen Beratung und Therapie eine große Rolle spielen. Das Malen,
Arbeiten mit Metaphern und inneren Bildern, das Skulpturieren und ähnliches
können als Verfahren herangezogen werden, können als Antwort auf die analoge
Sprache der Organisation gewertet werden. Schönig stellt fest, dass die bei
Schein formulierten basic assumptions nur jenes Kulturmaterial darstellen, welches mit Hilfe der gesprochenen Sprache bewusst gemacht wurde. In Anlehnung
an die Psychoanalyse ist dieser Akt des rekonstruktiven, bewussten Denkens
aber bereits das Ergebnis einer sekundären Überarbeitung. Damit fokussiert
Schönig die methodische Überschreitung sprachlicher Grenzen: es ist für den
Organisationsberatungsprozess wichtig, prüfen zu können, inwieweit die sprachlichen Konstruktionen der basic assumptions tatsächlich mit unbewussten Glau-
benseinstellungen korrespondieren; und inwieweit dieser „assoziative, analog-
ganzheitliche Bereich vermittels Sprache" überhaupt hinreichend erfasst werden
kann (ebd., S. 267).

Um diesem Problemfeld methodisch näher zu kommen, zieht Schönig weitere Verfahren heran. So stellen für ihn das zirkulär-reflexive Fragen, symbolische und bildhafte Ausdrucksformen und das Skulpturieren angemessene Verfahren dar. Dabei bezieht Schönig aus ganz unterschiedlichen theoretischen
Richtungen, vor allem aber der systemischen, die Anregungen und führt sie in
seinem Modell abschließend zusammen.

Kritische Würdigung:
In 'Schulentwicklung beraten' stellt Schönig die Organisationskultur als das
wesentliche Moment einer Organisation und somit einer Organisationsberatung
heraus. Mit dem Konstrukt der *Organisationskultur* fasst er eine dem systemischen Ansatz und der Lerntheorie fehlende Subjekttheorie. Er erweitert dadurch
sein Verständnis von Organisationen um den anthropologischen Faktor. Die
Analyse und Diagnose der Organisationskultur ist das Zentrale seines Beratungsansatzes. Mit Hilfe des Schein'schen Analyseschemas und der Regelanalyse von
König und Volmer sucht er zunächst über die *sprachliche Ebene* die Organisationskultur zu erfassen. Allerdings zeichnet gerade die nicht sichtbare, die unbewusste Ebene die Organisationskultur aus. Über psychoanalytische Vorstellungen hinsichtlich der Angst und der Angstabwehr zeigt er ein Verständnis des

Widerstandes bei Organisationsberatungsprozessen auf, welches die unbewusste Ebene der Organisationskultur darstellt. Auf dieser Ebene sollte auch die Intervention stattfinden, soll eine Veränderung langfristig und tief greifen. In Schönigs Feldstudien zeigte sich, dass ab einer bestimmten Beratungstiefe die beratenden Organisationen auf dieser Ebene arbeiteten und dies auch für notwendig hielten. Dabei griffen aber die verbalen Techniken zu kurz. Um die unbewusste Ebene der Organisationskultur fassen zu können, muss mit Hilfe *analoger Verfahren* der einzelne Mitarbeiter (in und mit seiner Gruppe) angesprochen werden

Über (familien-) therapeutische Instrumente sollen symbolische, bildhafte Ausdrucksformen gefunden werden, die die Arbeit an den underlying basic assumptions ermöglichen. Diese ist aber nach Schönig erst möglich, wenn der Einzelne bereit ist, seine Glaubensannahmen zu überprüfen. Wie allerdings diese Bereitschaft erreicht wird oder werden kann, bleibt offen. Schönig hat durch den Bezug zur Psychoanalyse das in allen Diskursen zitierte 'Unbewusste' für die Organisationsberatung theoretisch eingekleidet und gefestigt. Durch eine psychodynamische Sichtweise erhalten Kultur, Widerstand und Methodik eine theoretisch hergeleitete Festigkeit, welche zudem bisherige Lücken im Theoriegerüst zu schließen vermag. Allerdings sind die *methodischen Konsequenzen* in diesem Ansatz eher inkonsistent. Die 'sprachlichen' Verfahren und Analyseschemata greifen, wie Schönig selbst herausstellt, zu kurz. Interventionen auf dieser Basis bleiben an der Oberfläche und scheinen nicht langfristig wirksam.

Das Unbewusste der Organisationskultur ist die Ebene, welche in seinem Verständnis den Schlüssel zur gelingenden Veränderung darstellt. Wie passen aber typisch systemische Interventionsformen in dieses Verständnis? Wurde nicht gerade die Organisationskultur als Konstrukt hinzugezogen, da der systemische Ansatz mitsamt den Lerntheorien ein ganzheitliches Verständnis von einer Organisation und Organisationsberatung nicht zuließ? Wurde nicht gerade nach einem Konstrukt gesucht, welches das Individuelle einer Organisation auf anthropologischer Grundlage ausmacht? Es scheint, als ob Schönig ein in sich schlüssiges, psychodynamisches Verständnis von Organisationen und deren Beratung entwickelt hat, allerdings nicht über ein geeignetes Repertoire an Verfahren oder Instrumenten verfügt. In dieser Ausführung scheint es, als hätte Schönig keinen geeigneten Schlüssel für die 'verschlossene Tür' der Organisationskultur

7.2 Beratende Rekonstruktion – Beratende Wissenschaft (Dewe)

In diesem Abschnitt soll die Kommunikationssituation, bzw. die Kommunikationsbeziehung im Vordergrund stehen. Dewe möchte in seiner Abhandlung

'Beratende Wissenschaft' am Gegenstand der Beratungskommunikation Überlegungen zur Systematisierung der grundlagentheoretischen Diskussion um das Verhältnis von Soziologie und alltagsweltlicher Handlungspraxis anstellen (vgl. ders., 1991, S. 3). In diesem Verhältnis sieht Dewe das Wesentliche der Soziologie. Der Soziologie wurde eine Irrelevanz – nach einer Phase übersteigerter Erwartungen, die sich mit der raschen Explosion des Fachs verbanden – zugeschrieben. Diese äußerte sich in einem Druck auf die Soziologie, endlich 'verwertbare' Ergebnisse zu liefern. Die Frage nach der Relevanz oder Irrelevanz sozialwissenschaftlichen Wissens in der Praxis war nun bestimmend, die Verwendungsmöglichkeiten stellten den Blickfang. Dewe versucht Voraussetzungen zu schaffen, auf denen die fehlende Verbindung zwischen selbstreflexiver Theorie und Methodologie einerseits und praktischer Verwendungsforschung andererseits erarbeitet werden kann. Da der Einfluss der Soziologie v.a. in der Verbreitung von Wissensbeständen und soziologischen Erkenntnissen deutlich wird und nicht in der Verbreitung in Form von 'Techniken', ist die Verwendung dieses soziologischen Wissens v.a. ein Problem der Verständigung[121].

Die *diskursive Vermittlung* soziologischen Wissens stellt eine Möglichkeit der Verständigung dar. Da diese Möglichkeit der diskursiven Vermittlung von den Bedingungen der Erzeugung dieses Wissens abhängt, muss nach Dewe der Versuch unternommen werden, die Genese soziologischer Deutungen der sozialen Wirklichkeit aus der Vermittlungsperspektive zu formulieren. Dabei wird das sozialwissenschaftliche Wissen als Explikation alltagsweltlicher Wissensproduktion aufgefasst.

Die von Dewe verfolgte Absicht, Erkenntnisprobleme der Soziologie unter Verwendungsgesichtspunkten zu diskutieren, steht für den Versuch, die Erzeugung und Vermittlung soziologischen Wissens gleichsam als zwei Seiten der Medaille bzw. als einen zusammenhängenden Prozess aufzufassen. „Wenn gilt, dass eine behavioristisch orientierte oder subsumtionslogisch vorgehende Sozialforschung auch eine technokratische Verwendung soziologischen Wissens zur Folge haben muss, können umgekehrt sozialphänomenologisch wie auch hermeneutische Prozeduren der *Sinnexplikation* reflexives Orientierungswissen hervorbringen, welches als Kritik der Alltagspraxis – vermittelt durch eine rhetorisch-professionelle Kompetenz des Soziologen – in der mittelbaren Perspektive einer heuristischen Applikation seine Gültigkeit im Sinne einer alltagsweltlichen Angemessenheit zu beweisen hätte." (Dewe, 1991, S. 5) Wenn die nichttechnokratische Anwendung sozialwissenschaftlichen Wissens im Vordergrund stehen soll, so muss das hermeneutische Problem der soziologischen Rekonstruktion alltagsweltlicher Handlungsstrukturen besprochen werden. Die handlungsprakti-

---

121 In naturwissenschaftlich-technischer Perspektive geht es im Vergleich eher um einen effektiven Transfer des Wissens

sche Seite einer sinnverstehenden Soziologie und Sozialforschung muss also auf der Basis der Analyse der direkten Kommunikation von Sozialwissenschaftlern und Praktikern verstanden werden.

Aus diesem hier verkürzt dargestellten Argumentationsstrang zieht Dewe letztlich handlungslogische Konsequenzen für einen klinischen Soziologen, der personenbezogen agierend und beratend tätig wird: mit beratender Rekonstruktion von gesellschaftlichen Sinnstrukturen sucht der klinische Soziologe eine situativ hergestellte distanzierte Einstellung zum praktischen Handeln beim Adressaten herzustellen. Dieser klinische Soziologe, der beratende Soziologe soll im Folgenden den Fokus der Betrachtung ausmachen:

Die Beratung erscheint nach Dewe als moderner Typus kommunikativer Interaktion zwischen Wissenschaftlern und Praktikern, in der die Problematik wie auch die neue Reflexivität moderner Vergesellschaftung deutlich wird: „In einer neuen 'Unübersichtlichkeit'(Habermas) wachsender Komplexität und steigernder Abstraktion verliert die Bewältigung des (beruflichen) Alltags an Selbstverständlichkeit. Die Unangemessenheit überkommener Handlungsmuster und Steuerungsmodelle macht es immer schwieriger, soziales Handeln selbstverständlich zu organisieren." (ders., 1996, S. 38) Ein engagierter Dialog zwischen Wissenschaft und Praxis soll diesem Abhilfe schaffen über den Weg einer *reflexiven Steigerung der Handlungsfähigkeit* des Praktikers. Eine fallbezogene Wissensverwendung geht davon aus, dass die Adressaten oder Praktiker/ Professionellen aufgrund permanenter berufspraktischer Involviertheit in Entscheidungskontexten ihre Handlungsprobleme nicht hinreichend reflektieren können, bzw. sich ihrer nicht sicher sein können. Es geht in der Interaktion zwischen Wissenschaftlern und Professionellen um eine stellvertretende Strukturdeutung der jeweils vorgetragenen Problemlage, deren Lösung dem Professionellen selbst überlassen wird. Der fallorientierte, beratende Soziologe ist also nicht daran interessiert, an die Stelle des Handelnden zu treten, noch kommt es ihm darauf an, neues, gegenstandsbezogenes Wissen in die Deutung einer Situation einzuführen. Er zielt darauf, das in der beruflichen Handlungssituation vorhandene, implizite Wissen in eine Explikation durch den Handelnden selbst zu überführen (vgl. ebd., 1996, S. 46). Die stellvertretende Deutung von alltagspraktischen Handlungsentscheidungen soll dem Professionellen dazu verhelfen, eine distanzierte Position zu seinem alltagsweltlichen Handeln aufzubauen. Auf diesem Wege soll eine Erweiterung der Erkenntnischancen erreicht werde. Das setzt allerdings auf der Seite des Adressaten eine *Bereitschaft zur Selbstentfremdung* voraus. Nur über diese Form der Distanzierung des eigenen Handelns ist eine alternative Deutung auf- und annehmbar. Die Explikation des Handlungssinns, also die Explikation alltagsweltlicher vorgängiger Verstehens- und Erzeugungsweisen praktischen Handelns, das im aktuellen Handeln allerdings verborgen bleibt, soll mit Hilfe der Beobachtung, des kommunikativen Handelns und dem Diskurs erreicht werden. Dabei versteht sich die Beziehung zwischen beratendem Wissenschaftler und Praktiker als symmetrisch strukturiert, so dass auch von einer prinzipiellen Rationalitätssymmetrie zwischen sozialwissenschaftlichen und alltagsweltlichen Sinnkonstruktionen auszugehen ist (vgl. oben).

Die Beobachtung durch den wissenschaftlichen Berater stellt den ersten Anwendungsfall sozialwissenschaftlichen Wissens dar. Sie zielt auf Unterscheidung und kreiert damit eine soziale Ordnung und Bewertung des Geschehens. Indem sie manches erwähnt und anderes weglässt, schafft sie Bedeutsamkeit und gibt dem Handlungslauf einen möglichen Sinn. Die verwendeten Deutungsmuster dienen also der Selektion von Relevanzen aus einem unendlich komplexen Geschehen. Der Berater übersetzt dabei als Rekonstrukteur in der Beobachtung die gegenstandsbezogene, wissenschaftliche Theorie in die Alltagssprache der Beobachtung und Beschreibung der Phänomene. Der auf den Fall orientierte beratende Soziologe nutzt seine Alltagskompetenz, die im wissenschaftlichen Verfahren der Beobachtung aufgeht (vgl. ebd., 1996, S. 47). Dabei geht es um die Suche nach *Irritationen*. Bei der anschließenden Erörterung der Abweichungen wird der Professionelle oder Handelnde indirekt genau jene Normalität wieder herzustellen suchen, deren Verletzung er sich durch die Irritationen überführt sieht, indem er Begründungen und Rechtfertigungen für seine Rede- und Handlungsweise vorbringt. In diesem zweiten Anwendungsfall nutzt der „beratende Rekonstrukteur" (ebd.) einen Grundmechanismus kommunikativen Handelns. Indem er den Professionellen oder Handelnden gezielt unter *Rechtfertigungsdruck* bringt, evoziert er genau die Regeln bzw. Regelhaftigkeit, die im Normalitätsentwurf des Handelnden enthalten sind und die es gilt, transparent zu machen. „Durch die Evokation von Rechtfertigung und Entschuldigung werden all jene Wissensbestände mobilisiert, die dem Handelnden als zu Beratendem zur Verfügung stehen und von denen er glaubt, dass sie in der aktuellen Situation erfolgreich angewendet werden können und vom Berater akzeptiert werden. Was bisher implizit sein Handeln bestimmte, wird in der Rechtfertigung explizit. Für den Soziologen in der berufsbezogenen und auf den Einzelfall orientierten Beratung ist es eine Erhebungssituation, für seinen Klienten kann es der Beginn eines Lernprozesses sein." (ebd., 1996, S. 48) Durch gezieltes Nachfragen und argumentative Konfrontation kann das Geschehen auf einer Metaebene analysiert werden und so durchsichtiger werden. Dewe vergleicht diesen Prozess als kubistische Reflexion (vgl. ders., 1996, S. 46): wenn zwei Beobachter aus unterschiedlicher Perspektive dieselbe Situation interpretieren und deuten, dann wird das Bild der Wirklichkeit gleichsam kubistisch.

Bei den Wissensbestandteilen der Professionellen/ der Handelnden, die vom Berater expliziert werden, kann es sich um noch nie verbalisierte, direkt von

Handlungsmodellen abgelesene und einverleibte Bestandteile handeln, die aus ihrer Latenz herausgeholt und für den Handelnden subjektiv verfügbar gemacht werden sollen. Diese hermeneutisch gewonnenen reflexiven (soziologischen) Einsichten müssen sich aber gleichsam rhetorisch behaupten, soll den Handelnden eine Reorganisation ihres alltäglichen Wissens unter einer neuen Perspektive tatsächlich ermöglicht werden. Allerdings kann die beratende Rekonstruktion trotz der geforderten rhetorisch-taktischen Kompetenz nicht davon ausgehen, dass das in der Explikation „purifizierte Begründungswissen Zugang zur Alltagspraxis und dort als eine aufgeklärte Interpretationsfolie die Wahrnehmung der sozialen Wirklichkeit verändert." (ebd., 1991, S. 147) Das kann die (beratende) Soziologie nicht steuern. Es handelt sich eben nicht um Handlungsrezepte, sondern um Interpretations- und Begründungsangebote für Handlungsentscheidungen, die mit Selbstverständlichkeiten, dem Alltagswissen, anderen Fachperspektiven konkurrieren. Die Differenz zwischen Interpretationsangeboten und ihrer kontextabhängigen Verwendung kann von Seiten der Sozialwissenschaften nur durch die 'Macht des Arguments' überbrückt werden (vgl. Beck/ Bonß[122], 1984, S. 42; zit. nach Dewe, 1991, S. 148), also nur in der Form des Diskurses. *Diskurse* sind Prozesse dialogischer Erkenntnis und gelten in diesem Fall immer als Unterbrechung des Alltagshandelns. Die argumentative Vergewisserung eines Gegenstands im Diskurs bedeutet, dass hier nicht mehr die für die Alltagssprache typische Annahme getroffen wird, dass die in einem Sprechakt normalerweise implizit unterstellten Geltungsansprüche unausgesprochen zu akzeptieren sind; Diskurse sind Formen des Gesprächs, in denen sich Handlungssubjekte dieser Geltungsansprüche vergewissern. Für Diskurse ist es typisch, dass sie verlangen, für die Herstellung eines Konsenses über gemeinsame Geltungsansprüche die Handlungszwänge alltäglicher Routinen vorübergehend zu suspendieren, um mögliche Begründungen bzw. Geltungsansprüche von gemeinsam anzuwendenden Handlungsregeln zu klären (vgl. ebd., 1996, S. 149).

Die explizierten Begründungsstrukturen sind, wie oben ausgeführt, notwendigerweise Begründungsstrukturen alltagspraktischer Entscheidungen. Der beratende Soziologe zeigt mit der Explikation Zusammenhänge auf, die diejenigen, die in einer Tradition aufgehen, die direkt Betroffenen, wegen der Unmittelbarkeit ihrer Betroffenheit nicht sehen können. Es sind aber Begründungsstrukturen, deren sich die Handlungssubjekte bewusst werden müssen, wenn sie reflektierter handeln wollen. Allerdings kommt die Frage auf, ob sie diese Explikation in der jeweiligen Richtung auch wollen (vgl. ebd., 1991, S. 154). Wenn Resistenz gegenüber wissenschaftlichen Begründungen von Alltagsentscheidungen zu beobachten ist, dann liegt das wesentlich darin, dass sich Alltagsentscheidungen

---

122   Beck, U./ Bonß, W.: Soziologie und Modernisierung. Zur gesellschaftlichen Ortsbestimmung der Verwendungsforschung. In: Soziale Welt, Jg. 35 (1984), Heft 4

nach dem Kriterium der Angemessenheit und nicht bloß der 'Wahrheit' ausrichten. Sie müssen also die Zustimmung der Handlungssubjekte finden und so emotional verträglich sein. Dewe führt in diesem Zusammenhang an, dass dem
Volksmund nach, die Wahrheit manchmal wehtue. Das doppelte Kriterium der
Wahrheit und der emotionalen Verträglichkeit beurteilt also die Relevanz soziologischer Explikation (vgl. ders., ebd.). Die individuelle Annahme von soziologischer Kritik und die darin enthaltene angebotene Explikation der Begründungsstrukturen, die dem Alltagshandelnden ja nur implizit oder latent verfügbar sind,
ist subjektiv auch von Angst geprägt. Das Phänomen ist von der Psychoanalyse
als Widerstand gefasst worden. Daher ist das Handeln des klinischen (beratenden) Soziologen an die von sozialwissenschaftlichen 'Laien' einsehbare Relevanz soziologischen Begründungswissens für ihre Handlungspraxis gebunden.
Es verweist somit nicht nur auf eine Relativierung des Objektivitäts- und
'Wahrheits'anspruches, sondern auf eine Form diskursiven Aushandelns von
'Wahrheit'.

Kritische Würdigung:
Dewe sucht in seiner 'Beratenden Rekonstruktion' dem Problem der Verständigung näher zu kommen. Dabei fokussiert er die Verbindung zwischen selbstreflexiver Theorie und Methodologie und der praktischen Verwendungsforschung. Durch diese Sichtweise und die dargestellten Herausforderungen an
einen 'klinischen Soziologen' arbeitet Dewe eine Form *diskursiver Vermittlung*
heraus, welche als Ziel eine Sinnexplikation reflexiven Orientierungswissens
hervorbringen soll. Die beratende Rekonstruktion verfolgt also durch hermeneu-
tisch-analytische und taktisch-rhetorische Kompetenz des klinischen Soziologen
eine reflexive Steigerung der Handlungsfähigkeit des Beratenen. Durch eine
Verbalisierung der Beobachtung des klinischen Soziologen, als Sinn schaffender,
Relevanzen selektierender Prozess, soll der Beratene in einen Rechtfertigungsdruck gebracht werden, der die Regeln seines Normalitätsentwurfs expliziert.
Das vorhandene, implizite Wissen soll durch den Beratenen selbst in eine Explikation geführt werden. Durch diese Form der Distanzierung zu seinem eigenen
Alltagshandeln wird eine alternative Deutung erst möglich. In der Rekonstruktion werden einverleibte Bestandteile der Sinnkonstruktion, des Alltagshandelns,
des Normalitätsentwurfs aus ihrer Latenz herausgeholt und subjektiv verfügbar
gemacht.
    Die Beziehung zwischen Berater und Beratenen stellt sich dabei als *sym-
metrisch* strukturiert dar, so dass auch von einer Rationalitätssymmetrie zwischen (soziologischer) Wissenschaft und alltagsweltlicher Sinnkonstruktion
gesprochen werden kann. Daher kann es auch ebenso wenig 'Handlungsrezepte'
von Seiten des klinischen Soziologen geben, wie neues, gegenstandsbezogenes

Wissen eingebracht werden kann. Eine direkte Steuerung ist also durch den Soziologen in der Rekonstruktion gar nicht möglich. Der Beratene entscheidet selbst, wie er die explizierten Sinnkonstruktionen seines Alltagshandelns verwendet. Die vom Soziologen verbalisierten *Interpretations-* und *Begründungsangebote* für Handlungsentscheidungen konkurrieren beim Beratenen mit Alltagswissen, Selbstverständlichkeiten oder anderen Fachperspektiven. Der klinische Soziologe kann nur argumentativ, also in Form des Diskurses, dem Beratenen die Möglichkeiten aufzeigen. Der Diskurs als Prozess dialogischer Erkenntnis ist immer als Unterbrechung des Alltagshandelns zu verstehen. Die argumentative Vergewisserung eines Gegenstandes im Diskurs bedeutet, dass hier nicht mehr die für die Alltagssprache typische Annahme getroffen wird, dass die in einem Sprechakt normalerweise implizit unterstellten Geltungsansprüche unausgesprochen zu akzeptieren sind; Diskurse sind Formen des Gesprächs, in denen sich Handlungssubjekte sich dieser Geltungsansprüche vergewissern. Im Diskurs werden die Handlungszwänge alltäglicher Routinen vorübergehend suspendiert. Allerdings kann es auch hierbei zu Resistenzen kommen. Dafür, so Dewe, ist das doppelte Kriterium der Wahrheit und der emotionalen Verträglichkeit verantwortlich. Die Relevanz soziologischer Explikation entscheidet also nicht nur die 'Wahrheit', sondern auch die emotionale Verträglichkeit, also die *Angemessenheit*. Es geht also um eine Form diskursiven Aushandelns von 'Wahrheiten'.

Dewe legt den Schwerpunkt auf die *verbale Rekonstruktion*. Durch die Differenz der Fremd- und der Selbstbeobachtung unter Verwendung taktisch-rhetorischer Techniken sollen implizite Annahmen und Sinnkonstruktionen expliziert werden, also versprachlicht werden. Diese Form der Distanzierung zum eigenen Handeln, die reflexive Steigerung der Handlungsfähigkeit setzt eine Bereitschaft zur Selbstentfremdung voraus. An dieser Stelle ist zu fragen, wie eine *Bereitschaft zur Selbstentfremdung* entsteht? Geht Selbstentfremdung nicht oft mit Verunsicherung, Angst oder Unbehagen einher? Beziehungsweise ist eine Rekonstruktion noch notwendig, wenn bereits eine Bereitschaft zur Selbstentfremdung besteht?

Zudem ist die *'Übersetzungsarbeit'* von impliziten Annahmen nicht weiter thematisiert. Ist implizites Wissen durch Irritationen explizierbar? Sind „einverleibte Bestandteile" (s.o.) durch einen Rechtfertigungsdruck in die bewusste, sprachliche Ebene zu transportieren? Mit der Idee des Diskurses, einer Form dialogischer Erkenntnis, hat Dewe eine symmetrisch strukturierte Kommunikationssituation geschaffen, welche die Alltagsroutinen unterbricht. Über argumentative Vergewisserung können Explikationen thematisiert werden, deren Verwendung allein dem Beratenen obliegt. Dewe hat das Problem der Verständigung ausgeleuchtet und in die Richtung der diskursiven Vermittlung gelenkt. Allerdings scheint die Sinnexplikation reflexiven Orientierungswissens nicht nur durch sprachliche 'Verstörung' erreichbar zu sein. Zudem sieht er in seiner Beratenden Rekonstruktion keine Möglichkeit, gegenstandsbezogenes Wissen einzuspeisen.

7.3 Systemische Organisationsberatung

Nach Moldaschl hat die Systemische Organisationsberatung die Hegemonie in der theoretischen Auseinandersetzung von Organisationsberatung erreicht: sie hätten den dezidiertesten Anspruch, als wissenschaftliches Konzept in der Organisationsberatung zu gelten (vgl. ders., 2001, S. 140, 143). In der Praxis sind zwar Beratungsansätze, welche einem expertokratischen Paradigma folgen, in der Überzahl; die Beweggründe dafür liegen aber vielmehr in ökonomisch-pragmatischen und nicht in wissenschaftlichen Bereichen. So sehr die Wissenschaftlichkeit diese Richtung ausmacht, so schwer fällt es trotzdem eine konzeptionelle Beschreibung einer systemischen Organisationsberatung wiederzugeben. Bei genauerer Lektüre verschiedener Ansätze innerhalb der systemischen Organisationsberatung werden die Gründe klarer: als Referenztheorie wird die Systemtheorie genannt, welche aber nicht in ihrer Stringenz in die Praxis gebrochen wird, sondern eine Abänderung erfährt, die sich zum Teil vom 'Systemischen' abwendet. Zudem wird von ganz unterschiedlichen Systembegriffen ausgegangen, die in manchen Ansätzen nicht explizit auf bestimmte Autoren oder 'Schulen' zurückgeführt werden, also in ihrer Übertragung und Anwendung unklar bleiben und werden.

Im Folgenden sollen daher zwei 'Ansätze' herausgegriffen werden, die explizit auf ein klares Verständnis vom Systembegriff verweisen. An ihnen soll verdeutlicht werden, wie das Verhältnis zwischen Systemtheorie und Intervention gestaltet ist und welche methodischen Konsequenzen daraus abgeleitet werden können. So werden hier keine systemtheoretischen Grundlagen fokussiert; es soll vielmehr die Bedeutung der Systemtheorie Luhmanns und die Bedeutung des Systembegriffs Batesons für die Organisationsberatung erhellt werden.

7.3.1 Systemische Organisationsberatung im Licht der Systemtheorie Luhmanns

Die Systemtheorie Luhmanns beansprucht auf höchstem Abstraktionsniveau, alles Soziale behandeln zu können, also universelle Geltung zu haben. Damit müsste sie auch in der Lage sein, die Beratung von Organisationen beobachten zu können und eventuelle 'Handlungsvorschläge' zu machen. Organisationen werden in diesem Sinne als *Soziale Systeme* behandelt. Soziale Systeme können zunächst als komplex charakterisiert werden. Das bedeutet, dass nicht mehr alle Elemente mit allen anderen verbunden sind, sondern dass sich unwahrscheinliche Verknüpfungen bilden und stabilisieren. Durch die Eigenart der Verknüpfungen sind für soziale Systeme nur noch bestimmte Daten der Umwelt relevant. Die Leistung der Selektion aus den überkomplexen Möglichkeiten der Umwelt erzeugt erst die Differenz zwischen System und Umwelt, die das System zum System macht (vgl. Willke, 1996, S. 43). Die Unterscheidung System/ Umwelt übernimmt Luhmann von traditionellen Systemtheorien, überführt sie aber in eine Theorie selbstreferentieller Systeme. Durch den Begriff der *Selbstreferenz*, dass also Systeme in der Konstitution ihrer Elemente und ihrer elementaren Operationen auf sich selbst Bezug nehmen, erfährt die Systemtheorie eine Dynamisierung. Die Umwelt verliert damit ihren Status als Beeinflussungsgröße, da sie nur noch in Abhängigkeit der Operationen des Systems gedacht werden kann. Nicht 'die' Umwelt wirkt ein, sondern das System erfasst Umweltphänomene nach selbsterwählten Gesichtspunkten, nach eigenen Relevanzkriterien (vgl. Luhmann, 1993, S. 265). Dies hat zur Folge, dass von einem bestimmten Input aus der Output des Systems nicht vorhergesagt werden kann.

Die für die Systemtheorie, aber v.a. für jegliche Steuerungsversuche sozialer Systeme, folgenreichste Besonderheit sozialer Systeme ist ihr Reproduktionsmechanismus, der autopoietisch genannt wird (vgl. Scherf, 2002, S. 22). *Autopoeisis* bezeichnet insofern den Prozess der Selbstorganisation sozialer Systeme, als er darauf verweist, dass in ihnen Kommunikation stets an zuvor selbst getätigte Kommunikation anschließt und damit immer auf eigene frühere Operationen verweist. Diese Kette ständiger Selbstverweise ist es, die den Komplexitätsunterschied zwischen System und Umwelt aufrechterhält, indem ständig spezifische Selektionen vorgenommen und durch den Bezug auf sich selbst stabilisiert werden (vgl. ebd.). Damit ist auch schon angesprochen, dass soziale Systeme sich nicht durch Menschen konstituieren, sondern durch Kommunikation. Urheber der Kommunikation ist nicht der Mensch, das Individuum, sondern die Kommunikation. Psychische Systeme hingegen operieren als Bewusstsein, indem sie ständig Gedanken an Gedanken anschließen. Die Sozial- und Bewusstseinssysteme müssen auf der Ebene ihrer Operationen als vollkommen getrennt voneinander gesehen werden. Psychische Systeme sind in der Umwelt sozialer Systeme angesiedelt. Trotzdem gibt es vielfältige beiderseitige Beeinflussungen, die durch die strukturelle Kopplung erklärt werden. Es wird aufgeführt, dass durch die Trennung von psychischen und sozialen Systemen eine komplexere Rekonstruktion des Verhältnisses der Mitglieder mitsamt ihrer Handlungen zu ihren Organisationen möglich wird (vgl. Groth, 1996, S. 85). Die vielleicht wichtigste Erkenntnis liegt darin, eine Organisation als emergente Ordnungsebene zu begreifen. Damit ist das plötzliche Auftreten einer neuen Qualität angesprochen, die jeweils nicht erklärt werden kann durch die Eigenschaften oder Relationen der beteiligten Elemente, sondern durch eine jeweils besondere selbstorganisierende Prozessdynamik. Nur im Kontext eines Emergenzverständnisses von sozialen Systemen ist der Blick geschärft für die hinter den Mitgliedern liegenden eigenen Qualitäten der Organisation. „Der Blick der Berater muss sozusagen durch die Menschen hindurch auf die dahintergelagerten Erwartungsmuster gehen, die sich aus Tradition, den Erfahrungen und den Selbstbeschreibungen der Organisation unter den Bedingungen der ständigen Überforderungen durch die Umwelt ergeben." (ebd., S. 86) Diese Strukturen machen das System relativ unabhängig von seinen Mitgliedern.

Es ist also von unterschiedlichen Ebenen der Organisation auszugehen. Es muss zwischen der Oberfläche und der Tiefenstruktur unterschieden werden. Der nicht sichtbare Teil ist zusätzlich in eine Struktur- und eine Sinnebene geteilt. Die tiefer liegenden Phänomene einer Organisation lassen sich nur ergründen, wenn Handlungen und Kommunikationen unterschieden werden, obgleich sie zusammen gehören. Handlungen werden als sichtbare, simplifizierte und zurechenbare Kommunikationen an der Oberfläche verstanden. Durch die Handlungen kommen die Personen ins Spiel: es werden ihnen Handlungen zugerechnet. „Der Attributionsprozess auf eine Person ist ein Teil der Kommunikation und damit Teil der Autopoiesis eines sozialen Systems. Nicht Personen kommunizieren, sondern die Kommunikation organisiert sich ihre Personen. Personen sind deshalb in Organisationen nicht als Menschen wichtig, sondern sie erhalten ihren Stellenwert dadurch, dass sie Kommunikation erwartbarer machen." (Groth, 1996, S. 89)

Von Personen, die Erwartungen bündeln, kann der Blick auf die *Strukturen*, definiert als generalisierte Verhaltenserwartungen, gerichtet werden. Die Strukturen müssen die Anschlussfähigkeit der autopoietischen Reproduktion ermöglichen. Sie schränken Möglichkeiten ein, damit immer Kommunikation an Kommunikation angeschlossen werden kann. Somit sorgen Strukturen für Bestand, denn Kommunikationen oder Entscheidungen haben keine Dauer. Strukturen garantieren eine gewisse Sicherheit und Beständigkeit des Systems.

Berater werden sich diesen Strukturen zuzuwenden haben, wenn sie Änderungen im System erreichen wollen. Damit erreichen sie aber noch nicht den ʹGrundʹ einer Organisation. Die Struktur ist nicht der „produzierende Faktor, nicht die Ursache" für die Verknüpfung der Elemente einer Organisation (Luhmann, 1993, S. 384). Diese Aufgabe übernimmt der *ʹSinnʹ* als zentraler Grundbegriff der Theorie sozialer Systeme. Er steuert die Verknüpfung der Elemente,

Prozesse und Strukturen. Sinn ist eine Form der Komplexitätsbewältigung durch das System. Die Sinnebene ist der Ort des elementaren Umgangs mit Komplexität. Während sich Strukturen mit der Zeit herauskristallisieren, wird unter Zuhilfenahme von Sinn jeder aktuelle Schritt im System vollzogen (vgl. Groth, 1996, S. 91). Durch Sinn wird aus der großen Weltkomplexität ein Teil herausgegriffen, der dann erst bearbeitet werden kann. Mit einer sinnhaften Ordnung der eigenen Struktur und Prozesse grenzt sich ein System von der Umwelt ab. Sinn ermöglicht also erst Systembildung. Sinn reduziert aber nicht nur Komplexität, sondern führt auch immer einen Überschuss an Verweisungen mit sich. Es wird demnach neuer Sinn produziert. Der aktuelle Standpunkt, der für das System Sinn hat, verweist immer auf Möglichkeiten des Anschlusshandelns. Die erste Selektion ist demnach nicht nur eine Beschränkung, sondern auch eine Ermöglichung. Für Kommunikationssysteme ist alles Verfügbare nur in Form von Sinn gegeben, alles hat Sinn und ermöglicht neuen Sinn. Sinn ist damit ein differenzloser Begriff, der nichts ausschließt (vgl. ebd., S. 92). Der Begriff kann in eine Sach-, Zeit- und Sozialdimension aufgespalten werden.

Die inhaltslose Fassung des Sinnbegriffs wird für eine Beratungstätigkeit wenig Orientierung bieten. Dieser führt zwar dazu, dass es keine Sinnlosigkeit geben kann, aber der beraterische Nutzen hält sich in Grenzen. Als nicht negierbare Kategorie, die noch nicht einmal Bestand hat, da der Aktualitätskern ständig zerfällt, bietet der Sinnbegriff kaum Möglichkeiten, mit ihm zu operieren. „Den Sinn einer Organisation im Rahmen einer Beratung zu verändern, hieße, Präferenzen in der Sach-, Zeit- und Sozialdimension so zu irritieren, dass das System Aktuelles und Mögliches neu (besser) verknüpft. [...] Ein Rückgriff auf Unternehmenskulturkonzepte böte sich an, um den Sinnbegriff in die Beratungstätigkeit zu integrieren. Je beliebiger die Kultur definiert wird, desto näher kommt sie dem Sinnbegriff Luhmanns. Der direkte Zugriff auf den Sinn einer Organisation bliebe trotzdem nur ein Versuch, die Dynamik des Organisationsgeschehens zu erfassen, wobei der Sinn immer entrinnt." (Groth, 1996, S. 95) Aus diesem Grund scheinen systemisch orientierte Organisationsexperten sich auch zu scheuen, den Sinnbegriff zu nutzen. „Mit der notwendigen Integration [einer] Sinnanalyse in ein Beratungskonzept scheinen die meisten Berater überfordert." (ebd.) Da der Sinnbegriff nicht direkt in die Beratung einfließen kann, scheint der mittelbare Zugriff auf den Sinn einer Organisation über ihre Strukturen erfolgversprechender zu sein. Diese sind handhabbarer. Das Begriffspaar Redundanz/ Varietät dient dieser Erfassung des Verhältnisses des Organisationssystems zu seiner Umwelt. *Redundanz* lässt sich definieren als eine strukturelle Einschränkung der Entscheidungszusammenhänge, während *Varietät* auf die Verschiedenartigkeiten der Entscheidungen verweist. Bei hoher Redundanz steigt die Vorhersagbarkeit der Entscheidungen in Organisationen. Es versucht sich so gegen jede Form von Unsicherheiten abzusichern. Es kann dadurch aber auch zu Verkrustungen kommen, welche flexible Veränderungen verhindern (vgl. Kap. 4.2). Wenn ein System sich immer wieder neu auf Umweltveränderungen einstellen kann, so weist es eine hohe Varietät auf. Für die Beratung ist hiermit zwar ein Instrument aufgezeigt worden, das ihr wertvolle Hinweise für die Strategie der Veränderungen von Strukturen liefert; es steht ihr aber kein Rationalitätskriterium zur Verfügung, da nicht vorgegeben ist, welches Verhältnis von Redundanz und Varietät optimal ist. Als Richtschnur kann ihr nur die Vorstellung dienen, dass Strukturen abgeschwächt werden müssen, wenn die Umwelt nicht mehr angemessen erfasst werden kann und dass die Varietät verringert werden muss, wenn die Organisation sich im ständigen Anpassungszwang überfordert (vgl. Groth, 1996, S. 97).

Mit der Annahme, Organisationen seien soziale Systeme, verabschiedet sich die Systemtheorie von der Möglichkeit der *gezielten Intervention*. Als autopoietische Systeme produzieren und reproduzieren Organisationen die Elemente und Strukturen, aus denen sie bestehen; und als selbstreferentielle Systeme nehmen sie immer auf sich selbst Bezug. Es kann also keine Kriterien besseren Handelns, keine Rationalitäten geben, die von außen eingeführt werden können.

Dabei kann allerdings die Selbstbezogenheit nicht als absolut gesehen werden. Organisationssysteme agieren nicht völlig autonom, sie sind in der Lage, eine Beziehung zu ihrer Umwelt aufzunehmen. Die Selbstreferenz ist immer angereichert durch *Fremdreferenz*, in dem zum Beispiel von einer Organisation versucht wird, die erwarteten Folgen einer Entscheidung für die Umwelt in den Prozess der Entscheidungsfindung zu integrieren (vgl. Willke, 1987, S. 339, zit. n. Groth, 1996, S. 101). Dieser kurze Moment der Fremdreferenz muss von der Beratung genutzt werden, sie muss sich in diesen Prozess einklinken, um eine Wirksamkeit zu erlangen.

Anhand der Entscheidungen, die eine Organisation getroffen hat oder trifft, müssen die Berater danach Rückschlüsse über Verbesserungswürdigkeit ziehen, Hypothesen über die Funktionsweise des Systems aufstellen und mögliche Interventionen vorausplanen. Sie müssen versuchen, die Organisation zu verstehen. Im systemtheoretischen Sinne kann *Verstehen* aber nur strikt systemrelativ sein, d.h. der Verstehensprozess geht also eher in Abhängigkeit vom Berater vonstatten, als in Abgängigkeit vom Klienten. Es sind die theoretischen Vorüberlegungen und Erfahrungen des Beraters, die bestimmen, welche Sachverhalte verstanden werden. „Luhmanns Interventionspessimismus speist sich also nicht nur aus der rekursiven Geschlossenheit des zu verändernden Systems auf der Ebene seiner Operationen, sondern auch aus der Selbstbezogenheit des Verstehens und der damit gegebenen Unmöglichkeit, ein anderes System ganz zu verstehen." (Groth, 1996, S. 103) Willke erweitert das Luhmannsche Verständnis – Verstehen als Beobachtung im Hinblick auf die Handhabung von Selbstreferenz –, indem er Verstehen als Rekonstruktion einer Selbstbeschreibung durch einen Beobachter definiert. Zu der Beobachtung der Handhabung von Selbstreferenz wird das Bild addiert, das der Klient im Beratungsprozess abliefert (vgl. Willke, 1987, zit. n. Groth, 1996, S. 104). Gerade die Selbstbeschreibungen, die vom Klienten im Beratungssystem geliefert werden, geben den Beratern die Gelegenheit, aus möglichen Differenzen zwischen den Beschreibungen und ihren eigenen Beobachtungen Rückschlüsse zu ziehen. Das *Verstehenspotential* reicht nach Willke aus, um die Reaktionen des intervenierten Systems hinreichend zu antizipieren. Die Kommunikation kann aber nur dann wirksam werden, wenn sie in den Entscheidungskontext des Klientensystems passt. „Gut gemeinte Veränderungen durch Berater scheitern oftmals daran, dass durch die Eigengesetzlichkeit des intervenierten Systems, die 'Verbesserung' als Angriff auf die Struktur verstanden und deshalb gegen sie angekämpft wird." (ebd.)

Jede Intervention befindet sich in einem Spannungsfeld zwischen Kontext und Autonomie. Die Intervention kann nur wirksam werden, wenn sie die Autonomie des zu verändernden Systems akzeptiert, gleichzeitig muss sie aber einen Kontext schaffen, der das System zur Selbständerung anstößt. Nach Groth liegt die Paradoxie nun genau darin, dass eine Intervention nur dann erfolgreich ist, wenn sie sich nach den Unterscheidungen, nach dem Sinn und nach der Struktur des intervenierten Systems richtet, die zuvor die 'Pathologie' dieses Systems hervorgerufen haben (vgl. ders., 1996, S. 105).

Die *therapeutischen Instrumente* scheinen dieser Forderung Rechnung zu tragen. Aufgrund ihrer indirekten Auslegung werden sie den systemtheoretischen Vorbehalten größtenteils gerecht. Sie geben nicht die Wirkung vor, sondern es sind die Klienten, die aufgrund ihrer eigenen Interpretation der therapeutischen Intervention ihr Verhalten ändern. Zirkuläre Fragen, paradoxe Interventionen und analoge Techniken zwingen den Klienten zur Auseinandersetzung mit seiner Wirklichkeitskonstruktion. Diese Überprüfung der Selbstbeschreibung muss den Klienten so verunsichern, dass er in eine kritische Situation gerät. Diese Krise zeigt dann die Möglichkeit auf, dass seine bisherige Operationsweise vielleicht suboptimal sein könnte (vgl. Willke, 1987, S. 345; zit. n. ebd.) Der sichere Einsatz bestimmter therapeutischer Techniken von Organisationsberater lässt Groth vermuten, dass die „Berater weit mehr Licht in die 'black box' scheinen lassen können, als systemtheoretische Beobachter. Die Hypothesenauswahl und die ihr nachfolgenden Interventionen werden mit einem (Erfahrungs-) Wissen durchgeführt, das theoretisch kaum herleitbar ist und oftmals nur mit Hilfskonstruktionen (Intuition, Gefühl) erklärt wird." (ders., S. 106 oder Schmid, 1992[123]) Die Luh-

---

123   Schmid, B.: Komplexität und die Steuerung professionellen Handelns in der Organisationsberatung. Heidelberg 1992.

mannsche Systemtheorie, so wertvoll für das Verständnis von Organisationen als soziale Systeme, bedarf in der Umsetzung in der Praxis noch der Nachbesserung oder Ergänzung.

Kritische Würdigung:
In der Systemischen Organisationsberatung, die auf Luhmann zurückzuführen ist, muss zunächst auf die Organisation als soziales System eingegangen werden. Die Konzepte der *Selbstreferenz* und der *Autopoiese* markieren die Stellgrößen der Systemtheorie. Durch sie wird eine Sichtweise hervorgebracht, die in ganz unterschiedlichen Zusammenhängen ihre Bedeutung gezeigt hat. Auf sie soll in diesem Zusammenhang nur verwiesen werden. Ebenso verhält es sich mit der *Kommunikation* als kleinste Einheit eines sozialen Systems. Dass im Luhmannschen Verständnis dem Menschen kein Begriff eingeräumt wird, soll hier auch nicht weiter erwähnt werden. Die Kritiken zu diesem „methodischen Antihumanismus" (Habermas, 1985, S. 436; zit. n. Groth, 1996, S. 85) sind zahlreich und sehr differenziert. In diesem Zusammenhang ist es wichtig, dass im Luhmannschen Denkgebäude dem Berater wenig Orientierung und wenig Möglichkeiten geboten werden. Durch den differenzlosen Sinnbegriff, der als zentraler Grundbegriff sozialer Systeme fungiert, und durch die autopoietische und selbstreferentielle Funktionsweise dieser Systeme wird eine Möglichkeit der *gezielten Intervention* ausgeschlossen. Zudem wird das Verstehen immer nur als Beobachtung im Hinblick auf die Handhabung von Selbstreferenz verstanden, was dazu führt, das es mehr über den aussagt, der verstehen will, als über das zu verstehende System.

Willke, der sehr eng den Luhmannschen Vorstellungen folgt, begreift das Verstehen aber ein wenig anders. Durch das kurze Vorhandensein einer Fremdreferenz wird dem Beratungssystem eine, wenn auch kleine Gelegenheit geboten, Beratung ´anzuschließen´. Die verwendeten *Techniken* und *Verfahren*, die zumeist aus der systemischen Familientherapie stammen, werden den systemtheoretischen Vorbehalten größtenteils gerecht. Durch ihre indirekte Auslegung verweisen sie auf die prinzipielle Schwierigkeit (oder Unmöglichkeit), in ein System zu intervenieren. Allerdings folgt der Einsatz dieser Techniken und Verfahren nicht nur systemtheoretischen Aussagen. Die Praxis zeigt, dass Systemische Organisationsberatung entgegen dem Luhmannschen Interventionspessimismus und der hohen Hürden, die Willke aufstellt, Veränderungen zeigt (vgl. Groth, 1996, S. 105). Die Veränderungen werden durch einen recht *zielgenauen Einsatz* der Instrumente erreicht. Das setzt voraus, dass ein Berater weit mehr das Verhalten eines sozialen Systems antizipieren kann, als es einem systemischen Beobachter zustünde. „Die Hypothesenauswahl und die ihr nachfolgenden Interventionen werden mit einem (Erfahrungs-) Wissen durchgeführt, dass theoretisch kaum herleitbar ist und oftmals nur mit Hilfskonstruktionen (Intuition, Gefühl) erklärt wird" (s.o.) Demnach hat die Systemtheorie einen großen Beitrag geleistet, wenn es sich um Einflussgrößen der Umwelt und um Interventionsmöglichkeiten handelt. Ein entscheidendes Kriterium, nämlich wie und warum Berater oft die richtige Instrumente zum richtigen Zeitpunkt einsetzen, kann nicht theoretisch in die Systemtheorie eingebettet werden. *Intuition* und *Gefühl* muss daher wohl aus einer anderen 'Verstehenstradition' her begriffen werden.

7.3.2 Systemische Organisationsberatung in der Tradition Batesons Systembegriff

Die Systemische Organisationsberatung nach König/ Volmer versucht eine einheitliche theoretische Grundlage für ein solches Beratungsverständnis zu gewährleisten, wobei der in der Tradition Batesons entwickelte Systembegriff den Ausgangspunkt bildet. Auf dieser Basis sollen zentrale Methoden entwickelt werden, die zum Teil auf Überlegungen der systemischen Familientherapie zurückgehen, zum Teil auf Weiterentwicklungen der Autoren, die nicht zuletzt durch Felderfahrung gewonnen wurden (vgl. dies., 1994, S. 54). In diesem kurzen Überblick soll herausgestellt werden, ob der Systembegriff Batesons sowie die methodischen Konsequenzen wertvolle Hinweise leisten, um eine Organisationsberatungssituation besser verstehen zu können. Dabei soll beleuchtet werden, inwiefern die bisher extrahierten Größen (vgl. Kap. 2) Berücksichtigung finden und in der Sichtweise dieses Konzeptes integriert sind.

Bateson, ursprünglich ein Anthropologe, der über primitive Kulturen und über das Kommunikationsverhalten von Tieren arbeitete, führte in den 1950er Jahren ein Forschungsprojekt über die Entstehung von Schizophrenie durch, wobei er zu dem Ergebnis kam, dass Schizophrenie keine individuellen Ursachen hat, sondern aus dem sozialen System resultiert[124]. Dieser Ansatz ist von seinen Mitarbeitern damals weitergeführt worden, wobei v.a. Watzlawicks 'Menschliche Kommunikation' und die Familientherapie von Haley, Jackson und Satir zu nennen sind[125]. Batesons Systembegriff, der ein soziales System als ein System handelnder Personen begreift, die sich ein Bild von ihrer Wirklichkeit machen, bildet das Fundament für die weiteren Ausführungen dieses Ansatzes.

---

124 Bateson, G.: Schizophrenie und Familie. Frankfurt 1977.
125 Watzlawick, P.: Menschliche Kommunikation. Formen, Störungen, Paradoxien. Bern 1969.
  Haley, J.: Gemeinsamer Nenner Interaktion. Strategien der Psychotherapie. München 1978.
  Satir, V.: Mit Familien reden. Gesprächsmuster und therapeutische Veränderungen. München 1978. Satir, V.: Familienbehandlung, Kommunikation und Beziehung in Theorie, Erleben und Therapie. 6. Aufl. Freiburg 1987.

Damit sind schon die wichtigsten Bestimmungsstücke genannt. Die Elemente von sozialen Systemen sind *handelnde Personen*, also zum Beispiel Mitarbeiter eines Teams, einer Arbeitsgruppe oder einer Familie. Das beinhaltet, dass es keine scharfen Grenzen sozialer Systeme gibt. Die Grenzziehung hängt immer vom jeweiligen Betrachter ab: die Perspektive des Beobachters und die gerichtete Aufmerksamkeit definieren in der jeweiligen Situation die Systemgrenze. In direkter Anlehnung an den Konstruktivismus und Radikalen Konstruktivismus[126] machen *subjektive Deutungen* und *Wirklichkeitskonstruktionen* das soziale System aus. Die Elemente des sozialen Systems, die handelnden Personen, machen sich je ein individuelles Bild von ihrer Wirklichkeit, welches sich in den Interaktionsstrukturen und in den Regeln sozialer Systeme niederschlägt. In Verbindung mit den festen, offiziellen Regeln eines soziales Systems, welche bestimmte Vorschriften und Handlungsanweisungen enthalten, entstehen gemeinsame Deutungen und Verhaltensregeln, die sich unter dem Begriff der *Organisationskultur* fassen lassen. Zum Teil sind diese schriftlich fixiert, zum Teil haben sie sich im Laufe der Zeit herangebildet. Die gemeinsamen Deutungen und Verhaltensregeln beeinflussen ihrerseits wieder das Verhalten der einzelnen Personen. Sie können im Blick auf anstehende Problemlösungen funktional, aber auch dysfunktional sein. Die immer wiederkehrenden Verhaltensmuster, die hier als Interaktionsstrukturen bezeichnet werden, können eine Form des Regelkreises annehmen, aus dem schwer auszubrechen ist. An anderer Stelle wurde in diesem Zusammenhang von Verkrustungen, Rigidität und Starrheit gesprochen (vgl. Kap. 4.2; 7.3.1). Das Verhalten eines sozialen Systems wird zudem durch die Systemumwelt bestimmt: zu dieser Umwelt zählen in diesem Verständnis die materielle Umwelt, wie Arbeitsplatz, Geräte oder Räume; Personen und Sozialsysteme, die außerhalb des betreffenden Systems liegen, wie Geschäftsführung, Kunden oder Berater; und Werte, Normen und Regeln (vgl. König/Volmer, 1996, S. 40). Als letztgenanntes Merkmal ist die *Entwicklungsfähigkeit* eines sozialen Systems anzuführen. König und Volmer verweisen auf die Analogie zu biologischen Systemen und beschreiben in Anlehnung an Watzlawick Entwicklungsmöglichkeiten oder -potentiale.

Die zentrale These systemischen Denkens lautet, dass *Probleme* grundsätzlich im Zusammenhang des jeweiligen Systems zu sehen sind. Das gesamte System muss dahingehend analysiert werden, welche Faktoren das Problem hervorbringen oder verstärken (vgl. ebd., S. 44). Solche Faktoren können in jedem genannten Merkmalsbereich auftreten. So sind solche Faktoren in den Personen des sozialen Systems zu suchen, in ihren subjektiven Deutungen, in gemeinsamen Verhaltensregeln und Deutungen, in Interaktionsstrukturen, in der System-

---

126   Vgl. Kap.8: Dialogische Theorie

umwelt und/ oder in der bisherigen Evolution des sozialen Systems. Folglich müssen auch Veränderungen und Veränderungsbestrebungen den einzelnen Ebenen zugeordnet werden. Allerdings ist ein Merkmal, bzw. eine Ebene den anderen überlegen: die subjektiven Deutungen stellen das Zentrale in jeder Beratung dar. „Beratung zielt grundsätzlich zunächst einmal auf Veränderung der subjektiven Deutungen." (ebd., 1994, S. 65) Sie soll das Bild der Wirklichkeit mit der Zielsetzung verändern, für bestimmte Situationen neue Handlungsmöglichkeiten zu finden. In einer Expertenberatung werden in diesem Fall von außen andere Deutungen einer Situation vorgegeben, während in einer Prozessberatung, welche hier im Vordergrund steht, bzw. das zentrale Paradigma stellt, der Klient darin unterstützt wird, seine Konstruktion der Wirklichkeit selbst weiter zu klären und sie abzuändern. Der Klient soll sich mit seinen subjektiven Deutungen auseinandersetzen, sie überprüfen und gegebenenfalls neue Konstruktionen entwickeln. Dabei wird vor allem auf die klientenzentrierte oder nichtdirektive Gesprächsführung in der Tradition Rogers[127] zurückgegriffen. Das bedingungsfreie Akzeptieren, das präzise, einfühlende Verstehen und das aktive Zuhören bilden die zentralen Momente der Beratung. „Aufgabe des Beraters ist es, dem Klienten Zuwendung zu geben, die frei ist von Bewertungen, und die in den Äußerungen des Klienten angedeuteten Empfindungen zu verbalisieren. Damit hilft Beratung dem Klienten, sich über seine Empfindungen und seine Situation klarer zu werden und schrittweise selbst seine Situation anders zu deuten und neue Möglichkeiten zu finden." (ebd., S. 66)

Die formulierte Zielsetzung dieser Systemischen Organisationsberatung bestimmt die Methodik: König und Volmer wählen in ihrer Konzeption zwei Formen, die für diesen Überblick relevant sind. Zum einen stellt die *verbale Ebene* den Zugang zur Diagnostik und zum Prozess der Beratung; zum anderen werden *analoge Verfahren* als Zugang zu dem Bereich der Organisationsberatung gewählt. So wird in diesem Zusammenhang versucht, das Bild der Organisation, die subjektiven Deutungen der handelnden Personen, die Wirklichkeitskonstruktionen sowohl über digitale als auch über analoge Formen der Kommunikation[128] zu ´rekonstruieren´.

Das *Konstruktinterview* stellt dabei methodisch den Schwerpunkt in der Diagnose subjektiver Deutungen oder Theorien dar. Bei der Systemischen Prozessberatung sind Diagnose und Veränderung in der Regel unmittelbar miteinander verknüpft. Der Klient wird aufgefordert und unterstützt, eine eigene Diagnose vorzunehmen, also seine Situation zu reflektieren, welche wiederum seine eigene Sichtweise verändert und neue Handlungsmöglichkeiten aufzeigt. In größeren

---

127 Rogers, C.R.: Die nicht-direktive Beratung. München 1972 oder Therapeut und Klient. München 1977.

128 Vgl. Watzlawicks 4. Axiom seiner Kommunikationstheorie (s.o.)

Organisationen scheint es nach König/ Volmer aber sinnvoll, die Phasen der Diagnostik und der Veränderung zu trennen. Dadurch sollen die subjektiven Deutungen lediglich erfasst werden, um auf dieser Basis Maßnahmen zur Veränderung zu planen und durchzuführen. Dabei soll das Konstruktinterview einen entscheidenden Beitrag leisten. Zielstellung dieses qualitativen Interviews ist es, die subjektive Konstruktion der Wirklichkeit des Gesprächspartners zu einem bestimmten Themenbereich zu erfassen. Im Einzelnen werden dabei Fragen gestellt, die Folgendes umfassen: Welches sind die für die Deutung der Situation relevanten Konstrukte? Welche Diagnosehypothesen werden aufgestellt? Welches sind die subjektiven Ziele? Welche subjektiven Erklärungen werden gegeben? Welche subjektiven Strategien werden vorgeschlagen?

Dafür ist es notwendig, dass zuvor ein bestimmter Themenbereich und der grobe Ablauf geplant und festgelegt wird. Die Diagnose subjektiver Theorien bedarf einer gezielten Auswertung, in der gegebenenfalls die gemeinsamen und unterschiedlichen Sichtweisen verschiedener Personen zusammengetragen werden, um damit Anregungen für eine Veränderung des sozialen Systems zu bieten (vgl. ebd., 1994, S. 102). Die Erstellung von Leitfragen kann in diesem Zusammenhang ganz unterschiedlich ausfallen. Häufig kommen hierbei auch Methoden wie das Freie Assoziieren, der Bezug auf andere Personen, Vergleichsverfahren, das Laute Denken, o.ä. zum Einsatz. Fokussieren, Erfragung von Tilgungen oder Widerspiegeln sind geeignete Techniken, um auf bestimmte Inhaltsbereiche innerhalb der Antworten weiter oder näher einzugehen (vgl. ebd., 1996, S. 158ff). Nach der Festlegung eines Kategoriensystems, was den entscheidenden Schritt in der Auswertung darstellt, werden die Ergebnisse sowohl qualitativ als auch quantitativ ausgewertet. Mit Hilfe dieser so gewonnenen Daten kann ein Anstoß für eine weitere Beratungsphase gegeben werden; es können aber auch Projektteams gebildet werden, die konkrete Schwachstellen bearbeiten, Lösungsmöglichkeiten entwickeln und umsetzen.

Wenn ein Beratungsgespräch „auf der Stelle tritt, dann liegt das meist daran, dass auf der Basis des ursprünglichen Referenzrahmens keine Lösung möglich ist." (ebd., 1994, S. 130) Wenn keine Lösungsmöglichkeiten gefunden werden, immer wieder die gleichen Vorschläge unterbreitet werden und der Prozess der Veränderung nicht voran schreitet, sollte nach König/ Volmer eine *Referenztransformation* vorgenommen werden. Wenn Lösungen gefunden werden, die innerhalb des bestehenden Referenzrahmens möglich sind, so werden diese Lösungen 1. Ordnung genannt. Muss allerdings der Rahmen erweitert werden, so werden Lösungen 2. Ordnung anvisiert (vgl. Watzlawick, 1974, S. 51; zit. nach ebd.). Es gibt eine Reihe von Techniken, die für diese Art der Transformation herangezogen werden. Das ʹReframingʹ aus dem Neurolinguistischen Programmieren ist eine der bekanntesten Techniken: „Man wechselt den Rahmen, in dem ein Mensch Ereignisse wahrnimmt, um die Bedeutung zu verändern." (ebd.) In diesem Zusammenhang können auch Techniken genannt werden, die schon zu den analogen zählen. Das Thematisieren der *Körpersprache* oder die Einführung von *Symbolen* sind geeignete Möglichkeiten, die eigene Sichtweise zu erweitern und abzuändern. Weiter können aber auch Explizierungen und Veränderungen vorhandener Konstrukte hilfreich sein. Vor allem die Umdeutung von Widerfahrnissen in Handlungen birgt das Potential, problematische Situationen als etwas Veränderbares wahrzunehmen. Die Aktivierung der eigenen Handlungskompetenz wird hierdurch in den Mittelpunkt gerückt.

Der ursprüngliche Referenzrahmen ist in der Regel durch eine Reihe theoretischer Annahmen gestützt und kann in vielen Fällen auch mit Hilfe theoretischer Erörterungen, Auflösungen von Tilgungen oder Thematisierung von Hintergrundkonstrukten verändert oder transformiert werden. „In vielen Situationen ist es aber leichter, die Veränderung nicht auf rationaler Ebene, sondern auf der *'unbewussten Ebene'* mit Hilfe so genannter analoger Verfahren wie Symbolen oder Metaphern zu initiieren." (ebd., 1996, S. 99) Die Grundidee dieser Vorgehensweise ist, dass der Klient dann an einem Themenbereich arbeitet, der zunächst nicht in einem erkennbaren Zusammenhang zum offiziellen Problem der Beratung steht, so dass die Veränderung der eigenen subjektiven Deutungen hier nicht durch rationale Barrieren blockiert wird. Der Klient analysiert also nicht sprachlich die Problemsituation, sondern er wählt dafür ein Symbol, eine Metapher, oder er lässt Bilder von Situationen kommen. Wenn der Klient nunmehr Aussagen zu dem gewählten Bild oder Symbol macht, läuft auf analoger Ebene die Problembearbeitung weiter. Es werden so neue Bezüge hergestellt, auf deren Basis dann eine neue Sicht der Problemsituation möglich wird. „Allerdings sind solche analogen Verfahren in Beratung und Therapie nicht unproblematisch: Das Außerkraftsetzen des ursprünglichen und damit auch in bestimmten Bereichen bewährten Referenzrahmens führt zunächst zur Orientierungslosigkeit [...]." (ebd., S. 103) Der Berater trägt die Verantwortung für den Einsatz solcher Verfahren und muss dafür Sorge tragen, dass dadurch nicht Barrieren aufgebrochen werden, die zum Schutz des Klienten notwendig sind. Im Folgenden sollen zwei Techniken genauer betrachtet werden: zwei analoge Verfahren, die in der Praxis dieser Systemischen Organisationsberatung zu den grundlegenden Verfahren zählen.

Bei der *'Visualisierung sozialer Systeme'* handelt es sich um ein Verfahren, soziale Systeme bildlich darzustellen. Das erhoffte Ziel dieses Einsatzes besteht darin, dass der Einzelne, der über eine Fülle von Informationen und Eindrücken über das soziale System verfügt, welche nicht völlig bewusst sind, eben diese auf symbolhafte Weise zu explizieren, sie also bewusst zu machen. Dem Betreffenden werden damit seine unbewussten Eindrücke transparent, er gewinnt Distanz, und er hat die Möglichkeit, sein soziales System von außen zu sehen und von dieser Position aus neue Handlungsmöglichkeiten zu erkennen (vgl. ebd., S. 114). Nachdem die Problemsituation klar und frei geschildert wurde, legt der Betroffene – also derjenige, der mit der Situation unzufrieden ist und der das System visualisiert – sein relevantes System, das Primärsystem fest. Dabei kann es zu Unterscheidungen hinsichtlich der genannten Personen kommen, die für dieses System eine Rolle spielen: die Struktur einer Organisation(seinheit) ist nicht gleichbedeutend mit der subjektiven Darstellung des Primärsystems. Für jede genannte Person werden nun Spielsteine gesucht, die allerdings von sich aus wenig Bedeutung haben (Bauklötze, Pappkarten, ...). Der Betroffene, in diesem Zusammenhang als 'Star' bezeichnet, ordnet die Spielsteine o.ä. räumlich so an, wie es seinem Eindruck entspricht. In der anschließenden Prozessarbeit schildert der Betroffene seine Anordnung und wird durch Beobachtungen des Beraters unterstützt. Dabei spielen für die Beobachtungsphase Kriterien wie Nähe und Distanz, Subsysteme, direkter Kontakt, Zugang zu anderen Personen oder Orientierung auf andere Personen eine Rolle (vgl. ebd., S. 116f). In der Veränderungsphase werden Möglichkeiten einer Situationsänderung aufgezeigt. Dabei darf nur der 'Star' selbst die Position seines Spielsteins verändern. Vorschläge der Gruppe werden gehört und diskutiert, allerdings obliegt es dem Betroffenen, nur seine Position zu ändern. Ist es zu einer Veränderung desjenigen Spielsteins gekommen, können die weiteren Spielsteine als mögliche Reaktion verschoben werden. Möglicherweise stellt sich dabei eine versuchte Lösung als ungeeignet heraus. Dann ist die Ausgangsposition wieder herzustellen und es sind andere Möglichkeiten zu überlegen. In der Transferphase, die für jedes analoge Verfahren notwendig ist, ist zu klären, was die in der symbolischen Darstellung des Systems durchgeführte Veränderung in der Realität bedeutet. „Wie weit die Transferphase konkret durchgesprochen wird, ist von Fall zu Fall unterschiedlich. Manchmal ist es notwendig, die einzelnen Schritte genau fest zu machen. Manchmal genügt es, nachzufragen, ob dem Star klar ist, was die entsprechende Veränderung bedeutet." (ebd., S. 119) Ergebnis sollte hier sein, dass der Betroffene einen 'internen Kontrakt' abschließt, in dem er sich für eine bestimmte Vorgehensweise entscheidet.

Das Verfahren der 'System-Skulptur' geht auf die durch Satir bekannt gewordene Familien-Skulptur zurück. Im Rahmen familientherapeutischer Arbeit hat Satir die Personen einer Familie ihre Positionen stellen lassen, so wie es ihrer Einschätzung entspricht. Dabei werden Nähe und Distanz, Orientierung, Zuwendung, Abwendung, Rückzug oder Angriff deutlich (vgl. Satir, 1992, S. 255; zit. nach ebd., 1994, S. 161). Auch hier kann das Stellen des Sozialen Systems durch einen 'Star' (s.o.) erfolgen. Das ist ein Verfahren, das sich etwa im Rahmen von Workshops oder Seminaren gut anwenden lässt, wo nicht das reale System selbst anwesend ist (vgl. ebd.). Nachdem das Primärsystem festgelegt worden ist, wählt der Star selbst Personen aus, von denen er intuitiv meint, dass sie entsprechende Rollen übernehmen könnten. Die Personen werden dann als die entsprechenden Spieler gekennzeichnet. Der Star schildert die Eigenschaften der einzelnen Personen, während die Spieler nachfragen können. Daran anschließend stellt der Star die Personen des Primärsystems, wobei empfohlen wird, nicht alle gleichzeitig zu stellen, sondern schrittweise das System zu entwickeln. Die Kriterien für die Position der einzelnen Spieler in der Skulptur sind Nähe und Distanz, Blickrichtung, Körperhaltung und Höhe (auf Stuhl stellen oder hinknien). Bei diesem Stellen ist es die Aufgabe des Beraters nachzufragen, Körperhaltungen in Zusammenarbeit zu verfeinern und den Star durchweg zu ermutigen. In der Prozessarbeit werden nun die einzelnen Spieler zu ihren eingenommen Positionen und Haltungen befragt. Die Spieler werden aufgefordert, sich in die dargestellte Person hineinzuversetzen, um anschließend ihre Eindrücke, Ideen oder ihr Erleben zu thematisieren. Nun schildert der Star seine Eindrücke und Beobachtungen. Häufig werden hiernach nochmals Veränderungen durch den Star vorgenommen. Die Veränderungsphase der System-Skulptur ist vergleichbar mit der des Verfahrens `Visualisierung´. Der Star ändert seine Position entweder spontan, ändert sie, nachdem er mögliche Veränderungen thematisiert und verbalisiert hat oder der Berater erfragt oder nennt verschiedene Möglichkeiten. In dieser Phase kommt es darauf an, möglichst nicht lange zu reden, sondern eher Möglichkeiten auszuprobieren. Nach der Änderung des Stars reagieren die einzelnen Spieler. Die Veränderung des sozialen Systems wird so in einzelne Abschnitte zerlegt: in einer Phase ändert der Star seine Position, dann reagieren die übrigen Spieler des Systems darauf, dann gegebenenfalls nochmals der Star, um so den Prozess nachvollziehbar zu machen. Nach der Reaktion der übrigen Spieler beginnt die Prozessarbeit mit dem Betroffenen, der den Star darstellt. Dabei soll er schildern, wie er die Veränderung erlebt, wie es ihm dabei ergeht, ob er zufrieden ist oder ob er noch etwas ändern möchte. Die Phase ist erst dann abgeschlossen, wenn der Starspieler eine für ihn befriedigende Position erreicht hat oder wenn deutlich geworden ist, dass in diesem System eine solche Position nicht erreichbar ist (vgl. ebd., S. 166). In der Transferphase werden die Spieler um Vorschläge für den Star gebeten, bevor der Star selbst befragt wird, welche Konsequenzen er aus der Skulptur zieht und wie er konkret vorgehen will. Gegebenenfalls ist hier eine weitere Prozessarbeit notwendig. Es ist auch möglich, und wird oft bei Teamberatungsprozessen angewandt, das System durch reale Personen stellen zu lassen. Also der Abteilungsleiter einer Einheit spielt sich selbst. Hierbei sind zwei mögliche Vorgehensweisen vorstellbar. Ein Betroffener stellt das System mit den Anwesenden, bevor eine weitere Person dies tut, so dass die Unterschiede thematisiert werden können. Oder es nimmt jeder seine eigene

Position ein und wählt eine entsprechende Körperhaltung. In der Veränderungs-phase muss dann aber darauf geachtet werden, dass eine Übersichtlichkeit wei-terhin bestehen bleibt. Eine Zerlegung in einzelne Arbeits- oder Veränderungs-schritte ist notwendig.

König/ Volmer weisen abschließend nochmals daraufhin, dass die Arbeit mit analogen Verfahren schnell die Probleme eines sozialen Systems zeigen können. Es liegt aber zu großen Teilen an der Kompetenz der Berater diesen Prozess beherrschen zu können. Es erfordert ein hohes Maß an Sensibilität, Fle-xibilität in der Anwendung und die Fähigkeit, mögliche Belastungen einzelner Teilnehmer frühzeitig zu erkennen und mit diesen umzugehen. Erfahrung, Kom-petenz und Verantwortungsbewusstsein seien grundlegend für die analoge Pro-zessarbeit. „Man lernt Skulpturarbeit nicht alleine, sondern nur unter Anleitung." (dies., S. 168)

Kritische Würdigung:
Bei der Systemischen Organisationsberatung nach König/ Volmer sollten zuvor-derst die *methodischen Konsequenzen* betrachtet werden. Nachdem der System-begriff Batesons Organisationen als sozialer Systeme handelnder Personen ver-stehen lässt, die sich ein individuelles Bild von der Wirklichkeit machen, wurden Ebenen ausgemacht, auf denen in diesem systemischen Verständnis Probleme zu suchen sind: auf der Ebene der Personen, der subjektiven Deutungen, der Verhal-tensregeln, der Interaktionsstrukturen und auf der Ebene der Evolution eines sozialen Systems. Die Veränderungsmaßnahmen hätten demnach auch auf den einzelnen Ebenen anzusetzen, wobei Beratung zuvorderst immer als eine Verän-derung subjektiver Deutungen zu verstehen sei. Diese sind zum einen über *digi-tale Verfahren* anzugehen: die Diagnose subjektiver Theorien wird zunächst über Instrumente wie dem Konstruktinterview o.ä. vollzogen. Zum anderen werden *analoge Verfahren* aufgeführt: vor allem bei einer Stagnation des Beratungspro-zesses sind diese Verfahren zu empfehlen. In der Referenztransformation werden analoge Verfahren dann eingesetzt, wenn verbale, also digitale Verfahren nicht mehr greifen. Diese fokussieren dann die unbewusste Ebene. In diesem Zusam-menhang werden v.a. die Prozessarbeit mit Hilfe der Körpersprache genannt, wie auch das Visualisieren sozialer Systeme und die System-Skulptur. In den letzt genannten spielen Begriffspaare wie Nähe/ Distanz, Zuwendung/ Abwendung, Angriff/ Rückzug oder Blickrichtung, Körperhaltung und Orientierung eine Rol-le. Nach König/ Volmer ist es oftmals leichter, Problemsituationen nicht auf rationaler, sondern auf der *unbewussten Ebene* anzugehen. Sie weisen darauf hin, dass die Verwendung solcher Verfahren eine hohe Sensibilität, Flexibilität, Er-fahrung und ein großes Verantwortungsbewusstsein bei dem Berater voraussetzt. Das Außerkraftsetzen des ursprünglichen und damit auch in bestimmten Berei-

chen bewährten Referenzrahmens führt zunächst zu Orientierungslosigkeit, die für den Klienten möglicherweise eine gravierende psychische Belastung darstellen kann. König/ Volmer stellen recht ausführlich methodische Konsequenzen dar, die sie in digitale und analoge Verfahren unterteilen. Sie stellen in dezidierter Form eine Phaseneinteilung der Systemischen Organisationsberatung vor, die eine Orientierung liefert. Das Phänomen des *Widerstands* fassen sie nicht explizit. Sie verweisen nur unter dem Gesichtspunkt des Konstruktivismus auf die Möglichkeit, dass ein Beratungsvorgehen möglicherweise nicht greift: da sich jeder ein eigenes Bild von der Wirklichkeit macht, also auch nur einen beschränkten Ausschnitt von Möglichkeiten in den Blick nimmt, muss erst einmal das Bild der Wirklichkeit verändert werden, um die Entwicklung neuer Handlungsmöglichkeiten zu ermöglichen. Mit Hilfe der Referenztransformation wird dieses Problem angegangen.

Es verwundert allerdings, dass das Konstrukt der *Organisationskultur* so wenig bis gar keine Beachtung findet. Wenn durchgehend die subjektiven Deutungen der einzelnen handelnden Personen thematisiert werden und diese auch den zentralen Ansatzpunkt ausmachen, dann liegt es nahe, diese im Hinblick auf ein 'System' von Glaubensannahmen und Wirklichkeitskonstruktionen hin zu überprüfen. Die Organisationskultur wird aber nur als eine mögliche Regel sozialer Systeme angerissen. Die Organisationskultur wird in diesem Zusammenhang nur als eine Variable betrachtet und nicht als ein Konstituierendes einer Organisation (Organisation hat Kultur, Organisation ist Kultur). Dabei scheint es vielversprechend, neben der subjektiven auch die organisationale Wirklichkeitsdeutung in den Fokus zu nehmen. Da könnten genau jene analogen Verfahren Anwendung finden, die v.a. der systemischen Familientherapie entliehen sind. Allerdings müsste in der Systemischen Organisationsberatung die notwendige Reflexion dieser Verfahren eine größere Einbettung finden. Es scheint unzureichend, lediglich an eine notwendige Sensibilität, Flexibilität, Erfahrung und großes Verantwortungsbewusstsein der Berater zu appellieren. Körperarbeit und andere analoge Verfahren benötigen eine professionelle Anleitung sowie eine theoretisch konsistente Passfähigkeit zu bestehenden Annahmen der Organisationsberatungen. Letztlich fehlt auch der Systemischen Organisationsberatung die (theoretische) Möglichkeit, Fachwissen im Prozess der Beratung einspeisen zu können. Der fachliche Input nicht-expertokratischer Natur, wie ihn die Bestandsaufnahme forderte (vgl. Kap. 2.3), scheint auch in diesem Beratungsansatz keinen Platz zu finden.

7.4   Synopse: ein Pendeln zwischen Fach- und Prozessberatung?

Die vier dargestellten Ansätze der Organisationsberatung greifen die in der Bestandsaufnahme geforderten Aspekte auf und versuchen, diese theoretisch einzukleiden. Dabei wird deutlich, dass deren konzeptionellen Grundzüge auch für das gesuchte motologische Verständnis von Organisationsberatung von Bedeutung sind. Einzelne Konzeptbausteine – Organisationskultur und Widerstand (Schönig), symmetrische, diskursive Kommunikationsstruktur (Dewe) und analoge Verfahren (Systemische Organisationsberatung) – stellen auch für ein motologisches Konzept wichtige Bezugsgrößen dar. Die kritischen Würdigungen allerdings zeigen, dass keiner der Ansätze in sich so umfassend wäre, als dass er alle geforderten Kernelemente der Bestandsaufnahme würde aufnehmen und berücksichtigen können. Es scheint ein grundlegendes Problem zu sein: die geforderten Aspekte einer Organisationsberatung, die aus der Bestandsaufnahme (Kap. 2) resultieren, scheinen nicht in einem der ausgeführten wissenschaftlichen Ansätze zu einer Theorie konsistent zusammen geführt werden zu können. Ist ein passendes Verständnis von Organisationskultur (Schönig) gefunden worden, so fehlt es an einer angemessenen, konsequenten Methodik; stehen angemessene Verfahren zur Verfügung, rekurrieren sie auf eine andere Theorie, deren Interventionspessimismus dem Verfahren in gewisser Weise entgegensteht; und wird die Nicht-Interventionismus-These vertreten und theoretisch begründet, so mangelt es grundsätzlich an der Möglichkeit Expertenwissen anbieten oder einspeisen zu können. Es scheint, dass die bestehenden Beratungsansätze für die hier geforderten Aspekte (vgl. Kap. 2.3) nur theoretisch inkonsistente Angebote machen können. Walger und Scheller unterteilen in einem Systematisierungsversuch die verschiedenen Organisationsberatungsansätze in vier 'Philosophien' (vgl. dies., 2000, S. 10): die gutachterliche Form der Unternehmensberatung, die Expertenberatung, die Beratungsform der Organisations- und Personalentwicklung und die systemische Unternehmensberatung.

Zur Bedeutung der einzelnen Beratungsphilosophien sind auch nach Schwarz konkretere Zahlen nur dieser erwähnten Studie von Walger/ Scheller zu entnehmen (vgl. ders., 2008, S. 38). Sie sehen den Markt der Unternehmensberatung von Anbietern beherrscht, die ihre eigene Tätigkeit das Selbstverständnis eines Experten zugrunde legen. Demnach nimmt auch die Expertenberatung den größten Anteil von 84,9 % ein. Die Organisationsentwicklung beansprucht 11,2 %, die gutachterliche Tätigkeit 1,7 % und die systemische Organisationsberatung 2,2 % (vgl. Walger/ Scheller, 2000, S. 29). Allerdings wird von den Autoren festgestellt, dass sich eine zunehmende Verbreitung der Organisations- und Personalentwicklung einerseits und der systemischen Organisationsberatung andererseits abzeichnet. Das entspricht auch dem Bild, welches Moldaschl unter den

Begriffen des Prozeduralismus und der Expertokratie zeichnete (vgl. Kap. 2.1.1.1). Bewegt man sich in der paradigmatischen Unterteilung Moldaschls, so fehlt es dem expertokratischen Vorgehen an methodischen Maßnahmen und Regelungen zur Veränderungsinitiierung und an Ergebnisoffenheit; sowie es der Prozessberatung an der grundsätzlichen Möglichkeit fehlt, fachliches Wissen (Expertenwissen) einspeisen oder generieren zu können. Die (wissenschaftlichen) Diskurse der Organisationsberatung haben das Problem erkannt und suchen in der Thematisierung von Reflexionsprozessen einen Ausweg. Dabei werden die angestrebten Reflexionsprozesse nicht als eine Variante der Prozessberatung missverstanden, sie führen vielmehr eine neue Entwicklungsrichtung ein: die Vermittlung von fachlich-technischen Inhalten der Fachberatung steht der Initiierung von Reflexionsmöglichkeiten der Prozessberatung nicht mehr grundsätzlich entgegen, sondern beide Beratungstypen sollen ihre spezifischen Anteile bei der Gestaltung von Veränderungsprozessen einbringen. Die Synergien von Fach- und Prozessberatung sollen genutzt werden, um neue praktische Kooperationsversuche zu entwickeln (vgl. Fitsch/ Scherf, 2005, S. 284). So sieht beispielsweise Moldaschl den Ausweg (oder die Vermittlung) in einer 'reflexiven Beratung' (ders., 2001); genauso wie Königswieser feststellt, dass eine systemische Organisationsberatung ohne fachliches Wissen auf dem Markt nicht bestehen könne (vgl. dies., 2005a). Eine klare Trennung von Fach- und Prozessberatung sei überholt.

Allerdings ist mit einer solchen Forderung noch kein praktikables Konzept und schon gar keine konsistente Theorie in Sicht. Selbst Königswieser u.a. räumen ein, dass erste praktische Erfahrungen zeigen, dass die großen Unterschiede zwischen Fach- und Prozessberatung, die zu leistende Pionierarbeit und die mangelnden strukturellen Rahmenbedingungen für eine solche reflexive Beratung noch genügend Problemfelder bereithalten (vgl. dies., 2005, S.3). Beiden Ansätzen fehlt es an der Reflexion von Beratungsstrategien allgemein und Interventionen im Einzelnen in Hinblick auf die konkrete Situation in der Organisation. Ein Mittelweg zwischen Fach- und Prozessberatung, in welchem auf eine reflektierte Verbindung der beiden verzichtet wird, setzt sich der Gefahr aus, dass sich beide Ansätze wechselseitig unterlaufen, oder dass sie ihre spezifischen Charakteristika verlieren (vgl. Schwarz, 2008, S. 239). Froschauer und Lueger[129] konstatieren sogar eine Unvereinbarkeit zwischen Fach- und Prozessberatung – hinsichtlich der Beratungskonzepte, der Erwartungen an Beratung und der strukturellen Ausgewogenheit im Beraterteam (vgl. ebd.). Wenn Prozessberatung sich mehr und mehr davon entfernt, die rationale Steuerbarkeit von Organisationen in

---

129 Froschauer/ Lueger (2006): Reflexiv-differenzierende Organisationsberatung. Überlegungen zur Kombination von Prozess- und Fachberatung. In: Kühl/ Moldaschl (Hrsg.): Organisation und Intervention. München: Mering 2006; zit. nach Schwarz (2008).

Frage zu stellen, dann wird Beratungshandeln im Sinne einer Sozialtechnik legitimiert (vgl. ebd.).

Es stellt sich also zunächst die Frage, wie beide paradigmatischen Richtungen miteinander vereint werden können, bzw. wie ein weiterer Ausweg gefunden werden kann, um der Praxis entsprechen zu können. Die Anforderungen des Marktes scheinen etwas anderes zu fordern, als theoretisch und konzeptionell konsistent angeboten werden kann. Die Organisationsberatung sieht sich derzeit mit dem Problem konfrontiert, einerseits fachliches Expertenwissen implementieren zu wollen, andererseits die Autonomie der Organisation zu wahren, bzw. die rationale Steuerbarkeit von Organisationen abzulehnen. Folglich gilt für den weiteren Verlauf, ein einendes Dach zu finden, welches die geforderten Aspekte theoretisch und konzeptionell zu vereinen, bzw. zusammenzuführen weiß. Die vier hier vorgestellten wissenschaftlichen Ansätze der Organisationsberatung zeigen, dass jeder einzelne Aspekt, jede einzelne geforderte theoretische Größe aus der Bestandsaufnahme (vgl. Kap. 2) ihre Berechtigung hat: das einende Dach hat somit

- das *Konstrukt der Organisationskultur* zu beherbergen;
- das *Phänomen des Widerstands* zu berücksichtigen;
- die stattfindende *Kommunikation* in der Beratung als *Diskurs* zu begreifen;
- eine *Steigerung der Selbstreflexivität* durch geeignete Mittel zu fördern;
- angemessene *Methoden* zu finden, welche auf den theoretischen Hintergrund der genannten theoretischen Größen Bezug nehmen;
- schließlich hat das einende Dach die Aufgabe, einen *fachlichen Input* – ein generiertes fachliches Expertenwissen – theoretisch konsistent in einen Organisationsberatungsansatz aufzunehmen.

Das bedeutet, dass das Leitbild des Prozeduralismus mit dem der Expertokratie zusammengeführt werden muss. Dabei darf die Zusammenführung nicht in einer Verwässerung des jeweiligen Leitbildes münden; die Zusammenführung der beiden paradigmatischen Richtungen sollte die jeweiligen Vorzüge hervorheben können, um theoretisch, aber auch konzeptionell der Praxisanforderungen gerecht zu werden. Im Folgenden wird die Dialogische Theorie (vgl. Kap 8) vorgestellt, die imstande sein wird, als einendes Dach einer motologischen Organisationsberatung zu fungieren. Sie untersucht die Möglichkeiten, wie unterschiedliche Auffassungen und Weltsichten miteinander in Kontakt kommen können, um sich selbst zu erweitern. Für den Aspekt des fachlichen Inputs nicht-expertokratischer Natur hat das entscheidende Bedeutung.

8 Das Aufeinandertreffen konträrer Standpunkte – Expertenwissen und Organisation

Die Dialogische Theorie von Zima (2004) behandelt die scheinbar einfache Frage, wie man auf sozialwissenschaftlicher Ebene miteinander reden kann. Dabei gilt sie als ein Versuch, zwischen zwei Extremen dialektisch zu vermitteln. Gegensätzliche theoretische Positionen sollen in dieser dialektischen und dialogischen Metatheorie zusammengeführt werden, um sie im Rahmen einer Konfrontation zu überprüfen. „Wo konträre Standpunkte aufeinander treffen, lässt jede der beteiligten Theorien ihre Wahrheitsmomente und ihre blinden Flecken erkennen." (Zima, 2004, S. 12) Die kritische Überprüfung der theoretischen Diskurse zwischen heterogenen Gruppensprachen soll als eine Art 'Erschütterung' verstanden werden: als eine Bloßlegung theoretischer Schwächen durch Zusammenführung gegensätzlicher (extremer) Positionen (vgl. ebd.).

Im Folgenden wird die Dialogische Theorie in ihren Grundzügen ausgebreitet (Kap. 8.1), so dass die wesentlichen konzeptionellen Annahmen mit den geforderten Aspekten der Synopse (Kap. 7.4) in Berührung gebracht werden können. Die Dialogische Theorie soll imstande sein, die Aspekte der Organisationskultur, des Widerstands, der Kommunikationsform des Diskurses, der Steigerung der Selbstreflexivität, der Methodenwahl und den Aspekt des fachlichen Wissens zu beherbergen (vgl. ebd.). In diesem Kapitel werden v.a. das Expertenwissen und die Selbstreflexivitätssteigerung eine wesentliche Rolle spielen. Dazu wird es auch notwendig sein, die Dialogische Theorie kritisch zu beleuchten. Das Kapitel 8.2 bespricht zentrale Kritikpunkte der Dialogischen Theorie und bettet sie in den motologischen Kontext ein. Mit dem Abschluss dieses Kapitels wird die Dialogische Theorie als (konzeptionell) einendes Dach einer motologischen Organisationsberatung vorgestellt (Kap. 8.3).

8.1 Einführung in die Dialogische Theorie

Um in die Komplexität der Ausführungen der Dialogischen Theorie, im folgenden DT abgekürzt, anschaulich einzusteigen, sei einleitend ein Beispiel genannt, anhand dessen die einzelnen Schritte besser verdeutlicht werden können:

Eine wissenschaftliche Position nennt eine Theorie ihr Eigen, mit der sie versucht, über einen bestimmten Sachverhalt allgemeingültige Aussagen zu treffen. Diese scheint in sich kohärent und wird von dem ihr eigenen/ angrenzenden Diskurs als richtig empfunden. Eine weitere wissenschaftliche Position – vielleicht eine gegensätzliche –, ein weiterer Fachdiskurs trifft ebenfalls theoretische Aussagen zu diesem bestimmten Sachverhalt. Beide beanspruchen für sich – und jeweils im eigenen Fachdiskurs bestätigt – den 'Wahrheitsgehalt' ihrer Aussagen, ihrer Auslegung des bestimmten Sachverhalts. Jetzt kann man auf naturwissenschaftlicher Ebene diese hermeneutische Sichtweise nicht vertreten. Paradigmatische Festlegungen, wie das Newton'sche Gesetz, schließen verschiedene Sichtweisen aus. Auf sozial- und kulturwissenschaftlicher Ebene allerdings ist das so nicht möglich, bzw. auch nicht der Fall. Ein Beharren auf der eigenen Sichtweise, auf der eigenen 'Richtigkeit' seiner Theorie führt nur zu zirkulären Schlüssen. Die Aufnahme von gegensätzlichen Aussagen, von gegensätzlichen Fachdiskursen scheint in diesem Fall weiter zu helfen. Indem die DT versucht, diese gegensätzlichen Positionen gegenüberzustellen, sollen die blinden Flecken der jeweiligen Aussagen bloß gestellt werden. Die Aussagen einer Theorie oder eines Fachdiskurses sollen auf diesem Wege erschüttert werden. Es geht nicht darum sie nach dieser kritischen Überprüfung zu falsifizieren, sondern sie 'lediglich' zu erschüttern. Dabei werden die Positionen, die Gegensätze zwar dialektisch gegenübergestellt, sie werden aber nicht im Sinne Hegels miteinander versöhnt. Zum einen werden dadurch konstruktivistische Auffassungen nicht missachtet, zum anderen entsteht dadurch ein Fokus auf die Begriffe der Alterität und der Nichtidentität. Das Andere, in diesem Fall die gegensätzliche, wissenschaftliche Position, soll in die eigene Identitätskonstruktion mit aufgenommen werden. Es geht darum, die eigenen Aussagen mit den Augen der anderen zu sehen: das Subjekt der DT sucht seine Identität und seinen Standpunkt in der offenen, unabschließbaren Auseinandersetzung mit den gleichberechtigten Anderen. Es nimmt also das Andere nicht rationalistisch als Hindernis oder postmodern als Schranke wahr, sondern als eigene Entfaltungsmöglichkeit und als Grundlage des Dialogs. Dadurch bricht und überwindet es die eigenen von Ideologie und Alltagsdenken dogmatisierten Trennungen. Es bricht und überwindet seinen eigenen, in der eigenen Position verhafteten Monolog. An der Stelle, an der der monologische, ideologische Diskurs einer Position, der sich mit der Wirklichkeit identisch wähnt, zerfällt, dort wird der Andere in seiner Andersartigkeit wahrnehmbar und lädt zum Dialog ein. Es entsteht dabei eine kritisch-reflexive Einsicht, dass die eigene Position und die Konstruiertheit der eigenen Aussagen möglicherweise den Dialog verhindert und den monologischen (ideologischen) Diskurs bekräftigt haben. Diese Einsicht ermuntert zugleich, die eigenen Konstruktionen mit denen konkurrierender Diskurse zu vergleichen und den Dialog mit den Diskursen zu suchen. So erscheint die Alterität, die (gegensätzliche) Position des Anderen nicht als Ärgernis, sondern als Möglichkeit, das eigene Denken durch die Aufnahme des Anderen zu öffnen und zu ´vervollkommnen´. Die jeweilige Position ist durch die Gegenüberstellung erschüttert, nimmt ihre eigenen blinden Flecken wahr, überprüft ideologische oder monologische Wirklichkeitskonstruktionen und erhält die Möglichkeit, durch die Aussagen des Anderen seine eigenen möglicherweise zu ändern oder gar zu ´verbessern´.

8.1.1 Die Bedingtheit einer Theorie in den Sozial- und Kulturwissenschaften

Vorweg muss unterschieden, bzw. herausgestellt werden, dass sich der Begriff der Bedingtheit auf die Sozial- und Kulturwissenschaften bezieht. Den Naturwissenschaften ist diese Bedingtheit in diesem Maße fremd: ähnlich wie schon im obigen Kapitel erwähnt, und weiter unten noch ausführlicher behandelt, ist die Naturwissenschaft dieser Bedingtheit nicht unterworfen, da sie allgemeine Aussagen trifft, die von allen weiterer Naturwissenschaften gleich verstanden werden. „Während beispielsweise Schrödingers Gleichungen von allen Physikern gleich verstanden werden", und hier tritt der Unterschied zu den Sozial- und Kulturwissenschaften beispielhaft zutage, „bleibt es offen, wie Luhmanns Theorie ´ökologischer Kommunikation´ genau zu verstehen ist und wie sie zu bewerten ist." (Schülein, 2002[130], S. 23; zit. nach Zima, 2004, S. 37) Zu diesen naturwissenschaftlichen, allgemeingültigen Theorien und Schemata scheinen die Sozial- und Kulturwissenschaften nicht in der Lage: während beispielsweise das Periodensystem der chemischen Elemente überkulturelle Geltung beanspruchen kann, können – ebenso beispielhaft – die in Europa verwendeten kunstgeschichtlichen Periodisierungen keineswegs auf nichteuropäische Kulturen angewendet werden. Und sogar innereuropäische Klassifizierungen weichen voneinander ab (vgl. ebd., S. 34). Damit scheint zumindest im Ansatz eine kulturelle Bedingtheit einer Theorie ans Tageslicht zu treten. Die Kultur soll in diesem Zusammenhang als ein „Komplex von Problemen beschrieben werden, als eine sich in verbalen und nicht-verbalen Zeichensystemen artikulierende sozio-historische Problematik." (vgl. ebd.) Dabei erscheint der Begriff der Problematik als dynamische Einheit, auf die verschiedene Gruppierungen und Individuen unterschiedlich reagieren. Also stellt die Ähnlichkeit der Probleme das Einheitliche der Problematik dar, die oft divergierenden oder widersprüchlichen Reaktionen das Heterogene. So reagieren auch Theorien und Theoriekomplexe – als interessengeleitete Diskurse verstanden –, sehr unterschiedlich auf die Probleme einer Kultur.

---

130 Schülein, J. A./ Reitze, S.: Wissenschaftstheorie für Einsteiger. WUV Universitätsverlag: Wien 2002.

Da die Probleme von Nation zu Nation, von Gesellschaft zu Gesellschaft verschieden sind, fallen auch die theoretischen Reaktionen und Prozesse der Theoriebildung derselben unterschiedlich aus. Zima führt zur Verdeutlichung in diesem Zusammenhang die unterschiedlichen Reaktionen auf die Probleme der Umweltzerstörung, der Globalisierung, der Gleichberechtigung der Frau oder der europäischen Integration an (vgl. ebd., S. 30) und führt aus, dass keines dieser Probleme ohne politisch-ideologisches Engagement, d.h. rein theoretisch, zu beschreiben oder gar zu lösen ist. Während Naturwissenschaftler es mit Problemen zu tun haben, deren Lösung ein kognitives Engagement voraussetzt, haben es Kultur- und Sozialwissenschaftler mit Problemen zu tun, deren Lösung nicht nur kognitives, sondern auch ideologisches Engagement[131] voraussetzt. Dabei ist das ideologische Engagement einerseits als Triebfeder, als Motivationsmoment zu erkennen, andererseits kann auch genau jenes, dann aber überhöhte ideologische Engagement als Hindernis der Kommunikation, als einseitiger Monolog verstanden werden – worauf aber später noch ausführlicher eingegangen wird.

So kann eine Kultur- oder Gesellschaftstheorie nicht wertfrei oder neutral sein, da sie immer versucht, für bestehende Probleme Lösungen zu finden. Die Sozial- und Kulturwissenschaften, die Humanwissenschaften an sich sind immer mit der Notwendigkeit konfrontiert, „im Rahmen der soziokulturellen Problematik auf konkrete nationale und regionale Probleme kritisch-wertend zu reagieren" (ebd., S. 39), wobei sie in vielen Fällen zugleich nach naturwissenschaftlicher Exaktheit und Allgemeingültigkeit streben. Sie haben es allerdings immer mit einer Kommunikationssituation zu tun und mit Diskussionen, die spezifisch dem Land oder der Region eigen sind. Zima verdeutlicht seinem Argumentationsgang mit der soziologischen Systemtheorie Luhmanns, die er kontrastiert mit der französischen Soziologie, wie der Bourdieus oder Touraines Handlungssoziologie. Dieser hier regional auszumachende Unterschied der unterschiedlichen, soziologischen Theorienbildung kann noch weiter gespannt werden, wenn beispielsweise Max Weber und Emile Durkheim und deren 'Schulen' verglichen werden. So kann man herausstellen, dass zu Beginn des 20. Jahrhunderts das Wort Soziologie durch die Institutionalisierung der Theorien in beiden Ländern verschiedene Bedeutungen angenommen hatte. Die deutsche, Webersche Soziologie verstand sich als verstehende Wissenschaft, die sich primär am Individuum orientierte, während die französische die sozialen Fakten auf kollektiver Ebene als Dinge

---

131 Engagement ist selbstverständlich eine psychische, emotionale und soziale Einstellung, die in beiden Wissenschaftsbereichen Dissens, Kritik und institutionellen Konflikt zeitigen kann. Während aber der Naturwissenschaftler nur seine Kollegen kritisieren kann und nicht die Natur, sehen sich Kultur- und Sozialwissenschaftler immer wieder zu kritischen Stellungnahmen veranlasst, weil sie es mit sozialen Problemen (nicht bloß Wertungen) zu tun haben, die es ohne ein implizites oder explizites politisches Engagement nicht zu lösen sind. (Zima, 2004, S. 34)

behandelte (vgl. ebd., S. 42). Deutlicher wird es, wenn man die Umstände mit betrachtet, dass beide den jeweils anderen nicht zur Kenntnis nahmen. Entgegen dem wissenschaftlichen Kriterium der Universalität spielt hier vor allem ein nationaler, bzw. nationalistischer Faktor eine entscheidende Rolle. Hier wird deutlich, wie sehr Kultur ein wertender Begriff ist, der die Theorienbildung nicht nur bedingt, sondern in manchen Fällen sogar überhand zu nehmen scheint. Es soll hier nur angemerkt werden, dass in diesem Verständnis auch eine Organisationskultur einen weiteren Anstrich erfährt. Die kulturelle Bedingtheit einer Organisation erhält einen weiteren Bezug (vgl. Kap. 5).

Nicht nur in der Soziologie, sondern auch in den Literatur- und Kunstwissenschaften lassen sich Beispiele anführen, die diese kulturelle Bedingtheit verdeutlichen. Neben der kulturellen Bedingtheit sind auch sprachliche und ideologische Phänomene zu beobachten, welche eine Theorie und -bildung beeinflussen. Diese lassen sich mit dem Konstrukt des Soziolektes und des Diskurses gut beschreiben. „Ein Soziolekt als ideologische, wissenschaftliche, literarische, philosophische oder religiöse Gruppensprache ist hier lediglich ein theoretisches Konstrukt, das verschiedene Diskurse aufgrund ihrer gemeinsamen lexikalischen, semantischen und syntaktischen Merkmale bündelt. Das heißt, dass ein Soziolekt das lexikalische und semantische Repertoire bildet, dessen sich individuelle und kollektive Subjekte bedienen, um Diskurse hervorzubringen und um sich selbst – bewusst oder unbewusst – in diesen Diskursen zu konstituieren." (Zima, 2004, S. 52) Im Kultur- und Sozialwissenschaftsbereich werden so immer wieder Symbiosen mit religiösen, literarischen, ideologischen und naturwissenschaftlichen Gruppensprachen eingegangen, um die Interessen individueller und kollektiver Subjekte auszudrücken. Diese Soziolekte bestimmen und beherrschen eine Zeit lang die Debatten; sie stehen im Mittelpunkt und reagieren auf aktuelle Probleme bis sie aufgrund neuer Probleme an den Rand der Problematik gedrängt werden und durch neue Soziolekte, die neue Gruppeninteressen artikulieren, ersetzt werden. Die Soziolekte entscheiden also über die semantischen Relevanzkriterien, Klassifikationen und Definitionen, die dem Subjekt einerseits zur Verfügung stehen, es andererseits zum Subjekt machen (vgl. ebd.). Das Subjekt erzählt mit Hilfe eines Soziolekts oder einer Synthese von Soziolekten die jeweils geartete ´Wirklichkeit´, die stets ein Konstrukt im Rahmen eines Soziolekts ist. Der psychoanalytische Soziolekt beispielsweise entscheidet u.a. über die Relevanzkriterien und das Subjekt erzählt mit Hilfe dieses Soziolekts die psychoanalytische Wirklichkeit. „Das ideologische und theoretische Konstrukt kommt dadurch zustande, dass das Diskurs-Subjekt im Anschluss an bestimmte Relevanzkriterien seines Soziolektes konkrete semantische Unterscheidungen vorfindet oder postuliert und anhand dieser Unterscheidungen soziokulturelle Ereignisse und Handlungsabläufe erklärend erzählt." (ebd., S. 53)

Die theoretischen Soziolekte und Diskurse sind in diesem Sinne alle ideologisch, da sie Gruppeninteressen artikulieren, die im Diskurs auf bestimmte Probleme in der jeweiligen Situation/ Problematik reagieren (vgl. ebd., S. 56); und
zwar dergestalt, dass sie bestimmte Relevanzkriterien (ihres Soziolekts) festle-
gen[132]. Ideologie kann in diesem Zusammenhang als ein interessengeleiteter
Diskurs verstanden werden, der stets aus einem oder mehreren Soziolekten hervorgeht und dessen Aussagesubjekt sich dadurch konstituiert, dass es, ausgehend
von bestimmten Relevanzkriterien und Klassifikationen, die Wirklichkeit oder
einen Teil der Wirklichkeit erzählt (vgl. ebd. S. 60). Wie oben schon erwähnt
scheint das ideologische Engagement eines Aussagesubjekts sogar notwendig zu
sein – es darf allerdings nicht vergessen werden, dass es von kontingenten und
partikularen Standpunkten ausgeht und folglich nur kontingente Konstruktionen
der Wirklichkeit hervorbringen kann. Aussagesubjekte wissenschaftlicher Theorien, so Zima, neigen allerdings dazu, sich monologisch mit der Wirklichkeit zu
identifizieren und genau das Partikulare zu verschweigen (vgl. ebd., S. 61). In
einer kritisch-negativen Definition kann genau dieser Sachverhalt wiedergegeben
werden, nämlich wenn die Ideologie als ein Diskurs verstanden wird, dessen
Aussagesubjekt Ambivalenzen tilgt, sich unreflektiert mit der Wirklichkeit identifiziert und dadurch einen Monolog hervorbringt, der ein dialogisches Verhältnis zu andersartigen Diskursen unmöglich macht (vgl. Zima, 1989, S. 55f).
    Für die kulturelle, sprachliche und ideologische Bedingtheit einer Theorie
bedeutet das, dass die Theorie nun als ein von ideologischen Interessen geleiteter
Diskurs zu verstehen ist, „dessen Aussagesubjekt über seine Relevanzkriterien,
seine semantisch-narrativen Verfahren [...] im sozio-linguistischen Kontext
nachdenkt und sie als partikulare Konstruktionen einer ambivalenten, vieldeutigen Wirklichkeit auffasst, deren Erkenntnis den Dialog mit anderen Theorien
voraussetzt." (Zima, 2004, S. 62) Damit erscheint Theorie als ein paradoxes
Unterfangen, dessen Subjekt unablässig versucht, die eigene Ideologie (im allgemeinen Sinne) zu reflektieren und zu relativieren, ohne sie aufzugeben. „Denn
ein Verzicht auf das ideologische Engagement würde die Theorie dem Relativismus und der Indifferenz als Austauschbarkeit aller Wertsetzungen überantworten." (ebd.) (vgl. Kap. 9.1 und 12) Die Ausführungen zu der Bedingtheit
einer Theorie sind nicht nur für das Verständnis der DT grundlegend, sondern –
gebrochen oder abstrahiert auch auf nichtwissenschaftliche Kontexte – ein weg-
weisendes Element der gesamten Arbeit. Vor allem die ideologische Bedingtheit
tritt immer wieder ans Tageslicht und rahmt die grundlegenden Überlegungen.

---

132 Zima verdeutlicht diesen Gedankengang anhand verschiedener Modellanalysen: Marx/ Engels
     Manifest der kommunistischen Partei; Georg Lukács´ Geschichte und Klassenbewusstsein;
     Max Webers Wirtschaft und Gesellschaft und Luhmanns Systemtheorie (vgl. ders., 2004, S.
     56ff)

Allerdings soll nicht das Vorhandensein einer Ideologie den Fokus ausmachen. Die Ideologie wird in den jeweiligen Kapiteln als zu berücksichtigende, bzw. konstituierende Komponente zwar ausgemacht, die Folge daraus soll aber vielmehr interessieren: nämlich die kritische Reflexion derselben. In diesem ausgeführten Zusammenhang muss die Reflexion des theoretischen Subjekts auf drei Ebenen vonstatten gehen: auf der Ebene des Diskurses, des Soziolekts und der sozio-linguistischen Situation als Problematik. Wenn das theoretische Subjekt beginnt, sich über seine lexikalische, semantische und syntaktisch-narrative Tätigkeit Rechenschaft abzulegen, wird es feststellen, dass seine Relevanzkriterien und semantischen Unterscheidungen ganz andere Perspektiven eröffnen, als die Relevanzen und Unterscheidungen anderer Diskurse (vgl. Zima, 2004, S. 65). Wenn das Subjekt allerdings nicht imstande ist, Rechenschaft abzulegen, wie hier formuliert wurde, dann muss es zu diesem Reflexionsprozess angehalten werden, soll es nicht im „eigenen Monolog erstarren"[133] (ebd., S. 69).

8.1.2 „Gegen sich selbst denken, ohne sich preiszugeben." Die Einheit der Gegensätze

Es ist schon in der einführenden Darstellung deutlich geworden, dass es der DT um das Zusammenführen von Extremen als Triebfeder der Erkenntnis geht. In der Philosophie ist die Frage, welchen Erkenntnisgewinn die Vereinigung der Extreme hat, systematisch erforscht worden und gipfelte zunächst in der Hegelschen Dialektik[134]. Dass das sich Widersprechende sich nicht in Null, in das abstrakte Nichts auflöst, wird auch, so Zima, in der DT als Grundstock genommen, allerdings nicht in seiner synthetisierenden Bewegung: eine solche Einheit, dessen Begriff die Einheit seiner und seines Entgegengesetztes ist, also um dessen Negation reicher geworden ist, wurde schon im 19. Jahrhundert[135] in Frage gestellt und letztlich in der Kritischen Theorie Adornos und Horkheimers zugunsten einer offenen, negativen Dialektik endgültig preisgegeben (vgl. ders., 2004, S. 119). Das bedeutet, dass der Widerspruch nicht „hegelianisch aufgehoben, nicht systematisch gebändigt, nicht im Rahmen eines monologischen Diskurses synthetisiert werden [soll], dessen Subjekt sich mit der Wirklichkeit identisch wähnt." (ebd.) Die Gegensätze sollen nicht in einer höheren Einheit aufge-

---

133 Die Formulierungen sind im Kontext der Dialogischen Theorie zu verstehen. Einen gesonderten Bezug zur motologischen Organisationsberatung und eine theoretische Einbettung erhalten sie im weiteren Verlauf.
134 Vgl. Hegel, G. W. F.: Wissenschaft der Logik. Bd. 1. Suhrkamp, Frankfurt 1969. S. 49
135 beispielsweise von den Junghegelianern wurde es in Frage gestellt. Vgl. auch Vischer, F. Th.: Kritische Gänge. Bd. IV. Meyer und Jessen, München 1922

hoben, sondern dialogisch zusammengeführt werden. Die zwei entgegengesetzten Perspektiven sollen in der Hoffnung aufeinander bezogen werden, „die blinden Flecken der einen im Lichte der anderen erscheinen zu lassen. Es gilt weiterhin, durch das Abschreiten der Extreme das Ganze im Auge zu behalten, ohne es jedoch hegelianisch abzuschließen." (ebd., S. 120)

Wenn das Subjekt erkennt, dass seine Objekte Konstruktionen sind, die somit nicht mit der 'Wirklichkeit' identisch sind, wird es sich Gegenargumenten und Alternativkonstruktionen öffnen können. Es wird also, wie oben auch erwähnt, dem ideologischen Monolog absagen, sobald es merkt, dass dieser Monolog es daran hindert, Neues zu erkennen und Erfahrungen zu machen. Adorno hat das treffend formuliert als „Gegen sich selbst denken, ohne sich preiszugeben" (Adorno, 1966, S. 142[136], zit. nach Zima, 2004, S. 120) – so verfährt eine dialektische und dialogische Theorie, die extreme Positionen aufeinander bezieht, um die Begrenztheit einer jeden Position und ihre eigene Begrenztheit zu erkennen.

Zima führt im weiteren Verlauf kontrastierend verschiedene Theorien auf, die das Problem der Verständigung, v.a. aber der theoretischen Verständigung anvisieren. Dabei geht es ihm einerseits um die Schwachstellen einer jeden Sichtweise, andererseits um das Klarstellen, wie sehr die gegensätzlichen Perspektiven einander ergänzen und erklären. Zima untersucht universalistische (Popper) und partikularistische (Lyotard), konstruktivistische (Glasersfeld) und realistische (Lukács), individualistische und kollektivistische Theorie-Gedanken oder theoretisches Denken in einer mehrdimensionalen Darstellung, um nicht den Anschein zu erwecken, es würde in eine umstandslose Gleichsetzung münden (vgl. ebd., S. 121). Mit dieser Darstellung, die er mit einem kontrastierenden Gegenüberstellen von Luhmann und Bourdieu sowie Habermas und Foucault beendet, stellt er den dialogischen Gedanken deutlich dar. Er fokussiert jede Gegenüberstellung auf eine spezifische Frage und erörtert so die Schwachstellen jeder theoretischen Richtung, wie auch das Ergänzende und Erhellende. Selbst anachronistisch anmutende, theoretische Gedanken, wie beispielsweise Lukács' idealistische Zuversicht, lassen im Kontrast, in der Gegenüberstellung erkennen, welchen immer noch aktuellen Wert sie beispielsweise auf der erkenntnistheoretischen Ebene besitzen (vgl. ebd., S. 152).

Im Einzelnen würde eine Darstellung dieser erhellenden Zusammenführungen in diesem Rahmen zu weit führen. Wichtig ist, auf welche Art sich das dialogische Denken niederschlägt und welcher (Erkenntnis-) Fortschritt oder Gewinn daraus ableitbar ist. Die Extreme berühren sich nicht nur, sondern sie relativieren und korrigieren sich auch. Es hat sich gezeigt, so Zima, dass das dialogische aufeinander Beziehen heterogener theoretischer Ansätze erkennen lässt,

---

136   Adorno, Th. W.: Negative Dialektik. Suhrkamp: Frankfurt 1966.

dass es jede Wahrheit mindestens doppelt gibt und dass es sich lohnt, auch die Kehrseite der Medaille im Auge zu behalten (vgl. ders., S. 207; vgl. Dewe, 1991, S. 154; vgl. Kap. 7.2).

8.1.3 Die Metatheorie der Verständigung. Die Dialogische Theorie

Den Ausgangspunkt einer dialogischen Metatheorie der Kultur- und Sozial-wissenschaften bildet die Kritische Theorie Adornos und Horkheimers – allerdings wird sie im Hinblick auf Alterität und Dialog umgedeutet. Die Kritische Theorie erscheint hier sozusagen in einer neuen Gestalt (vgl. Zima, 2004, S. 214). Wie oben schon deutlich wurde, macht das Hegelsche System-denken die Auflösung der Gegensätze in eine höhere Einheit aus (systematische Dialektik der Aufhebung). Von dieser synthetisierenden Bewegung der Hegel-schen Aufhebung sprachen sich viele Richtungen los. Die Kritische Theorie ist ein nachhegilianisches und auch nachmarxistisches Denken, das bei der Einheit der Gegensätze ohne Synthese stehen bleibt. Sie verharrt damit beim Widerspruch und plädiert für eine Unaufhebbarkeit einer Antinomie. Dieses als negative Dialektik bezeichnete Prinzip gehorcht dem antinomischen Sowohl-als-Auch[137], das eine extreme Ambivalenz darstellt, welche für die Spätmoderne kennzeichnend ist (vgl. Beck, 1986; Lyotard, 1990). Der Erkenntniswert dieser Ambivalenz liegt darin, „dass sie die von Ideologie, common sense und Alltagsdenken dogmatisierten Trennungen überwindet und zeigt, wie sehr Subjekt und Objekt, Wahrheit und Unwahrheit, Allgemeines und Besonderes, Ideologie und Wissenschaft zusammenhängen, einander bedingen." (Zima, 2004, S. 216) Die Ambivalenz als unaufhebbare Einheit der Gegensätze zeugt einerseits von der Unmöglichkeit des Hegelschen Systems (s.o.) und seiner 'Wahrheit'; andererseits dient es als kritisches Instrument, welches erlaubt, die 'dogmatisierten Wahrheiten' zu zerlegen. Adorno, der eben das sich Wider-sprechende dialektisch zusammenführt ohne der hegelianischen Versöhnung in Synthesen, läßt das Ergebnis der extremen Ambivalenz in der Paradoxie münden (vgl. ebd.). Daher kommt auch Zima zu der Zusammenfasung, Adornos Diskurs der Nachkriegszeit in seiner Gesamtheit als eine von Paradoxien durchwirkte Struktur zu beschreiben und zu verstehen (vgl. ders., S. 217). Weiter führt er aus, dass schon der Begriff der 'negativen Dialektik' in sich paradox ist, wenn mit Hegel und Marx Dialektik als ein begrifflich-ontologisches und zugleich historisches Fortschreiten zu immer höheren Stadien aufgefasst wird. Adornos „negative Variante lädt als Dialektik im Stillstand zu Reflexion, Selbstreflexion

---

137 Aus einem ideologischen Blickwinkel würde hier zum Vergleich das Prinzip des Entweder-Oder gelten (vgl. Kap. 8.1.2; Kap. 8.2).

und Kritik ein. [...] Dialektik erscheint hier als Einsicht in die negativen Zustände [...]." (ebd.) An dieser Stelle, so Zima, können die weiterführenden Gedanken der Kritischen Theorie zwei Wege beschreiten. Adorno ließ im Weiteren die Dialektik in der ästhetischen Utopie der Kunst münden. Zima wählt eine weitere Alternative, die zwar Adorno und Horkheimer berücksichtigen, aber nicht weiter verfolgt haben. Die Kritische Theorie soll nicht auf Essayismus und Parataxis, „sondern auf Alterität und Dialog ausgerichtet werden. Dadurch wird ein in der 'Dialektik der Aufklärung' und der 'Negativen Dialektik' angelegtes theoretisches Potential ausgeschöpft, das die Begründer der Kritischen Theorie eher vernachlässigt haben." (ebd., S. 208) Dieses Potential ist der Gedanke der Nichtidentität. Dieser ist imstande, auch die Alterität des Objektes und des anderen Subjekts sichtbar zu machen. Wird der monologisch-systematische Diskurs aufgebrochen, der sich mit der Wirklichkeit identisch wähnt, wird der Andere in seiner Andersheit wahrnehmbar und lädt zum Dialog ein. Dabei wird deutlich, dass alle Darstellungen der Wirklichkeit Konstruktionen sind, die zum Gegenstand einer dialogischen Überprüfung gemacht werden können (vgl. ebd., S. 218).

Hier äußert sich offensichtlich die Kritik am Identitätsdenken und an der Geschlossenheit des Systems, wie es noch von Hegel bestimmt war. Ein geschlossenes System, das sich monologisch mit der Wirklichkeit identifiziert, läßt keine Erfahrung zu und so auch kein offenes Gespräch über die Gültigkeit seiner Aussagen. Diese Kritik am monologischen Diskurs fordert einen offenen Diskurs, eine offene Theorie, die sich an der fremdem Stimme orientiert und weiterentwickelt. Die fremde Stimme wird in diesem Zusammenhang als der Andere, der Fremde verstanden[138]. In Adornos 'Ästhethischer Theorie' ist dieses Fremde die Kunst, während Zima dafür plädiert, nicht die Kunst diese Position einnehmen zu lassen, sondern das Andere, die Andersheit des Anderen. Das Andere ist nur in einem offenen Diskurs erfahrbar. Diese Offenheit wird bei Adorno als Offenheit gegenüber der Erfahrung, der Empirie verstanden, während Zima die Offenheit gegenüber des Anderen, der fremden Stimme fordert.

Dadurch wird die Illusion, der eigene Diskurs sei mit der Wirklichkeit identisch, zerstört. Zugleich wird die Tatsache sichtbar, dass die Wirklichkeit ambivalent ist und von jedem anders rekonstruiert werden kann. Und es konfrontiert die eigene Konstruktion mit fremden Alternativkonstruktionen, so dass sich die Frage stellt, ob die fremde nicht zusammenhängender, komplexer oder nuancierter ist als die eigene. Mit Hilfe der ideologischen Rechtfertigungen (vgl. auch Kap. 4.2) ist das Diskurssubjekt imstande, die eigene Konstruktion durchweg als die beste zu erhalten. „Alterität erscheint hier also als Katalysator

---

138 Vgl. Bachtin, M.M.: Probleme der Poetik Dostoevskijs, Hanser, München 1971, S. 106; zit. nach Zima, 2004, S. 220)

im Prozess der Selbstkritik und der Selbsterkenntnis. Ohne die Stimme des anderen, käme dieser Prozess nie in Gang" (ebd., S. 223) Gegen einen monologisch-identifizierenden Diskurs, der jede Art von Alterität negiert, haben Adorno und Horkheimer die Kritische Theorie entworfen. Zima rezipiert die Kritische Theorie im Sinne einer Metatheorie des Dialogs als Alternative zur Negativität der Kunst, die beide aus der Nichtidentität ableitbar sind.

Aus den eben ausgeführten Überlegungen drängen sich zwei weitere Gedanken auf, die angesprochen, aber nicht erläutert wurden. Es wurde immer wieder auf die ideologischen oder auch identifizierenden Monologe verwiesen, die einen offenen Diskurs, die Offenheit gegenüber dem Anderen verhindern. Diese sind, wie im obigen Kapitel ausgeführt, auch immer ideologisch im negativen Sinne. Die Ideologie erscheint ja immer zweischneidig. Zum einen dient sie als notwendige Triebfeder der Motivation und des Engagements; zum anderen aber als Hindernis, Neues und Anderes wahrzunehmen. Theorien, so wurde gezeigt, sind insofern immer ideologisch, da sich ideologische Interessen niederschlagen und in der narrativen Struktur zum Ausdruck kommen: die Notwendigkeit besteht darin, dass Theorien ohne bestimmte liberale, konservative oder feministische Wertsetzungen gar nicht auskommen. Ein Diskurssubjekt kann sich aber der Ideologie im negativen Sinne durch Reflexion entziehen. Diese ist als kritisches Moment in der Lage, die Kontingenz und Ambivalenz einer Ideologie zu verdeutlichen: es ist nämlich immer nur eine mögliche und partikulare, nicht verallgemeinerungsfähige Grundlage des Denkens. Werden die Kontingenz und die Partikularität übersehen, droht das notwendige ideologische Engagement in einen Monolog umzuschlagen, der sich der Wirklichkeit gleichsetzt und als 'hegelianisches Identitätsdenken' oben benannt wurde.

Der Kritik des Identitätdenken ist in diesem Zusammenhang implizit, dass die in den Kultur- und Sozialwissenschaften dargestellten Gegenstände nicht mehr oder weniger wirklichkeitsgetreue Beschreibungen, sondern Konstruktionen sind (vgl. Zima, 2004, S. 225). Dadurch muss nun, und das ist der zweite Gedanke, die DT vom Konstruktivismus, bzw. vom Radikalen Konstruktivismus unterschieden werden. Kritische Theorie und Radikaler Konstruktivismus lehnen beide die Vorstellung von einem realistischen, der Wirklichkeit entsprechenden Diskurs ab. Während die ideologiekritischen Gedanken Horkheimers und Adornos einen impliziten Konstruktivismus enthalten, so Zima, „enthalten die konstruktivistischen Theorien Glaserfelds oder Heinz von Foersters ein implizites Nichtidentitäts-postulat."(ders., S. 226) Zima führt das darauf zurück, dass sich beide Richtungen auf Kant berufen und feststellen, dass das Kantische 'Ding an sich' nicht erkennbar ist. Den Unterschied oder gar Gegensatz zwischen der Kritischen Theorie und dem Radikalen Konstruktivismus macht der Wahr-

heitsbegriff aus. Während Glasersfeld die Wahrheit funktional-pragmatisch als
'Viabilität' definiert, hält die hier als DT konzipierte Kritische Theorie am
Wahrheitsbegriff fest, „weil sie es ablehnt, Theorie von der sozialen Problem-
lösungsfrage und von der Frage nach der richtigen Gesellschaft zu trennen."
(ebd.) Die DT fasst daher soziale und kulturelle Probleme immer als dialogischen Prozess auf, weil sie sich als Theorie immer auf 'Vorkonstruiertes'
bezieht, also auf Konstruktionen von Individuen und Gruppen, die Interessen
ausdrücken. Sie kann daher nicht neutral, sondern nur kritisch im Hinblick auf
Wahrheitsvorstellungen reagieren. Ideologisches Denken geht immer in konstruktivistisches Denken über.

Das theoretische Subjekt, das mit der DT zu fassen versucht wird, ist als
reflektierendes Diskurssubjekt also für seine ideologiekritischen und theoretischen Verfahren verantwortlich. Es konstruiert seine Objekte nach den
erwähnten Soziolekten und Diskursen. Während die Interessen artikulierenden
Soziolekte entscheiden, welche Begriffe relevant sind (Relevanzkriterien fest-
legen), artikulieren und konkretisieren die individuellen Diskurse sie. Das bedeutet, dass wenn mit Luhmanns Systembegriff operiert wird, der Gegensatz
System/ Umwelt leitend ist. „In allen Fällen leiten ideologische Wertungen das
für die Konstruktion verantwortliche Erkenntnisinteresse des Subjekts." (Zima,
2004, S. 230) Das theoretische Subjekt konstruiert aber nicht nur seine Objekte,
sondern auch sich selbst.

Die Selbstkonstruktion findet in den Kultur- und Sozialwissenschaften in
permanenter Auseinandersetzung mit anderen Subjekten statt – und zwar auf
zwei Ebenen: die erste ist die der Objektkonstruktion, die aus dem Dialog mit
einem fremden Subjekt hervorgeht; auf der zweiten Ebene wird diese
Objektkonstruktion zum Gegenstand einer kritischen Überprüfung, die wiederum
fremde Stimmen auf den Plan ruft (vgl. ebd., S. 234). Auf dieser Ebene können
das theoretische Subjekt und seine Konstruktionen selbst zu Gegenständen von
Analyse und Kritik werden. Dabei wird die andere Subjektivität, die anfangs
'fremden Wörter' zum integralen Bestandteil der eigenen Subjektivität. Das
theoretische Subjekt kann sich nur in einem offenen Dialog mit anderen
Subjekten, die zugleich seine Objekte sind, bilden. Erst die Auseinandersetzung
mit theoretischen Aussagen gestattet es dem Subjekt, seinen Diskurs zu
entwickeln, über diese theoretischen Aussagen hinauszugelangen und eigene
Vorschläge zur kritischen Überprüfung von Theorien zu machen. Das bedeutet,
dass die Objekte nicht einfach nur in den Diskurs eingehen, sondern dass sie als
'Subjekt-Objekte' wesentlich zur Konstruktion dieses Diskurses beitragen (vgl.
ebd., S. 236). Die theoretische Subjektivität, die sich in dem Diskurs konstituiert,
wird auch von 'seinen' Objekten als Objektkonstruktion geprägt. Wenn also ein
Subjekt eine in diesem Zusammenhang soziale Erscheinung interpretiert, also

rekonstruiert, identifiziert es sich mit seiner Konstruktion, die in seine Subjektivität eingeht und daher, so Zima, narzisstisch besetzt ist (vgl. ebd., S. 237).
Es kommt so zu einer Teilidentität von Subjekt und Objekt, das zugleich Ko-
Subjekt ist, weil es zum Mitstreiter werden kann. Die subjektive Instanz muss
also als kritische Instanz in der dialogischen Theorie mit bedacht sein, gerade
weil sich das theoretische Subjekt mit seiner Objektkonstruktion narzißtisch
identifiziert hat oder haben kann. Das kann zu einer Erschwerung der Ver-
tändigung führen. An dieser Stelle und in diesem Zusammenhag ist es notwendig, auf psychoanalytische Gedanken und Interpretationen zu verweisen, die im
Kapitel 5 und 6 schon Erwähnung gefunden haben.

Diese Verschränkung der Objektkonstruktion muss dem theoretischen Subjekt bewusst sein, will es in einen fruchtbaren Dialog mit anderen theoretischen
Subjekten treten: das Zustandekommen von Objektkonstruktionen in einem
bestimmten Soziolekt und in dem vom Subjekt entwickelten Diskurs sind der
Gegenstand der Reflexion. So kann es hoffen, die eigene kulturelle und ideologische Bedingtheit – sowie die der anderen – zur Sprache zu bringen und eine
gewisse Distanzierung zu bewerkstelligen. „Ohne eine solche Distanzier-ung, die
allen Gesprächsteilnehmern abverlangt werden muss, ist ein Dialog kaum
möglich. Nur wenn eine Distanzierung des Aussagesubjektes zu seiner eigenen
[...] Tätigkeit zustande kommt, kann sein Wahrheitsanspruch dialogisch-kritisch
überprüft werden." (ebd., S. 239) Das bedeutet allerdings, dass es sich um
Konstruktionen mit einem gewissen Realitätwert handelt. Gewisse Ereignisse
können zwar aus verschiedenen Perspektiven unterschiedlich konstruiert,
allerdings nicht geleugnet werden[139].

8.2 Eine kritische Perspektive auf die Dialogische Theorie

Die Dialogische Theorie wird in dieser Arbeit vom Standpunkt der Motologie
aus rezipiert und erfährt dadurch eine bestimmte Einbindung und auch Färbung.
Es gilt nun, diese 'motologische' Färbung ein wenig aufzuheben. Das Anliegen
dieses Kapitels ist im Bestreben einer Distanzierung zum erwähnten 'motologischen' Standpunkt bei der Rezeption zu sehen. Durch das Verlassen oder
durch die Relativierung des eigenen Standpunktes werden die Rezeptionsschwä-

---

139 Zima argumentiert hier mit Kuklas 'out-there-ness'(Kukla, A.: Social constructivism and
      Philosophy of Science, 2000), mit Franzen (Franzen, W.: Totgesagte leben länger. In: Forum
      für Philosophie Bad Homburg (Hrsg.): Realismus und Antirealismus, 1992) und sogar mir Gla-
      sersfeld selbst, der den Begriff der 'Viabilität' relativiert, indem er sagt, dass er eigentlich all-
      gemeingültig sein müsse, da er sonst nur sehr schwach wäre, was mit radikal-
      konstruktivistischen Gedanken nur schwer vereinbar ist (Glasersfeld, E. von: Konstruktivismus
      statt Erkenntnistheorie, Hrsg. Dörfler/ Mitterer, Klagenfurt 1998, S.93).

chen und -verzerrungen deutlicher. In der Achten Diskussionseinheit der EuS (1999) ist die Dialogische Theorie kritisch betrachtet worden. Die philosophischen und soziologischen, aber auch sprachwissenschaftlichen Disziplinen haben versucht, Stärken und Schwächen dieser Theorie aufzudecken, um Unklarheiten anzusprechen oder zu beseitigen und Missverständnisse zu bereinigen.

Es werden folglich Begriffe, Annahmen und Bedingungen besprochen, die bisher keine explizite Berücksichtigung fanden. Dadurch kann die Kritik einen aufzählenden Charakter bekommen, der in diesem Zusammenhang aber nicht zu umgehen ist. Nach jedem kritischen Einwand soll nach der Bedeutung für die weitere Konzeption der Arbeit gefragt werden. Es wird also nach der geforderten Distanzierung wieder der Schritt zurück getan.

In der Kritik der Dialogischen Theorie wurde von verschiedenen Seiten immer wieder der Begriff der *Ideologie* zum Gegenstand der Diskussion gehoben (vgl. Haug, 1999; Hoffmann, 1999; Neuser, 1999; Krieger, 1999). Ausgangspunkt war die Definition Zimas, die Ideologie als einen „dualistischen und monologischen Diskurs" bezeichnet, „der seine Wertungen nicht als kontingente Setzungen reflektiert, sondern sich mit der Wirklichkeit identifiziert und dadurch den Dialog mit andersartigen Diskursen unmöglich macht." (ders., 1999, S. 595) Zima bezieht sich hierbei auf textsoziologische und soziosemiotische Analysen. Dadurch gelangt er zu Definitionen, die Ideologie als einen interessengeleiteten Diskurs verstehen, „der stets aus einem oder mehreren Soziolekten hervorgeht und dessen Aussagesubjekt sich dadurch konstituiert, dass es, ausgehend von bestimmten Relevanzkriterien, Klassifikationen und Isotopien, die Wirklichkeit oder einen Teil der Wirklichkeit im Rahmen eines Aktantenmodells erzählt." (ders., 2004, S. 60)

In einer kritischen, bzw. negativen Definition, sieht er Ideologie als einen Diskurs, „dessen Aussagesubjekt Ambivalenzen im Rahmen von dualistischen Aktantenmodellen tilgt, sich unreflektiert mit der Wirklichkeit identifiziert und dadurch einen Monolog hervorbringt, der ein dialogisches Verhältnis zu andersartigen Diskursen unmöglich macht." (ebd., S. 61) Die Ideologie erscheint so als ein Wertsystem, das Interessen artikuliert und Menschen motiviert, auf eine bestimmte Art zu definieren, zu klassifizieren, zu erzählen und zu handeln. Sie wird dann problematisch, wenn diese Tätigkeit darauf hinausläuft, dass sich der Diskurs für den einzig ´möglichen´, für den einzig ´richtigen´ hält. Damit vergisst dieser Diskurs, dass er von partikularen und kontingenten Standpunkten ausgeht und folglich nur kontingente Konstruktionen der Wirklichkeit hervorbringen kann. Das ist aber nicht als postmoderner Relativismus misszuverstehen, da die ´eingenommenen´ Standpunkte nicht der Indifferenz preisgegeben werden (vgl. 8.1.2)[140]. Allerdings, und das ist auch in vorigen Kapiteln ausführlich behandelt worden, ist ein gewisses ideologisches Engagement notwendig. Denn keine Theorie, so Zima, käme ohne dieses Engagement aus. Eine Theorie erscheint dadurch als ein paradoxes Unterfangen, da sie unablässig aufgefordert ist, die eigene Ideologie zu reflektieren und zu relativieren, ohne sie aber aufzugeben. „Denn ein Verzicht auf das ideologische Engagement würde die Theorie dem Relativismus und der Indifferenz als Austauschbarkeit aller Wertsetzungen überantworten." (Zima, 2004, S. 62) Damit erscheint die Theorie als „ein von ideologischen Interessen geleiteter Diskurs, dessen Aussagesubjekt über seine Relevanzkriterien, seine semantisch-narrativen Verfahren und seine Aktantenmodelle im sozio-linguistischen Kontext nachdenkt und sie als partikulare Konstruktionen einer ambivalenten, vieldeutigen Wirklichkeit auffasst, deren Erkenntnis den Dialog mit anderen Theorien voraussetzt." (ebd.)

Diese Unterscheidung wird Zima als unzulänglich und nicht greifend vorgeworfen. Eine derartige Unterscheidung ist nicht möglich, da auch Ideologien „reflektiert und dialogisch traktiert werden." (Hoffmann, 1999, S. 623) Einer derartigen reflektierten und dialogischen 'Überprüfung' halten Ideologien nicht nur stand, sondern werden durch sie sogar noch gefestigt. Wenn Theorien auch z.T. ideologisch sind, liegt nach Hoffmann kein formales Kriterium vor, Ideologie und Theorie zu unterscheiden (vgl. ders., ebd.). Es kann daher nur auf dem Weg der Distanzierung geprüft werden, was material vorliegt. Schönecker führt in diesem Zusammenhang aus, dass Zima hier den „psychologisch-ideologischen Wahn von der eigenen Unfehlbarkeit" zum Thema macht. Dabei verwechsele er diesen Wahn mit der „geltungstheoretischen Möglichkeit (und Notwendigkeit) von (absoluter) Wahrheit von Theorien (und Propositionen)" (ders., 1999, S. 648). Die Überzeugung von der Wahrheit des eigenen Systems kann zwar ideologische Formen annehmen, muss es aber überhaupt nicht. Schönecker sieht hier keinen logischen Zusammenhang, so dass seiner Meinung nach nicht von Ideologie in diesem Sinne gesprochen werden kann. Genau darum geht es in der Dialogischen Theorie: Schönecker führt hier ein kritisches Argument ins Feld, das als zentrale These für die Dialogische Theorie gelesen werden kann, denn: „Ich bin von der Wahrheit meines Diskurses überzeugt, will ihn aber trotz dieser wertenden, ideologischen Überzeugung für gute Gegenargumente offen halten." (Zima, 1999, S. 668)

In der Unterscheidung Ideologie – Theorie kann hier keine (abschließende) Wegweisung gegeben werden. Der „psychologisch-ideologische Wahn" Schöneckers wurde bereits in die Dialogische Theorie integriert; und die Unterscheidung Theorie – Ideologie erhält im Rahmen einer (Organisations-) Beratungssi-

---

140 Es sei hier nur angemerkt, dass sich Kapitel 9.1 mit diesem Unterschied ausführlich auseinandersetzt.

tuation eine ganz andere Färbung. Es geht hier nicht um eine trennscharfe Unterscheidung beider Begriffe; in diesem Zusammenhang steht das wechselseitige Verhältnis beider im Vordergrund: in den folgenden Ausführungen dieser Arbeit wird zu zeigen sein, dass die Alltags- oder subjektiven Theorien (vgl. Kap. 2.1.2.1) mitunter als Organisationskultur gelesen werden können, welche mit Hilfe der Dialogischen Theorie später als ideologische Wirklichkeitskonstruktion verstehbar wird. Dieses Wechselspiel zwischen (subjektiver) Theorie und ideologischen Momenten wird ein zentrales Moment stellen. Es geht hier, wie Hoffmann oben formuliert, darum, dass die Überzeugung der Wahrheit vom eigenen System ideologische Formen annehmen kann, aber nicht muss.

Der Begriff der Ideologie wird in diesem Zusammenhang allerdings dann zweifelhaft, wenn der Einwand Haugs näher beleuchtet wird: Haug wirft Zima in seinem Ideologieverständnis vor, nicht (gesellschaftliches) Herrschaftsdenken zu berücksichtigen. Wenn Zima schreibt, dass Dogmatismus, Rhetorik, Gruppenhermetismus und Narzissmus den Dialog verhindern und das „Grundübel darstellen, gegen das kein Kraut, kein Diskurs gewachsen ist", (ders., 1999, S. 596), so fügt Haug noch Opportunismus hinzu (vgl. ders., 1999, S. 619). Haug führt in seiner Kritik der Dialogischen Theorie die *Trinität Herrschaft, Macht* und *Interesse* aus und zeigt auf, dass Zima weder Herrschaft noch die intellektuelle Beteiligung an derselben ausreichend thematisiert. Dabei geht es nicht nur um die „passiv-unbewusste Beteiligung", sondern auch um die „latent-bewusste Partizipation an Herrschaft", die von Holzkamp als „vorteilhafte Selbstschädigung" untersucht wurde. Diese Form von Komplizenschaft muss aus dem Bewusstsein 'verdrängt' werden, wenn das „Akzeptieren solcher Handlungsrestriktionen als subjektiv funktional/ begründet erscheinen soll." (ders.[141], 1983, S. 382; zit. nach ebd.) In diesem Zusammenhang fragt Haug, „was wohl erforderlich wäre, damit Zimas Interdiskursivität opportunistische Positionen erreicht, und zwar gerade dann, wenn es um solche [...] ausgeblendeten Restriktionen geht." (ebd.) Zima hat diese Einwände vernachlässigt und daher wissenschaftliche Gruppen v.a. als Sprachkollektive und nicht als Sachkollektive gefasst. Er stimmt Haug zu, dass herrschaftsbedingte Antagonismen den Dialog blockieren können – aber, wie er hinzufügt, nicht müssen (vgl. ders., 1999, S. 661). Für das Verständnis von Ideologie ist Haugs Einwand wichtig und es gilt, diesen zu berücksichtigen. Aber was bedeutet er für das Verständnis dieser Arbeit?

Im Zusammenhang mit einer psychodynamischen Auslegung von Organisationskultur (vgl. Kap. 5.4) und einem bestimmten Verständnis von Institutionen (vgl. Kap. 4.2) ist Zimas Definition von Ideologie in dieser Arbeit schon facettenhaft reicher an herrschaftsbedingten, macht- und interessengeleiteten Aspek-

---

141   Holzkamp, K.: Grundlegung der Psychologie. Frankfurt a.M.: Campus 1983.

ten. Es wird im Weiteren zu zeigen sein, dass das ausgeführte Verständnis von Ideologie in eine enge Beziehung zur Organisation und zur Organisationskultur gesetzt werden muss. Wenn der institutionelle Kontext als Verhaltenserwartung, die Organisationskultur als herrschendes Wertesystem und der Widerstand als sinnvolles Zur-Wehrsetzen weiter ausgeführt werden, dann können Haugs Einwände weitere Berücksichtigt finden. Außerdem muss bei der Suche nach einer geeigneten Methodik der Organisationsberatung und der damit verbundenen angestrebten Steigerung der Selbstreflexivität (vgl. Kap. 7.4) darauf geachtet werden, dass diese die herrschaftsbedingten, macht- und interessengeleiteten Aspekte ansprechen.

Die Frage verschiedener Autoren, wie *Interdiskursivität* im Verständnis der Dialogischen Theorie erreicht werden soll, wie ein Dialog angebahnt werden soll, kann als ein gewichtiger Kritikpunkt der Dialogischen Theorie ausgemacht werden. Wie können heterogene Gruppen oder Soziolekte dazu angehalten werden, sich für den anderen zu öffnen? Warum sollten Subjekte in den Diskurs treten wollen? Allein durch den „guten Willen des Aussagesubjektes, das auf pauschale Etikettierung und untolerante Attitüden verzichtet"? (Hauck, 1999, S. 616; Füllsack, 1999, S. 614). Oder mit einer „Theorie der Toleranz, der Offenheit und Unvoreingenommenheit [die Positionen] zum Dialog zwingen"? (Bußhoff, 1999, S. 607) Durch einen „Appell an den guten Menschenverstand" (Hoffmann, 1999, S. 622), durch eine „Tugendlehre für Debatten" (Nicklas, 1999, S. 637) oder durch ein „Programm, das auf die Besserungsfähigkeit von Menschen setzt" (Raible, 1999, S. 643) suchen die Autoren eine mögliche Antwort auf die aufgeworfene Frage. Neben der Suche nach möglichen Motivationen und Antworten sehen andere Autoren die heterogenen Soziolekte nicht nur nicht bereit, sondern gar nicht in der Lage, miteinander reden zu können (vgl. Füllsack, ebd.). Dieser Pessimismus soll aber hier nicht weiter verfolgt werden. Zumal auch Zima dagegenhält, dass ein solcher Pessimismus nicht angebracht ist. Er schätzt die sprachliche Situation etwas optimistischer ein und sieht die Verständigung nicht als unmöglich, sondern durch weitere Verständigungen als machbar an (vgl. ders., 1999, S. 660). Durch diese weiteren Verständigungen, die mit zeitlich versetzten Reflexionen einhergehen, ist es im Verständigungsprozess möglich, des Anderen Sinn zu konkretisieren und einzugrenzen und sich daher und darüber zu verständigen. Die eigenen Entstehungs- und Rahmenbedingungen und die des Anderen sollen beleuchtet werden, um einen sinnvollen und fruchtbaren Dialog ermöglichen zu können. Aber nichtsdestotrotz bleibt die eingangs aufgeworfene Frage bestehen: wie kann es, ohne auf moralische Aspekte und den guten Willen des Sprechenden zu vertrauen, zu einem Dialog, zur Interdiskursivität kommen?

Zima findet auf diese Frage keine geeignete Antwort und stellt fest, dass „freilich [...] dem Unternehmen 'Dialog' ein ethisches Moment zugrunde [liegt], weil der Andere auch um seiner selbst willen erkannt und anerkannt werden soll; er soll aber auch erkannt werden, damit ich in meiner Erkenntnis vorankomme und der Erkenntnisprozess (auf überindividueller Ebene) weitergeht." (Zima, 1999, S. 661) Hoffmann hält dagegen, indem er feststellt, dass sich Verfechter verschiedener Positionen (Soziolekte) zwar für die Ansichten des Anderen interessieren und bestenfalls auch darüber austauschen. „Eine 'dialogische Theorie' ergibt sich daraus schon deshalb nicht, weil das gegenseitige Geltenlassen das 'Geltungsbedürfnis' hinreichend befriedigt." (ders., 1999, S. 622)

Zima selbst stellt 2004 fest, dass der Wille zum Dialog nicht unterstellt werden kann (vgl. ders., S. 243). Der Dialog in realen Sprachverhältnissen wird nicht vom Willen zur Verständigung mit dem Anderen geprägt, sondern auch von der Ablehnung. Noch schwieriger wird es, wenn nach außen hin Dialogbereitschaft signalisiert wird, aber eine latente Ablehnung herrscht. Zima sieht hier im Dialog als ambivalentes Unternehmen einen Ausweg: da der Dialog zwischen Egozentrik und Alterität oszilliert, kann er nicht auf einen der Pole reduziert werden. Wenn Alterität für die Entwicklung der (theoretischen) Subjektivität unverzichtbar ist, dann muss die (theoretische) Neugier als eine Grundvoraussetzung des Dialogs betrachtet werden. In wissenschaftlichen Institutionen sieht Zima diese theoretische Neugier noch überall vorhanden (vgl. ders., 2004, S. 244). Aber diese kann man nach Raible keineswegs voraussetzen, da es die Menschen „seit jeher schätzen, Identität über Abgrenzung zu konstatieren und es gar nicht lieben, den anderen in seiner Andersartigkeit zu akzeptieren." (ders., 1999, S. 643)Eine mögliche Beantwortung der Frage findet Witte: er sieht Bescheidenheit und Stolz als notwendige Voraussetzung für eine interdiskursive Dialogfähigkeit. 'Bescheidenheit' steht für die fundamentale Prämisse, dass der zu bearbeitende Gegenstand zu komplex erscheint, als dass ihn ein Einzelner bearbeiten könnte, als dass eine einzelne Sicht ausreichen könnte. 'Stolz' ist deshalb notwendig, weil der Einzelne, ein Vertreter eines Soziolekts, davon ausgehen muss, dass er etwas zu sagen hat (vgl. ders., 1999, S. 655). Mit dieser Sicht geht ein Akzeptieren der Partialisierung des Ganzen einher. „Wir müssen wohl generell akzeptieren, dass diese Partialisierung notwendig ist, wenn man Tiefe erreichen möchte." (ebd.) Verzichtet man auf „moralische Aspekte" und „ethische Momente" (s.o.) in der Beantwortung der aufgeworfenen Frage, so werden die weiteren Antwortmöglichkeiten rar.

Das Konzept einer motologischen Organisationsberatung hat also die Aufgabe, eine Möglichkeit zu finden, einen Dialog anzubahnen. Soll das theoretische Potential der Dialogischen Theorie als konzeptuelles Dach genutzt werden, so sollte die Frage nach den Bedingungen der Interdiskursivität Beantwortung finden. Im weiteren Verlauf muss demnach eine Methodik gefunden werden, welche potentiell geeignet ist, die Organisation für das Andere zu öffnen. Dabei wird die Steigerung der Selbstreflexivität eine grundlegende Rolle spielen. Es wird zu zeigen sein, dass mit Hilfe motologischer Methoden auf die zentralen Einwände der Kritiker eingegangen wird. Die erwähnten Begriffe 'Bescheidenheit' und 'Stolz' können dabei als Richtmaß verstanden werden.

Diese beiden angesprochenen Themenbereiche bilden die Hauptkritikpunkte, bzw. jene, die von den meisten geteilt werden und in vielen Kritiken zu Wort kommen (vgl. EuS, 1999, S. 597-655). Es soll aber noch auf einen letzten Punkt eingegangen werden, der zu Missverständnissen führen könnte. Es wird Zima vorgeworfen, dass er selbst den Dialog zwischen den Diskursen, das interdiskursive Bemühen nur im „eigenen Kopf" stattfinden lässt und es dann als „Monolog äußert" (Raible, 1999,S. 642). Zima hinterfragt nicht nur die eigene, sondern auch andere Konzeptionen und sucht in Auseinandersetzung mit anderen Gedankengebäuden die Weiterentwicklung. Allerdings tut er das im Rahmen einer bestimmten Diskurstradition, nämlich der Methode der Dialektik. „Vor allem tut er es in jenem Monolog, den de facto sein eigener Text darstellt – dass auch andere Stimmen in diesem Monolog zu Wort kommen, macht den Text zwar 'polyphon' [...] – er ist und bleibt gleichwohl das Konstrukt eines Autors, er bleibt im Rahmen einer etablierten Diskurstradition und ist als das [...] ein Monolog. Überdies arbeitet er dabei mit einer – nach seinen eigenen Verständnis wiederum ideologieverdächtigen – dualistischen Unterscheidung zwischen dem (zu überwindenden) ideologischen und dem (anzustrebenden) theoretischen Diskurs." (ebd.) Raible wirft Zima also vor, dass er seine eigenen, geforderten Prämissen der Dialogfähigkeit missachtet und monologisiert, sich in Zimas Wortlaut also mit der Wirklichkeit identifiziert. Raible schlägt hingegen vor, Vertreter verschiedener Positionen, „sei es in Workshops, sei es an einem Wissenschaftskolleg oder Center for Advanced Studies, für eine bestimmte Zeit zusammenzubringen, miteinander diskutieren zu lassen und das Ergebnis als (stark stilisierten, gerafften, überarbeiteten) wirklichen Dialog zu publizieren." (ders.) Erst auf diesem Wege sei nach Raible ein „echter Dialog" möglich (ebd.).

Dabei übersieht er, dass es gar nicht Zimas Anliegen ist, die Dialogische Theorie als einen Dialog erscheinen zu lassen. Die Theorie will gar nicht „Dialog sein, sondern eine Analyse der Rahmenbedingungen, die einen sinnvollen und fruchtbaren Dialog ermöglichen." (Zima, 1999, S. 666)

Wichtig ist daher, das Anliegen der Dialogischen Theorie im Auge zu behalten. Es kann durchaus sein, dass Zima an mancher Stelle, wie ihm vorgeworfen wird, monologisiert und „Thesen aufstellt, die nolens volens repräsentierende und objektive Geltungsansprüche erheben" (Schönecker, 1999, S. 648); es muss aber immer wieder darauf verwiesen werden, dass Zima durchweg von einem

„konstruktivistischen Bewusstsein" spricht, das strukturell aus der Reflexion über die Kontingenz des eigenen Denkens hervorgeht. Der Gedanke, dass die eigene Objektkonstruktion nicht die einzig mögliche ist, durchzieht seine komplette Konzeption. Es ist also zwischen dem Anliegen der Theorie und der Dialogischen Theorie selbst zu unterscheiden. Das (ideologische) Engagement, welches für die Theoriebildung notwendig ist, darf auch Zima nicht versagt bleiben. Das, was aber die Dialogische Theorie fordert, ist ein Sich-offen-Halten und Sich-Öffnen für den Anderen. Es stellt für die Organisation eine grundlegende Bedingung einer nachhaltig wirkenden Organisationsberatung dar, um den fachlichen Input (der Motologie) hören und aufnehmen zu können. Es wird im weiteren Verlauf zu zeigen sein, dass mit Hilfe motologischer Methoden die Organisation im Prozess des Sich-Öffnens unterstützt werden kann.

8.3 Das einende Dach: eine (motologische) Organisationsberatung – zwischen Expertokratie und Prozeduralismus

Für die motologisch orientierte Organisationsberatung sollte mit Hilfe der Dialogischen Theorie eine Situation geschaffen werden, die es erlaubt, in theoretisch konsistenter Weise und mit einer entsprechenden Praktikabilität, die Leitideen der Expertokratie und des Prozeduralismus zusammenführen. Das vorige Kapitel und die Ausführungen des Teils A haben hierfür alle notwendigen Bestandteile dieser geforderten Situation markiert. In diesem Kapitel sollen diese Bestandteile nochmals expliziert werden und in den direkten Zusammenhang einer Organisationsberatung gestellt werden. Die Fachberatung, welche den größten Anteil im Organisationsberatungsmarkt einnimmt (vgl. Kap. 7.4), basiert erkenntnistheoretisch auf dem Rationalismus und dem Positivismus, so dass sich die Intervention auf ein normativ-expertokratisches Modell bezieht (vgl. Kap. 2.1.1.1). Moldaschl kennzeichnete diese Form der Beratung als klassisches Paradigma (vgl. ebd.). Das aktuelle hingegen umschreibt die Prozessberatung, welche erkenntnistheoretisch auf den Konstruktivismus zurückzuführen ist. Dadurch werden Organisationen durch die Brille der 'neueren' Systemtheorien und Selbstorganisationstheorien betrachtet. Die daraus folgende Interventionstheorie ist durch Prozessualismus und Partizipationismus charakterisiert (vgl. Moldaschl, 2001, S. 140). Es stellt sich nun die Frage, wie zwischen diesen beiden grundlegend verschiedenen Denkrichtungen und daraus abgeleiteten Interventionsvorstellungen vermittelt werden kann. Es wurde bereits herausgestellt, dass dies nur möglich werden darf, wenn keine der Positionen ihr 'Ureigenes' verliert und nicht durch eine Zusammenführung verwässert wird. Froschauer und Lueger fassten das wie folgt zusammen: wenn Prozessberatung sich mehr und mehr davon entfernt, die rationale

Steuerbarkeit von Organisationen in Frage zu stellen, dann wird Beratungshandeln im Sinne einer Sozialtechnik legitimiert (vgl. Kap. 7.4) und damit erhielte weder die eine noch die andere paradigmatische Richtung das ihr zustehende Gewicht. Wie ist es also möglich – auf die konkrete Situation einer Organisationsberatung bezogen – fachliches Wissen anbieten oder auch einspeisen zu wollen, wenn konstruktivistisch die Möglichkeit des 'richtigen Wissens' nicht besteht und systemisch von einer Nichtinterventionsthese ausgegangen wird? Wie kann die Organisationsberatung den Bedürfnissen der Organisationen gerecht werden, wenn sie kein fachliches Expertenwissen generieren und anbieten kann, weil sie auf die Vorstellung einer optimalen Gestaltungsempfehlung, auf die Vorstellung eindeutig bestimmbarer Umweltbedingungen und Humanerfordernisse sowie daraus ableitbarer Anforderungen an die Gestaltung von Organisationen und Arbeit verzichten muss?

Eine Möglichkeit für die Beantwortung wurde von unterschiedlichen Fachdiskursen in der Thematisierung von Reflexionsprozessen gesehen (vgl. Kap. 7.4). Dieser Ansatzpunkt soll auch hier den Ausgang der Überlegungen markieren: In der Dialogischen Theorie wurde aufgeführt, dass die Reflexion als ein kritisches Moment aufgefasst wird, da sie Ideologie in deren Kontingenz und Ambivalenz erscheinen lässt: „als nur mögliche und partikulare, nicht verallgemeinerungsfähige Grundlage des Denkens, die einerseits ein fruchtbares politisches Engagement ermöglicht, andererseits aber den theoretischen Diskurs mit Sterilität bedroht." (Zima, 2004, S. 225) Theorie[142], so wurde gezeigt (vgl. Kap. 8.1.1), kommt ohne eine bestimmte Wertsetzung nicht aus, da sie immer direkt oder indirekt auf bestimmte soziale und kulturelle Probleme reagiert, die es zu lösen gilt. Allerdings kann die Kontingenz und Partikularität dieser Wertsetzungen übersehen werden, so dass das notwendige ideologische Engagement einen Monolog hervorbringt, der sich der Wirklichkeit gleichsetzt. In diesem kritisch-negativen Verständnis von Ideologie werden Ambivalenzen getilgt, es wird sich unreflektiert mit der Wirklichkeit identifiziert und ein Monolog hervorgebracht, der einen Dialog zu andersartigen Diskursen unmöglich macht. Im Kontext der Organisationsberatung bedeutet das ein Nichtwahrnehmen des beratenden Diskurses seitens der Organisation: es kann an dieser Stelle zwar noch nicht entschieden werden, ob es einem Nicht-Wahrnehmen-Können oder einem Nicht-Wahrnehmen-Wollen entspringt, es kann aber festgehalten werden, dass aufgrund einer unreflektierten Identifikation mit der Wirklichkeit, das Andere durch den Monolog ausgeschlossen bleibt. Es wird für eine motologische Organisationsberatung zu zeigen sein, dass dieses monologisierende Element mit dem Konstrukt der Organisationskultur in Verbindung gebracht werden muss. Und

---

142   Auch hier gilt wieder der Zusammenhang der Kultur- und Sozialwissenschaften (im Unterschied zu den Naturwissenschaften (Kap. 8.1).

zwar nicht als ablehnendes Element, als verschlossenes Ablehnen des Anderen, das es aufzubrechen und aufzulösen gilt, sondern als sinnvolle und aktive Organisationsleistung, der Respekt entgegengebracht werden muss (vgl. Kap. 9). Mit Hilfe der Selbstreflexion, einer Distanzierung der Organisation zu ihrer eigenen Tätigkeit kann dieser Monolog unterbrochen werden. Die eigene Bedingtheit kann durch eine gewisse Distanzierung thematisiert werden, um den eigenen Wahrheitsanspruch kritisch-dialogisch überprüfen zu können. Das impliziert, dass ein Sich-Öffnen dem Anderen gegenüber und ein Sich-Offen-Halten für den Anderen als notwendige und grundlegende Bedingungen anerkannt werden. Die Organisationsberatung hat also die Aufgabe, die Organisation in ihrem Prozess der Selbstreflexion zu unterstützen, zu begleiten und anzuregen. In der Unterstützung und der Anregung zur Selbstreflexion spiegelt sich sehr deutlich die Leitidee des Proveduralismus wider. Die Dialogische Theorie geht soweit mit den Forderungen der Prozessberatung einher, indem sie, wie auch die Bezugstheorien dieser Beratungsrichtung, davon ausgeht, dass keine mehr oder weniger wirklichkeitsgetreuen Beschreibungen existieren, sondern Konstruktionen. Sie lehnen also beide die Vorstellung von einem realistischen, der Wirklichkeit entsprechenden Diskurs ab.

Es ist aber ein wesentlicher Unterschied auszumachen, der eine vollends aufgehende Übereinstimmung verhindert und damit den Weg für das Leitbild der Expertokratie ebnet. Der Unterschied ist im oben Ausgeführten schon enthalten: die elementare Verschiedenheit tritt im Zusammenhang mit dem *Wahrheitsbegriff* zutage. Während der (radikale) Konstruktivismus – hier eben auch als erkenntnistheoretisches Fundament der Prozessberatung – Wahrheit funktionalpragmatisch definiert und es als „Viabilität“, Gangbarkeit oder Tragbarkeit auszeichnet (vgl. v. Glasersfeld, 1998, S. 43), hält die Dialogische Theorie am Wahrheitsbegriff fest, weil sie es ablehnt – und das wurde oben schon deutlich –, Theorie von der sozialen Problemlösungsaufgabe und von der Frage nach der richtigen Gesellschaft zu trennen (vgl. Zima, 2004, S. 226). Das bedeutet, dass sich die (kultur- und sozialwissenschaftliche) Theorie immer auf Konstruktionen von Individuen und Gruppen bezieht, die bestimmte Interessen vertreten. Sie bezieht sich auf ´Vorkonstruiertes´ und kann deshalb nicht neutral, sondern nur kritisch auf ihre Wahrheitsvorstellungen reagieren. Für den Prozess der Organisationsberatung bedeutet das, dass der Berater in seinem ideologisch-theoretischen Diskurs Vorstellungen von bestimmten Gegenständen hat, die er als ´richtig´ und ´wahr´ bezeichnet. Die Organisation ist ebenfalls in ihrem ideologisch-(alltags-)theoretischen Diskurs verfangen. Möglicherweise verharrt die Organisation durch die negativ-kritische Seite der Ideologie im Monolog, setzt sich über die eigene Partikularität und Kontingenz des eigenen Standpunktes hinweg und ´verkündet´ die ihr eigene Wahrheit. Damit vergisst sie die (eigene)

Konstruktion ihrer (elementaren) Ansichten und verschließt sich dem Anderen. Prozesshaft ist es Aufgabe der Organisationsberater, die Organisation in einem Abrücken von ihrer eigenen, monologisierten Routine, in der Steigerung der Selbstreflexivität zu begleiten und anzuregen. Durch eine Einsicht in die eigene Konstruiertheit und Partikularität ihres Weltentwurfs, ihrer organisationalen Identität kann ein Öffnen für den Anderen angebahnt werden. Der Andere wird in seiner Andersartigkeit sichtbar und lädt zum Dialog ein.

Die Gestaltung dieser Steigerung der Selbstreflexivität ist methodisch an die theoretischen Zugänge der Prozessberater gebunden. Die Motologie hat hier den Anspruch, einen ´geeigneteren´ Zugang anbieten zu können. Durch das Festhalten der Dialogischen Theorie am Wahrheitsbegriff öffnet sich aber auch die weiter geforderte Tür der Expertokratie. Der Organisationsberater unter dem Dach der Dialogischen Theorie vertritt eine bestimmte Auffassung von Welt, eine bestimmte Vorstellung von organisationalen Abläufen. Er sieht mit dem notwendigen ideologischen Engagement seinen eigenen Entwurf als ´richtig´, ´wahr´ und empfehlenswert an. Er hat den Anspruch, eine Antwort auf bestimmte soziale Probleme liefern zu können. In diesem Fall eine Antwort, die das organisationale Leben aus seiner Sicht verbessert. Den entscheidenden Faktor stellt hierbei allerdings das ´konstruktivistische´ Bewusstsein. Die Organisationsberatung, wie sie hier konzipiert wird, ist sich ihres eigenen partikularen Standpunktes bewusst. Sie sieht ihre eigenen Vorstellungen als Konstruktionen und ´Vorkonstruktionen´ an, vertritt aber engagiert ihren Standpunkt, so dass dieser nicht dem Relativismus und der Indifferenz preisgegeben wird. Das impliziert, dass auf Seiten der Berater ein Sich-Öffnen und ein Sich-Offenhalten dem Anderen gegenüber erwartet werden. Will auch die (motologische) Beratung nicht im ideologischen Monolog erstarren und normativ Gestaltungsempfehlungen der Organisation anbieten oder besser: ´implementieren´, so muss sie sich mit dem Anderen dialogisch auseinandersetzen. Mit einem konstruktivistischen Bewusstsein, selbst partikular und kontingent zu sein, die eigenen Vorstellungen aber engagiert als ´wahr´ zu vertreten, ist es möglich, im Prozess der Organisationsberatung fachliches Expertenwissen anzubieten und damit die Bedürfnisse der Organisation zu befriedigen. Aus dieser Perspektive kann der Forderung nach einem fachlichen Input nicht-expertokratischer Natur nachgekommen werden.

9 Bewegung und Dialog: Anbahnung interdiskursiver Dialogfähigkeit

Liest man die Organisationskultur (vgl. Kap. 5) mit der Brille der Dialogischen Theorie, so wird deutlich, dass die Organisationskultur – auch und v.a. in ihrer psychodynamischen Auslegung – als ideologische und monologische Wirklichkeitskonstruktion gelesen werden kann. Dieses Verständnis verknüpft nicht nur die (theoretischen) Positionen der Dialogischen Theorie und der Organisationskultur miteinander, es gibt zudem Einblick in das Phänomen des Widerstandes. Nachdem die Organisationskultur in postmoderne Verhältnisse eingeordnet wird und als mögliche Variante moderner Ideologiesysteme dargestellt wird (Kap. 9.1), wird der Dialog und v.a. der Wille zum Dialog näher betrachtet. Es wurde bereits gezeigt, dass in der Organisation Widerstände auftreten können, die sich verstärken, sobald die Organisationskultur (unbewusst) angesprochen wird oder die Organisation in Änderungsdruck gerät. Diese Widerstände werden hier im Hinblick auf eine Dialogfähigkeit thematisiert (Kap. 9.2). Durch diese Betrachtung wird eine Frage aufgeworfen, die es abschließend zu beantworten gilt: wenn Organisationen sich dem Anderen öffnen sollen, um sich erkenntnisreich zu erweitern, müssen diese vorbereitet und unterstützt werden. Der notwendige Weg der Selbstdistanzierung wird in den meisten Fällen nicht von sich aus geschehen. Aus den vorigen Kapiteln geht hervor, dass genau jene Selbstdistanzierung, jenes Gegen-sich-selbst-Denken aber die Voraussetzung darstellt, miteinander in den Dialog treten zu können. Die Frage lautet also: wie können Organisation dazu bewegt werden, ihre Selbstreflexivität zu steigern? Und damit: wie können Organisationen dazu bewegt werden, ihre Kultur der Glaubens- und Wertvorstellungen kritisch zu betrachten? Eine Erschütterung der Stabilität und Sicherheit bietenden Glaubenssätze und Annahmen, die sich in der Organisationskultur bündeln, ist nicht unproblematisch und nicht zu erwarten – auch wenn es ein notwendiges Ereignis in einer nachhaltig wirkenden Organisationsberatung darstellt. Das Kapitel 9.3 sucht daher eine Antwort und findet sie in der Motologie. Die Bereiche 'Bewegung' und 'Dialog' werden hier strukturell zusammengeführt und zeigen eine Möglichkeit auf, die im weiteren Verlauf konkretisiert wird.

9.1 Organisationskultur: ideologisch und monologisch konstruiert

Organisationskulturen können als ein konstitutives Element einer Organisation verstanden werden. Dabei sind die gemeinsam geteilten Grundannahmen, Regeln, Normen, Erwartungen und Werte, welche die Organisationskultur ausmachen, nicht ausschließlich über rationale, d.h. bewusst-intentionale Handlungen und Einstellungen zu verstehen. Vielmehr wurde durch die Rezeption psychodynamischer Sichtweisen das Wirken unbewusster Kräfte auf das Sinnsystem von Organisationen deutlich gemacht. Dabei stellen die nicht frei zugänglichen, grundlegenden Glaubens- und Wertvorstellungen die Kulturbasis, nach Scheins Verständnis den Kulturkern (vgl. Kap. 5). Die Verbindung zwischen Kulturkern und Kulturnetz, welches die Bereiche 'Normen und Standards' und 'Symbolsystem' repräsentiert, wurde mit Hilfe der Freudschen Traumdeutung als Übersetzungsarbeit thematisiert. Durch das psychoanalytische Verständnis der Organisationskultur wurde das Zustandekommen eines Abwehrbündnisses erhellt, welches die weitgehende Homogenisierung im Verhalten und Erleben als Ziel hat, so dass das Bedürfnis des Einzelnen nach Entlastung von Spannungen, Ängsten und Konflikten befriedigt werden kann. Es wurde abschließend herausgestellt, dass diese Sichtweise wertvolle Hinweise im Verständnis dieses Phänomens liefert, dass aber die Organisationskultur nicht vollständig in Abwehrvorgängen aufgeht. Weitere Perspektiven sind imstande, andere Bereiche und Vorgänge näher und erhellender zu beschreiben. Nun soll die Organisationskultur aus einer anderen Perspektive beschrieben werden, welcher der ersten nicht widerspricht, sondern als Erweiterung, als Verschieben des Fokus zu verstehen ist. Die Erweiterung soll hinsichtlich einer möglichen Anschlussfähigkeit an eine zu schaffende Kommunikationssituation die Nahtstelle darstellen: Organisationskulturen sind, so die Aussage dieses Kapitels, als ideologische und monologische Wirklichkeitskonstruktionen zu lesen, die im Spiegel postmoderner Bedingungen zu betrachten sind.

Der Konflikt der kulturellen Ideologien, Lebensstilen und Sinn-Angeboten ist verschiedenen Graden der Toleranz, der Kooperation oder auch der Durchmischung gewichen (vgl. Berger/ Luckmann[143], 1969, S. 134; zit. n. Franzpötter, 1997, S. 227). Dieser Konflikt der Ideologien ist entschärft worden, der sozialkulturelle Wandel in der (Post-) Moderne löste aber zugleich immer auch Irritationen im Leben der Individuen und Gemeinschaften aus: Das Individuum hat zwar durch gesellschaftliche Individualisierungs- und Freisetzungsprozesse ein Mehr an Freiheit erlangt, soziologisch gesehen: eine Zunahme an multiplen Optionen und Lebenschancen; genau dadurch wird es aber von selbstverständlichen,

---

143   Berger, P.L./ Luckmann, Th. (1969): Die gesellschaftliche Konstruktion der Wirklichkeit. Eine Theorie der Wissenssoziologie. Frankfurt a. M.

Geborgenheit bietenden Bindungen gelöst (vgl. Beck, 2003, S. 205). Zugleich ist das Individuum aufgefordert, diese Bindungen und Beziehungen selbstständig herzustellen. Die ʹzwingendeʹ Suche nach Sinn und Identität sowie auch das Scheitern daran ist die Folge dieser Entwicklung. Eine durchgehende Selbstinszenierung scheint selbstverständlich zu werden und zu sein. „Nur wenn du was aus dir machst, bist du was" spiegelt das Verständnis des postmodernen Menschen wider (Funk, 2005, S. 68). Das artikuliert sich auch in der formalen Organisation. Dabei ist Organisationskultur in diesem Zusammenhang nicht allein sinnstiftend, sie schafft aber die sozialen Voraussetzungen

> „für die Erfolge des Individuums im Arbeits- und Berufsleben, für die Selbstentfaltung des einzelnen und die Herstellung von tragfähigen (ʹgelingendenʹ) sozialen Beziehungen und Bindungen zu anderen, für ein ʹerlebnisorientiertesʹ Gruppen- und Gemeinschaftsleben, für Antworten auf das Bedürfnis von Menschen, anders als andere zu sein, sich abzugrenzen von anderen Gruppen, Gemeinschaften, Lebensstilen und Milieus, als individuelle Person zu leben und respektiert zu werden und zugleich einer distinkten, erfolgreichen Gemeinschaft anzugehören, für die soziale Erfahrung von Selbstbestätigung, Anerkennung und Legitimation des eigenen Handelns und der Gemeinschaft, der man sich zugehörig fühlt, und vielleicht auch – warum nicht? – für die je individuelle und kollektive ʹSuche nach Glückʹ." (Franzpötter, 1997, S. 233)

Die Menschen sind unter den Bedingungen der postmodernen Gesellschaft an Selbstentfaltung und Autonomie interessiert, „paradoxerweise [aber] kann der Eigentlichkeits- und Einzigartigkeitsanspruch dieser Subjektivität immer nur in Gemeinschaften lebendig werden." (ebd., S. 236) Diese lassen zwar keinen öffentlichen, bewussten Ritualismus zu, Einzigartigkeit kann sich aber nur im Rahmen symbolisch-rituell geordneter Koorientierung und Kooperation vollziehen. Organisationskulturen repräsentieren heute spezifische Sinn-Angebote, die mit den Subjektivitäts- und Einzigartigkeitsansprüchen von Menschen und ihren differenten Lebensstilen kompatibel gemacht werden müssen und gehen somit gegen die Abstraktheit und Anonymität oder Indifferenz moderner Massengesellschaft vor. Die Austauschbarkeit verschiedener religiöser, theoretischer oder ähnlicher Standpunkte ist als Kehrseite des Pluralismus zu sehen: wenn der Gedanke an allgemeingültige, interkulturell und transideologische Erkenntnisse aufgegeben wird, sind alle Konstruktionen im Prinzip gleich gültig und folglich indifferent, also austauschbar. Es werden dann jene (Sinn-) Angebote oder Wirklichkeitsdeutungen und -konstruktionen angenommen und übernommen, welche am ehesten den eigenen individuellen und kollektiven Narzissmus befriedigen (vgl. Zima, 2004, S. 238). „Organisationskulturen stellen sich [...] als eine Variante moderner Ideologiesysteme dar, als ausgearbeitete symbolisch-kulturelle

Vehikel der Wirklichkeitsdeutung [...]." (Franzpötter, 1997, S. 227) Diese 'Konstruktionsmuster' werden zur Interpretations- und Legitimationsfolie der Erfahrungen ihrer Mitglieder. Die Festigkeit oder auch Brüchigkeit solcher vorgegebenen Wirklichkeitsdeutungen zeigt sich meist erst in organisationalen Krisen oder Umbrüchen. Dann muss die Organisationskultur in der Lage sein, Legitimationsgrundlagen bieten zu können, aufgrund derer die Mitglieder ihre Alltagserfahrungen ordnen und interpretieren. Es muss ihr gelingen, einen sozialen Symbolismus zu inszenieren und gemeinsame Überzeugungen, Normen, Gefühle und Wertvorstellungen zu zitieren oder zu kreieren (vgl. ebd., S. 228). Erst dadurch wird eine Organisationskultur oder -ideologie zum bestimmenden Element in der sozialen Fremd- und Selbstzuordnung ihrer Mitglieder. Organisationskulturen reagieren also auf je konkret vorherrschende Wertvorstellungen und Bedürfnisse; und kreieren, also agieren in demselben Bezug.

Eine organisatorische Änderung berührt immer die Wirklichkeitsannahmen, Werte und Normen einer konkreten Organisationskultur. Sie provoziert einen Anpassungsdruck, der permanent die Lebensorientierungen und -strategien ihrer Mitglieder verunsichert. Die Organisationskultur schafft die sozialen Voraussetzungen, Sinn und Identität in der Organisation je treffend individuell und kollektiv vorfinden zu können. Organisationskulturen als kontextuelle Ideologien bieten umfassende Sinn-Angebote in „einer Welt konkurrierender und hochdifferenter Lebensstile, Mythen, Ideologien und Leitbilder." (ebd., S.238)

Wird ein Sinn-Angebot einer Organisation als 'sinnvoll' für den Einzelnen und auch für das Kollektiv erlebt und angenommen, weicht die scheinbare, für die Postmoderne typische Indifferenz: die ideologischen (-theoretischen) Interpretationsgemeinschaften sind von der eigenen Wahrheit überzeugt und wollen keinesfalls mit konkurrierenden Gruppen verwechselt werden, die sie mit Misstrauen oder gar mit Abneigung betrachten (vgl. Zima, 2004, S. 284). Diese Gemeinschaften werden sowohl durch ihre theoretisch-ideologischen Überzeugungen zusammengehalten als auch durch den Antagonismus, der sie von anderen Gruppen trennt. Würden jene Überzeugungen eine Allgemeingültigkeit erlangen, würde die Gruppe aufhören zu existieren. Sie verdankt ihre Existenz also einem „polarisierten Pluralismus" (ebd., S. 285), dessen grundsätzliche Indifferenz immer wieder ideologische Reaktionen hervorruft. Eine ideologische Interpretationsgemeinschaft wird (oft auch implizit) versuchen, die 'Wahrheit', die 'Mehrheit' oder das 'Richtige' für sich zu beanspruchen. In einer monologischen, ideologischen Wirklichkeitsauslegung oder -deutung wird die 'Wahrheit' für sich reklamiert und das Andere ausgeschlossen. Eine Organisationskultur bietet – prinzipiell austauschbar – ideologische Wirklichkeitsdeutungen, welche als Sinn-Angebote dem postmodernen Menschen in oft verschlüsselter Form offeriert werden. Werden diese Angebote als sinnvoll und narzisstisch befriedigend erlebt, formiert sich (unbewusst) eine Interpretationsgemeinschaft, welche als Folie für die Wahrnehmung der Erfahrungen dient. Diese verteidigt ihre eigene 'Wahrheit', ihren eigenen ideologischen Standpunkt, in dem sie das Andere nicht in das eigene Identitätsdenken einbezieht, sondern ablehnt oder gar mit Abneigung betrachtet.

Soll eine organisatorische Änderung angebahnt werden, durch einen externen Berater oder durch interne Prozesse, so muss immer die *ideologische Wirklichkeitskonstruktion* bedacht sein, welche in diesem Zusammenhang als Organisationskultur zu verstehen ist. Eine sich verbergende Organisationskultur, eine ideologische Deutungshoheit, die sich mit der Wahrheit identisch wähnt, zu thematisieren und zu reflektieren, scheint eine grundlegende Notwendigkeit in der Organisationsberatung oder -veränderung darzustellen. Allerdings bleibt die Frage, wie ideologische Verhaftungen am ehesten aufzulösen sind?

9.2 Voraussetzungen und Anliegen des Dialogs

Es kann nicht davon ausgegangen werden, dass Vertreter verschiedener Auffassungen miteinander reden wollen, miteinander ins Gespräch kommen wollen. Der Wille zum Dialog kann nicht in allen Fällen unterstellt werden, da der Dialog in realen Sprachverhältnissen stattfindet. Diese sind nicht nur vom Willen zur Verständigung mit dem Andersdenkenden geprägt, sondern auch von der Ablehnung des Andersartigen – wie auch in den Kapiteln 6 und 9.1 deutlich wurde. Es kommt hinzu, dass diese Ablehnung auch dort latent wirken kann, wo nach außen hin Dialogbereitschaft bekundet wird (vgl. Zima, 2004, S. 243).

Es müssen also eine Reihe von Faktoren herausgestellt werden, die eine Dialogbereitschaft begünstigen oder eben auch verhindern können. Der ideologische Faktor wurde bereits im obigen Kapitel angesprochen. Im Dialog ist es derjenige, der für Engagement und Motivation sorgt, aber auch zugleich die Neigung stärkt, das Eigene aufzuwerten und das Andere verzerrend abzuwerten. An der Ausprägung der narzisstischen Neigung kann der Dialog scheitern, allerdings ist der Dialog ein „ambivalentes Unternehmen, das stets zwischen Egozentrik und Alterität oszilliert und nicht auf einen der beiden Pole reduziert werden kann." (ebd.) Im Kapitel 8 wurde ausgeführt, dass Alterität für die Entwicklung der eigenen (theoretischen) Subjektivität als notwendig und unverzichtbar erscheint. Dies berücksichtigend kann festgehalten werden, dass demnach (theoretische) Neugier als eine Grundvoraussetzung des Dialogs betrachtet werden kann (vgl. Kap 8.2). In wissenschaftlichen Institutionen sollte diese Neugier noch überall zu beobachten sein. Wie verhält es sich aber mit Organisationen, die in Alltagshandlungen ihrem formalen Auftrag nachgehen?

Zuvorderst soll auf einige Voraussetzungen eines Dialogs eingegangen werden. Es wurde schon deutlich, dass Theorien sowohl kulturell als auch sprachlich bedingt sind (vgl. Kap. 8.2), so dass auch eine Theorie ihre Besonderheit einer Kultur und einer Sprache verdankt. Theorien sind, so wurde gezeigt, Soziolekte, die in einer besonderen soziolinguistischen Situation spezifische gesellschaftliche Interessen und Erkenntnisinteressen ausdrücken. Es kommt hinzu, dass innerhalb eines Diskurses Teilnehmer von einem oder mehreren Soziolekten ausgehen, diese aber in ihren eigenen besonderen Diskurs konkretisieren und zugleich verändern. Damit trägt jeder neue Diskurs zur Umgestaltung der gesamten sprachlichen Situation bei. Soll es zu einem fruchtbaren Dialog kommen, ist es wichtig, dass die Beteiligten die Faktoren reflektieren und sich zudem über die ideologischen Interferenzen in den partizipierenden Diskursen im Klaren sind: welche Ideologien als Wertesysteme liegen den Diskursen zugrunde und wie treten sie in Erscheinung?

Es ist klarzustellen, dass das Diskurssubjekt bereit und in der Lage ist, seine ideologischen Wertsetzungen selbstkritisch zu relativieren und seine Objekte als Konstruktionen darzustellen. Identifiziert sich das Subjekt monologisch mit der Wirklichkeit und blendet seinen Konstruktionsvorgang aus, kann der Gesprächspartner nur mit konstruktivistischer Ideologiekritik als Diskurskritik reagieren, um der Reflexion und dem Dialog zum Durchbruch zu verhelfen (vgl. Zima, 2004, S. 247). Es ist weiterhin klarzustellen, dass in einem weiteren Schritt, das heißt auf einer weiteren Ebene, die jeweilige Aussage des Diskurssubjekts im Mittelpunkt zu stehen hat. Die Aussage eines Diskurses wird von den im Diskurs handelnden Aktanten konstituiert. Daher ist es wichtig, dass die Aktantenmodelle und Modalitäten der Diskurse verglichen werden, bzw. vergleichbar sind. Die Frage nach der Beschaffenheit dieser Modelle ist für die Kommunikation gerade zwischen grundverschiedenen Diskursen wichtig.[144] Es ist möglich, selbst grundverschiedene Diskurse und Soziolekte aufeinander zu beziehen, da sie „als sekundäre modellierende Systeme in das primäre modellierende System der natürlichen Sprache eingebettet [sind]." (ebd., S. 250) Sie können daher stets auf das primäre System bezogen und in jedem Dialog expliziert werden.

Wenn also die Ideologie im allgemeinen Sinne, der Soziolekt, aus dem ein besonderer Diskurs hervorgeht und das Aktantenmodell beleuchtet wurden, kann das eigentliche Anliegen des Dialogs in den Mittelpunkt treten: die Rekonstruk-

---

144 Zur Verdeutlichung: Es macht wenig Sinn Freuds Psychoanalyse und den Marxismus zu vergleichen, wenn man nicht nach der Vergleichbarkeit der Aktantenmodelle fragt. Während Freuds Diskurs individuelle Aktanten (wie Mutter, Vater, Kind) in infraindividuelle Aktanten (Ich, Es, Überich) gliedert, konzentriert sich der Marxismus auf überindividuelle, kollektive Aktanten als Klassen. Jede Auseinandersetzung müsste den Unterschieden auf der Aktantenebene Rechnung tragen und nach entsprechenden Unterschieden im Bereich der Modalitäten Ausschau halten (vgl. Zima, 2004, S. 248)

tion des fremden Diskurses, seine Übersetzung und seine Kritik. Aber ein solcher Dialog kann eben nur dann gelingen, wenn der Verständnishintergrund des anderen beleuchtet wird und: „Ein Gespräch kommt nur dann zustande, falls man bereit ist, den Verständnishintergrund eines anderen zu akzeptieren." (Maturana, 1994, S. 180)

Rekonstruktion und Übersetzung sind in diesem Fall nicht wirklich voneinander trennbar, denn sobald ein fremder Diskurs rekonstruiert wird, wird er in die eigene, vertraute Sprache übersetzt. Bei der Rekonstruktion eines fremden Diskurses als Übersetzung können zwei Arten unterschieden werden: nämlich die Übersetzung in die natürliche Sprache als primäres modellierendes System (s.o.), die v.a. dem Nachvollzug des fremdem Diskurses dient, und die Übersetzung in den eigenen Diskurs. Die erste Art zeigt, dass umgangssprachliche Rekonstruktionen theoretischer Diskurse trotz einiger Schwierigkeiten prinzipiell möglich sind. Bei der zweiten Rekonstruktionsmöglichkeit, also der Übertragung des fremden in den eigenen Diskurs, kommt es fast immer zu Auslassungen, Verkürzungen oder Verzerrungen. „Denn jeder theoretische Diskurs setzt sich als sekundäres modellierendes System aus einem bestimmten Vokabular, einer Semantik und einem Aktantenmodell zusammen, die per definitionem nicht in anderen Modellen aufgehen. Gingen sie in ihnen auf, könnten sie auf sie reduziert werden und wären überflüssig." (Zima, 2004, S. 254) Daher gilt es, im Dialog den fremden Diskurs möglichst so zu rekonstruieren, dass sich das andere Diskurssubjekt in der Rekonstruktion erkennt und sie nachvollziehen kann. Dabei können v.a. heterogene Diskurse und ihre Soziolekte eine entscheidende Rolle spielen. Denn das Andere kann so in einem völlig neuem Kontext und unter neuen Vorzeichen nicht nur in Frage gestellt und abgelehnt werden, sondern auch neue Bestätigung und Bekräftigung finden. Allerdings geht es nicht primär darum, die eigenen Hypothesen und Objektkonstruktionen von den anderen bestätigen zu lassen, sondern darum, Theorien und ihre Konstruktionen einer kritischen Prüfung auszusetzen. Der Dialog zwischen heterogenen Diskursen, zwischen gegensätzlichen Positionen ist „eine permanente Dialektik von Konsens und Dissens, Übereinstimmung und Abweichung, Übersetzbarkeit und Nichtübersetzbarkeit." (ebd., S. 256) Die theoretischen Positionen, die auf ihre Gegenpositionen bezogen werden, erfahren eine Art kritischer Erschütterung. Es kommt darauf an, eine direkte oder indirekte Konfrontation herbeizuführen, die alle Beteiligten dazu anhalten, ihre Diskurse und Konstruktionen gleichsam ´von außen´, mit den Augen des anderen zu betrachten. Dabei wird davon ausgegangen, dass Aussagen, die zwischen heterogenen Gruppensprachen zustande kommen, einen anderen Status haben, als Aussagen, die nur innerhalb einer Gruppe konsensfähig sind.

Die Verfremdung des Eigenen, die Ausrichtung auf das Andere bringt so stets eine Erschütterung der eigenen Glaubenssätze mit sich. Zima bezieht und richtet seine Dialogische Theorie stets auf den Dialog zwischen wissenschaftlichen Theorien, genauer: auf den Dialog kultur- und sozialwissenschaftlicher Theorien. Obwohl er feststellt, in wissenschaftlichen Institutionen sei die theoretische Neugier noch vorhanden und als eine Grundvoraussetzung des Dialogs zu erachten, hebt er den ideologischen Faktor – also auch die Bedingtheit der Theorien – als Hindernis eines Dialogs, als Beschränkung der Dialogbereitschaft hervor. Die monologische Auseinandersetzung mit der Welt, das Ablehnen der Alterität, die scheinbare Entwicklung des Subjekts ohne den Anderen sind Vorgänge und Phänomene, die einen theoretischen Dialog verhindern und schlicht nicht ermöglichen. Es bleibt einem in diesem Zusammenhang ein Erkenntnisgewinn versagt. Wenn diese Aussagen sich v.a. auf Auseinandersetzungen im theoretischen Zusammenhang beziehen, wie sind sie in anderen Auseinandersetzungen zu verstehen, in „Auseinandersetzungen zwischen ethnischen, kulturellen oder religiösen Denkgemeinschaften." (Nicklas, 1999, S. 637) In ihnen geht es nicht primär um Erkenntnis und Wahrheit, als vielmehr um politischen Anspruch und gesellschaftliche Anerkennung. Zima meint in diesem Zusammenhang, dass das nicht ausschließt, dass theoretische Reflexionen und Dialogizität auch solchen Gruppen zugute kommen können. Der Praxisbezug der Dialogischen Theorie ist auch auf dieser Ebene bedeutsam. Allerdings ist ein Dialog zwischen rein monologisch strukturierten Ideologien kaum möglich. Hier ist nur eine Koexistenz denkbar (vgl. Zima, 2004, S. 243).

Theoretische Reflexion und Dialogizität also auch in nicht-theoretischen Bezügen? Es wurde weiter oben beschrieben, dass die Verfremdung des Eigenen, das Gegen-sich-selbst-Denken, welches sich auf die Präsenz des Anderen ausrichtet, stets zu einer Erschütterung der eigenen Glaubenssätze führt. Eingangs wurde erläutert, dass der Wille zu dieser Art des Dialogs nicht unterstellt werden könne. Im Zusammenhang der erschütterten eigenen Glaubenssätze wird das verständlicher. Stellt man diese Ausführungen (wieder) in den Zusammenhang der Organisation, so wird leicht ersichtlich, dass die Organisationskultur als ideologische Wirklichkeitskonstruktion wieder ihre Anwendung und Berechtigung findet: sie schützt die Organisationsmitglieder vor einer solchen Erschütterung – vor einer Erschütterung, welche auf die eigenen Glaubenssätze zielt. Es wurde mit Hilfe psychodynamischer Sichtweisen gezeigt, dass der Kulturkern Handlungssicherheit gewährt und die Stabilität sichert (vgl. Kap. 5). Ängste und Unsicherheiten können in dieser Organisationskultur untergebracht und so ausgehalten werden (vgl. Kap. 5.4). Wieso sollte sich also eine Organisation dem Anderen öffnen, sich dem vielleicht Gegensätzlichen stellen? Eine Konfrontation zur Bekräftigung und Bestätigung der eigenen Ansichten und Aussagen wäre hier noch nachvollziehbar, aber eine Konfrontation, welche die Erschütterung der eigenen Glaubenssätze zur Folge hätte?

Die Dialogische Theorie sieht die Subjektivität nur im unabschließbaren Prozess der wechselhaften Beziehung zum Anderen, zum Fremden gesichert. Der Weg der Selbsterweiterung oder der Erkenntniserweiterung ist nur über die Aufnahme des Anderen möglich. Der Dialog kann als eine Form dieser Begegnung verstanden werden. Allerdings basiert dieser – wie eben ausgeführt – auf bestimmten Voraussetzungen. In den untersuchten Ansätzen der Organisationsberatung (Kap. 7) und in der Bestandsaufnahme (Kap. 2) wurden ebensolche Voraussetzungen herausgestellt. Beispielsweise stellt die Steigerung der Selbstreflexivität eine unumgängliche Voraussetzung dar, soll eine Organisationsberatung auch nachhaltige Folgen zeitigen. Im Kapitel 9.2 wurde es als Dialogfähigkeit beschrieben. Es ist also gar nicht die Frage, ob eine Organisation in ihrer Steigerung der Selbstreflexivität unterstützt werden kann, sondern wie.

Das vorige Kapitel endete mit der Frage, die jetzt zu wiederholen ist: wie können ideologische Verkrustungen gelockert werden, wie können Organisation dazu bewegt werden, ihre eigenen Glaubenssätze kritisch zu überprüfen, um sich über Alterität weiter zu entwickeln, um einen eigenen Erkenntnisfortschritt zu vollziehen?

9.3 Die Organisation 'bewegt' sich – metaphorische Bewegungssituationen

Der Diskurs ist als Prozess dialogischer Erkenntnis zu verstehen. Er gilt immer als Unterbrechung des Alltagshandelns. Die argumentative Vergewisserung eines Gegenstandes im Diskurs bedeutet, dass hier nicht mehr die für die Alltagssprache typische Annahme getroffen wird, dass die in einem Sprechakt normalerweise implizit unterstellten Geltungsansprüche unausgesprochen zu akzeptieren sind; Diskurse sind Formen des Gesprächs, in denen sich Handlungssubjekte sich dieser Geltungsansprüche vergewissern. Im Diskurs werden die Handlungszwänge alltäglicher Routinen vorübergehend suspendiert (vgl. 7.4). Das bedeutet im Kern, dass implizite Regeln expliziert werden; dass die eigene Bedingtheit und die Konstruiertheit der Objekte anerkannt werden; dass die Subjektivität auf Alterität ausgerichtet ist; dass die Organisationskultur bewusst gemacht, versprachlicht wird: dass die Organisationskultur weitgehend entcodiert oder entschlüsselt wird. Der Diskurs als mögliche Kommunikationsform dieser Organisationsberatung setzt diese Bewusstwerdung voraus. Wegen jener Bewusstwerdung der Organisationskultur, der grundlegenden Annahmen und Wertvorstellungen, können Widerstände im Beratungsprozess auftreten (vgl. Kap. 2.4, 6). Organisationsberatungen sind aber erst dann sinnvoll und nachhaltig, wenn auf der Ebene der Organisationskultur gearbeitet wird (vgl. Schönig, 2000, S. 137). Es tritt eine scheinbar paradoxe Situation auf: auf der einen Seite erscheint es als notwendig, dass Organisationsberatungen bei der Organisationskultur ansetzen müssen, um nachhaltig wirken zu können; auf der anderen Seite entstehen genau durch dieses Ansetzen Widerstände in der Organisation.

Widerstände werden im Verständnis dieser Arbeit als aktive und sinnvolle Leistungen begriffen, die aber durchaus auch als ambivalent beschrieben werden können. So zeigten beispielsweise die Synopsen der Bestandsaufnahme (Kap. 2.3) und der Beratungsansätze (Kap. 7.4), dass Organisationen eine Expertenberatung einfordern, sich aber dem Experten verschließen. Von Seiten der Berater wird das Phänomen mit der Absicht umschrieben, Expertenwissen einspeisen und implementieren zu wollen, gleichzeitig aber die Autonomie der Organisation zu wahren. Die ambivalente Situation kann die Organisation aber nur dann nicht als Bedrohung, sondern als Stärkung der eigenen Identität erleben und begreifen, wenn sie mit dieser Ambivalenz umzugehen weiß. Dazu ist es vonnöten, dass die Organisation Ambivalenz als Instrument der Identitätskonstruktion zu gebrauchen lernt. Die 'instrumentelle' Nutzung zeichnet sich dadurch aus, dass die Organisation und die Organisationsmitglieder um ihren Widerstand wissen, diesen reflektieren können und ihn als eine mögliche Verhaltensweise anerkennen. Die Organisation ist erst dann in der Lage Ambivalenz als Instrument zu nutzen, wenn sie potentiell bereit ist, sich zu ändern. Auf der anderen Seite muss die Organisation aber ihren Widerstand als sinnvoll erleben. Nur so kann gesichert sein, dass Widerstand nicht als eine austauschbare Schranke oder Hürde im Prozess der Organisationsberatung betrachtet wird, die es zu durchbrechen gilt. Das (ideologische) Engagement ist auch beim Widerstand vonnöten, andernfalls verkäme er zu einer relativierbaren und völlig austauschbaren Erscheinung. Widerstand ist also eine aktive und eine sinnvolle Leistung, der Respekt entgegen gebracht werden muss. Weiter oben wurde es als „behutsamer" Umgang mit Widerständen beschrieben (vgl. Kap. 6.2). Dieses muss sich im Prozess der Organisationsberatung zeigen.

Die Anbahnung der Dialogfähigkeit muss also methodisch den Widertand und eben auch die Organisationskultur wahrnehmen und respektieren. Damit kann der Prozess der Organisationsberatung nur als eine Begleitung verstanden werden, die das So-Sein der Organisation respektiert, ihren selbst gewählten Weg mitgeht und Impulse der Veränderung anbietet. Die Rolle der Organisationsberater könnte demnach als begleitend, anregend, stützend und folgend beschrieben werden; das aktive Moment wäre auf Seiten der Organisation, auf Seiten des Subjekts der Organisationsberatung. Ihm obliegt die freiwillige Teilnahme oder Zustimmung zur Beratung und ihm obliegt die Aufnahme fremder/ anderer Inhalte. Der Berater ist 'nur' derjenige, der zuerst methodisch, später fachlich Anleitungen, Anregungen und Wissensbestände anbietet, die von der Organisation angenommen oder abgelehnt werden. Diese Auffassung von Organisationsberatung deckt sich mit dem Paradigma der (Entwicklungs-) Förderung. In diesem Zusammenhang zeichnet sich das Paradigma vor allem durch die ihm eigene Haupt-Interaktionsform aus. Denn das Unterstützen, Anregen, Begleiten sind innerhalb dieses Paradigmas die Interaktionsformen des 'Förderers', also Beraters, während der 'Geförderte', die Organisation, seine ihm gegebenen 'Spielräume' zu füllen und zu erweitern sucht[145]. Der gesellschaftliche Auftrag der Entwicklungsförderung als System besteht nach Seewald in der Unterstützung von Entwicklungsprozessen besonders bei schwieriger und/ oder retardierter Entwicklung (vgl. ders., 1998, S. 142). Bezieht man diese kurz aufgegriffenen Aspekte der Entwicklungsförderung als Paradigma auf die Organisation, so wird deutlich, wie die hier konzipierte Organisationsberatung die Organisation wahrnimmt. Es obliegt nicht den Organisationsberatern, die Organisation nach der Leitdifferenz besser-schlechter (Erziehungssystem) oder gesund-krank (Medizinsystem) zu beurteilen (vgl. Luhmann/ Schorr, 1988). Einzig die Unterscheidung förderbedürftig – nicht förderbedürftig (Förderung als System) kann der Organisationsberater treffen, aber erst nachdem die Organisation selbst sich für förderbedürftig erklärt hat, also den 'Auftrag' für eine Organisationsberatung erteilt hat. Die Organisationsberatung kann in diesem Sinne weder die Organisation belehren oder überprüfen, noch kann sie sie behandeln oder kontrollieren. Die hier konzipierte Organisationsberatung kann aber den möglichen Reflexionsprozess der Organisation anleiten und anregen; sie kann die Organisation in ihrer Selbstdistanzierung unterstützen; sie kann die Organisation methodisch für Alterität öffnen; sie kann fachliches Wissen anbieten – die (motologische) Organisationsberatung regt nach einem erteilten Auftrag die Dialogfähigkeit der Organisation an, unterstützt die Organisation in der kritischen Phase der Erschütterung und bietet fachliches Wissen nicht-expertokratischer Natur an. Die geforderte Abkehr vom expertokratischen Paradigma (vgl. Kap. 2.1.1.1) ist in diesem Zusammenhang leicht nachzuvollziehen. Bleibt weiterhin die Frage, wie Organisationen dazu bewegt werden können, ihren Widerstand, ihre grundlegenden Glaubens- und Wertvorstellungen eigenständig vornehmlich wahrzunehmen, zu 'verbalisieren' und gegebenenfalls zu lockern? Die Wahl der Metaphern, bzw. der bildlichen Ausführung ist in diesem Kontext nicht bedeutungslos. Sie entstammen dem Bereich der Bewegung, und beinhalten sowohl einen aktiven als auch einen passiven Anteil: die Organisationen werden bewegt, und sie bewegen sich.

---

145 Vgl. in diesem Zusammenhang auch Kapitel 4.2.3: Institution und Subjekt: freies Handeln im Rahmen. Über den Begriff des 'Spielraums' erscheinen Parallelen, die im Folgenden von Bedeutung werden.

Die scheinbar paradoxe Situation macht in diesem Zusammenhang den Schlüssel zur Organisationskultur aus.

Durch *metaphorische Bewegungssituationen* wird es möglich, die Organisationskultur in eigenverantwortlicher und eigenständiger Weise zu entschlüsseln, zu entcodieren, bzw. sie in ihrem Bewusstseinsgrad anzuheben: unbewusste, implizite Wissensanteile und Regeln werden erfahren und in das Bewusstsein transportiert, die eigene Bedingtheit und Konstruiertheit der Objekte werden thematisiert und erlebt, ideologische Verkrustungen werden erspürt und benannt. Die Selbstentfremdung oder -distanzierung und die Überprüfung der Glaubenssätze stehen somit im Fokus. Unter Verweis auf die Kapitel 3, 10 und 12 werden hier motologische Methoden und Inhalte als Antwort auf die aufgeworfene Frage gegeben. Die Motologie verfügt über methodisches Wissen, die Organisation auf eine interdiskursive Dialogfähigkeit vorzubereiten, und zwar ohne die Eigen- und Selbstständigkeit des Anderen (der Organisationen) zu verletzen oder zu übergehen. Die Motologie kann Situationen bieten, in denen die Organisation selbst entscheidet, wie weit sie geht, wie viel sie zulassen möchte. Es stellt keine auferlegte Selbstreflexivität dar, die als Vorbereitung zur Diskursfähigkeit vonnöten ist. Durch metaphorische Bewegungssituationen, durch Symbolisierungen derselben und durch eine Reflexion des Erlebten wird es der Organisation möglich sein, ihre eigene Organisationskultur zu erkennen und zu ´analysieren´. Damit kann der Schritt getan werden, die Organisation in eigenverantwortlicher Weise der Dialogfähigkeit näher zu bringen. Der mögliche Widerstand wird durch die Wahl der Methodik ernst genommen und als sinnvoll dargestellt.

Erst wenn die Organisation durch die motologischen Situationen in der Lage ist, sich ihrer (ideologischen) Wertsetzungen bewusst zu werden, kann diskursiv eine fachliche Beratung angeboten werden. Durch die motologischen Situationen ist die Organisation vorbereitet und imstande, das Andere als Möglichkeit des eigenen Erkenntnisgewinns anzuerkennen. Erst durch die metaphorischen Bewegungssituationen kann der mögliche, sinnvolle, schützende Widerstand thematisiert und gelockert werden. Durch diese Situationen wird die Eigenständigkeit der Organisationen gewahrt und ihre Selbsttätigkeit wert geschätzt. Die Organisationen werden bewegt, um sich zu ´bewegen´. Bewegung als Voraussetzung zum Dialog, als wesentlicher Schritt in der Anbahnung interdiskursiver Dialogfähigkeit. Im Folgenden und unter Rückbezug des Kapitels 3 wird diese Sichtweise, diese Antwort auf die aufgeworfene Frage theoretisch hergeleitet und eingebunden.

10 Dialogizität und das ´innere Andere´ – Steigerung der Selbstreflexivität

Die Motologie birgt v.a. in ihrer verstehenden Ausrichtung eine Methodik, die in dieser Konzeption einer motologischen Organisationsberatung eine entscheidende Stellung einnimmt. Es wurde gezeigt, dass durch die Zusammenführung von Bewegung und Dialog eine Möglichkeit gefunden werden kann, interdiskursive Dialogfähigkeit anzubahnen (Kap. 9.3). Diese Möglichkeit soll nun eine Ausführung erhalten. Dabei werden wichtige Bestimmungsstücke des Verstehenden Ansatzes näher betrachtet, da dieser die metaphorischen Bewegungssituationen sowohl theoretisch beherbergt, als auch praxeologisch ausschmückt. Das leibliche Spüren und symbolische Ausdrucksformen (Kap. 10.1) bilden dabei zusammen mit dem Konzept der reflexiven Leiblichkeit (Kap. 10.2) die Ausgangslage. Von dieser aus können dann weitere Betrachtungen erfolgen: durch Zusammenführen entstehen neue Einblicke und Erkenntnisse, die sich v.a. in Kap. 10.3 und 10.4 zeigen: mit Hilfe einer symboltheoretischen Lesart der Organisationskultur kann aufgezeigt werden, inwiefern die einzelnen Bestimmungsstücke der Organisationskultur einem rational vorgehendem Organisationsberater zugänglich oder eher versperrt sind. Diesen Ausführungen wohnt ein bestimmtes Bild vom Menschen inne, welches als abschließendes Kapitel ausgeführt werden soll. Das zu gründende Subjekt dieser Organisationsberatung muss dabei sowohl die methodische Komponente der Organisationsberatung – also das Prozessuale – umschließen, als auch die inhaltliche. An dieser Stelle wird zu zeigen sein, wie sich das Subjekt einer motologischen Organisationsberatung über Alterität, Dialogizität und Reflexivität im fachlichen Beratungsprozess erweitern kann, um seine eigene Identität durch Kohäsion zu stärken.

10.1 Das leibliche Spüren und symbolische Ausdrucksformen

Es wurde deutlich, dass die Organisationskultur in respektvoller Weise aufgedeckt und teilweise nachvollziehbar gemacht werden soll, um den Widerstand zu verstehen oder verständlicher zu machen, der eine Dialogfähigkeit verhindert und somit Entwicklungsmöglichkeiten durch Beratung abblockt. Wie ist es aber möglich, eine Organisationskultur zu fassen, die sich selbst verbirgt, die sich nicht 'entgegenwirft' oder aufdrängt[146]? In Kapitel 9 wurde über metaphorische Bewegungssituationen eine Möglichkeit aufgedeckt, aber nicht ausgeführt. Diese soll hier nun theoretisch hergeleitet werden, indem die Leiblichkeit (vgl. auch Kap. 3.2) und Symbolisierungen im Mittelpunkt der Betrachtung stehen. Dazu ist es notwendig, die Phänomenologie der Leiblichkeit und die Symboltheorie Cassirers und Langers theoretisch zu umreißen, um anschließend auf Methoden des Verstehens einzugehen. Hierbei steht v.a. das (leib-) phänomenologische Verstehen im Vordergrund.

Die *Phänomenologie* wurde von Husserl Anfang des 20. Jahrhunderts hervorgebracht. Diese Denkrichtung (vgl. auch Kap. 3.2) erforderte eine Umlenkung des Blickes auf die Welt; ein Entdecken der elementaren Gegebenheiten in ihrer natürlichen Erscheinung, frei von wissenschaftlicher Abstraktion, unter Preisgabe aller bislang geltenden Auffassungen, Konventionen und Meinung wurde gefragt (vgl. Gröschke, 1997, S. 294). Merleau-Pontys Ausführungen stehen in dieser Tradition und sehen den Leib als zentrales Element. Er stellt dabei den impliziten Sinn in den Mittelpunkt seines Denkens und versucht die Erfahrung als unmittelbar leibliche zu rehabilitieren und sie aus der Umklammerung durch den Empirismus und den Intellektualismus zu befreien (vgl. Seewald, 1992, S. 21). So zeigt Merleau-Ponty, dass sich das denkende Ich im leiblichen gründet und vorgezeichnet findet. Dabei setzt er den ungeteilten Leib den Teilungen des Ichs als Basis. „Selbst wenn der Mensch auf seine Leiblichkeit reflektiert, findet er sich als leibliches Wesen immer schon vor." (Seewald, 1996a, S. 29) In seinem Hauptwerk 'Die Phänomenologie der Wahrnehmung' (1966) versucht Merleau-Ponty zu zeigen, dass das bewusste Ich seine Wahrnehmung nicht hervorbringt, sondern auf die Vorarbeit des Leibes angewiesen ist. Damit setzt er den Leib als ein 'Vor-Ich', das die Welt primordial erfährt und begreift. „Mein Leib hat seine Welt oder begreift seine Welt, ohne erst den Durchgang durch 'Vorstellungen' nehmen [...] zu müssen." (Merleau-Ponty, zit. nach Seewald, 1996a, S. 29) Damit stellt Merleau-Ponty einen wichtigen Aspekt des Leibes heraus. Der Leib ist mit der primordialen Welt verbunden oder verwurzelt. Er ist „unsere Verankerung in der Welt" (ders., zit. nach Seewald, 1992, S. 33). Der Leib bildet den existenziellen Untergrund für die Wahrnehmung und für die Symbolfunktion. Merleau-Ponty führt zwei weitere Aspekte des Leibes am Beispiel des Falles Schneider[147] aus. Zum einen die Fähigkeit, sich „erworbene Welten in einem präreflexiven Verstehen einzupassen und zum anderen sich zur Welt hin zu entwerfen in einen Raum von Möglichkeiten" (vgl. ebd., S. 32). Damit ist zum einen der habituelle Leib gemeint, der die Fähigkeit besitzt, ganz

---

146 Vgl. die Wahl der Begriffe mit Gadamer,, H.-G.: Verborgenheit der Gesundheit. 1993
147 zusammengefasst nachzulesen bei Seewald, 1992, S. 27ff

ohne Umwege über das setzende Bewusstsein sich dem Sinn einer Situation einzupassen; zum anderen das intentionale Gerichtetsein: Der Leib ist zur Welt hin angelegt, durch ihn ist der Mensch wie mit einem Netz 'intentionaler Fäden' mit der Welt verbunden, so dass er auch als Mittler zur Welt gesehen werden kann. Als Mittler zur Welt macht sich der Leib gleichsam unsichtbar. „Diese notwendige Entthematisierung des Leibes ist die wichtigste Voraussetzung für seine Überschreitung im Wahrnehmen und Bewegen." (Seewald, 1996a, S. 31) Damit ist gemeint, dass der Leib „wie ein Scheinwerfer sich 'verlängert' [...] in das Wahrzunehmende." (ders., 1992,S. 31) Dadurch ist die Wahrnehmung, ebenso wie der Bewegungsentwurf[148], eine ursprüngliche Weise des Bezugs auf die Welt. Die virtuelle Kraft des Leibes – auch 'zentrifugale Tendenz der Bewegung' oder Bewegungsentwurf genannt – steht im Mittelpunkt der Fähigkeit, 'die Dinge zum Sprechen zu bringen'. Sie schafft „einen freien Raum [...], in dem, was im natürlichen Sinne nicht existiert, einen Anschein von Dasein gewinnen kann." (Merleau-Ponty, zit. nach Seewald, 1992, S. 31)

Der sinnhafte Zugang zur Welt, die Präreflexivität sowie die Mittlerstellung zur Welt spiegeln den Leib als etwas Sinn-Erfassendes wider; der Leib hat aber auch die Rolle eines Sinnstifters inne. Dieses wird sehr bildlich anhand einer 'leiblichen Weise des Malens' vom Künstler Cezanne dargestellt, bei der das ichhafte Bewusstsein geradezu ausgeschaltet werden muss. Das bedeutet, dass „letzten Endes der Leib selbst das Denken, die Intention werden muss, die er uns je bedeutet, soll er sie ausdrücken." (Merleau-Ponty, zit. nach Seewald, 1992, S. 61) Nur leiblich erfassen wir den primordialen Sinn, auf dem alle höheren, sinnkreativen Funktionen letztlich aufbauen. Nur so kann der Leib einen natürlichen Symbolismus 'schreiben', der wiederum als Fundament dem konventionellen Symbolismus dient, zu welchem auch die Sprache zählt.

Um diese Nahtstelle der *Symboltheorie* zur Phänomenologie aufzugreifen, wird der natürliche Symbolismus ausgeführt: Das, was der natürliche Symbolismus umschreibt, wird in der *Symboltheorie Cassirers*[149] als Ausdruck verstanden. Unter Einbeziehung des Mythos und der mythischen Entwicklung als Ursprungsort zeigt Cassirer sowohl die Entwicklung symbolischer Formen auf, als auch die Ausdrucksfunktion des Mythos. „In der Sphäre des Ausdrucks gibt es [...] weder Kontinuität noch Konstanz. Es ist alles Gegenwart, aber zur Vergegenwärtigung fehlt das Mittel der Fixierung. Im Fluss der Bilder und Erscheinungen ist der Sinn unmittelbar enthalten." (vgl. Seewald, 1992, S.80) So kann der Ausdruck als erster Orientierungsbegriff bei Cassirer verstanden werden.

---

148 Bewegungsentwurf verstanden als: Hier gibt es kein planendes Subjekt, vielmehr entwirft der Leib sich selbst zur Welt hin und tritt mit dieser in Kommunikation (vgl. Seewald, 1992, S. 31)
149 Cassirer, E.: Philosophie der symbolischen Formen. 3 Bd. In: Cassirer, E.: Gesammelte Werke. Hamburger Ausgabe Bd. 11-13. Felix Meiner Verlag: Hamburg 2002.

Folgt man nun der Cassirer'schen Kernbegriffe, so gelangt man in die Sphäre der
Darstellung. In dieser wird der konstanzstiftende Schritt über den Ausdruck
hinaus getan und eine erste oben angesprochene Vergegenwärtigung wird vollzogen. „In der Darstellung geschieht also der Schritt von der 'Präsentation', d.h.
der bloßen Gegenwart von Bildern, zur 'Repräsentation', d.h. ihrer Vergegenwärtigung. Dazu bedarf es des Innehaltens im zeitlichen Strom der Erscheinungen und eines Von-sich-Abrückens, denn nur aus der Distanz gewinnen die Bilder eine überschaubare Kontur." (ebd., S. 82) Der Sprache räumt Cassirer hier
eine mediatisierende Wirkung ein. Den letzten Begriff der Trias bildet die reine
Bedeutung. Mit dem Übergang zur reinen Bedeutung ist die letzte Stufe möglicher Symbolisierungen erreicht. „Das Zeichen im Sinne des reinen Bedeutungs-
zeichens drückt nichts aus und stellt nichts dar – es ist Zeichen im Sinne einer
bloß abstrakten Zuordnung." (Cassirer, zit. nach Seewald, 1992, S. 82) Auch die
Sprache folgt diesen Symbolisierungsstufen. In Anlehnung an die mythische
Entwicklung sieht Cassirer die Sprache im Ausdruck verwurzelt. Allerdings
überschreitet die Sprache den Ausdrucksbereich bei weitem und gewinnt ganz
neue Qualitäten: sie schafft neue Einheiten, für die es keine Entsprechung in der
sinnlichen Welt des Ausdrucks gibt. „So türmt sich über der sinnlichen Basis
eine Pyramide von Gattungs- und Oberbegriffen, die gleichermaßen dem Denken
Potenz verleiht, wie sie potentiell die Erfahrung der Unmittelbarkeit des Ausdrucks zum Akzidentiellen herabwürdigt." (ebd., S. 84) Allerdings ist der Aus-
gleich von Ausdruck und Darstellung noch möglich und zwar in der (dichterischen) Kunst. Die Sprache überspannt also die unterschiedlichen symbolischen
Sphären, während sie in der Darstellung ihren Schwerpunkt hat. Damit ist aber
herausgestellt, dass die Sprache eine vermittelnde Rolle zwischen den verschiedenen symbolischen Formen einnehmen kann.

Diese Überlegungen können nun mit logisch-systematischen Aspekten der
Symboltheorie Langers[150] angereichert werden. Langer unterscheidet einen diskursiven und einen präsentativen Symbolismus. Zur Verdeutlichung können
prototypisch die formalen Merkmale des Bildes und der Sprache herangezogen
werden: „Die formalen Merkmale des Bildes sind also: präsentative Ordnung
und ganzheitliche Struktur, Simultaneität der Erfassung, Konkretheit, Unüber-
setzbarkeit, konnotative Semantik und Indifferenz gegenüber der Wahrheitsfra-
ge. Die formalen Merkmale der Sprache sind dagegen: diskursive und zusam-
mengefügte Ordnung, Sukzessivität der Erfassung, Allgemeinheit, Übersetzbarkeit, feste Denotation, umschriebene Konnotation und Wahrhaftigkeit." (Seewald, 1992, S. 109) Allerdings entspricht die Unterscheidung nicht dem Unterschied zwischen wörtlicher und künstlerischer Bedeutung. Das Präsentative darf

---

150   Langer, S. K.: Philosophie auf neuem Wege. Frankfurt a. M. 1984

nicht mit einem niedrigen und das Diskursive mit einem hohen Symbolisieungs-
niveau gleichgesetzt werden, da beispielsweise im diskursiven Medium auch
Bilder, Stimmungen und Atmosphären erzeugt werden können, die nicht diskursiv, sondern präsentativ organisiert sind[151]. Die unterschiedlichen Symbolismen
beziehen sich vielmehr auf unterschiedliche Erfahrungstypen. Während der diskursive Modus in der Sprache das „einzige Präzisionsinstrument von allgemeiner
Anwendbarkeit zum exakten Vernunftdenken" (Langer, zit. nach ebd., S. 110)
bereitstellt, geht es im präsentativen Modus um aussersprachliche Bereiche des
Verstehens, um Bereiche der Intuition und des Gefühlslebens. „Es gibt [also] ein
symbolisch vermitteltes Verstehen außerhalb der Sprache. Durch diesen präsentativen Symboltyp löst sich die Dichotomie einer an Sprache gebundenen Ratio
und eines Reiches der Gefühle, die unaussprechbar und deshalb irrational und
blind sind, auf." (ebd., S. 111) Es gibt somit eine Möglichkeit echter Semantik
jenseits der Grenzen der diskursiven Sprache.

In Bezug zu der Symboltheorie Cassirers und dem Leibverständnis Merleau-Pontys lässt sich nunmehr feststellen, dass sich das Präsentative, welches
ursprünglicher und von größerer Originalität ist, mit dem Ausdruck und dem
Leib in ihrer Ursprünglichkeit, in ihrer Unhintergehbarkeit und damit ihrer Sinnhaftigkeit deckt. Das Präsentative ist mithin „das Wachstumsprinzip jeder Semantik", das Diskursive greift auf, formt um und bringt zu Bewusstsein. Damit
kann die Sprache selbst nicht in die Sinnfundamente des Präsentativen hineinreichen. Allerdings greift das Aussersprachliche auf vergleichbarem Symbolisierungsniveau in diesen Sinn hinein. Die Bewegung und das Leibsein sind unter
anderem solche präsentativen Symbolismen. In einem Schema zum präsentativen
und diskursiven Symbolismus verortet Seewald einige Beispiele verschiedener
Kunstformen und Darstellungen, sowie verschiedene Aspekte des Leibseins und
der Bewegung. Dabei zeigt er auf jeweiligem Niveau die mögliche Transponierbarkeit der einzelnen Beispiele in die jeweils andere Symbolisierungsform auf
und deren mögliche Darstellung. Die Aspekte des Leibseins und der Bewegung,
die hier ja nur in den Bereich des präsentativen fallen, entziehen sich demnach zu
großen Anteilen der Sprache (vgl. Seewald, 1992, S. 124). Dies macht auch
wiederum die besondere Problematik der Phänomenologie mit der Sprache deutlich. Durch das erwähnte Schema der möglichen Transponierbarkeit und mit
Rückgriff auf die dichterischen Momente Merleau-Pontys sieht Seewald in der
metaphernreichen Sprache die einzige Möglichkeit sich dem Ausdruckshaften
und dem impliziten Sinn anzunähern (vgl. ebd.) Dabei bleibt ein Teil dessen
auch immer unaussprechbar.

---

151 vgl. hier vorerst beispielhaft lyrische Textformen. Eine weitere notwendige Differenzierung ist
     in Kap. 10.3 vorgenommen.

Diese Theorien stellen das Fundament des Verstehenden Ansatzes. Sie bereiten theoretisch auf und vor, was praktisch mit dem Verstehenden Ansatz erreicht werden möchte. Sie stellen den Leib und die Bewegung als präsentative Symbolismen dar, die in ihrer Ursprünglichkeit in die originäre Sinnhaftigkeit, in den 'primordialen Sinn' hineinreichen: durch sie gibt es eine Möglichkeit echter Semantik jenseits der diskursiven Sprache. Um diese Bedeutung, die nicht sprachlich veräußert wird, geht es im Folgenden *beim (leib-) phänomenologischen Verstehen.*

Durch und mit der Leiblichkeit kommunizieren wir implizit mit der Welt und filtern den impliziten Sinn. Es lässt sich in den seltensten Fällen bewusst nutzen. Menschen leben zwar ihre leibliche Intentionalität, können diese aber nicht nutzen (vgl. Seewald, 2007, S. 29). Künstler und andere Begabte bilden hier eine Ausnahme – weiter oben wurde die Malweise Cezannes unter diesem Aspekt beschrieben. Es bedarf einer bestimmten Methodik, die nicht durch bewusstes Nachdenken funktioniert. Seewald hat in Anlehnung an Merleau-Ponty, Gindler, Goldberg und Gendlin[152] diese Methodik in vier Schritte unterteilt, die hier eine Ausführung finden sollen (vgl. ebd.):

1. Die theoretische Einstellung und ihre Einklammerung
2. Die natürliche Einstellung und die leibliche Intentionalität
3. Die leibliche Regung und das Auftauchende
4. Die Klärung des Auftauchenden

1. Der Begriff der Einklammerung entstammt der phänomenologischen Reduktion, einer Art Enthaltung gewisser Urteile: In der Epoché, wie man diese Urteilsenthaltung auch nennt, werden systematisch alle Elemente ausgeschieden, die nicht zur 'Sache selbst', also zum Phänomen gehören (vgl. Wuchterl, 1999, S. 198). Der erste Schritt besteht in diesem Zusammenhang also darin, seine Gedanken im Kopf, sein Nachdenken über die Welt zur Ruhe kommen zu lassen. Es soll sich ein Zustand einstellen, der durch aufmerksames Spüren und Hinhorchen gekennzeichnet ist. Das Leistungsdenken muss außer Kraft gesetzt werden, es wird weniger ein Tun, als ein aufmerksames Nicht-Tun angestrebt. Merleau-Ponty brachte den Vergleich, dass wir von der Landkarte zurückgehen müssen zum Original: zur Landschaft selbst (vgl. ders., 1966, S. 5; zit. nach ebd.). Allerdings sind die meisten Menschen daran gewöhnt, mit dieser Landkarte zu leben, dass sie nicht (mehr) wissen, was mit der Landschaft gemeint sein könnte.

---

152   Goldberg, M.: Eine Minute warten. Über Aufmerksamkeit und Selbstbestimmung. Hamburg: Verlag für pädagogische Medien 1995; Gendlin, E. T.: Focusing. Salzburg: Otto Müller 1981.

2. Wenn dieser Einstellungswechsel gelingt, der ja auch einführend zur Phäno-menologie aufgeführt wurde, befindet man sich in einer leiblichen Gerichtetheit (Intentionalität) auf die Welt, bzw. den eigenen Leib. Diese Gerichtetheit zielt nicht auf die eigenen Gedankenströme – wie bei der phänomenologischen Re-duktion –, sondern auf die eigenen leiblichen Regungen. „Man bringt seine eige-ne leibliche Intentionalität in Anschlag auf das Zu-Verstehende, man erzeugt damit eine Spannung bzw. eine Lücke oder einen Unterdruck – und wartet." (Seewald, 2007, S. 29) Es besteht eine Art Empfangsbereitschaft, man lässt sich von den Dingen etwas sagen. Damit man dieses Sagen wahrnimmt, muss man sich schwingungsfähig halten, also eine aktiv passive Weltzugewandtheit ein-nehmen.

3. Es zeigt sich zunächst eine mehr oder weniger diffuse leibliche Regung. Leib-liche Regungen sind von einer "unglaublichen Subtilität – vorausgesetzt wir haben gelernt, sie wahrzunehmen und sie in ihren feinen Nuancierungen aus-zudrücken." (ebd., S. 30) In den Regungen ist bereits alles enthalten, jedoch nicht explizit. Sie sind immer vor- bzw. aussersprachlicher Natur. Man hat nur ein „Wie-es-sich-anfühlt-Gefühl" (ebd.), aber noch keine Vorstellung, was es bedeutet. Es fällt daher schwer, die richtigen Wörter zu finden.

4. Die diffuse leibliche Regung wird in diesem Schritt geklärt, indem sie darge-stellt und benannt wird. Durch genaueres Hinspüren können Regungen mit Wör-tern belegt werden, die es gilt, leiblich zu überprüfen. Stimmen die Bedeutung und die Assoziationen des Wortes mit der leiblichen Regung überein oder müs-sen andere Wörter gefunden werden. Wenn man keine Wörter oder keine Bilder findet, ist es auch möglich, Bewegungen, Bewegungssequenzen oder tonale Umsetzungen als passend zu finden. Das Implizite der leiblichen Regung wird dadurch im symbolischen Niveau gehoben (vgl. weiter oben). Diese Explizie-rung als Anhebung des symbolischen Niveaus hat als Referenzpunkt immer die leibliche Regung.

Im Unterschied zur phänomenologischen Reduktion geht es hier nicht um die Herausarbeitung des Invarianten, der Wesensschau. Es soll kein fester Punkt, keine ´Sache selbst´ herausgeschält werden. Es geht darum, die Leiblichkeit im Prozess zu erleben und zu beschreiben. „Erhalten bleiben die Einstellungs-wechsel und die Erkenntnishaltung, die sich jedoch auf das Leibliche richtet bzw. auf die wechselseitige Klärung von Leiblichkeit und Symbolisierungen anstatt auf die kognitiven Akte." (ebd., S. 31)

10.2 Das Konzept der reflexiven Leiblichkeit

Das Konzept der reflexiven Leiblichkeit ist als eine Antwort auf das Körper- und Bewegungsverständnis der Moderne und Postmoderne gedacht. Seewald sieht in der Moderne das Bewegungsverständnis durch den Begriff der Festigkeit geprägt (vgl. ders., 2007, S. 95). Die Bewegungskulturen wurden 'versportlicht', das heißt, durch das Reglement des Sports durchsetzt. Es erscheint als nicht-reflexiv und vermittelt ein Grundgefühl von Festigkeit und Ordnung. Die Postmoderne hingegen steht unter dem Schlagwort der Reflexivität und der Optionsvielfalt (vgl. Kap. 9.1). Das schlägt sich auch in der Leiblichkeit des Menschen nieder. „Man muss sich entscheiden, ob man seinen Körper einem Fitnessprogramm unterwirft, sich liften lässt oder einen Yogakurs zur Entspannung in der Volkshochschule besucht." (ebd.) Ein Grundgefühl von Haltlosigkeit und Fließen kann dieses durch die Charakteristika der Postmoderne entstandene Bewegungs- und Körperverständnis beschreiben. Das Konzept der reflexiven Leiblichkeit versucht nun dieses Verständnis dialektisch zu überwinden, indem es hier die Orientierung in der Haltlosigkeit, im Fließen sucht. Eine neue Orientierungskultur kommt nach Seewald nicht ohne Leiblichkeit oder Vergleichbares aus. Der Körper und hier vielmehr: der Leib wird zum Ort für Empfindungen der eigenen Authentizität, zum zentralen Bezugspunkt von Authentizitätsbedürfnissen oder zum Ort der Selbstvergewisserung (vgl. Keupp, 2000, S. 117; Schröder, 2007, S.153). Die Orientierung bindet sich nicht an Inhalte oder an Festem, „sondern spürt Qualitäten nach, fragt also mehr nach dem Wie als nach dem Was. Das Feste wird im Fließenden gesucht. Die Differenzbildung richtet sich auf Qualitätsunterschiede, beispielsweise auf das mehr oder weniger 'Mir-Gemäße'." (Seewald, 2007, S. 95) Diese Sensibilitäten sind auf das Engste mit leiblichen Befindlichkeiten verknüpft. Der Leib ist der Ort, an dem innere Widersprüche gespürt werden können, an dem Unkalkuliertes geschehen kann und Beziehungen und Regeln in Frage gestellt oder umgewertet werden können. Im obigen Kapitel wurde schon deutlich, dass es voraussetzt, diese Befindlichkeiten wahrnehmen und interpretieren zu können, die eigene Leiblichkeit also intentional nutzen zu können (vgl. Kap. 10.1). Damit ist die aktive Ausrichtung angesprochen, die vonnöten ist, um zu empfangen: sie intendiert, um sich dem Nicht-Intentionalen zu öffnen. „Sie ist nicht reflexiv im Sinne eines fokussierenden Ich-Bewusstseins, dass sich seiner eigenen Denkakte bewusst zu werden versucht. Sie drückt sich vielmehr in jener […] wohlwollenden Zeugenhaltung beim Aufquellen leiblicher Befindlichkeiten und subtiler Stellungnahmen aus." (ebd., S. 96) Hierbei sind vor allem präsentative Symbolisierungen hilfreich (vgl. Kap. 10.2; 3.4).

Das Festigkeitsdenken der Moderne und das haltlose Pluralisierungsdenken werden in der Orientierung im Fluss (dialektisch) aufgehoben. Leiblichkeit ist die ´inkarnierte´ Form, die Welt als sinnhaft zu erleben. Dabei ist Leiblichkeit nicht als ahistorisch, authentisch und letztgültig konzipiert, sondern als Quelle von Differenzerfahrungen, denen man durchaus misstrauen darf (vgl. ebd.; Schröder, 2007, S. 154) „Wie diese Erfahrungen zu bewerten sind und was an Handlungen aus ihnen folgt, bleibt weiterhin die Aufgabe eines moralisch verantwortlichen Subjekts." (Seewald, 2007, S. 96)

10.3 Eine symboltheoretische Lesart der Organisationskultur

Es wurde bisher deutlich gemacht, wie das (leib-) phänomenologische Verstehen, präsentative und diskursive Symbolismen, Bewegung und Leib und die ´reflexive Leiblichkeit´ miteinander in Beziehung stehen, sich gegenseitig verzahnen. Es wurde immer wieder der Bezug zur Organisationskultur hergestellt, bzw. war die Organisationskultur selbst verantwortlich für manche Weichenstellungen.

Hier soll nun abschließend die Organisationskultur in den symboltheoretischen Zusammenhang eingeordnet werden. Die unterschiedlichen Qualitäten und Differenzierungen werden analog zu den Kernbegriffen Cassirers gelesen und in den logisch-systematischen Zusammenhang Langers gestellt. Dabei werden der Zusammenhang und die Verbindung zwischen Verstehendem Ansatz, Phänomenologie und Symboltheorie um die Größe der Organisationskultur erweitert. Es ist nicht nötig, die einzelnen Herleitungen nochmals zu wiederholen. Im Folgenden wird also (schematisch) die Einbindung der Organisationskultur vorgestellt:

Oben ist bereits erwähnt worden, dass die Symboltheorie Cassirers die Funktion des Brückeschlagens inne hat – und zwar die Brücke zwischen einer von innen erfolgenden leib-phänomenologischen Annäherung an das Sinnproblem und einer formalisierten, symbol-theoretischen Betrachtungsweise von außen. Cassirers Philosophie der symbolischen Formen (s.o.) kann diese Funktion zugesprochen werden, da sie methodisch einen Mittelweg geht: Cassirer unterscheidet zwar zwischen Ausdruck und Bedeutung als die beiden Pole der Ungeschiedenheit und Ursprünglichkeit und der Geschiedenheit und willkürlichen Zuordnung; er richtet sich aber zugleich nach der Methodik der phänomenologischen Analyse und der Methodik einer rein objektiv gerichteten Philosophie des Geistes. Cassirer verfährt so biperspektivisch, da er einerseits an die Phänomenologie Husserls anknüpft (vgl. Kap. 10.2) und andererseits ein objektivierendes Bezugssystem liefert, innerhalb dessen auch die (Leib-) Phänomenologie ihren Ort findet (vgl. Seewald, 1992, S. 71).

Mit dieser Biperspektivität treten aber auch Gefahren und Unklarheiten auf: Durch den Symbolbegriff hat Cassirer die Klammer geschaffen, beide (methodischen) ´Extreme´ zusammenzuhalten. Dieser Begriff kollidiert aber mit dem konventionellen Verständnis von Symbol als Vermittler und Stellvertreter des Symbolisierten und als Ausdruck einer gedanklichen Formung. Demnach kann Cassirers Symbolbegriff nie das Ursprüngliche, Unmittelbare und Authentische erreichen, welche er dem Ausdruck zuschreibt, da das Ursprüngliche der Welt immer schon symbolisch präformiert ist. Dieser Einwand brachte Cassirer auch den Vorwurf des Intellektualismus ein – trotz seiner phänomenologischen und existenziellen Analysen (vgl. Merleau-Ponty, 1962, S. 155; zit. nach ebd., S. 95). Der Grund liegt darin, dass Cassirer den Ausdruck symbolisch nennt. Durch die systematisierende und genetische Komponente der Philosophie der symbolischen Formen nimmt der Symbolbegriff eine alles umspannende Funktion ein, da er als Oberbegriff verwandt wird. So ist auch der Ausdruck als Symbolform, bzw. -funktion zu lesen (vgl. Rolf, 2006, S. 69). Er verliert als Symbol seine Glaubwürdigkeit für das Ursprüngliche, denn er findet sich in dieser Lesart schon relativiert wieder. Seewald sucht in seiner Auslegung der Cassirerschen Kernbegriffe für seinen sinnverstehenden Zugang zur kindlichen Entwicklung einen Ausweg, indem er den Ausdruck – wie Cassirer – als natürlichen und ungeschiedenen Symbolismus versteht, allerdings als Ursprung der symbolischen Entwicklung (vgl. ders., S. 95). „Vom Ausdruck ist also nie schlicht als Symbolismus die Rede, sondern nur mit einschränkenden Adjektiven oder in Verbindung mit dem Begriff der symbolischen Entwicklung." (ebd.) Vom ´reinen´ Symbolismus ist erst dann zu sprechen, wenn Zeichen und Bezeichnetes sich zu trennen beginnen, also auf der Ebene der Darstellung (vgl. Kap. 10.1).

Da dieses Kapitel eine schematische Einordnung der Organisationskultur (siehe unten) aus symboltheoretischer Sicht zum Ziel hat, werden nun weitere logisch-systematische Aspekte der Symboltheorie Langers hinzugezogen (vgl. Kap. 10.1). Sie steht in der Tradition Cassirers und versucht über eine Symboltheorie zwischen den Fronten eines bewusstlosen Empirismus und einer reinen Bewusstseinsphilosophie zu vermitteln. Dabei sucht sie aber – im Gegen-atz zu Cassirer – einen logischen Rationalitätsbegriff auf nicht-diskursive Symbolformen auszudehnen.

Der bereits erwähnten Unterscheidung in präsentative und diskursive Symboltypen eingedenk wird augenfällig, dass diese Unterscheidung die künstlerische Bedeutung, wie die Dichtung, nicht fassen kann. Langer führt daher den Terminus ´implizit´ ein. Allerdings wird auch diese Erweiterung in impliziter präsentativer und impliziter diskursiver Symbolismus nicht dem Phänomen der Musik, als beispielsweise künstlerisches Phänomen, gerecht (vgl. Rolf, 2006, S. 131). Eine solche logische Symboltheorie kann also nicht allen Formen entsprechen, vor allem solchen, in denen sich präsentative Bedeutungen auch unterhalb der Symbolschwelle verdichten. Daher ist es für diesen Zusammenhang notwendig und sinnvoll, die Differenzierung Langers um das Orientierungsschema Cassirers zu erweitern (vgl. Seewald, 1992, S. 121). Hierbei wird deutlich, dass präsentativ Organisiertes ursprünglicher und von größerer Originalität ist als Diskursives. „Dies deckt sich mit der Unhintergehbarkeit des Ausdrucks bei Cassirer und des Leibes bei Merleau-Ponty." (ebd., S. 122) Die Symboltypen Langers überspannen mehrere symbolische Niveaus Cassirers, wobei von präsentativen bzw. diskursiven Symbolismen im logischen Sinn erst ab der Darstellungsebene die Rede ist, während der Übergangsbereich vom Ausdruck zur Darstellung von Langer als implizit beschrieben wird: die Vorformen des Präsentativen reichen in die Ausdrucksspähre hinein, dem Diskursiven bleibt die reine Bedeutungsebene vorbehalten. Es wurde bereits erwähnt, dass die Sprache eine mediatisierende Funktion innehat. Sie setzt in diesem Schema auf der Ebene des Übergangs zur Darstellung ein. Diskursive Symbolismen können unterschiedliche Symbolisierungsniveaus darstellen. So ist eine reine Wissenschaftssprache beispielsweise einem 'höheren' Symbolisierungsniveau (Übergang von Darstellung zu Bedeutung) zuzuordnen als Gedichte, Märchen oder freie Assoziationen (Übergang von Ausdruck zu Darstellung). Das wird auch dann deutlich, wenn der Trauminhalt in Sprache zu fassen gesucht wird: eine metaphernreiche Sprache kommt der Erlebniswelt des Traumes am nächsten, da der Traum als Ausdruck, als ein Ursprung der Symbolisierungen, zu verstehen ist (siehe unten)[153].

Mit dem Zusammenbringen beider Symbolvorstellungen lassen sich nun wichtige Aspekte des Leibseins und der Bewegung einordnen: wie erwähnt sind der Leib und Bewegung präsentativen Formen zuzuordnen. In Anlehnung an Merleau-Ponty, Langer u.a. sieht auch Seewald den Leib als prototypisch für den ganzen präsentativen Bereich an (vgl. ders., S. 123). Das 'Leibsein', bzw. die Verankerung in der Welt, das Primordiale ist voll und ganz dem Ausdruck zuzuordnen, während bestimmtes 'Körperhaben' oder Körperschemata in den Bereich der Darstellung einzuordnen sind. Die Gestik, wie auch das kindliche Greifen sind dem Ausdruck näher; wie virtuelle Bewegungen, das Zeigen oder auch signifikante Gesten der Darstellungsebene näher sind (siehe unten). Danach gibt es auch Bereiche des Leibes und der Bewegung, die sich der Sprache entziehen und dem nur – wie oben erwähnt – durch metaphernreiche Sprache oder weiteren Symbolisierungsformen näher zu kommen ist.

Die *Organisationskultur* (vgl. Kap. 5.4; 9.1) soll nun in dieses Schema eingeordnet werden. Es soll auf diese Weise deutlich werden, auf welchem Symbolisierungsniveau sich die 'Bestandteile' der Organisationskultur befinden und

---

153 Vgl. auch die mögliche Übersetzung vom Organisationskern in die Ebene der Symbole im Kap. 5.4 ('Traumarbeit')

wie ´zugänglich´ sie einem ´rational handelnden Organisationsberater´ sind. Dabei wird in der Darstellung deutlich, dass sich der Kern der Organisationskultur sowie dessen Normen und Standards als impliziter präsentativer Symbolismus zeigen, die im Niveau des Ausdrucks (im Übergang zur Darstellung) anzusiedeln sind. Das Symbolsystem der Organisationskultur, so wie es von Schein formuliert wurde (vgl. Kap. 5.1), ist auf der Ebene der Darstellung zu sehen. Dabei ist zu bedenken, dass das Symbolverständnis der Organisationskultur nicht der Symboltheorie Cassirers oder Langers entlehnt ist; es ist eher dem konventionellen Sprachgebrauch entlehnt und betont (lediglich), dass diese Ebene der Organisation zwar sichtbar ist, aber interpretationsbedürftig.

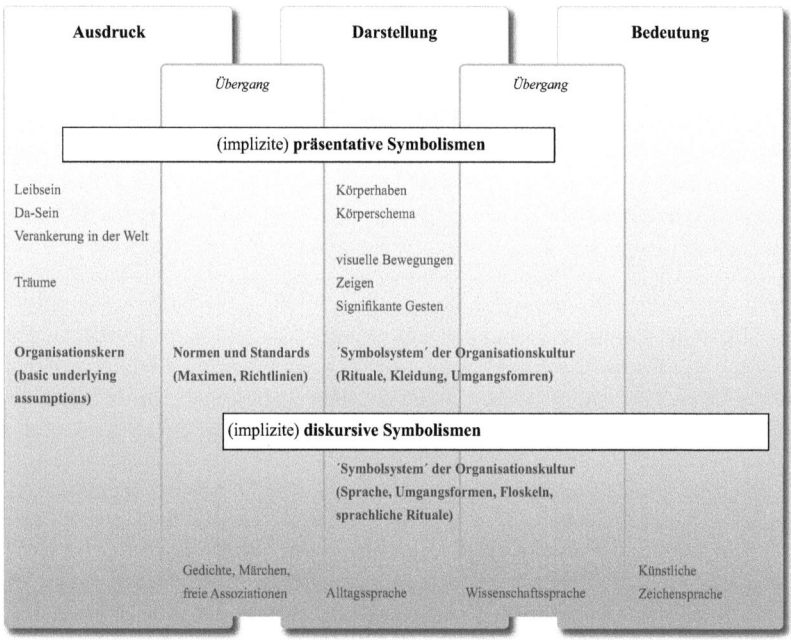

Abbildung 9:   Einordnung der Organisationskultur in symboltheoretische
                 Überlegungen (angelehnt an Quelle: Seewald, 1992)

Mit Hilfe dieses Schemas wird deutlich, dass die in der Arbeit ausgeführten ´Bestandteile´ der Organisationskultur nicht frei ´zugänglich´ sind und sich der Sprache (oftmals) entziehen. Mit Hilfe der Einordnung in die unterschiedlichen Symbolisierungsniveaus wird das deutlich. Diese Betrachtungsweise und die

daraus folgenden handlungsleitenden Konsequenzen für eine motologische Organisationsberatung setzen ein bestimmtes Subjekt der Organisationsberatung
voraus. Dieses soll im Folgenden eine nähere Betrachtung erfahren.

10.4 Das Subjekt der Organisationsberatung

Jede Theorie zeichnet sich, wie im Kapitel 8.2 gezeigt wurde, durch ihre kulturelle, wie auch sprachliche und ideologische Bedingtheit aus. Daher sollte auch
jede Theorie und deren Vertreter imstande sein, die Konstruiertheit der (eigenen)
Theorie wahrzunehmen, um sie im Dialog mit dem Anderen und Fremden im
Erkenntnisprozess weiter zu bringen. Diese Offenheit gegenüber der Alterität
verhindert eine monologische Auseinandersetzung mit der Welt und somit ideologische Verkrustungen. Eine solche Sichtweise ist der Dialogischen Theorie zu
Eigen. Bricht man diese dialogische und dialektische Metatheorie der Kommunikation auf eine solche Aussage herunter – freilich mit notwendigen Verzerrungen –, dann fragt es sich nach dem 'Subjekt' einer solchen Theorie: wie muss das
Subjekt beschaffen sein, um einen solchen Standpunkt einnehmen zu können?
Inwiefern kann ein solches Subjekt Identität sein oder haben, wenn es auf das
Andere ausgerichtet ist? Wie ist es möglich, jenseits von ideologischer Verein-
nahmung, das heißt in der Ambivalenz der Werte und im offenen Dialog, Subjektivität als Konsistenz, Kohärenz und Identitätskonstruktion gegen alle gesellschaftlichen Widrigkeiten durchzusetzen?

Nach bestimmten soziologischen und psychologischen Sichtweisen können
(postmoderne) Erscheinungen wie Ambivalenz, die ständige Auseinandersetzung
mit dem Fremden oder Indifferenz zur Desorientierung und zum Zerfall individueller Subjektivität führen (vgl. Beck, 1986; Keupp, 1999; Funk, 2005). Allerdings kann Ambivalenz, als unaufhebbare Einheit der Gegensätze, auch anders
gelesen werden. Ambivalenz, Dialog, Alterität und Reflexivität sollen hier im
Folgenden als Instrumente der Identitätskonstruktion verstanden werden. Als
Instrumente genutzt sind sie in der Lage, Subjektivität zu stärken. Das setzt voraus, dass das Subjekt bereit ist, sich radikal zu ändern. Nur durch diese Bereitschaft, durch die Gratwanderung zwischen Selbstbehauptung und -aufgabe ist es
dem Subjekt möglich, Ambivalenz, Dialog, Alterität und Reflexivität als Instrumente zu nutzen. Dabei muss eine solche Änderung nicht in der Selbstaufgabe
oder in der Inkohärenz münden. „Identitätsdenken kann aber nicht heißen:
'Kohärenz um jeden Preis'. Das wäre Ideologie." (Zima, 2000, S. 369) Zima

entwirft ein Modell des Subjekts, das von den negativen Dialektiken[154] ausgeht und parallel zur Freudschen Psychoanalyse den Einzelnen als ambivalente Einheit sieht. So soll es als ein modernistisches Modell gelten, das als eine Alternative zu den partikularisierenden, pluralisierenden und entdifferenzierenden Modellen der Nachmoderne von ihm vorgeschlagen wird. Er sucht dadurch die Einheit der Gegensätze als Ambivalenz zu erhalten, da nur so, so Zima, Erfahrung möglich sei (vgl. ebd., S. 371). Dabei ist die ambivalente Position des Subjekts dadurch gekennzeichnet, dass es einerseits die Notwendigkeit des ideologischen Engagements akzeptiert (vgl. Kap. 9.1); andererseits die Austauschbarkeit aller ideologischen Wertsetzungen (Indifferenz) wahrnimmt. Dadurch erwirbt sich das Subjekt die Fähigkeit, das eigene Engagement mit kritisch-ironischer Distanz zu betrachten – erst die Perspektive der Indifferenz macht dieses möglich. Die Indifferenz ist aber immer an ideologisches Engagement gekoppelt; andernfalls verkäme diese Position zum sterilen Relativismus (vgl. ebd., S 401). Das Subjekt ist unablässig mit zahlreichen Alteritäten konfrontiert, auf die es zustimmend, abweisend oder gleichgültig reagieren kann. Es geht um eine ambivalente Anerkennung des Anderen im Selbst. So konstituiert sich die Identität des Einzelnen als Einheit in der Vielfalt. Zima redet hier gerade keinem postmodernen Ich-Zerfall das Wort, sondern vielmehr dem (durchaus ambivalenten) Streben nach Kohärenz und Identität. Die Ausrichtung auf das Andere lässt das individuelle Subjekt als dialogische und offene Einheit erscheinen, die einerseits genau durch diese Alterität lebt, andererseits aber auch von ihr bedroht wird: das Andere erscheint als Chance und Gefahr. Es besteht immer die Gefahr, sich im Fremden zu verlieren; die Auseinandersetzung mit dem Anderen kann gerade auch zu Inkohärenz, Eklektizismus oder Sterilität führen (vgl. ebd., S. 376).

In der Auseinandersetzung mit der Alterität, im Dialog mit dem Anderen, findet das Subjekt Ideologeme oder Kulturelemente, welche es dialogisch aufnehmen kann; es findet aber auch immer solche, die aus Kohärenzgründen nicht Eingang in die eigene Subjektivität finden können, wie beispielsweise nationalistische Stereotypien oder rituelle Muster. Den integrierbaren und nichtintegrierbaren Alteritäten in Kultur, Sprache, Ideologie und Theorie ist aber eines gemein: „sie regen im dialogischen Prozess zur Reflexivität an." (Zima, 2000, S. 377) Sie reizen zum Nachdenken über sich selbst und über die eigene Subjektkonstitution. Die individuelle Subjektivität kann so reflexiv als Selbstanalyse und Selbstkonstruktion aufgefasst werden. Zwar wird dagegen gehalten, dass das Subjekt jene Instanz des Denkens und Handelns ist, die alles zum Objekt, zum Gegenstand,

---

154 Vgl. Zima, V.P.: Ambivalenz und Dialektik. Von Benjamin zu Bachtin – oder: Hegels kritische Erben. In: Bohn, V. (Hrsg.): Romantik. Literatur und Philosophie. Frankfurt: Suhrkamp 1987. (S. 236-242)

machen kann, außer eben sich selbst in ihrem Subjektsein (vgl. Schwemmer[155], 1998, S. 50; zit. n. ebd.); diese Auffassung bleibt aber zumindest in abgewandelter Form für kollektive Subjekte unberücksichtigt. Zima hält dazu fest: „Wenn [...] angenommen werden kann, dass Identität der Objekt-Aktant des sich als Subjekt konstituierenden Individuums ist, dann kann individuelle Subjektivität reflexiv als Selbstanalyse und Selbstkonstruktion aufgefasst werden. Dies gilt in abgewandelter Form (nicht etwa auf psychischer Ebene) für kollektive Subjekte wie Parteien, Gewerkschaften oder Regierungen: Mit Hilfe von Experten beobachten sie sich selbst und versuchen, ihre Identität nach innen und außen zu konsolidieren und auszubauen." (ebd.) Zima übersieht dabei, dass die ʹpsychische Ebeneʹ der kollektiven Subjekte einen so erheblichen Einfluss auf die Selbstanalyse und Selbstkonstruktion hat, dass von einer Trennung, wie in diesem Fall, gar nicht die Rede sein kann. Eine solche Formulierung verzerrt nur unnötig das Verständnis von solchen Subjekten, zu denen in diesem Fall auch Organisationen und Institutionen gezählt werden können. Dieser Aspekt wurde ausführlich unter dem Begriff der Organisationskultur behandelt und ausgeführt.

Festgehalten werden kann aber, dass *Reflexivität* eine Grundvoraussetzung für die Selbstkonstitution ist; ebenso wie der *Dialog*, da dieser das Einzelsubjekt mit der *Alterität* konfrontiert, welche wiederum den Reflexionsprozess anschließt. Dialog, Alterität und Reflexivität sind aber, wie eingangs eingeführt, immer ambivalent, da sie sowohl zur Subjektkonstitution als auch zum Subjektzerfall beitragen können. Das soll aber nicht in einer generellen Skepsis gegenüber dem Subjektbegriff münden, sondern soll eine realistische und flexible Auffassung von Subjektivität begründen, die den postmodernen Angriffen standhält (vgl. ebd., S. 383). Nur durch Ambivalenz, durch die unaufhebbare Einheit der Gegensätze, ist Erfahrung und letztlich auch Subjektkonstitution möglich. Dabei sind die Indifferenz und das ideologische Engagement die Voraussetzungen, dass das Subjekt eine kritisch-ironische Distanz zu sich selbst und seiner Selbstkonstruktion einnehmen kann.

Was diese Auffassung des Subjekts und von Subjektivität für die Dialogische Theorie bedeutet, wurde in Kapitel 8 ausführlich beschrieben: das Subjekt der Dialogischen Theorie steht in der ständigen Auseinandersetzung mit dem Andersartigen, welche die Reflexion über Partikularität und Kontingenz des eigenen Diskurses und der sozio-linguistischen Situation fortwährend vorantreibt. Es schützt sich dadurch vor ideologischem Dualismus und monologischen Identitätsdenken. Es hat den Anspruch, Dialog und Alterität für die Theoriebildung fruchtbar zu machen. Daher bewegt sich das theoretische Subjekt zwischen den wissenschaftlichen Soziolekten und verschafft sich eine stets partielle Über-

---

155 Schwemmer, O.: Die symbolische Gestalt der Subjektivität oder Ein altes Rätsel noch einmal bedacht. In: Hogrebe (Hrsg.): Subjektivität. München: Fink 1998.

sicht über die sozio-linguistische Situation seiner Zeit und die Artikulationsmög-
lichkeiten (vgl. Zima, 2000, S. 400). Die Auseinandersetzung mit der Indifferenz, die alle ideologischen und theoretischen Positionen als austauschbar erscheinen lässt, nimmt das Subjekt der Dialogischen Theorie zum Anlass, um
alle, auch die eigenen kulturellen und ideologischen Wertsetzungen als kontingente Erscheinungen aufzufassen und v.a. um ihre Auswirkungen auf die eigenen Theoriekonstruktionen zu betrachten. Diese Auffassung erlaubt dem theoretischen Subjekt, eine reflexive Distanz zum eigenen theoretischen Vorhaben und
das anderer einzunehmen. Dabei engagiert es sich für die „dialogische Überwindung der eigenen und der fremden Partikularität und für eine gemeinsame Wahr-
heitssuche, die über die verschiedenen partikularen Positionen hinausgeht."
(ebd.) Ein Dialog mit dem Anderen hat aber auch nur dann einen Sinn, wenn er
seine Alterität nicht preisgibt. Es geht aber nicht um eine Letztbegründung, sondern um die Frage, wie in einer fragmentierten, pluralisierten Gesellschaft theoretische Veränderungen im sozialwissenschaftlichen Bereich möglich sind.

Wenn es möglich und nötig ist, aus der Theorie des Subjekts ein Menschenbild zu explizieren, welches dieser Theorie innewohnt – es fällt schwerer, da es
ausdrücklich um ein theoretisches Subjekt geht –, so können folgende Formulierungen gefunden werden: Für die Lebenspraxis bedeutet die Dialogische Theorie, soweit es möglich ist, dass das Subjekt, der Mensch, auf das Andere angewiesen ist. Erst durch die Anwesenheit von Alterität ist Reflexion möglich.
Ebenso ist der Mensch dadurch auf Dialogizität angewiesen, denn erst durch
diesen Aspekt kommt der Mensch mit dem Anderen in Berührung. Letztlich ist
der Mensch auf Ambivalenz ausgerichtet. Diese ist es, welche dem Menschen
Erfahrung ermöglicht. Dabei werden die (postmoderne) Indifferenz und das
(notwendig ideologische) Engagement des Menschen als Triebfeder gesehen.
Eine gelingende Subjektkonstitution, welche zu Konsistenz und Kohärenz der
Identität führt (s.o.), weiß die genannten Bedingungen zu gebrauchen. Der
Mensch ist einer Vielzahl von Möglichkeiten und Angeboten ausgesetzt, welche
er reflektiert in die eigene Subjektivität mit einbezieht oder außen vor lässt.
Durch diese 'Methodik' schützt sich der Mensch vor einseitigen Weltauffassun-
gen oder ideologischen Verblendungen und kommt einen Schritt weiter auf dem
(unabschließbaren) Weg der Subjektkonstitution und auch Erkenntnis. Da es sich
wie erwähnt um ein theoretisches Subjekt handelt, wird der Mensch hier v.a. als
kognitives Wesen verstanden, der kognitiv-reflexiv sich Alterität erschließt und
in die eigene Konstitution einbezieht oder eben nicht – dann aber aus 'rational'
nachvollziehbaren Erwägungen. Allerdings geht das 'Menschenbild' nicht voll
im Kognitivistischen auf, da auch von Kräften gesprochen wird, die über psychoanalytische Ansätze zu verstehen sind. Diese, v.a. im Begriff der Ambivalenz

aufgehende Perspektive kommt dann zum Vorschein, wenn von Widerstand, Narzissmus und Engagement des Subjekts gesprochen wird.

Die Betonung des Kognitiven wird im modernen Menschenbild der Erziehungswissenschaft als 'Anthropologie von oben' beschrieben. Hier sind es die geistigen Fähigkeiten des Menschen, die zum Kernmerkmal gemacht werden (vgl. Meinberg, 1988, S. 133). Außerdem werden noch drei weitere Bilder unterschieden: eine 'Anthropologie von unten', in der der Mensch als Naturwesen und Mitgeschöpf erscheint, eine 'Anthropologie von innen', die die innere Erlebniswelt und Erlebnisfähigkeit des Menschen betont sowie eine 'intersubjektive Anthropologie', die den Menschen als auf Mitmenschen angewiesen kennzeichnet (vgl. ebd.; vgl. Seewald, 1998, S. 154). Jede dieser Unterscheidung hat ihre Perspektivität und folglich auch ihre 'Schwäche' und ihren blinden Fleck. Sie erscheinen immer ausschnitthaft (vgl. Kap. 8.2). Durch das Ausschnitthafte legen sie aber gerade die Grenzen der Modelle und Theorien fest und geben Vergleichsmöglichkeiten. Man kann demnach zwischen kompatiblen und nicht-kompatiblen Menschenbildern unterscheiden. „Ein Menschenbild, das den Menschen als außenreizbestimmt auffasst, ist z.B. nicht kompatibel mit einem, das den Menschen als eigenaktiv und sich selbst organisierend auffasst." (Seewald, 1998, S. 154) Letzteres kann als die Kernaussage des Menschenbilds der Motologie betrachtet werden. Dieses Menschenbild lässt sich ansatzübergreifend auch in einem paradigmatischen Satz wiedergeben: Das Kind ist der Akteur seiner eigenen Entwicklung[156]. Der Mensch erscheint also als ein aktives, sich selbst formendes und organisierendes Wesen, vor dessen Selbstentwicklung auch die Intervention oder besser: Förderung Respekt zu wahren (vgl. Kap. 9.3).

Den unterschiedlichen Ansätzen der *Motologie* und *Psychomotorik* (vgl. Kap. 3.1) sind allerdings verschiedene Menschenbilder implizit. Sie betonen, ausgehend von unterschiedlichen Theoriebildungen, ihren jeweiligen spezifischen Fokus. So kann aus dem handlungsorientierten Ansatz (oder auch kompetenzorientierten Ansatz) ein Menschenbild herauspräpariert werden, das sich zum einen durch psychologische Handlungsmodelle beschreiben lässt. Dabei wird die 'Anthropologie von oben' deutlich, denn geistig-rationale Kräfte werden in den Vordergrund gehoben. Zum anderen wird es durch ein organismisches Modell gekennzeichnet, welches die Ganzheitlichkeit, die Eigenaktivität und das Strukturbildende des Menschen betont.

Einer 'Anthropologie von innen' kann der *Verstehende Ansatz* zugeordnet werden. Die erlebniszentrierte, innere Realität des Menschen steht hier im Vordergrund. Allerdings muss das erlebte, nicht das gegenständliche Innen betont werden (vgl. Kap. 10.2). Der Verstehende Ansatz geht aber nicht voll in der

---

156 Vgl. Kautter, H./ Klein, G./ Lampheimer, W./ Wiegand, H.S.: Das Kind als Akteur seiner
      Entwicklung. Heidelberg 1988.

'Anthropologie von innen' auf, er ist durch einen maßgeblichen Teil auch an eine 'intersubjektive Anthropologie' gebunden, da Beziehungsthemen den zweiten wesentlichen Aspekt im verstehenden Arbeiten ausmachen (vgl. Seewald, 1998, S. 156). Im Speziellen kann das Menschenbild des Verstehenden Ansatzes durch die Begriffe 'leibbewusst' und 'symbolisierungsfähig' beschrieben werden. Unter Leibbewusstsein ist hier die Fähigkeit zu verstehen, einen permanenten, subtilen inneren Dialog mit seiner leiblichen Gestimmtheit und Resonanz auf die Welt zu führen. Im Verstehenden Ansatz nimmt die Leiblichkeit die Rolle eines Dialogpartners oder Beraters für das bewusste moralisch verantwortliche Ich ein (Vgl. Kap. 10.3). Unter Symbolisierungsfähigkeit wird im Verstehenden Ansatz die Fähigkeit verstanden, dem Sinn eine passende Gestalt zu geben, „auch und gerade wenn es sich um außer- oder vorsprachlichen Sinn handelt." (Seewald, 2007, S. 18). Dieser ist dann ans Licht zu befördern und muss der Sprache erst zugeführt werden.

Das Menschenbild der *Dialogischen Theorie* kann vornehmlich der 'Anthropologie von oben' zugeordnet werden – soweit die Unterscheidung Meinbergs hier Sinn macht. Allerdings spielen die Aspekte der Alterität und Dialogizität eine wesentliche Rolle, so dass auch die 'intersubjektive Anthropologie' eine maßgebliche Position erhalten muss. Sinnvoller wäre es daher von einer 'intersubjektiven Anthropologie von oben' zu sprechen. Dabei ist allerdings das 'Innere', das gefühlshafte Erleben, die Unüberschaubarkeit, Mehrdeutigkeit: die Einheit der Gegensätze als Ambivalenz (s.o.) in dieser Einordnung nicht oder nur unzureichend berücksichtigt. Die nicht eindeutige Zuordnung in die Unterteilung Meinbergs ist auch beim Verstehenden Ansatz zu beobachten. Dass aber keine wirkliche Tendenz heraus zu präparieren ist, kann daran liegen, dass v.a. von einem theoretischen Subjekt die Rede ist, welches als dynamische und offene Instanz begriffen wird. Nichtsdestotrotz zeigen diese Einordnungsversuche Überschneidungen und Ergänzungsmöglichkeiten auf, die wichtig für das weitere Vorgehen sind. Denn wenn die Dialogische Theorie als Metatheorie der Kommunikation für diese Organisationsberatung herangezogen wird und die Motologie methodisch und inhaltlich die Organisationsberatung trägt, so müssen die Menschenbilder beider theoretischen Ausrichtungen zumindest kompatibel sein, bzw. muss das eine im anderen aufgehen können. Im Folgenden werden daher beide Menschenbilder zusammengebracht und ein *Subjekt der (motologischen) Organisationsberatung* wird begründet:

Aus der Einordnung in die Meinberg'sche Unterteilung wird deutlich, dass beiden, der Dialogischen Theorie und dem Verstehenden Ansatz, eine 'intersubjektive Anthropologie', eine „Anthropologie des Zwischen" (Seewald, 1998, S. 156) konstatiert werden kann. Diese gründet die Dialogizität als wesentliches Bestimmungsstück. In der Dialogischen Theorie ist die Fähigkeit zum und die

Notwendigkeit des Dialogs auf die Alterität gerichtet. Das Fremde, das Andere ist Ausgangspunkt für die Subjektkonstitution und die Verhinderung einer einseitigen Auseinandersetzung mit Welt. Das Fremde und Andere ist dabei als Objekt, als Gegenstand außerhalb des Subjekts gedacht, welches das Subjekt zur Reflexion aufruft. Im Verstehenden Ansatz ist der Dialog aus zwei verschiedenen Blickwinkeln zu betrachten. Zum einen als Dialog mit der Welt, als Beziehung zu anderen Personen und Objekten; zum anderen als Dialog mit seiner leiblichen Gestimmtheit. Dieser ist es, der hier (methodisch) im Vordergrund steht. Dabei kann der innere Dialog auf das 'Andere', etwas 'Fremdes' stoßen, allerdings nicht im konventionellen Sinn oder im Soziolekt der Dialogischen Theorie. Das Andere meint in diesem Zusammenhang vielmehr ein 'Innen', das wahrzunehmen die Menschen für gewöhnlich verlernt haben. Seewald meint, dass zumeist nur begabte Menschen und Künstler in diesem inneren Dialog stehen und weitere erst wieder sensibilisiert werden müssten, um diesen Dialog führen zu können, um das Leibliche überhaupt spüren zu können (vgl. ders., 2007, S. 29). Dieser Dialog ist es aber, der imstande ist, das 'innere Andere' an die Oberfläche zu spülen, es über Symbolisierungen der Sprache zuzuführen. Die leibliche Gestimmtheit kann hierbei als das 'Andere' verstanden werden, als das Andere gegenüber der kognitiven, rational-geistigen Auseinandersetzung mit der Welt (vgl. Kap. 10.3). Ähnlich zur Dialogischen Theorie kann das 'innere Andere' Ausgangspunkt der Reflexivität sein. In diesem Sinn ist es möglich, über Dialogizität, Reflexivität und Alterität im genannten Verständnis das Menschenbild der Dialogischen Theorie und des Verstehenden Ansatzes zueinander zu bringen. Beide sind über und durch die Begriffe des Dialogs, des Anderen und des Reflexiven miteinander kompatibel. Das ist eine wesentliche Grundvoraussetzung, wenn zwei unterschiedliche Theorien miteinander in Beziehung gebracht werden und so ein neues Konstrukt oder Modell entsteht. Aus den Ausführungen wird deutlich, wie ein Subjekt der Organisationsberatung in diesem Verständnis zu begreifen ist. Das Subjekt ist leibbewusst und symbolisierungsfähig, dialogisch im doppelten Sinn und reflexiv. Dazu kommt – das fand bisher wenig Beachtung – ein (ideologisches) Engagement. Oben wurde hergeleitet, inwiefern dieses Engagement gemeinsam mit (postmoderner) Indifferenz als Triebfeder der Subjektwerdung in der Dialogischen Theorie fungiert. Im Prozess der Organisationsberatung nimmt es wieder eine entscheidende Stellung ein, da dieses Engagement dafür sorgt, dass der Dialog mit Alterität Sinn macht. Ohne Engagement verkäme der Dialog zum sinnlosen Spiel, zum frei austauschbaren Wechsel von Ansichten, Vorstellungen, Werten oder auch Theorien. Demzufolge muss das Subjekt der Organisationsberatung: *leibbewusst, symbolisierungsfähig, dialogisch* im doppelten Sinn, *reflexiv* und (ideologisch) *engagiert* sein.

11 Expertenwissen: das fachliche Wissen der Motologie

In diesem Kapitel steht nicht mehr schwerpunktmäßig die Methodik der (verstehenden) Motologie im Vordergrund, sondern die Motologie als möglicher 'Wissenslieferant' in einer Organisationsberatung. Die Motologie muss also dahingehend untersucht werden, inwiefern sie imstande ist, Wissen zu generieren, welches sie einer Organisation anbieten kann. Dabei sollen hier noch keine 'Wissensmodule' herauspräpariert werden; es geht eher um die strukturelle Vorbereitung derselben. Eine geeignete *Strukturierung* bilden die verschiedenen Ansätze der Motologie und Psychomotorik. Sie können in ihren Grundzügen schematisch aufgezeigt werden, so dass die Ansatzspezifika deutlich werden. Gleichzeitig soll diese Darstellung der Extraktion der je spezifischen Wissensinhalte den Boden bereiten. Die Ansätze werden also allgemein vor- und dargestellt, damit sie sich in Richtung Beratungswissen hin entwerfen können. Welche Potentiale stecken in den einzelnen Blickrichtungen, die entfaltet werden können? Hier wird sicherlich keine umfassende Antwort zu finden sein – das kann nur ein Diskurs leisten; allerdings kann die Richtung aufgezeigt werden, die es gilt, weiter zu verfolgen. Im Kapitel 12.1 werden der Kompetenz-heoretische Ansatz, die Sensorische Integrationsbehandlung, die systemisch-konstruktivistischen Positionen und der Verstehende Ansatz in dieser Form dargestellt. achdem aus der Motologie und Psychomotorik Wissensanteile ansatzspezifisch generiert oder aufgezeigt worden sind, werden die Ziele der Motologie herausgestellt. Das dient zum einen der Legitimation für eine Beratungssituation, zum anderen einer Aufschlüsselung in individuelle und gesellschaftliche Ziele. Bisher wurden die einzelnen Themengebiete und Bezugstheorien der Motologie bearbeitet und in den Kontext gebunden, eine klare Zielperspektive wurde aber noch nicht formuliert. Das soll in Kapitel 12.2 geschehen. Es wird aber nicht nur zwischen individueller und gesellschaftlicher Bedeutung unterschieden; die allgemeinen Ziele der Motologie werden auch den Zielen einer motologisch orientierten Organisationsberatung gegenübergestellt. Decken sich die Zielperspektiven oder verfärbt sich der motologische Blick durch die Hinzunahme der Organisation als Bezugsgröße?

Letztlich wird in diesem Kapitel noch die Organisation aus ´motologisch-diagnostischer´ Perspektive betrachtet. Es ist im Vorfeld bereits ausgebreitet worden, dass die Anbahnung der interdiskursiven Dialogfähigkeit über Bewegung und Bewegungssituationen erreicht wird. Die Organisationen werden bewegt, um sich zu bewegen (vgl. Kap. 9.3). In Anlehnung an das Kapitel 3 und 3.4 werden hier die Leib- und Beziehungsthemen des Erwachsenenalters mit der Situation in der Organisation gekoppelt. Daraus soll ein spezielles Symbolisches Echo geformt werden, welches die besondere Situation Erwachsener in Organisationen repräsentiert. Aus diesen Überlegungen erwachsen im späteren Verlauf metaphorische Bewegungssituationen, die mit Hilfe bestimmter Strukturierungsvorschläge und Standardsituationen geordnet werden können. Es wird also ein motologischer Blick auf die Entwicklungsthemen der Organisationsmitglieder/ der Organisation geworfen, um eine bewegungs- und leiborientierte Anknüpfung finden zu können (Kap. 12.3).

11.1 Die Ansätze im motologischen Diskurs und deren Implikationen

Ausgehend von der in Kap. 3 erläuterten Fachsystematik werden im Folgenden der Kompetenztheoretische, der Systemisch-konstruktivistische, der Ansatz der Sensorischen Integrationsbehandlung und der Verstehende Ansatz grundlegend und schematisch beschrieben. Die schematische Darstellung dient dann abschließend der Extraktion motologischen Wissens. Das durch die Ansätze generierte Wissen wird gebündelt dargelegt sowie auch ansatzunspezifische Wissensinhalte formuliert werden. Beide Wege dienen der Vorbereitung der Wissensmodule (vgl. Kap. 12.5). Es ist in Anlehnung an Kap. 8 erwähnenswert, dass ein bestimmter ansatzspezifischer Blick auch bestimmte Wissensinhalte der (Allgemeinen) Motologie hervorhebt: so generieren verstehend arbeitende Motologen und Psychomotoriker (und/ oder Wissenschaftler) andere Wissensinhalte als systemisch oder kompetenz- und handlungsorientierte. Gerade aber die Vielfalt, die einem kohärenten, wissenschaftlich fundierten und praktisch erfahrenen System entwächst, macht die Stärke der Motologie aus – auch in der Organisationsberatung.

Der *Kompetenztheoretische Ansatz* (Abb. 10) entwickelte sich aus der gut funktionierenden Praxis der Psychomotorischen Übungsbehandlung Kiphards. Auf der Grundlage der Gestaltkreistheorie v. Weizsäckers[157] und den Positionen Piagets[158], v.a. die der sensomotorischen Entwicklung, formte sich ein Modell,

---

157 v. Weizsäcker, V.: Der Gestaltkreis. Stuttgart: Thieme 1950.
158 Piaget, J.: Meine Theorie der geistigen Entwicklung. Frankfurt: Fischer 1983.

das die Erfahrungen mit dem eigenen Körper, mit der materialen und mit der sozialen Umwelt in den Mittelpunkt stellte. Durch sie sollte das Kind im Nachvollzug Handlungskompetenz erwerben, was ihm bis dahin in seiner Entwicklung nicht möglich war. Die Einführung des Konstruktes der Handlungskompetenz oder der Handlungsfähigkeit, welche sich auf der Grundlage von Bewegungs- und Wahrnehmungskompetenzen entwickelt, war einer der wesentlichen Schritte bei der Formulierung dieses Ansatzes.

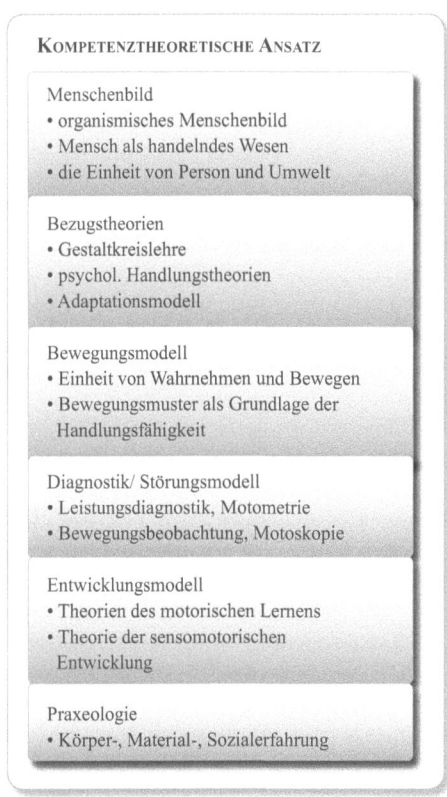

Abbildung 10:   Kompetenztheoretischer Ansatz

Durch Beobachtungen im Bereich der Diagnostik konnte festgestellt werden, dass ein Kind umso handlungsfähiger ist, je mehr Wahrnehmungs- und Bewegungsmuster es entwickelt hat. In der Analyse von Handlungen beeinträchtigter Kinder konnte festgestellt werden, dass die ihnen zur Verfügung stehenden

Wahrnehmungs- und Bewegungsmuster nur in gewohnten, alltäglichen Situationen eingesetzt werden konnten. In neuen Situationen hatten diese Kinder Schwierigkeiten, weil ihnen die Fähigkeit fehlte, einmal Gelerntes in neuen Situationen anzuwenden und so zu variieren, dass es auch bei leicht veränderten Bedingungen noch zu erfolgreichen Bewegungslösungen führen könnte (vgl. Hammer, 2004, S. 44). Die bestehenden Wahrnehmungs- und Bewegungsmuster konnten nicht auf neue, veränderte Situationen übertragen werden, da sie sich als zu unflexibel erwiesen. Eine mangelnde Anpassungsfähigkeit an die materiale und soziale Umwelt war das Ergebnis.

Die daraus resultierende mangelnde Handlungskompetenz hat aber auch Folgen für die Persönlichkeitsentwicklung. Da die Bewegungsentwicklung in engem Zusammenhang mit der emotionalen und psychischen Entwicklung gebracht werden konnte, konnte ein Modell von Sekundärstörungen formuliert werden. In diesem werden Verhaltensauffälligkeiten als Kompensationsversuche verstanden, die durch die zugrunde liegenden, primären Wahrnehmungs- und Bewegungsprobleme entstehen. Daher soll also das auffällige Kind „als Entwicklung im Nachvollzug sich selbst, seinen Körper, seine Emotionen, die anderen Kinder neu erfahren, es soll lernen, durch tätige Auseinandersetzung mit der Welt und ihren vielfältigen materiellen und personellen Erscheinungen Erfahrungen zu sammeln, die ein geordnetes, selbstverantwortliches Handeln ermöglichen." (Schilling, 1990, S. 59) Das Ziel der psychomotorischen Förderung ist die Verbesserung der Anpassungsfähigkeit über ein spielerisches Üben und Erweitern der Wahrnehmungs- und Bewegungsmuster. Wurde zu Beginn der Konzeption des Ansatzes Bewegung als reine Strukturierungsleistung verstanden, über die sich das Erfahrungs- und Handlungsspektrum erweitern ließ, kamen Mitte und Ende der 1990er Jahre weitere Facetten hinzu. Vor allem wurde die Sinndimension von Bewegung als Bewegungsthemen in die Diskussion eingebracht. Das schlägt sich in verschiedenen Weiterentwicklungen des Kompetenztheoretischen Ansatzes nieder (vgl. Haas, 1999; Eisenberger, 1996; Kraus, 2004). Fischer bringt mit der Entwicklungstheorie Bronfenbrenners[159] stärker die systemische Vernetzung in den Vordergrund (vgl. ders., 1996, S. 94). Dadurch wird es möglich, ein Entwicklungsgeschehen mehrperspektivisch zu analysieren. „Der Vorteil […] ist, Ereignisse oder Verhaltensweisen nicht in linearen Ursache-Wirkungsmodellen zu betrachten, sondern durch 'Querdenken' eine Blickerweiterung auf der horizontalen Ebene und damit auf die mehrfach geschachtelten Zusammenhänge von Handlungen und deren Wirkweisen vorgenommen zu haben." (ebd., S. 100) Die kindliche Entwicklung wird zwar 'vom Kinde aus' gedacht, wird aber aus den umweltstrukturellen Bezügen erklärt. Die Tätigkeit

---

159 Bronfenbrenner, U.: Die Ökologie der menschlichen Entwicklung. Frankfurt: Fischer 1989.

bleibt aber weiterhin der Motor der (kindlichen) Entwicklung. Das Modell der Ökologie der menschlichen Entwicklung lenkt den Blick auf die verschiedenen Ökosysteme, die sich ständig verändern und wechselseitig beeinflussen. Mit diesem Blick sind auch sozial-räumliche Aspekte der Entwicklung von Bedeutung. Die Mikrosysteme als unmittelbare Lebensbereiche des Kindes werden als entwicklungswirksam erkannt und werden so zu förderrelevanten Gestaltungsüberlegungen.Mit der Rezeption der ökologischen Entwicklungstheorie in der Motologie ist systemisch orientiertes Denken aufgenommen worden. Der Kompetenztheoretische Ansatz hat sich der systemischen Vernetzung geöffnet und so seinen angestimmten Blickwinkel erweitert.

Die *systemisch-konstruktivistischen Positionen* (Abb. 11) in der Motologie konstituieren sich genau durch den umgekehrten Weg. Sie rezipieren nicht aus motologischer Sicht systemische Überlegungen, sondern schauen mit einer systemisch-konstruktivistischen Brille auf die Motologie: „das Adjektiv systemisch-konstruktivistisch kennzeichnet eine allgemeine Sichtweise, in der ein Beobachter Systeme zum Erkenntnisgegenstand seines Denkens macht, die sich und ihre jeweiligen Umwelten selber hervorbringen, konstruieren, erschaffen, gestalten." (Balgo, 1998, S. 5)

Dieser Ansatz fordert ein radikales Umdenken und bricht mit der Vorstellung, es gäbe so etwas wie eine Wirklichkeit an sich. Jeder Mensch oder hier: jeder Beobachter schafft sich seine Wirklichkeit, die durch den sozialen Abgleich mit den Wirklichkeiten der Mitmenschen zur gemeinsam geteilten Wirklichkeit wird. Die je individuelle Konstruktion der Wirklichkeit ist abhängig von der Körperlichkeit, der Emotionalität und der kognitiven Konzepte des Konstrukteurs. Diese Abhängigkeiten ermöglichen und begrenzen zugleich.

Das lässt sich auch auf die sozialen Lebenskontexte beziehen, in deren Rahmen die Konstruktionen zwar verbleiben, doch innerhalb dieses Rahmens sind die Möglichkeiten verschiedenster Wirklichkeitskonstruktionen unzählig groß. Die Handlungsmöglichkeiten sind vielfältig, um das Leben mit der je individuellen Sicht von Wirklichkeit zu gestalten. Die Wirklichkeitsbilder sind zudem immer – „und dies ist eine für die Psychomotorik wesentliche Aussage" (ebd., S. 6) – von den Mal-Bewegungen abhängig. Die Metapher der bemalten Leinwand soll verdeutlichen, dass die Einheit von Wahrnehmung und Bewegung die Konstruktion des Bildes entscheidet: durch die Malbewegungen werden Grenzlinien, d.h. Unterscheidungen gezogen, die sich vom Hintergrund abheben. Das, was gemalt wird, schließt dabei immer an vergangene Malbewegungen und Wahrnehmungen an, so dass sie weitere Konstruktionen ermöglichen und Unbeliebigkeit begrenzen.

Die Wirklichkeitskonstruktion ist also abhängig vom System Wahrneh-mung/ Bewegung sowie von den oben erwähnten körperlichen (Maturana/ Vare-la), affektlogischen (Ciompi) und sozialen (Luhmann) Systemen[160].

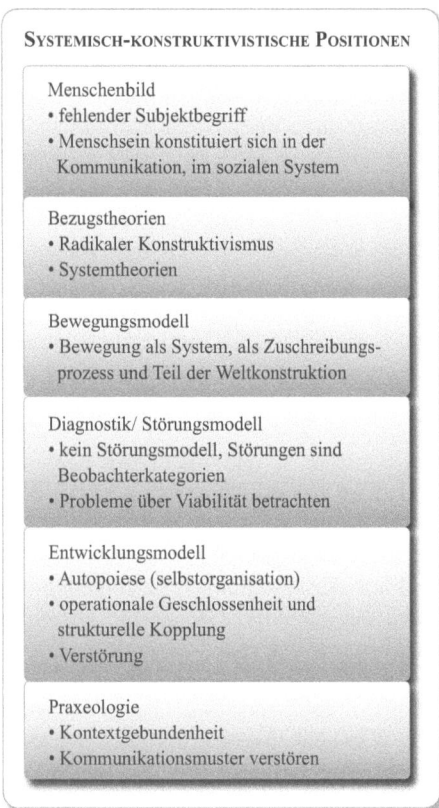

Abbildung 11: Systemisch-konstruktivistische Position

160   Maturana, H.R./ Varela, F.J.: Der Baum der Erkenntnis. Wie wir die Welt durch unsere Wahr-nehmung erschaffen – die biologischen Wurzeln des menschlichen Erkennens. Bern: Scherz 1987.
      Ciompi, L.: Affektlogik. Über die Struktur der Psyche und ihre Entwicklung. Ein Beitrag zur Schizophrenieforschung. Stuttgart: Klett 1982.
      Luhmann, N.: Soziale Systeme. Grundriss einer allgemeinen Theorie. Frankfurt: Suhrkamp 1993.

Durch die Verbindung der einzelnen Systeme zu einem einheitlichen Netzwerk lässt es sich vermeiden, die Wirklichkeitskonstruktion reduktionistisch von einem Element, wie dem körperlichen oder affektlogischen, abzuleiten. In Anlehnung an v. Foersters[161] Konzept eines nicht-trivialen Systems wird das System Bewegung/ Wahrnehmung als ein solches verstanden. Es operiert rückbezüglich, d.h., dass seine Reaktion zum neuen Reiz wird, die Wirkung zur erneuten Ursache. Obwohl nicht-triviale Systeme absolut determiniert funktionieren, ist ihr Verhalten analytisch nicht bestimmbar und daher nicht voraussagbar. Denn das was sie tun, ihre Operationen, sind von ihren vorangegangenen Erfahrungen, ihrer individuellen Geschichte abhängig (vgl. Balgo, 1998, S. 7). So erzeugt sich das System fortlaufend selbst, da es mit seinen Operationen immer an den vorherigen Operationen und nicht an einer unabhängig existierenden Wirklichkeit anknüpft. Operiert das System Bewegung/ Wahrnehmung erfolgreich, so besagt dies, dass seine (Wirklichkeits-) Konstruktionen möglich, passend, gangbar oder viabel zu seinen intern konstruierten Erwartungen sind. Die Operationen können in diesem Fall beibehalten werden. Ist hingegen eine Operation gescheitert, so erfährt das System nur, was seine Umwelt nicht ist, welche Konstruktionen nicht passend sind. Hierbei wird nochmals deutlich, dass die Konstruktionen nicht beliebig und nicht durch eine unabhängig existierende Wirklichkeit festgelegt sind. Das System kann von außen lediglich in Abhängigkeit seines aktuellen, strukturellen Musters verstört, irritiert oder perturbiert werden (vgl. ebd.).

In einer an systemisch-konstruktivistischen Positionen orientierten Psychomotorik werden die aktuellen, individuellen und gemeinsamen Wirklichkeitskonstruktionen, die Interaktions- und Kommunikationsmuster oder deren Vernetzung verstört. Dabei wird an die von den Beteiligten eingebrachten Handlungskompetenzen und die im Spiel sich herauskristallisierenden Bewegungsthemen aktiv angeschlossen. In einem gemeinsam gestalteten, offenen Bewegungsdialog werden lösungsorientiert die 'Problemsysteme', die als problematisch bewerteten Bewegungen und Verhaltensweisen zum Ausdruck gebracht, um neue Sichtweisen, Erlebnisqualitäten, Erfahrungen, Beziehungskompetenzen und gegenseitige Verständigungsweisen erlebbar zu machen (vgl. ebd.).

Einen ganz anderen Hintergrund hat der *Ansatz der Sensorischen Integrationsbehandlung*, welcher jetzt grundlegend und wieder schematisch dargestellt werden soll (Abb. 12). Unter der Sensorischen Integration versteht man die Vorstellung eines allgemeinen Entwicklungsprinzips, welches die Aufnahme von umweltbedingten Informationen und deren adäquate Verarbeitung im Zentralen Nervensystem beschreibt. Die Sensorische Integration als Funktionsprinzip des

---

161   v. Foerster, H.: Entdecken oder Erfinden – Wie lässt sich Verstehen verstehen. In Rotthaus, W. (Hrsg.): Erziehung und Therapie in systemischer Sicht. Dortmund: modernes lernen 1987.

Gehirns ist der Prozess des Ordnens, Sortierens und Verarbeitens sinnlicher Eindrücke, damit das Verhalten eines Menschen sinnvoll und für ihn bedeutsam werden kann (vgl. Ayres, 1998, S. 7f).

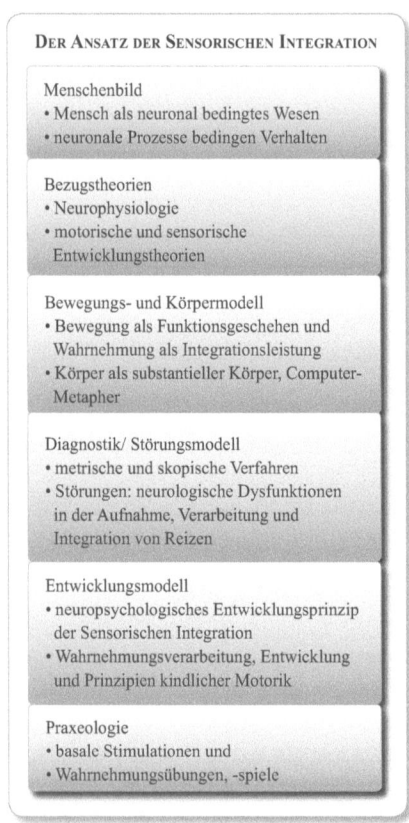

Abbildung 12: Ansatz der Sensorischen Integration

Grundlegend für diese Auffassung ist der neurophysiologische Zugang. Durch diesen Zugang werden Aufbau und Funktionsprinzipien des Gehirns, die Entwicklung der kindlichen Motorik und einzelner Sinnesmodalitäten näher betrachtet. Dabei spielen v.a. wichtige Schritte der grobmotorischen Bewegungsmuster, Prinzipien der motorischen Entwicklung und frühkindliche und persistierende Reflexe eine Rolle. Gemeinsam mit Vorstellungen der Wahrnehmungsentwicklung und einem für den Ansatz zentralen Modell der Wahrnehmungsverarbeitung entsteht ein Förderprogramm, das sich eng an die herausgestellten Entwicklungs-schritte anlehnt. Durch Stimulation und später Übungen in den einzelnen Sin-nesmodalitäten soll die Sensorische Integration bei beeinträchtigten Kindern adäquater verlaufen. Ausgehend von der Entwicklungsreihenfolge werden zu-nächst die basalen Bereiche der taktil-kinästhetischen und vestibulären Wahr-nehmung stimuliert und später geübt. Dabei nimmt das beeinträchtigte Kind verschiedene Sinnesreize auf, die es durchgehend zentralnervös integrieren muss. Es sammelt hier für ihn nun passende Erfahrungen, die es im 'normalen' Vollzug seiner Entwicklung nicht machen konnte. Sind diese basalen Wahrnehmungen ausreichend integriert, ist das Kind in der Lage, weitere Entwicklungsschritte zu gehen: die Bereiche der Körperorientierung und der Bewegungsplanung können dann thematisiert werden. Hierbei stehen die Körperkenntnis und die damit ge-machten Erfahrungen, die Integration der Körperseiten und das Überkreuzen der medialen Linie und die Rechts-Links-Orientierung sowie die Lateralität im Vor-dergrund.

Störungen der Sensorischen Integration werden den genannten Bereichen zugeordnet. So wird das auffällige Verhalten eines Kindes auf eine Störung der taktilen, der kinästhetischen Wahrnehmung, auf eine Störung im vestibulären Bereich, der zwischen über- und unterempfindlich unterscheidet, oder auf eine Störung der Körperorientierung oder der Praxie zurückgeführt (vgl. Kesper/ Hottinger, 1999, S. 55f). Die Förderung, bzw. die Therapie solcher Störungen, die dem auffälligen Verhalten des Kindes zugrunde liegen, orientieren sich an der Entwicklungsreihenfolge. Der große Fundus an Praxissituationen und Vor-schlägen, der durch die Sensorische Integrationsbehandlung entstanden ist, findet in vielen bewegungsorientierten Programmen eine Anwendung. Eine funktionie-rende Sensorische Integration bildet die Basis für jede weitere Entwicklung. Eine gelingende Aufnahme, Weiterleitung, Verarbeitung und Einordnung von Reizen und eine entsprechend gelingende Beantwortung im motorischen Bereich führen letztendlich zu 'sinnvollen' Verhalten, das Ayres mit „Endprodukten" wie „Ko-ordinationsfähigkeit, Organisationsfähigkeit, Selbsteinschätzung, Selbstkontrol-le, Selbstvertrauen, Akademisches Lernvermögen, Fähigkeit zum abstrakten Denken und Verarbeiten von Gedanken und Spezialisierung jeder Seite des Kör-pers und Gehirns (Lateralität)" beschreibt. (dies., 1998, S. 103) Mittlerweile sind Weiterentwicklungen dieses Konzeptes erschienen, die sich hinsichtlich der Vorstellung des Menschen von der hier klaren 'Computer-Metapher' abwenden und sich einer 'Netzwerk-Metapher' hinwenden. Mit ihrem Konzept einer holis-tischen Sensorischen Integration greift Brüggebors viele Kritikpunkte an der Sensorischen Integration von Ayres auf und formuliert eine ganzheitliche Sicht-weise auf den Menschen (vgl. dies., 1994). Ähnliches ist auch in verschiedenen Praxiskonzepten zu beobachten. So wird zwar der neurophysiologische Zugang zu Bewegung und Wahrnehmung als Grundlage der Entwicklung bewahrt, die Einbindung der Praxis geschieht aber nicht nur rein funktional, sondern an Lebensthemen und bedeutungsvollen Spielen orientiert.

Als letztes steht nun der *Verstehende Ansatz* im Mittelpunkt (Abb. 13). Er hat im Laufe der Arbeit schon einige Ausführungen (Kap. 3 und 10) erlangt, so dass hier nur kurz auf einige grundlegende Annahmen eingegangen wird, bevor auch hier eine schematische Darstellung diesen Teil inhaltlich abschließt. Es ist zu beobachten, dass sich auch die bereits erwähnten Ansätze und Positionen dem Bedeutungsgehalt der Bewegung zugewandt haben.

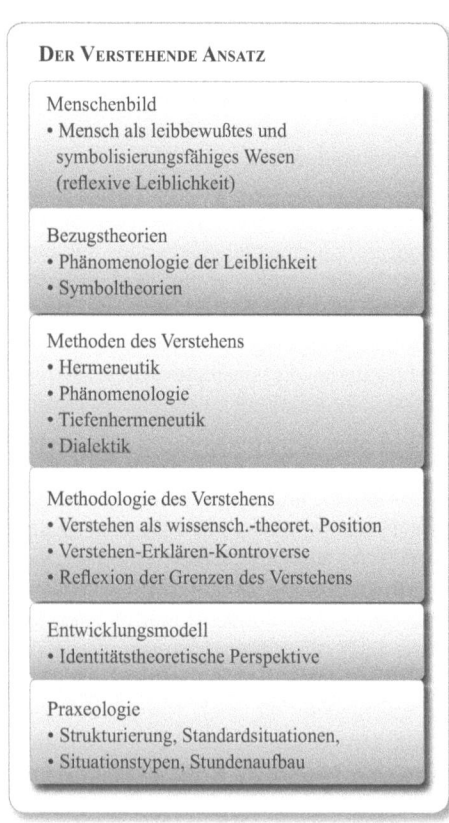

Abbildung 13: Verstehender Ansatz

Im Laufe der konzeptionellen Entwicklung und der praktischen Erfahrungen wurde von verschiedenen Seiten die subjektive Bedeutung der Bewegung erkannt und in das eigene Konzept mit aufgenommen (s.o.). Dem Verstehenden Ansatz ist aber diese Lücke in den bestehenden Konzepten der Psychomotorik zuerst aufgefallen, so dass es sein Verdienst ist, sich diesem Phänomen genähert zu haben. Wurde ehemals die Bewegung als „Musterbildungsprozess und Mittel zum Zweck" verstanden, so wurde sie durch den und im Verstehenden Ansatz „auch als bedeutungsvoll und Selbstzweck" erkannt (Seewald, 2007, S. 13). Durch die Beschäftigung mit der Leiblichkeit sollte die Art der Weltzuwendung verstanden werden. Es wurde geschaut, wie Kinder einen Sinn für sich in psychomotorischen Situationen entdecken, wie diese Sinngestalten zu verstehen sind und welche Bedeutung sie haben. „Was sagen uns die Kinder von sich und ihrer Sicht der Welt, wenn sie ihre Spielthemen entwickeln, sich in einer bestimmten Art bewegen und mit uns in Kontakt treten?" (ebd.) Mit der Phänomenologie der Leiblichkeit als grundlegende Theorie konnte diesen Fragen nachgegangen werden. Durch die Beschäftigung mit allgemeinen Themen der (kindlichen) Entwicklung konnte eine Symbolische Entwicklung herauspräpariert werden, die das Nachvollziehen der gezeigten Themen und Inhalte erleichterte. Verschiedene Symboltheorien funktionieren dabei als Brückenschlag zwischen dem leiblichen Ausdruck und gezeigten, symbolischen Spiel- und Bewegungsthemen. Durch die verstehende Blickweise ist ein umfassender Ansatz entstanden, der v.a. durch das Herausstellen der reflexiven Leiblichkeit eine enorme Bedeutung für das Erwachsenenalter bekommen hat. Mit dem Konzept der reflexiven Leiblichkeit ist eine Orientierungsgröße entstanden, der sich v.a. Erwachsene in Zeiten des Umbruchs und Wandels (vgl. Keupp, 2000) bedienen könnten, um eine 'echte' Bezugsgröße zu erlangen (vgl. Kap. 10.2 und 10.3).

Die schematischen Darstellungen zeigen die einzelnen Bausteine der verschiedenen Ansätze. Sie stehen in dieser Darstellung nebeneinander und sind noch nicht miteinander verzahnt. Würden die einzelnen (wechselseitigen) Beziehungen dargestellt, könnte die Architektur der Ansätze sichtbar gemacht werden. Hier stehen aber die möglichen Ableitungen einzelner Bausteine im Mittelpunkt: welche Wissensinhalte, die den einzelnen Bausteinen entspringen, bekommen im Kontext einer Organisationsberatung besondere Relevanz? Welche Wissensinhalte verdienen eine besondere Betonung? Wie schon erwähnt soll und kann solch eine Aufführung keine Vollständigkeit erlangen. Die Auswahl wird immer subjektiv begründet sein. Zwar stellen wissenschaftstheoretische Aspekte den Rahmen, allerdings kann innerhalb dieses Rahmens eine subjektiv gefärbte Betonung einzelner Bausteine vonstatten gehen. In dieser Zusammenstellung und Explikation stehen vier Ansätze im Fokus der Betrachtung. Die Auswahl erfolgte nach der Fachsystematik des Wissenschaftsfachs der Motologie. Andere Autoren nehmen eine andere Einteilung der psychomotorischen Ansätze vor (vgl. Kap. 3.1), so dass schon in der Auswahl Unterschiede auftauchen. Genau diese Unterschiede sollen auch im späteren Prozess der Organisationsberatung zum Tragen kommen. Es wäre anmaßend zu meinen, es gäbe nur eine Motologie, welche beratend inhaltlich tätig werden könnte. Das würde den grundlegenden, konstruktivistischen Positionen dieser Arbeit widersprechen. Es soll mit dieser (strukturellen) Aufarbeitung lediglich ein Weg gezeichnet werden, der es ermöglicht, aufgrund (wissenschaftlicher) psychomotorischer Grundannahmen, Wissensinhalte zu generieren, die einer Organisation angeboten werden können. Dies ist nur über den Weg einer Analyse der verschiedenen Ansätze möglich, welche dann in Richtung 'Organisationsberatungswissen' hin entworfen werden können.

Im Folgenden werden also schematisch die einzelnen Bausteine der verschiedenen Ansätze nach Wissensinhalten abgeklopft, die es aus der Sicht dieser Arbeit 'verdienen', eine besondere Betonung zu erlangen, da sie für den Prozess der Organisationsberatung besondere Relevanz haben (Abb. 14-17). Der später ausformulierte fachliche Input (vgl. Kap. 12.5) wird sich an diesen Wissensinhalten orientieren.

Abbildung 14: Extraktion: Wissensmodule des Kompetenztheoretischen
                 Ansatzes

Abbildung 15: Extraktion: Wissensmodule der systemisch-konstruktivistischen
Position

Abbildung 16: Extraktion: Wissensmodule der Sensorischen Integration

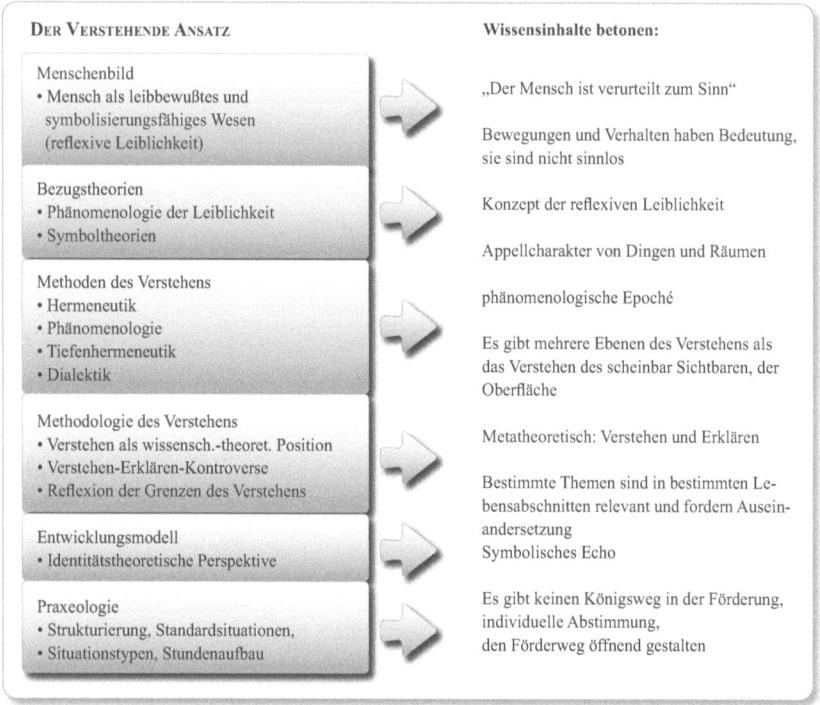

DER VERSTEHENDE ANSATZ	Wissensinhalte betonen:
Menschenbild • Mensch als leibbewußtes und symbolisierungsfähiges Wesen (reflexive Leiblichkeit)	„Der Mensch ist verurteilt zum Sinn" Bewegungen und Verhalten haben Bedeutung, sie sind nicht sinnlos
Bezugstheorien • Phänomenologie der Leiblichkeit • Symboltheorien	Konzept der reflexiven Leiblichkeit Appellcharakter von Dingen und Räumen
Methoden des Verstehens • Hermeneutik • Phänomenologie • Tiefenhermeneutik • Dialektik	phänomenologische Epoché Es gibt mehrere Ebenen des Verstehens als das Verstehen des scheinbar Sichtbaren, der Oberfläche
Methodologie des Verstehens • Verstehen als wissensch.-theoret. Position • Verstehen-Erklären-Kontroverse • Reflexion der Grenzen des Verstehens	Metatheoretisch: Verstehen und Erklären Bestimmte Themen sind in bestimmten Lebensabschnitten relevant und fordern Auseinandersetzung
Entwicklungsmodell • Identitätstheoretische Perspektive	Symbolisches Echo
Praxeologie • Strukturierung, Standardsituationen, • Situationstypen, Stundenaufbau	Es gibt keinen Königsweg in der Förderung, individuelle Abstimmung, den Förderweg öffnend gestalten

Abbildung 17: Extraktion: Wissensmodule des Verstehenden Ansatzes

Die einzelnen Herausstellungen könnten weitergeführt werden. Jeder Ansatz hat durch seine spezielle Sichtweise einen anderen Schwerpunkt. Der Gegenstandsbereich wird je unterschiedlich ausgeleuchtet. Der Praktiker weiß schon lange, dass das Aufsetzen einer ansatzspezifischen Brille oft zu Verzerrungen oder Unzulänglichkeiten führen kann. Oft ist das Betrachten der Entwicklung o.ä. durch verschiedene Brillen das Fruchtbarste. So kann es sich auch im Beratungsprozess verhalten. Nachdem die Organisation durch verstehende Methoden in die Lage versetzt wurde und sich versetzt hat, sich dem Anderen zu öffnen, können unterschiedliche ´Wissensinhalte´ gefragt sein. Je nach dem individuellen Bedürfnissen der Organisation erhalten mal verstehende, mal handlungsorientierte, mal systemische Aspekte mehr Beachtung und Berücksichtigung; sowie auch der Organisationsberater verschiedene Kompetenzen und Vorlieben mit sich bringt.

Es ist in der jeweiligen Situation zu entscheiden, welche Inhalte die passenden und fruchtbarsten sind. Das Bereitstellen des jeweiligen 'Wissensangebots' sollte allerdings immer nach demselben Schema ablaufen: einzelne Bausteine und deren Kombination sollten als Bezugsgröße für die *Explikation von Wissen* dienen. Zum einen, um eine wissenschaftliche Stringenz zu wahren, zum anderen, um spezifisch motologisch zu bleiben.

Abschließend ist nochmals eine 'Schnittmenge' herausgestellt worden, die sich ansatzübergreifend, bzw. ansatzunabhängig herauskristallisieren ließ (Abb 18). Dabei stellt die linke Spalte die Motologie in ihrem allgemeinen Verständnis dar (vgl. Kap. 3), während in der rechten Wissensinhalte betont werden, die bei einer Organisationsberatung eine besondere Stellung bekommen können: als eigene Entfaltungsmöglichkeit und Grundlage des Dialogs.

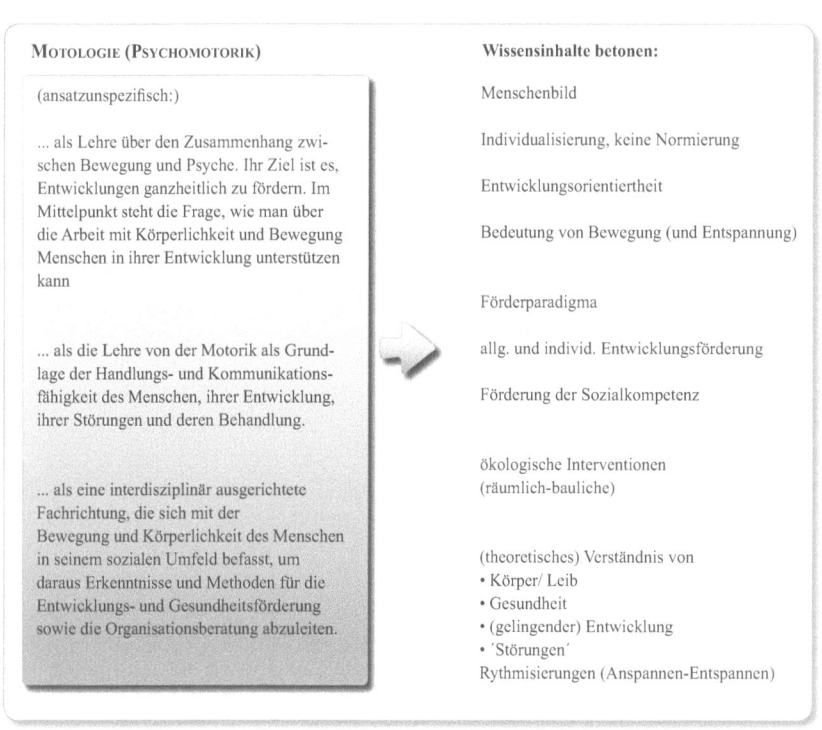

Abbildung 18:   Extraktion: Wissensmodule der Motologie (Psychomotorik)

11.2 Ziele der Motologie und Organisationsberatung

Als ein alles umspannendes Ziel der Motologie und der Psychomotorik kann angeführt werden, dass sie die Entwicklung ganzheitlich fördern will. Das ergibt sich aus einzelnen paradigmatischen Festlegungen des Fachs und aus bestimmten einzelnen theoretischen Bezügen. Unabhängig von Ausdifferenzierungen des Fachs stehen die *Entwicklung* und die Entwicklungsförderung des Menschen im Mittelpunkt, wobei der Zusammenhang zwischen Bewegung und Psyche das grundlegende Interesse bildet. Mittlerweile kann der Begriff der Entwicklung um die Begriffe der *Gesundheit* und auch der *Bildung* erweitert werden (vgl. Kap. 3.3). So kann damit festgehalten werden, dass die Ziele der Motologie und der Psychomotorik die ganzheitliche Entwicklungs- und Gesundheitsförderung sind sowie – das aber ansatzspezifisch, bzw. von einer bestimmten psychomotorischen Lesart abhängig – die Unterstützung von Bildungsprozessen von Menschen. Dabei ist die Rolle der Motologie und der Psychomotorik immer gleich gestaltet: sie möchte anregen, sie begleitet und unterstützt. Die Motologie gleicht keine Defizite aus, vermittelt keine (technischen) Fertigkeiten, sie lenkt nicht und gibt keine Richtung vor. Sie schützt die Autonomie der Menschen und wahrt Respekt vor den individuellen Entwicklungsverläufen. Je spezifischer aber die Aussagen werden, umso weniger Zielvorstellungen können formuliert werden, die einen allgemeinen Charakter haben, also einer allgemeinen Motologie zugeordnet werden können. Eine psychomotorisch orientierte Entwicklungstherapie (vgl. Kraus, 2004) beispielsweise, welche aufgrund ihrer therapeutischen Auslegung ein Störungsmodell entwickelt, kann die letztgenannten Aspekte nicht teilen. Daher sollen noch ansatzspezifische Zielvorstellungen angeführt werden.

So sieht sich der Kompetenztheoretische Ansatz dem Ziel verschrieben, den Menschen anzuregen, „sich handelnd seine Umwelt zu erschließen, um seinen Bedürfnissen entsprechend auf sie einwirken zu können. [Er] versucht dies zu erreichen, indem [er] vielfältige Wahrnehmungs- und Bewegungserfahrungen in Handlungssituationen vermittelt. [Diese Psychomotorik] ist auf die Ganzheit der menschlichen Persönlichkeit gerichtet, weil sie nicht die Verbesserung bestimmter motorischer Fertigkeiten in das Zentrum ihrer Bemühungen stellt, sondern weil sie Bewegungshandeln als Verwirklichungsprinzip der (kindlichen) Persönlichkeit und als wesentliches Mittel der Förderung betrachtet" (Irmischer, 1987, S. 13) Demgegenüber formuliert Seewald als Ziel für Verstehendes Arbeiten in der Motologie: „Mein Hauptziel ist paradox angelegt. Ich möchte dem Klienten helfen, seine Wege zu gehen bzw. seine Ziele zu finden. Ich möchte, dass jemand hinterher klarer sieht und spürt, was er möchte, was ihm gut tut, welche Alternativen bestehen und gewählt bzw. nicht gewählt werden und welche Neigungen und Bedürfnisse existieren, die akzeptiert bzw. nicht akzeptiert werden sollen bzw. können. Und das alles bezogen auf das eigene Leibverhältnis wie auf den bewegend-handelnden Umgang mit sich selbst und anderen Menschen. [...] Zusammengefasst möchte ich, dass diese Klienten in ihrem Identitätsprojekt Spuren legen, Weichen stellen und ihre 'Gewordenheit' besser verstehen – direkt oder indirekt über symbolische Medien. Dabei sollten sie immer das Gefühl behalten, Herr ihrer eigenen Prozesse zu sein und zu bleiben." (ders., 2007, S. 97) Durch die Beschäftigung mit der Bewegung und der Körperlichkeit des Menschen in seinem sozialen Umfeld versucht die Motologie die Entwicklung des Menschen zu fördern, sowie die Gesundheit anzusprechen (und Bildungsprozesse zu unterstützen). Dabei steht jeweils der Klient, das Kind oder der Erwachsene im Betrachtungsinteresse. Die Ziele der Motologie haben aber auch gesellschaftliche Bedeutung.

Mit der Schaffung eines *Bewusstseins für Bewegung* kann ein erstes Ziel formuliert werden. Damit wird nicht nur die Bedeutung der Bewegung und Wahrnehmung für die (kindliche) Entwicklung und das (kindliche) Lernen angesprochen; es geht auch darum, ein Bewegungsverständnis zu vermitteln, das jenseits des Fitness-Kults und des Leistungssports liegt: das Sich-Bewegen, die Bewegensfreude und die Gegenwartserfahrung in der Bewegung sind Erfahrungen, die oft verschüttet sind von Trägheit und Unlust. Diese zu reaktivieren, die Lust und Freude der Bewegung wieder zu spüren, kann zu einer Quelle der Kraft und Entspannung, zu einer Quelle von Lebensfreude werden (vgl. Seewald, 2007, S. 109). Die Schaffung eines 'gesellschaftlichen' Bewusstseins von Leiblichkeit ist hingegen als Ziel nicht so leicht zu deklarieren. Obwohl das Konzept der reflexiven Leiblichkeit, der Leib als ein Ort der Vergewisserung und als Dialogpartner (vgl. Kap. 10 und 11), hinreichend Potential beherbergt, ist die gesellschaftliche Akzeptanz eher nicht vorhanden. Die Abkehr von kognitiven Modellen und 'rationalen' Vorstellungen und Entscheidungen ist in einer hoch technisierten Welt nicht zu erwarten. Allerdings zeigt sich im Bereich des 'Lifestyle' eine Hinwendung zu körperbezogenen Methoden und Ansichten, wie viele Bereiche der Wellness-Bewegung oder der asiatischen Entspannungs- und Meditationstechniken zeigen[162]. Mit der Schaffung eines Bewusstseins für Leiblichkeit könnte dem Kognitiven, der rationalen (im Sinne betriebswirtschaftlichen Denkens) Ausrichtung der Gesellschaft etwas zur Seite gestellt werden, das durch das Leibliche begründet wird: ein Pendant oder Gegengewicht zum Kognitiven als Quelle von Differenzerfahrungen. Als letztes zu nennendes Ziel der Motologie könnte die systemisch-ökologische Auslegung derselben dienen. Die sozialräumlichen Akzente eines ökologisch ausgerichteten (Entwicklungs-) Konzeptes sind geeignet, personenbezogene und Umweltbezogene Aspekte in Ein-

---

162 Vergleiche hier beispielsweise die Lebensstilgesellschaft. Richter, R.: Die Lebensstilgesellschaft. Verlag für Sozialwissenschaften: Wiesbaden 2005.

klang zu bringen. Eine Gestaltung von (Erfahrungs-) Räumen, welche aus perso-
nenbezogenen Überlegungen zur Entwicklungsförderung resultieren, könnte als
Ziel der Motologie formuliert werden. Ebenso wie eine Gestaltung oder Empfehlung von strukturierenden Elementen eines Tagesablaufs (bspw. Rhythmisie-
rung).

Die Organisationen dazu bewegen, sich zu bewegen, so lautete die Zielvor-
stellung am Ende des Kapitels 9. Diese Umschreibung kann auch in diesem Kapitel als Leitmetapher dienen: die Organisationen werden bewegt, um sich zu
bewegen. Dabei wird Bewegung als Voraussetzung zum Dialog, als wesentlicher
Schritt in der Anbahnung interdiskursiver Dialogfähigkeit verstanden.

Diese allgemeine Zielvorgabe kann konkretisiert werden, indem einzelne
Handlungsschritte und Teilziele formuliert werden. Zuallererst ist die *Steigerung*
der Selbstreflexivität der Organisation zu nennen. Dadurch können Elemente der
Organisationskultur bewusster gemacht werden, um etwaige Erstarrungen, (ideologische) Verkrustungen oder Widerstände erkennen zu können. Erst durch diesen Schritt ist es der Organisation/ den Organisationsmitgliedern möglich, neues
und fremdes Wissen in die eigene Wirklichkeitskonstruktion aufnehmen zu können. Die Widerstände werden als sinnvolle Leistungen der Organisationen und -
mitglieder verstanden. Das impliziert, dass ein Widerstand nicht einfach zu
überwinden oder zu brechen gesucht wird, sondern dass dieser von der Motologie, bzw. von den Organisationsmitgliedern ´verstanden´ wird. Das fordert ein
bestimmtes methodisches Vorgehen, welches in der Steigerung der Selbstreflexivität aufgeht. In diesem steckt auch ein weiteres Teilziel einer motologischen
Organisationsberatung: die Organisation soll erfahren, dass innerhalb eines institutionellen Rahmens Entwicklungen möglich sind. Ein institutioneller Rahmen
begrenzt und schränkt ein, spendet aber gleichzeitig auch Sicherheit. Diese Ambivalenz nutzen zu können, um neue Wege innerhalb eines scheinbaren starren
Rahmens zu gehen, soll in der Bewegungssituation thematisiert werden und zur
´instrumentellen´ Nutzung der Ambivalenz für die eigene Identitätskonstruktion
führen (vgl. Kap. 10.4).

Das motologisch-methodische Vorgehen bereitet somit die Organisationen
vor, bzw. bereiten die Organisationen sich selbst vor, um letztlich eine (motologische) fachliche Beratung annehmen zu können. Dabei wird auf symmetrischen
Weg in Form eines Diskurses fachliches Wissen der Motologie angeboten. Dieses soll imstande sein, das (fachliche und/ oder alltägliche) Wissen der Organisation zu erschüttern[163]. Das bedeutet, dass zwar Wissen angeboten wird, dass aber

---

163 Dabei sei an den Wahrheitsbegriff der Dialogischen Theorie erinnert (vgl. Kap. 8.3). Die
     Motologie bietet hier ein Wissen an, das für ein bestimmtes soziales Problem eine Antwort lie-
     fert. Sie vertritt engagiert (aber konstruktivistisch bewusst) eine bestimmte ´Wahrheit´, welche

die Verwendung des Wissens allein der Organisation obliegt. Wissensinhalte, die später zu Wissensmodulen geformt werden (vgl. Kap. 12.5), können dabei, wie in Kap. 11.1 ausgeführt, Aspekte des Menschenbilds, des Förderparadigmas und ökologische Implikationen betreffen.

Mit der Wahl der Methodik kann auch bei den Zielen einer motologischen Organisationsberatung festgehalten werden, dass die Schaffung eines Bewusstseins für die *Bedeutung* von *Leiblichkeit* und Bewegung zu erstreben ist. Durch die metaphorischen Bewegungssituationen (vgl. Kap. 9.3; 12.2), die darauf folgende Reflexion und die anschließende fachliche Beratung sollte erreicht werden, dass die Organisation und die Organisationsmitglieder ihnen angemessene Bedingungen für Arbeit und Leben finden und herstellen. Da eine (weitgehende) 'Entschlüsselung' der Organisationskultur im Mittelpunkt der metaphorischen Bewegungssituationen steht, somit auf einer relativ 'tiefen' Ebene operiert wird, kann im besten Fall eine nachhaltige Wirkung erzielt werden, welche Veränderungen auf lange Sicht nach sich zieht (vgl. Kap. 7.1).

Die Ziele der Motologie und die Ziele einer motologischen Organisationsberatung scheinen auf den ersten Blick deckungsgleich zu sein. Doch müssen sich nicht die Zielvorstellungen ändern, wenn mit der Organisation eine neue Bezugsgröße herangezogen wird? Nicht unbedingt. Es könnten zwar je nach Auslegung einer Organisationsberatung strukturelle Fragen und Probleme auftauchen, die beispielsweise das Verhältnis von Effizienz- und Effektivitätssteigerung menschlicher Arbeitskraft ('Humankapital') zu den grundlegenden Annahmen der Motologie zu reflektieren hätten; es könnten Fragen zum gesellschaftlichen Auftrag der Motologie gestellt werden: an dieser Stelle müsste dann die Organisationsberatung hinsichtlich ethischer Aspekte untersucht werden (vgl. Kap. 12.7). Die Ziele können sich aber auch weiterhin decken – trotz und wegen der Organisation als Bezugsgröße. Das liegt v.a. an der Konzeption und der Ausrichtung dieser Arbeit. Es ist bei der motologisch orientierten Organisationsberatung zu beachten, dass auch sie von einem Förderparadigma untermauert ist. Und beiden, das heißt der allgemeinen Motologie und der motologischen Organisationsberatung wohnt dasselbe Menschenbild inne. Eine Abweichung der Zielvorstellungen müsste dann theoretisch begründet werden, was wiederum Auswirkungen auf das implizite Menschenbild hätte.

Es ändert sich also nichts Grundlegendes in den Zielvorstellungen. Die Organisation muss ständig das Gefühl haben und wahren, Herr über ihren eigenen Gestaltungsprozess zu sein. Die Organisation wird auf ihrem Weg begleitet und mit fachlich neuem Wissen erschüttert. Die Organisation soll sich in ihrer Gewordenheit besser verstehen, sie soll ihre Organisationskultur ein Stück mehr

---

die 'Wahrheit' der Organisation *erschüttern* soll – und eben (aus bezugstheoretischen Gründen) nicht *verstören* soll.

aufdecken. Die beratende Motologie vermittelt kein technisch anwendbares Wissen und gleicht keine organisationalen Defizite aus. Sie begleitet und unterstützt durch Steigerung der Selbstreflexivität und fachlicher Anregung aus zumeist (völlig) fremder Perspektive. Durch die symmetrische, dialogische Beziehung zwischen Organisation und beratender Motologie ist auch nichts anderes möglich.

11.3 Der motologische Blick auf die Entwicklungsthemen

Die Themen des frühen Erwachsenenalters wurden mit Hilfe von Schlagworten wie Orientierung und Wegfindung und Aushalten von Widersprüchen und Ambiguitäten näher umschrieben (vgl. Kap. 3.4). Der Balanceakt zwischen zwei Polen wird für diese Entwicklungsphase als ein zentrales Moment angeführt. Die Entwicklungsphase des mittleren Erwachsenenalters ist einerseits geprägt durch expansive Gestaltung und Schaffensfreude; andererseits durch die steigende Gewissheit der Endlichkeit des Lebens. Das als Zeniterlebnis bezeichnete Gefühl beschreibt Wendepunkte in der körperlichen und beruflichen Entwicklung, welche für diese Phase typisch sind. So können beispielsweise die nachlassende körperliche Leistungsfähigkeit und Attraktivität zur Entwicklungsaufgabe dieser Phase werden. Das Bearbeiten dieser Aufgabe umfasst die 'Neubestimmung' des Verhältnisses zum eigenen Körper, ihn zu mögen und pfleglich mit ihm umzugehen. Körperlich wie auch beruflich gilt, „Dankbarkeit für das zu empfinden, was einem gelingen konnte und Enttäuschungen verarbeiten, ohne bitter zu werden – dies kennzeichnet die Gefühlslage dieser Phase." (Seewald, 2007, S. 82) Haas (1999) hat die wichtigsten Themen und Aufgaben des Erwachsenenalters zusammengestellt. Sie hat eine Übersicht erstellt, die als 'Hintergrundfolie' für die Betrachtung der individuellen Biographien genutzt werden kann (vgl. dies., 1999, S. 185). Dabei greift sie auf unterschiedliche (entwicklungspsychologische) Autoren zurück, die jeweils die frühe und mittlere Spanne des Erwachsenenalters berücksichtigt haben. Für diese Betrachtung spielen vor allem vier Autoren[164] eine Rolle:

Thomae benennt als Themen des frühen Erwachsenenalters die berufliche Durchsetzung, die Sicherung des Daseins und das Eingehen dauerhafter Beziehungen, während er für das mittlere Alter festhält: Kompromiss finden zwischen beruflichen Erwartungen und mehr oder weniger nicht mehr veränderbaren Situationen; Kompromisse im Privatleben; erste Alterserlebnisse; Betroffenheit vom wahrgenommenen Leistungsrückgang; Innewerden der Unvollkommenheit des

---

164 Neben den hier genannten führt Haas noch Lehr (1961), Havighurst (1974) und Winter/ Bauer (1994) auf (vgl. Haas, 1999, S. 186f)

Daseins (vgl. Thomae, 1986). Das Thema des Erwachsenenalters nach Kegan kreist um das Selbst zwischen Zugehörigkeit und Unabhängigkeit. Kegan unterscheidet dabei in ein zwischenmenschliches Gleichgewicht, welches die wechselseitigen, zwischenmenschlichen Beziehungen und Übereinstimmungen thematisiert sowie die Orientierung an inneren Zuständen und gemeinsamen subjektiven Erfahrungen; und einem institutionellen Gleichgewicht, in dem er die persönliche Unabhängigkeit und die Identität des Selbstsystems in den Vordergrund stellt. Die Selbstgestaltung in Beruf und Privatleben füllt dieses institutionelle Gleichgewicht sowie die letzte Unterscheidung das überindividuelle Gleichgewicht beinhaltet. Hierbei geht es um die Durchdringung der Systeme, um die Fähigkeit zu Interdependenz und Selbstbestimmung und um postideologische Wertesysteme (vgl. Kegan, 1991). Flammer, der das Thema der Kontrolle zentral in seine Entwicklungsbetrachtung stellt, sieht für das mittlere Erwachsenenalter v.a. die Differenzierung der Kontrollmeinung und des Selbstkonzeptes als relevant an. Es geht ihm dabei um die Differenzierung von Anforderungen, Kompetenzen und Aufwand. Seine kontrollbezogenen Entwicklungsthemen kreisen um Identität, Selbstbild, Selbstwert, um quantitativen Zuwachs und um Auseinandersetzung mit Werten und Wertrealisierung. Das mittlere Erwachsenenalter sieht sich mit Aufgaben konfrontiert, die den Umgang mit Kontrollabnahme, die Kompensation von Kontrollschwund und Integrität trotz Kontrollschwund thematisieren (vgl. Flammer, 1995). Erikson fasst die Entwicklung des Erwachsenenalters als psychosoziale Krisen auf und sieht demnach das frühe Erwachsenenalter durch das Gegensatzpaar Intimität versus Isolierung charakterisiert, während sich das mittlere durch Generativität versus Stagnation beschreiben lässt. Diese Phasen haben nach Erikson die zentrale Aufgabe der Aufrechterhaltung des gesellschaftlichen Lebens. Junge Erwachsene haben die Suche nach einem Identitätsgefühl nahezu abgeschlossen und können so bereit sein, ihre Identität mit Menschen zu teilen, die sich in Bereichen der Arbeit, Freundschaft und Sexualität als ergänzend erweisen (vgl. Erikson, 1992, S. 92). In der Phase des mittleren Erwachsenenalters ist der Wunsch nach Generativität zentral. Produktivität, Kreativität, das Hervorbringen neuer Ideen, neuer Produkte oder Werke stellen nach Erikson eine Art Selbstzeugung dar, die mit der weiteren Identitätsentwicklung befasst ist. Kann Generativität nicht gelebt werden und besteht nur eine mangelnde Bereitschaft, bestimmte Personen und Gruppen an der eigenen Schaffenskraft teilhaben zu lassen, kommt es in der Identitätsentwicklung zum Stillstand (Stagnation) (vgl. ebd., S. 86).

Das Thema des beruflichen Werdegangs, das Verhältnis zwischen Beruf und Privatleben und der wohlwollende Rückblick auf das bisherige berufliche Leben stellen wichtige Momente in der Entwicklungsbetrachtung des Erwachsenenalters dar. Dabei sind diese Themen und Aufgaben weitestgehend so formuliert, dass sie viele verschiedene und einzelne Facetten des Berufslebens fassen und berücksichtigen. Trotzdem soll hier noch ein weiterer kurzer Blick auf die Besonderheiten der Arbeitswelt geworfen werden. Zum einen treten dadurch Aspekte in den Vordergrund, die eine nähere Beschäftigung erzwingen; zum anderen werden einige oben genannte Entwicklungstheorien aktualisiert, da beispielsweise Erikson eine völlig andere gesellschaftliche Vorstellung hatte als die momentane es zulässt. Beruf und Erwerbsarbeit sind zur Achse der Lebensführung geworden (vgl. Beck, 1986, S. 220). Zusammen mit der Familie bildet sie das zweipolige Koordinatensystem, in dem das Leben in dieser Epoche befestigt ist. Das Erwachsensein steht ganz im Zeichen der Erwerbsarbeit. Sie dient sogar zur wechselseitigen Identifikationsschablone, mit deren Hilfe die Menschen sich einzuschätzen glauben. In einer Gesellschaft, in der das Leben auf dem Faden des Berufs aufgereiht ist, enthält dieser tatsächlich einige Schlüsselinformationen, wie Einkommen, Status, sprachliche Fähigkeiten, mögliche Interessen o.ä. (vgl. ebd., S. 221). Trotz (oder wegen) der enormen Bedeutungszunahme des Berufs und der Erwerbsarbeit hat der Beruf aber seine ehemaligen Sicherheiten und Schutzfunktionen eingebüßt. Die Erwerbsarbeit als Basis der Identitätsbildung wird brüchig (vgl. Keupp, 2000, S. 116).

Dabei scheint genau der entgegengesetzte Weg eingeschlagen worden zu sein: die Subjektivierung der Arbeit. Die Subjektivität der Beschäftigten, welche ehemals als Störfaktor der Arbeit aufgefasst wurde (vgl. Kap. 4.1), wird zu einem zentralen produktiven Faktor im Arbeitsprozess. Beschäftigte werden mehr in die Planung mit einbezogen, ihnen werden Entscheidungsspielräume gewährt und sie kennen den Stellenwert ihrer Tätigkeiten im Gesamtprozess. „Viele erleben die neue Autonomie und die Entwicklungsmöglichkeiten in der Arbeit als Verbesserung und Befreiung. Gleichwohl werden sie weder zu einflussreichen Entscheidungsträgern innerhalb des Marktgeschehens noch zu bedeutenden Eigentümern von Kapital und Verwertungsrechten. Und dennoch müssen sie in ihrem Denken und Handeln einen unternehmerischen Standpunkt einnehmen, als ob sie das Überleben einer Firma, die Erfolgs- oder Leistungsquote einer Institution zu verantworten hätten (vgl. PAQ, 1981, 467[165])." (Schröder, 2007, S. 151) Die Subjektivität wird also im Sinne der Betriebs- und Organisationsziele erschlossen. Zwar geht dies mit der Chance einher, Subjektivität mehr in die Arbeit hineintragen zu können, die Gefahr besteht allerdings darin, sich in den Widersprüchen der postmodernen Arbeit zu verlieren. Indem es nicht mehr auf äußere, sondern auf innere Disziplin ankommt, werden Leistungsansprüche von oben zu fachlichen oder persönlichen Herausforderungen umdefiniert. „Eine subjektiv günstige Lage wird ausschließlich als eigenes Verdienst begriffen,

---

165 Projekt Automation und Qualifikation – PAQ (1980, 1981): Automationsarbeit, Empirie 1 und Empirie 3. Berlin: argument.

während das Nicht-Erreichen von betrieblichen Zielen zum persönlichen Versagen wird." (ebd., S. 153) Schröder stellt in Anlehnung an Boltanski/ Chiapello[166] fest, dass postmoderne Beschäftigte an paradoxen Erfahrungen leiden, die sie nicht erklären oder auf jemanden oder etwas zurückführen können. Diese Paradoxien konkretisiert Schröder in Anlehnung an Göbel[167], indem er aufzählt, dass der Beschäftigte die eigene Karriere planen und leben müsse, aber immer schön teamfähig zu bleiben habe; dass er egozentrische Kollegialität pflegen müsse; dass er sich selbst möglichst wegrationalisieren müsse, aber übrig zu bleiben habe; dass er ohne Zeit- und Ortsbegrenzung arbeiten müsse, aber topfit und gesund zu bleiben habe; dass er allzeit erreich- und verfügbar sein müsse, aber Distanz zu wahren habe; dass er immer „hübsch manisch drauf sein" müsse, aber nicht depressiv zu werden habe (vgl. ders., 2007, S. 153). Die Herausforderung der postmodernen Beschäftigten besteht darin, sich dieser Widersprüchlichkeiten bewusst zu werden, um sich selbst zu vergewissern, um sich in diesen Spannungsfeldern bewusst positionieren zu können. Erst durch eine gelingende Verortung in diesen angesprochenen paradoxen Feldern kann die Erwerbsarbeit wieder zu einer Basis einer gelingenden Identitätsentwicklung werden. Die Subjektivierung der Arbeit hat dazu beigetragen, Möglichkeiten einer gelingenden Entwicklung zu eröffnen, wie sie auch neue Gefahren und daraus resultierende Handlungsnotwendigkeiten mit sich gebracht hat.

Dieser kurz aufgeführten Charakteristika der Entwicklungsaufgaben und Themen des frühen und mittleren Erwachsenenalters eingedenk, sowie der Einbindung in postmoderne Verhältnisse der Arbeitswelt, sollen nun Themen und Widersprüche formuliert werden, die speziell das organisationale Leben in den Fokus nehmen. Dabei spielen in der Formulierung die erarbeiteten Ausführungen zu den Bereichen Organisation (Kap. 4.1), Institution (Kap. 4.2), Organisationskultur (Kap. 5) und Widerstand (Kap. 6) eine Rolle. Die im Folgenden vorgestellten Themen und Widersprüche sollen das zu formulierende symbolische Echo erhellen. Aus diesem werden dann im folgenden Kapitel metaphorische Situationen (Kap. 12.2) extrahiert, welche in der motologisch-beratenden Tätigkeit das Ziel haben, die organisationale Gewordenheit der einzelnen Organisationsmitglieder (individuell) transparenter zu machen. Dabei ist als Richtziel immer im Hinterkopf zu behalten, das eigene Identitätsdenken für das Andere zu öffnen. Erst durch das Öffnen für Alterität, durch die eventuelle Aufnahme von Alterität löst man sich von Monologisierungen und erweitert seine eigenen Entwicklungsmöglichkeiten. Die organisationale Gewordenheit ist geprägt von einem Maß an Aufgabenerfüllung, bzw. Pflichterfüllung. Die angetragenen Auf-

---

166 Boltanski, L./ Chiapello, E. (2006): Der neue Geist des Kapitalismus. Konstanz: UVK.
167 Göbel, E. (2004): Das Subjektive in der Arbeit und die betriebliche Gesundheitsförderung. In: Kuhn/ Göbel/ Busch (Hrsg.): Leben, um zu arbeiten? Frankfurt: Mabuse.

gaben, der ´berufliche Ethos´, aber auch die eigenen Anforderungen an sich selbst stecken den inhaltlichen Rahmen einer zweckgerichteten Organisation. Institutionelle Rahmenbedingungen sichern, bzw. beschneiden strukturelle Handlungsmöglichkeiten. In der soziologischen Literatur ist das auch als role-playing, bzw. role-taking wieder zu finden (vgl. Kap. 4.2.2). Die aufgetragenen und festgeschriebenen Aufgaben, die Rollenerwartungen sind festgeschrieben. In vielen Organisationen wird aber auch eine individuelle und subjektiv geprägte Auseinandersetzung mit der Aufgabe verlangt. Die Anforderungen sollen kreativ modelliert und effektiv weiterentwickelt werden (s.o.). Die Ausgestaltung diverser Rollenerwartungen nach individuellen Maß oder überindividuellen Vorschlägen wird als role-making bezeichnet (vgl. ebd.). Damit ist ein ´Spielraum´ in der Aufgabenerfüllung bezeichnet, der (nur) institutionell (variabel) begrenzt oder eben auch eröffnet wird.

Die tägliche Erfüllung der Aufgaben führt zu einer Routiniertheit der Organisationsmitglieder, welche im täglichen Arbeitsprozess Sicherheit und Ruhe bereitet. Gleichzeitig wird aber auch ein hohes Maß an Flexibilität verlangt, um immer spezifisch dem jeweiligen Fall gerecht werden zu können. Nur ´maßgeschneiderte´ Lösungen können die komplizierten Problemlagen organisationaler Arbeit in ihrer Vielschichtigkeit begreifen. Das ständige flexible Reagieren und Agieren kann zu neuen Routinen führen, die eine Zeit lang aktuell den Anforderungen genügen, um letztendlich wieder durch (flexible) Neuerungen ersetzt zu werden. Dadurch ist das Organisationsmitglied aufgefordert, immer wieder Neuem offen und interessiert entgegen zu treten. Macht es dies nicht, kann es schnell zu einer Überforderung oder zu einer nicht mehr angemessenen Arbeit und Arbeitshaltung kommen. Das Organisationsmitglied ist also aufgerufen, sich ständig fort- und weiterzubilden, Routinen wieder einzuüben, um die tägliche Arbeit stets neu und besser zu erledigen. Dazu bedarf es in aller Regel eines eingespielten Teams. Dabei wird von jedem Teammitglied erwartet, Verantwortung für das Ganze zu übernehmen. Die Verantwortungsbereitschaft anderen Organisationsmitgliedern gegenüber stellt das effektive Zusammenarbeiten und die Zielerreichung der Organisation sicher. Dabei wird die Eigenständigkeit, die Eigenverantwortung innerhalb einer Organisation genauso groß geschrieben. Durch die Subjektivierung der Arbeit wird wie nie zuvor, das Individuelle in den Vordergrund gestellt (vgl. Schröder, 2007, S. 153).

Jeder einzelne dieser genannten Aspekte trägt einen Teil zu der Organisationskultur bei, der von den Organisationsmitgliedern teilweise bewusst, größtenteils aber unbewusst wahrgenommen wird (vgl. Kap. 5.3 und 5.4). Daher ist abschließend die Eingebundenheit in die Organisationskultur zu nennen, welche die organisationale Gewordenheit der Einzelnen mit bestimmt. Letztlich darf nicht unberücksichtigt bleiben, dass auch private, nicht berufliche Themen der

Organisationsmitglieder mit in die Organisation getragen werden und das organisationale Leben prägen.

Aus diesen Themen, die sich immer durch eine Gleichzeitigkeit sich (teilweise) widersprechender Positionen auszeichnen, können u.a. eine Reihe von Widerständen erwachsen, die in der Organisation spürbar werden. Teilweise als offenkundige Haltungen und Handlungen der Mitglieder gegenüber Veränderungen o.ä.; teilweise aber auch als nur spürbare Stimmung innerhalb der Organisation (vgl. Kap. 6). Diese Widerstände können sowohl organisationsübergreifend, als auch in nur kleinen Arbeitsgemeinschaften oder Subteams zu finden sein. Sie können oftmals auf scheinbar unlösbare Widersprüche im alltäglichen Arbeitsleben zurückzuführen sein. Aus der kurz geschilderten Situation innerhalb der Organisation, wobei längst nicht alle Aspekte berücksichtigt werden können[168], können Gegensatzpaare konstruiert werden, die den jeweiligen Widerspruch verdeutlichen:

- role-taking vs. role-making, (institutionelle) Begrenzung vs. Eigeninitiative und -kreativität, Pflichterfüllung vs. individuelle Gestaltung,
- Teamfähigkeit vs. Eigenständigkeit,
- Routiniertheit vs. Flexibilität oder Bewährtes vs. Neues,
- Fort- und Weiterbildungsbedarf vs. tägliches Arbeitspensum und/ oder daraus ableitend
- Personenorientierung vs. Aufgabenorientierung.

Das symbolische Echo des Erwachsenenalters, welches v.a. im Hinblick auf die Organisation betrachtet wurde, wird im Folgenden beschrieben. Dabei lassen sich Themen formulieren, die sich begrifflich teilweise an die Überschriften Seewalds anlehnen können (vgl. Seewald, 2007, S. 80ff). Allerdings erhalten diese in diesem Zusammenhang eine andere Konnotation:

- seinen eigenen Standpunkt finden und auch verlassen können
- seine Balance finden zwischen Altem und Neuem
- sich öffnen, ohne sich zu verlieren – gegen sich selbst denken, ohne sich preiszugeben
- sich lösen können und neue Verbindungen eingehen
- sich in die Gruppe einfügen und sich abgrenzen

---

168 Die hier genannten Aspekte lassen sich problemlos weiterführen. Allerdings soll hier keine vollständige Beschreibung der Arbeitsverhältnisse inklusive der nicht-beruflichen Entwicklung in der Postmoderne gegeben werden; es steht hier vielmehr die Ausrichtung dieser Arbeit im Vordergrund: die Organisation zu bewegen, sich selbst zu bewegen: die Organisation anzuregen, sich über Alterität zu entwickeln.

- organisationale Strukturen als Halt und als Begrenzung erleben
- institutionelle Räume kreativ öffnen und füllen
- loslassen können

„Seinen eigenen Standpunkt finden und auch verlassen können"
In dem aufgezeigten Feld der Paradoxien gilt es, einen (individuellen) Standpunkt einzunehmen. Die Position soll bewusst gemacht werden und gespürt werden, ob diese dem „Mir-Gemäßen" entspricht. Vor allem soll durch das Gewahrwerden eines eigenen Standpunktes auch die Fähigkeit zum Abstandnehmen und zur Differenzierung angesprochen werden. Erst wenn ich meinen eigenen Standpunkt erfahre, kann ich diesen auch später kritisch betrachten. Dieses erste Thema kann auch als leitende Überschrift bei vielen weiteren gesehen werden.

„Seine Balance finden zwischen Altem und Neuem"
Der Arbeitsalltag erfordert immer wieder Erneuerungen, die in das bisherige (Handlungs-) Schema integriert werden müssen. Wie kann ich eine solche Integration am besten leisten, ohne handlungsunfähig zu werden. Wie sehr hänge ich an 'Altem', wie sehr ist mir 'Neues' fremd und unangenehm? Wie sehr meide ich Althergebrachtes oder überhöhe 'Trends'?

„Sich öffnen, ohne sich zu verlieren – gegen sich selbst denken, ohne sich preiszugeben"
Immer offen sein für Neues und Anderes, immer mit der Zeit gehen, neue Entwicklungen erwarten und beherrschen lernen. Inwieweit gehe ich solchen Anforderungen entgegen, inwieweit bin ich noch „Ich"? Sich selbst spüren, sich selbst nicht verlieren, aber offen sein, um gemäße Erneuerungen und Alternativen auch annehmen zu können.

„Sich lösen können und neue Verbindungen eingehen"
Routinen erzeugen Sicherheit, bremsen aber auch bei Innovationen. Inwieweit bin ich fähig, mich von Routinen zu lösen, um vielleicht Erleichterungen oder Erneuerungen annehmen zu können. Wie ist mein Verhältnis zu Routinen, wie erlebe ich meine Routiniertheit? Können neue Verbindungen (zu Personen, zu Programmen, zu Handlungsstrukturen) Altbewährtes ersetzen? Oder hänge ich zu sehr an Altbewährtem?

„Sich in die Gruppe einfügen und sich abgrenzen"
„Teamfähigkeit entwickeln, ohne sich selbst dabei aufzugeben, ist die Schwierigkeit. Wie verändert sich mein Selbstbild, wenn ich mich Gruppenerwartungen

gegenüber sehe? Welche Rolle suche ich, welche Strategien bevorzuge ich." Wie aktiv gestalte ich meine Rolle? „Kann ich auch „nein" sagen oder bin ich sozial erpressbar?" (Seewald, 2007, S. 80) Wie gern arbeite ich meinem Team zu? Erwähne ich immer „meine" Leistung, statt „unserer"? Finde ich Halt in der Gruppe, erfahre ich sie als Stütze oder fördert sie Konkurrenzdenken? Spornt mich die Gruppe zu Aufgaben an? Fühle ich mich ihr hilflos ausgesetzt? Ist so etwas wie Gruppenzwang spürbar, nimmt mich die Gruppe durch bestimmte Strukturen zu sehr ein?

„Organisationale Strukturen als Halt und als Begrenzung erleben"
Wie sehr geben mir bestimmte organisationale Abläufe Halt in meinem Arbeitsalltag, inwiefern schränken diese mich vielleicht ein? Kann ich bestimmten Routinen vertrauen und mich auf Strukturen verlassen? Ist mein Bild von der Organisation deckungsgleich mit der formalen Organisation? Verschiedene Qualitäten der formalen Organisation und der Organisationskultur sollen kontrastierend wahrgenommen und im Hinblick auf das organisationale Ziel verglichen werden.

„Institutionelle Räume kreativ öffnen und füllen"
(Institutionelle) Rahmenbedingungen bieten ´Spielräume´. Wie sehr suche ich und wie erlebe ich solche Freiräume? Fülle ich gern freie ´Räume´ oder fühle ich mich verloren, fehlen mir Anweisungen? Verändere ich aktiv meine Arbeitssituation? Habe ich Neigungen, Vorstellungen und Wünsche für meine Position? Inwieweit erkenne ich strukturelle Gegebenheiten an?

„Loslassen können"
Bestimmte Pflichten bestimmen den Arbeitsalltag. Wie sehr stelle ich meine Pflichterfüllung über alles andere? Wie sehr bindet mich meine Vorstellung von Pflichten? Nehme ich mir auch eine Auszeit von meinen Pflichten? Lasse ich bewusst los von Erwartungen und genieße diese Phasen? Kann ich loslassen und Neues auf mich zukommen lassen? Kann ich Unvorhersehbarem auch Gutes abgewinnen oder erzwinge ich es sogar.

12 Das dialogische Konzept einer Organisationsberatung

Die derzeitige gesellschaftliche (arbeitsmarktbedingte und auch bildungspolitische) Situation verlangt es geradezu, sich durchgehend neue Felder zu erschließen, sich fortdauernd weiterzubilden, laienhaftes Wissen zu professionalisieren, sich nicht nur als 'Arbeiter' sondern als Mensch 'voll einzubringen', fremdes Terrain zu beherrschen, Probleme zu beseitigen und – wenn nicht anders möglich – sich eben professioneller Hilfe anzuvertrauen. Daher ist es zurzeit auch nicht selten, dass eine Organisation eine Beratung in Anspruch nimmt. Die Zahlen diverser Unternehmensberatungen sprechen hier eine eindeutige Sprache[169]. Eine Organisation sucht aus ganz verschiedenen Gründen (vgl. Schwarz, 2008, S. 34) eine (fachliche) Beratung, bzw. ist in eine Situation geraten, der sie scheinbar nur mit Hilfe einer externen Beratung wieder entkommen kann. Die Motologie kann eine Organisation vorbereiten und begleiten, sich für fachliches Beraterwissen zu öffnen, um über dieses Expertenwissen die ihr eigene Identität zu erweitern[170]. Dabei kann die Motologie in bestimmten Fällen sowohl eine prozesshafte wie auch eine fachliche Beratung anbieten (vgl. Kap. 8.3; 11). Letzteres zeigt sich in der Möglichkeit momentan v.a. im Bildungssektor, aber auch in bestimmten (gesundheitsfördernden) Aspekten der Arbeitsstruktur von Profit-Organisationen.

In diesem Kapitel sollen die verschiedenen (theoretischen) Stränge dieser Arbeit zu einem einheitlichen Konzept zusammenlaufen. Einzelne, extrahierte Themenfelder wurden ausführlich untersucht und miteinander verzahnt, so dass hoffentlich ein komplexes Bild der Organisationsberatung und des Prozesses der Beratung entstehen konnte. Nun gilt es, ein kohärentes Bild einer motologischen Organisationsberatung zu konzeptionalisieren. Eine schematische Darstellung des dialogischen Konzepts einer beratenden Motologie macht den Anfang (Kap. 12.1). Dieser Darstellung und dem zeitlichen Ablauf einer Beratung folgend werden anschließend motologische Bewegungssituationen vorgestellt, die durch

---

169 Vgl. McKinsey, 2007; Horváth & Partner, 2007; Schwarz, 2008, S. 30ff
170 Die hier konzipierte motologische Organisationsberatung ist sich bewusst, nicht in allen organisatorischen (v.a. ökonomischen) Bedarfen eine Möglichkeit aufzeigen zu können. Sie kann aber auch in einem ihr fremden Terrain wichtige Prozessarbeit leisten.

Standardsituationen und Situationstypen Vorschläge unterbreiten können, wie über und durch Bewegung eine Dialogfähigkeit konkret angebahnt werden kann (Kap. 12.2). Ist eine solche hergestellt worden, bzw. haben sich die Organisationsmitglieder sich in eine solche versetzt, kommt es zum Zusammenstoß der Beteiligten: der Berater und der Beratenen (Kap. 12.3). In diesem Zusammenstoß liegt der Kern der 'fachlichen Beratung'. Die Anforderungen aber, die an die Organisation gestellt werden und die herausgestellten Eigenheiten gelten im gleichen Rahmen auch für die beratende Motologie: um sich nicht mit der Wirklichkeit zu identifizieren und nicht den 'Bodenkontakt' zu verlieren, muss die beratende Motologie ein Sensorium entwickeln, wie sie sich permanent weiterentwickeln kann. Das Kapitel 12.4 beschäftigt sich mit dieser Forderung.

Die fachliche Beratung, das heißt das Anbieten des fachlichen Wissens nicht-expertokratischer Natur, welches den zuletzt geforderten Baustein darstellt (vgl. Kap. 2.4), wird durch einen Vorschlag zur Modularisierung motologischen Wissens näher bestimmt (Kap. 12.5). Dieser ist anschlussfähig an die ausgearbeiteten Bewegungssituationen und den motologischen Fachdiskurs. Zum Abschluss soll noch die motologische Organisationsberatung in die Fachsystematik der Motologie eingeordnet werden (Kap. 12.6) sowie zentrale Aspekte und Kritikpunkte aufgezählt werden sollen, die in dieser Arbeit keine Berücksichtigung mehr fanden (Kap. 12.7). Einige dieser Punkte verdienen eine gesonderte Behandlung, da sie Fragen beantworten können und Offengebliebenes, also Nichtbearbeitetes aufzeigen.

12.1 Das Zusammenlaufen der Überlegungen

Die zentralen Felder in dieser Vorstellung eines dialogischen Konzeptes einer beratenden Motologie markieren die Organisation und die beratende Motologie als Referenzpunkte (Abb. 19). Durch den Auftrag einer Beratung sind die Rollen insofern definiert, als dass die Motologie Berater und die Organisation Beratene ist. Der größere Pfeil macht diese Rollenverteilung in der Darstellung deutlich. Die Organisation ist in einem Beratungsprozess vor allem bestimmt durch ihre Organisationskultur. Diese fundiert einen Großteil des organisationalen und individuellen Verhaltens. Den Rahmen bildet hierbei der institutionelle Kontext. Das Zusammenspiel zwischen Organisation, Organisationskultur und institutioneller Kontext erzeugt im Beratungsprozess einen Widerstand. Dieser Widerstand ist nicht von Seiten der Motologie zu durchbrechen. Er kann nur von der Organisation selbst gelockert werden. Erst durch diese Lockerung ist eine fachliche Beratung für die Organisation 'hör-' und annehmbar. Die Lockerung des Widerstandes ist nur über eine Erhöhung der Selbstreflexivität zu erreichen.

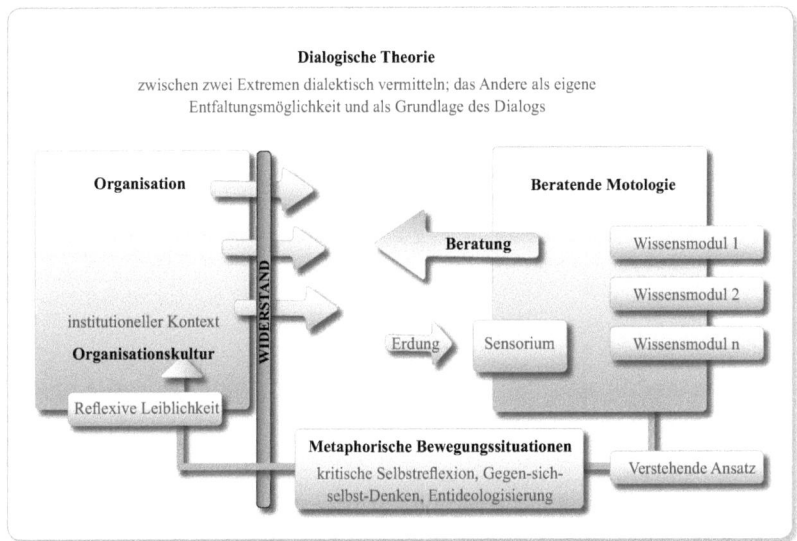

Abbildung 19:   Dialogisches Konzept einer Organisationsberatung aus
motologischer Perspektive

Die Motologie kann methodisch durch den Verstehenden Ansatz metaphorische
Bewegungssituationen anbieten, die genau jene Erhöhung der Selbstreflexivität
zum Ziel haben. Über eine kritische Selbstreflexion, ein Gegen-sich-selbst-
Denken und eine Entideologisierung kann die Organisation ihren eigenen Standpunkt reflektieren, sich für Neues öffnen und Alterität in die eigene Identitätskonstruktion mit aufnehmen. Durch das Dach der Dialogischen Theorie ist genau
jenes anvisiert: das Andere als eigene Entfaltungsmöglichkeit erkennen – und
nicht als Bedrohung (miss-) verstehen. Dieses Andere stellt in dieser Vorstellung
das fachliche Wissen der Motologie, hier als Wissensmodule 1,2 und n bezeichnet. Doch muss durch das Dach der Dialogischen Theorie Alterität nicht nur für
die Organisation als Entfaltungsmöglichkeit gelten; die beratende Motologie
steht in derselben, von ihr eingeforderten Pflicht. So hat sich die Motologie
durch das Einrichten eines Sensoriums ebenso offen zu halten für Neues wie eine
beratene Organisation. Nur so kann eine Expertokratisierung einer beratenden
Motologie verhindert werden, die sich mit der Wirklichkeit identisch wähnt und
sich monologisch mit ihr auseinandersetzt. In der Darstellung ist diese Notwendigkeit mit dem Begriff `Erdung´ bezeichnet.

12.2 Die motologischen Bewegungssituationen als 'Türöffner' – Standardsituationen und Situationstypen

Betrachtet man die Organisationsberatung in ihrem Kern, so ist auf Seiten der Organisation ein Annehmen und Integrieren von neuen Sachverhalten, Erkenntnissen oder Vorschlägen zentral, um ein (Weiter-) Gehen auf alternativen oder anderen Wegen zu ermöglichen. Eine Dialogfähigkeit ist dabei die Bedingung für jede (fachliche) Erweiterung. Auf dem Weg zur Entwicklung dieser Fähigkeit sind einige methodische Schritte notwendig, welche hier im Mittelpunkt stehen sollen. Es wurde herausgestellt, dass durch motologische Bewegungssituationen eine interdiskursive Dialogfähigkeit angebahnt werden soll (vgl. Kap. 9.3). Dabei wurde die Organisationskultur als monologische und ideologische Wirklichkeitskonstruktion gelesen. Das monologisierende und ideologisierende Moment ist dafür verantwortlich, dass die Organisation sich verschließt und sich nicht mit Neuem und Anderem auseinandersetzt – eben eine interdiskursive Dialogfähigkeit verhindert. Sie setzt ihre Wirklichkeitskonstruktion als die einzig wahre und missachtet andere, ebenso gültige Entwürfe. Das Bewusstmachen dieser 'kulturellen' Organisationseigenart kann als gemeinsamer Nenner in der Zielformulierung der motologischen Bewegungssituationen genannt werden. Dabei ist immer zu beachten, dass das monologisierende und ideologisierende Moment der Organisation Sicherheit verleiht. Ein Ansetzen an diesen Prozessen, Merkmalen und Eigenheiten der Organisation bedeutet immer eine für sie (zu recht) bedrohliche Situation. Daher ist es notwendig, den Verlauf des Beratungsprozesses in die Hände der Organisationsmitglieder zu legen: sie sollen – wie oben ausgeführt – immer Herr ihrer eigenen Lage bleiben. Das bedeutet, dass die Organisationsmitglieder entscheiden, wie weit sie auf dem angebotenen Weg gehen:

- Distanz schaffen zum eigenen Tun,
- die eigene Bedingtheit erkennen,
- das Andere als gleichberechtigt wahrnehmen
- und als Chance der eigenen Entfaltung erfahren,
- also die Fähigkeit erfahren, Altes zu reflektieren und Neues anzunehmen.

Die als gemeinsamer Nenner zu verstehenden Themen werden in nahezu allen Standardsituation mit unterschiedlicher Gewichtung angesprochen. Unter Standardsituationen werden hier Praxisvorschläge verstanden, die in ihrer Struktur beispielhaft erscheinen. Es werden hier also keine eindeutigen Handlungsempfehlungen gegeben; vielmehr soll das Charakteristische einer solchen Bewegungssituation deutlich werden. Nur auf diesem Wege ist es möglich, einer Organisation und den Organisationsmitgliedern individuelle, den Themen der Mitglieder angemessene Angebote zu machen (vgl. Seewald, 2007, S. 107). Es gilt also, die Bewegungssituationen, die hier als Standardsituationen konkret dargestellt werden, individuell an die Bedürfnisse und Eigenheiten der Organisation anzupassen. Das wird auch in der Metapher des `Türöffners' deutlich. Ein je individuell angepasster Schlüssel kann die Tür zur Organisation, zur Dialogfähigkeit öffnen. Metaphorische Bewegungssituationen können den Schlüssel darstellen, die eigene organisationale Gewordenheit der Organisationsmitglieder besser zu verstehen, die Organisationskultur ein Stück weit mehr zu 'entschlüsseln'. Dabei – das impliziert das Menschenbild – kann der Schlüssel durch die metaphorischen Bewegungssituationen nur zum Gebrauch angeboten werden. Die individuelle Passung des Schlüssels und das mögliche Öffnen der Tür zum besseren Verständnis der organisationalen Gewordenheit und der Organisationskultur obliegen dem Einzelnen und der Organisation an sich. Eine interdiskursive Dialogfähigkeit, eine Steigerung der Selbstreflexivität und ein Anerkennen der Widerstände können durch metaphorische Bewegungssituationen angebahnt werden, so dass eine Organisation imstande ist und sich bereit fühlt, eine fachliche Beratung anzunehmen. Die metaphorischen Bewegungssituationen als Standardsituationen richten sich in ihrer Ordnung nach den extrahierten, organisationalen Themen der Organisationsmitglieder (Kap. 11.3). Vorweg ist noch anzumerken, dass die Differenzierung von Situationstypen, die Seewald für den Verstehenden Ansatz vorschlägt, in dem hiesigen Sinne nicht greift. In diesem Zusammenhang muss man eher davon ausgehen, dass der Situationstyp der 'metaphorischen Situationen' als Oberbegriff fungiert. Daher können für diesen Kontext metaphorische und motologische Bewegungssituationen auch synonym gebraucht werden: unterhalb der Überschrift der motologischen und metaphorischen Bewegungssituationen finden sich die von Seewald weiteren klassifizierten Typen. Das heißt konkret, dass Situationen der 'Bewegungsfreude und Aktivierung', des 'Symbolisierens und Gestaltens', der 'Zweckentfremdung und des kreativen Umdeutens', des 'Spürens und Gegenwärtigens', der 'Entspannung' und Situationen der 'Bewegungsspiele'(vgl. Seewald, 2007, S. 108/ 109) allesamt Berücksichtigung finden, allerdings unter dem Blickwinkel einer möglichen zweiten Ebene: „die Ebene einer Rückwendung auf das Subjekt und seine Lebensgewohnheiten." (ebd.) In diesem Zusammenhang muss allerdings von 'Gewohnheiten in der Organisation' gesprochen werden, denn genau diese stehen im Mittelpunkt.

„Das bin Ich – das sind die Anderen"

Den eigenen Körper mit Seilen umlegen und ihn mit eigenen Charakteristika füllen: In dieser Situation werden die Organisationsmitglieder aufgefordert, ihren Körperumriss auf dem Hallenboden mit Seilen nachzulegen. Nach der anschließenden ersten Betrachtung des eigenen Körperabbildes sollen die Körper mit Eigenschaften der Person in der Arbeit gefüllt werden. Dazu sind unterschiedlichste Materialien einsetzbar. Bei einer ersten Reflexion werden die Personen gebeten, ihr ΄Abbild΄ hinsichtlich der Position in der Halle, der Größe, der eingenommenen Haltung und der verwandten (symbolischen) Materialien für ihre Eigenschaften zu betrachten. Ein Betrachten der anderen ΄Abbilder΄, ein Vergleichen und Sich-in-andere-Versetzen (wörtlich) und mögliche Gespräche schließen die Situation.

„Das bin Ich und die Konstruktion der Anderen"

Eine (Arbeits-) Statur mit sich/ von sich erschaffen – und verändern lassen: Diese Situation fordert die Organisationsmitglieder auf, sich in Kleingruppen zusammen zu tun, um die eigene (Arbeits-) Statur zu formen. Dabei formen nacheinander die Personen sich als ΄typische΄ (Arbeits-) Statur, die anderen Personen ΄begutachten΄ die Statur und verändern sie nach ihren eigenen Vorstellungen. Die jeweiligen Personen werden aufgefordert, ihrer eigenen Statur nachzuspüren, die Veränderungen an sich ergehen zu lassen und diese Veränderungen erneut zu erspüren. Wie fühlt sich die neue Statur an, erlebe ich mich noch als stimmig oder stellt die veränderte Statur nicht mehr mich dar? Ein Rollenwechsel ist auch möglich: Personen formen den Anderen als die eigene (Arbeits-) Statur und lassen sich Empfindungen zu den eingenommenen Haltungen mitteilen.

„Ich ziehe die Fäden – ich bin eine Marionette"

Führen und Folgen in unterschiedlichen Qualitäten: Ein Organisationsmitglied wird von einem anderen ΄ferngesteuert΄. Dabei kommen sowohl Seile und Stäbe als auch Terrabänder o.ä. zum Einsatz. Die Marionette kann auch über verbale (o.ä.) Signale gesteuert werden. Beide Rollen werden erlebt und anschließend thematisiert. Dabei spielen die unterschiedlichen Materialien in der Reflexion eine Rolle. In dieser Situation sollen die Organisationsmitglieder erspüren, welche Rolle und welche Art der Führung die angenehmste war, bzw. die unangenehmste. Fühle ich mich der Situation ausgeliefert? Kann ich mich auf eine Führung einlassen? Wie erlebe ich mich beim Geführtwerden/ beim Führen selbst? – das sind Fragen, die möglicherweise auf Situationen im organisationalen Alltag bezogen werden können. Kann ich mich einer Führung überlassen, ohne mich zu verlieren?

„Das ist unser Haus – kann ich es verändern?"
Meine Organisation nach eigenen Vorstellungen bauen – und zerstören: Der
Hausbau stellt im Verstehenden Ansatz eine Standardsituation dar. Im individuell entstehenden Haus kann sich „im metaphorischen Sinn eine innere Stimmungslage ausdrücken – ein Bedürfnis nach Grenze und Schutz, nach Kontakt,
nach Ordnung, nach Ästhetik. Manchmal wirkt ein solches Haus wie ein Finger-
abdruck von langfristig übersituativen Neigungen und Prägungen einer Person;
manchmal ist es lediglich eine Momentaufnahme einer aktuellen Stimmung." (Seewald, 2007, S. 107) Mit dem Bau einer Firma nach eigenen Vorstellungen ist diese Situation noch näher an der Arbeitswirklichkeit. Eventuelle
Überträge auf die tatsächliche Arbeitswelt können von den Organisationsmitgliedern vorgenommen werden. Dabei ist darauf zu achten, dass die Mitglieder
die jeweiligen Stimmungen erspüren, die die verschiedenen Bauten auslösen.
Ist eine Firma/ ein Haus der Vollendung nahe und spüren die Organisationsmitglieder Befriedigung mit ihrer Leistung, werden sie aufgefordert, ihr ´Werk´ zu
zerstören. Im Anschluss kann die Materialwahl, der Zerstörungsprozess (langsam abtragend oder ´Abrissbirne´), die Zerstörungsbereitschaft und der Widerstand etc. thematisiert werden.

„Der ´Lebensweg´ in der Organisation – mit Hindernissen"
Durch ein Labyrinth mit akustischen Signalen geführt werden: Eine Fläche wird
mit Matten o.ä. als Labyrinth gestaltet, so dass mehrere Wege zum ´Ausgang´
führen. Einem Organisationsmitglied werden die Augen verbunden. Die anderen
Mitglieder postieren sich so in dem Labyrinth, dass sie, ohne ihre Position verändern zu dürfen, dasjenige Organisationsmitglied mit unterschiedlichen akustischen Signalen durch das Labyrinth lotsen können. Beim Aufbau ist darauf zu
achten, dass es zu kleinen ´Schwierigkeiten´ kommen soll. Beispielsweise kann
ein weiches Tuch den Durchgang ´versperren´ oder ein Seil auf dem Boden den
Weg ´erschweren´. Das einzelne Organisationsmitglied ist dabei aufgefordert,
aufgrund der gegebenen Signale seinen Weg zu finden. Dabei wird es in Situationen geraten, die zweideutig sind: das Signal fordert ihn zum Vorwärtsgehen
auf, das Seil oder Tuch versperrt ihm allerdings den Weg. Die anschließende Reflexion soll sich auf diese Situationen richten. Nachdem allgemeine Rückmel-
dungen thematisiert worden sind, können einzelne Situationen innerhalb des
Weges angesprochen werden: habe ich mich auf die Signale der Gruppe verlassen? Habe ich gedacht, dass sie mich foppen wollen? Vertraue ich meiner Wahr-
nehmungsfähigkeit? Traue ich mich, den Schritt ins Ungewisse zu tun? Wem
vertraue ich bei Unstimmigkeiten, meinem Gefühl, den Signalen der Gruppe,
beiden? Komme ich einen Schritt voran, wenn ich beiden gleiche Bedeutung
schenke? …

„Wie viel Gruppe bin ich?"

Ein Spiel (mit gegebenem Material) erfinden, spielen und verändern: In dieser Situation werden bestimmte Materialien vorgegeben. Mit ihnen sollen die Organisationsmitglieder ein Spiel erfinden. Dieses wird nach den entworfenen Regeln durchgeführt. Ist ein Organisationsmitglied unzufrieden, kann es das Spiel stoppen und eine Regelveränderung vorschlagen. Diese Veränderungsmöglichkeit gilt solange, bis alle Mitspielenden zufrieden sind. Es können dabei genauso schnelle und bewegungsreiche Spielideen entstehen, wie auch ruhige und entspannende. In den Veränderungsphasen werden Vorschläge unterbreitet, die sowohl auf Zustimmung als auch auf Ablehnung treffen können. In der anschließenden Thematisierung können Kommunikationsmuster offen gelegt werden, Rollenfestschreibungen hinterfragt werden; die kreative Ausgestaltung mit gegebenen Bedingungen und die Kompromissfähigkeit bei Entscheidungen stehen ebenso im Vordergrund, wie Gruppenzugehörigkeit oder das entspannende Moment des Spiels. Diese Standardsituation bietet durch die freie Ausgestaltungsmöglichkeit ein breites Spektrum an möglichen Themen, die für ein organisationales Zusammensein aussagekräftig sein können: habe ich mich bei der Gestaltung des Spiels eingebracht? Habe ich mich zurückgehalten, obwohl ich vielleicht gute Ideen hatte? Waren es wieder dieselben, die das Spiel an sich rissen? Habe ich beim Spiel mein Wohlsein oder Unwohlsein kundgetan? Habe ich Veränderungsvorschläge eingebracht? Wie sehr war mir meine Rolle bewusst? Gefällt sie mir oder würde ich sie gern ändern wollen? Welche Spielform hat die Gruppe gewählt? Welches Aktivitätsniveau hatte das Spiel? Wie sehr war es eine gemeinsame Spielgestaltung? Wer hatte die Führung inne? Wie oft wurden Veränderungen vorgeschlagen und kam es zum Spielfluss? Wie wurden Veränderungen aufgenommen? Habe ich mich an die Materialvorgabe (Rahmenbedingungen) gehalten? Habe ich Material ignoriert, hinzugefügt…? Fühlte ich mich ´sicherer´ mit genannten Rahmenbedingungen?

„Wir greifen an…"

Eine Angriffsformation bilden – in Figuren und Personen: „Wir packen es an, wir erstürmen Hindernisse" – unter diesem Motto soll das Team, Kollegium oder die Organisation eine ´Angriffsformation´ mit unterschiedlichen Rollen (und Materialien) aufstellen. Die Organisationsmitglieder nehmen dabei die Rollen eines Generals, Beraters, Maschinisten, eines Spähers o.ä. ein und stellen sich zum Angriff. An dieser Stelle kann ähnlich dem Skulpturieren in Systemischen Ansätzen die räumliche Beziehung zueinander thematisiert werden. Wie steht die Formation, wer an erster ´Front´, wer begleitet, sichert, gibt Rückendeckung oder wer versteckt sich? In einem nächsten Schritt wird die Wahl der Rollen reflektiert: fühle ich mich in meiner Rolle und an meiner Position wohl? Habe ich mir die Rolle selbst gewählt oder wurde sie mir zugewiesen. Welche Rolle hätte ich gern und warum habe ich sie mir nicht genommen...? Die weitere Sequenz besteht in der Milderung des Rollenschutzes: die Organisationsmitglieder sollen als sie selbst eine Angriffsformation bilden. Die anschließende Thematisierung reflektiert sensibel hierarchische Strukturen der Gruppe, bzw. der Organisation. Wo stehe ich in der Organisation? Fühle ich mich an meiner Position wohl, sicher, verletzlich? Wer steht hinter mir? Stehe ich an derselben Stelle wie vorher meine Rolle? An welcher Position befinde ich mich, wo sehen mich die anderen, wo möchte ich gern sein? Einen weiteren Reflexionspunkt bildet in dieser Situation die Gruppenkohäsion. Inwiefern bilden die Organisationsmitglieder als Gruppe und Team eine (geschlossene) Einheit? Wie stark fühlt sich der Einzelne in dieser Gruppe aufgehoben und beachtet? Um diesen Reflexionsfokus zu verstärken, empfiehlt es sich auch die Situation inhaltlich umzukehren: *„Bildet eine Verteidigungsformation – schützt Euch vor Angriffen"*. In dieser Version können in der anschließenden Thematisierung leichter (organisatorische) Widerstände, Zusammenschlüsse, Verfestigungen u.ä. besprochen und (gegebenenfalls) aufgedeckt werden.

Die Reihenfolge der unterschiedlichen Situationen kann variieren. Es ist allerdings darauf zu achten, dass in den erstgenannten mehr das Individuum im Vordergrund steht, in den weiteren die Gruppe, bzw. die Interaktion Gruppe – Individuum. Je nach Reflexionsschwerpunkt kann mehr der Einzelne in den Fokus kommen, der Einzelne in Beziehung zu den Anderen oder die Gruppe, das Team als solches. Oft empfiehlt es sich, bei dem Einzelnen zu beginnen. Sich selbst zu thematisieren, sich selbst im Spiegel der Anderen zu erleben, kann dabei helfen, die eigene Position in der Gruppe besser verstehen zu können. Die Dialogbereitschaft, welche durch die Situationen eine Anbahnung finden soll, beginnt beim Einzelnen. Es geht darum, die Differenzerfahrung in den verschiedenen Situationen einordnen zu können. Fühle ich mich wohl in den einzelnen, von mir eingenommenen oder mir aufgetragenen Rollen. Möchte ich etwas verändern? Wenn ja, was und wie? Wenn nein, warum gefällt es mir so? Durch die Reflexion dieser Bewegungssituationen kommen oft unbewusste Anteile der eigenen Rolle und der Gruppe zur Sprache. Durch die Reflexionsmöglichkeit aller Organisationsmitglieder können grundlegende oder sich durchziehende Muster der Organisation oder kleinerer Gruppen erkannt werden. Diese wurden bisher immer als Organisationskultur bestimmt. Nicht immer sind Erfahrungen aus den unterschiedlichen Situationen auf die genannte zweite Ebene hin zu besprechen. Teilweise ist auch 'einfach' nur die Bewegung an sich präsent. Was aus den einzelnen Situationen folgt und was aus diesen 'herauszuholen' ist, entscheiden die Organisationsmitglieder selbst. Potentiell sind diese Standardsituationen in der Lage, die organisationale Gewordenheit des Einzelnen ein wenig zu lüften und die spürbare Organisationskultur ein wenig mehr zu ′entschlüsseln′. Über das Konzept der reflexiven Leiblichkeit ist in den Standardsituationen die Möglichkeit geschaffen, (idcologische) Verkrustungen zu erspüren, Gegen-sich-selbst-Denken zu erfahren und (unbewusste) Glaubenssätze zu überprüfen.

12.3 Das Zusammenstoßen der Beteiligten: die fachliche Beratung – ein diskursiver Dialog zwischen Interessen und Ideologien

Wenn über motologische Bewegungssituationen eine diskursive Dialogfähigkeit angebahnt, also eine Steigerung der Selbstreflexivität und ein Anerkennen der Widerstände vollzogen werden konnte, sollte die Organisation soweit bereit sein, Distanz zu schaffen zu ihrem eigenen Tun und das Andere als eigene Entfaltungsmöglichkeit zu hören. Es kann dann nach den vorbereitenden Schritten zu der fachlichen Beratung kommen. Dieser fachliche Beratungsprozess wird hier als ein Zusammenstoßen, als ein Aufeinanderprallen verschiedener Interessen und Ideologien begriffen. In Anlehnung an Zima (vgl. Kap. 8) werden die Positionen des Beraters und des Beratenen konfrontativ zusammengeführt. Durch die Konfrontation zweier unterschiedlicher Positionen kommt es zu einer Art Erschütterung[171]; sowohl auf der einen wie auch auf der anderen Seite. In diesem Kapitel steht nur die Seite des Beratenen im Vordergrund. Die Seite des Beraters wird im nächsten Kapitel unter dem Begriff des Sensoriums behandelt (Kap. 12.4).

Im Prozess der fachlichen Beratung treffen zwei Wirklichkeitskonstruktionen oder -entwürfe aufeinander: auf der einen Seite das fachliche Wissen der Motologie, welches der Organisation angeboten werden soll; auf der anderen Seite das Wissen, die alltägliche Routine, die subjektiven Alltagstheorien, die Erfahrung und die Kultur der Organisation. Beiden Positionen ist in dem hier verwandten Sinne ideologisches Denken zu unterstellen. Das heißt, dass neben dem unbedingt notwendigen, ideologischen Engagement eine Neigung zu spüren ist, das Eigene auf- und das Andere abzuwerten, sich also ′monologisch′ mit der Wirklichkeit auseinanderzusetzen (vgl. Kap. 9). Durch die vorangegangenen motologischen Bewegungssituationen sollten die Positionen allerdings ihre eigene Partikularität, ihre eigene Bedingtheit erkannt haben: dort, wo das monologische, ideologische Denken einer Position zerfällt, dort wird der Andere in seiner Andersartigkeit wahrnehmbar und lädt zum Dialog ein.

---

171 Zima verwendet den Begriff Erschütterung in Anlehnung an Neurath (1981) als Alternative zum Falsifikationsprinzip. Hier kann er in seiner wortwörtlichen Bedeutung verstanden werden.

Das Aufeinanderprallen der unterschiedlichen (gegensätzlichen) Positionen soll in diesem Konzept die Möglichkeit bieten, das Andere in seiner Andersartigkeit wahrzunehmen und als Dialogpartner anzunehmen. Es wird in Form der fachlichen Beratung die Möglichkeit angeboten, 'gegensätzliche' Aussagen in das eigene Identitätsdenken mit aufzunehmen. Durch das Gegenüberstellen der unterschiedlichen Positionen sollen nicht die jeweiligen Aussagen und Annahmen (oder die Grundsätze der Organisationskultur) falsifiziert werden, sie sollen vielmehr erschüttert werden. Dabei werden die Positionen (oder Gegensätze) zwar dialektisch gegenübergestellt, sie werden aber nicht im Sinne Hegels miteinander versöhnt (vgl. Kap. 8). Zum einen werden dadurch keine konstruktivistischen Grundannahmen missachtet, zum anderen entsteht dadurch ein Fokus auf Alterität.

Der Dialektik fällt hier die Aufgabe zu, den Selbstzweifel der Positionen zu wecken und ihre 'Wahrheit' als 'Teilwahrheit' deutlich werden zu lassen. Dabei erscheint die Dialektik als ein Verfahren der Diskussion, um dogmatische Behauptungen zu erschüttern. Mit Bloch[172] führt Zima aus, dass dieses hier entworfene dialogische Denken als das Gegenteil der Hegelschen Dialektik aufgefasst werden kann, da diese auf den systematischen Abschluss abzielt (vgl. Zima, 2004, S. 136). Der von der dialektischen Zusammenführung der (gegensätzlichen) Positionen angetriebene Dialog soll vor Verkrustung im ideologischen Monolog und im Dogma bewahren und gleichzeitig sich für das Andere offen halten (vgl. ebd.). Es geht also darum, die eigenen Aussagen mit den Augen der anderen zu sehen: seine Identität und seinen Standpunkt in der unabschließbaren Auseinandersetzung mit dem gleichberechtigten Anderen zu suchen. Das Andere wird so nicht zu einer Bedrohung, zu einem Hindernis oder einer Schranke; es wird zur eigenen Entfaltungsmöglichkeit, zur Grundlage des Dialogs. Durch die kritisch-reflexive Einsicht, dass die eigene Position und die Konstruiertheit der eigenen Aussagen den Dialog verhindert und den Monolog bekräftigt haben, können alternative Sichten und Entwürfe mit den eigenen verglichen werden.

Durch die metaphorischen Bewegungssituationen kann die Organisation sich leichter in die Lage versetzen, die beratende Motologie als das Andere wahrzunehmen. Die beratende Motologie wird auf diesem Wege nicht als Bedrohung oder 'Bevormundung' verstanden werden, sondern als Möglichkeit der eigenen Entfaltung. Die Wissensanteile, die Routinen und selbstverständlichen Glaubenssätze der Organisation, die durch die leibliche Arbeit zugänglicher wurden, können mit den Wissensmodulen einer beratenden Motologie (vgl. Kap. 12.5) verglichen werden. Durch die erlangte Einsicht der Organisation in die Partikularität und Kontingenz ihrer eigenen (selbstverständlichen) Annahmen

---

172   Bloch, E.: Über Methode und System bei Hegel. 2. Aufl. Frankfurt: Suhrkamp 1975. (S. 82)

kann sie das Andere sehen und annehmen. Es stellt durch die Qualität des Angebots keine Bedrohung der organisationalen Sicherheit (im psychischen Sinne) dar. Die Aktivität ist durch die strukturelle Ausgestaltung der Beratungssituation auf Seiten der Organisation. Das heißt, dass sie diejenige ist, die entscheidet, welche Wissensanteile der Motologie in welchem Umfang in das eigene Identitätsdenken eine Aufnahme finden: sie bleibt Herr(in) der Lage, sie wahrt ihre existentielle Autonomie. Auf diese Weise ist auch auf Seiten der beratenden Motologie dem impliziten Menschenbild und dem Förderparadigma entsprochen (vgl. Kap. 10.4). Die beratende Motologie unterstützt und begleitet. Ist die Organisation den ihr gemäßen selbstreflexiven Weg gegangen, kann die beratende Motologie ihre Wissensmodule anbieten. Die Aktivität der An- und Aufnahme des Wissens ist zwar auf Seiten der Organisation; die Motologie hat einen ebenso aktiven Part inne: sie bereitet individuell passende Wissensmodule auf und bietet diese in Form eines diskursiven Dialogs der Organisation an. Dabei ist die Aufnahme (motologischer) Wissensanteile, trotz des Gebots eines Diskurses, immer an die individuelle Angemessenheit und emotionale Verträglichkeit gebunden (vgl. Kap. 7.2). Dieser Aspekt wurde auch unter einer anderen Perspektive unter den Stichworten der ʹÜbersetzungsarbeitʹ und ʹRekonstruktionʹ bearbeitet (vgl. Kap. 9.2). Die Erschütterung verdeutlicht die ʹblinden Fleckeʹ der eigenen Wirklichkeitskonstruktion und die Kontingenz der eigenen Wirklichkeitsentwürfe. Der Blick der Organisation auf die Wissensmodule der Motologie kann die eigenen Annahmen, Sichtweisen und Routinen thematisieren, korrigieren und erneuern oder erweitern. Der ʹgeöffnete und bereiteʹ Blick auf Alterität (hier: Motologie) gewährt die Entwicklungschance der Organisation. Er stellt die Möglichkeit und die Bedingung für die eigene Entfaltung. Dabei wird der Umfang und die Qualität der Aufnahme ʹindividuellʹ und allein von der Organisation bestimmt. Alles andere wäre Bevormundung und Implementierung, stünde somit unter dem Paradigma der Expertokratie.

12.4 Das Sensorium der beratenden Motologie: die Erdung

Die Beziehung, bzw. die Auftragslage zwischen einer Organisation und der beratenden Motologie ist relativ eindeutig: ohne auf die von der Agenturtheorie (vgl. Kap. 2.1.1.5) herausgestellten Probleme eingehen zu müssen und ohne eine Analyse des Konstrukts ʹVertragʹ und der Interaktionsbeziehung vornehmen zu müssen, kann hier festgestellt werden, dass die Organisation als Prinzipal eine Aufgabe an einen Agenten delegiert. In diesem Fall beauftragt die Organisation die Motologie, eine (fachliche) Beratung durchzuführen. Mit der Forderung einer symmetrischen Kommunikation in Form eines diskursiven Dialogs (vgl. Kap.

7.4 und 12.3) sind die Probleme der hidden characteristics, hidden intentions, hidden knowledge und hidden action des Agenten (des Beraters) weitgehend unproblematisch (vgl. Saam, 2001, S. 25; Kap. 2.1.1.5). Zumal die Aktivität der An- und Aufnahme fachfremden Wissens auf der Seite der Organisation liegt. Die Motologie hat die Aufgabe übertragen bekommen, eine Beratung durchzuführen. Es wird von der beratenden Motologie erwartet, die Organisation zu begleiten und zu unterstützen, ihren ihr gemäßen Weg 'besser' zu gehen. Die beratende Motologie hat dafür die notwendige Methodik entwickeln und ein Fachwissen generieren können. Über das Angebot der metaphorischen Bewegungssituationen bereitet die Organisation sich selbst vor, Wissensmodule der Motologie annehmen und in ihre Wirklichkeitskonstruktion integrieren zu können. Das bedeutet, dass die Motologie per Auftrag Bewegungssituationen anbietet und individualisiert und die (vielleicht unbewusst) eingeforderten Wissensmodule aufbereitet und anbietet. Per Auftrag hat die beratende Motologie formal die gebende Rolle inne.

Es wurde gezeigt, dass die Organisation das Andere und Andersartige in die eigene Identitätskonstruktion mit aufnehmen müsse, um sich vor dogmatischen, ideologischen und monologischen Auseinandersetzungen mit der Welt zu 'schützen'. Die Konfrontation mit fremden und vielleicht gegensätzlichen Positionen lässt die eigene Sicht auf die Dinge partikular und kontingent erscheinen. Die daraus folgende Erschütterung zeigt die 'blinden Flecken' der eigenen Konstruktion. Mit dem Durchbrechen des ideologischen und monologischen Denkens wird der Andere in seiner Andersartigkeit sichtbar und lädt zum Dialog ein. Das Andere kann so als eigene Entfaltungsmöglichkeit verstanden werden, als mögliche Chance der eigenen Entwicklung. Der durch diese dialektische Zusammenführung der (gegensätzlichen und) unterschiedlichen Positionen entstehende Dialog stellt den Kern der Beratung dar.

Die Motologie fordert also in diesem Zusammenhang ein Sich-Öffnen für das Andere, ein Sehen und Annehmen von Andersartigkeit, ein Aufheben von Ideologisierung und Dogmatisierung, um sich selbst (neu) zu erfahren und sich selbst zu erweitern. Die Motologie muss aber auch selbst dieser Forderung nachkommen. Die beratende Motologie hat – ebenso wie die Organisation – die Pflicht, sich permanent und unabschließbar mit Alterität zu beschäftigen. So wie von der Organisation verlangt wird, sich dem Anderen zu öffnen, so muss die beratende Motologie auch von sich verlangen, sich offen gegenüber dem Anderen zu halten. Verschließt sie sich dem Anderen und bietet nur ihre generierten Wissensmodule an, so läuft sie Gefahr einer ideologischen Verkrustung oder expertokratischen Bevormundung. Die beratende Motologie muss also ein Sensorium entwickeln und ausbilden, das sie davor schützt, sich monologisch mit der Wirklichkeit identisch zu wähnen. In der wissenschaftlichen Motologie ist dieses Sensorium eher ausgebildet als in einer angewandten Profession. Die wissenschaftliche Motologie steht in ständigem Diskurs mit sich und angrenzenden Fachgebieten. Allerdings ist auch hier die Gefahr der Ideologisierung bekannt (vgl. Kap 8). Bei einer beratenden Motologie ist jedoch die Gefahr weitaus größer: die generierten Wissensmodule, welche einer Organisation in der fachlichen Beratung angeboten werden, können leicht zu 'Wahrheitsverkündungen' verkommen, wenn sie nicht eine 'Erdung' erfahren. Die Wissensmodule müssen sich in ständiger Auseinandersetzung mit dem Anderen befinden. Das bedeutet konkret, dass nicht nur die Organisation Wissensmodule angeboten bekommt, die sie in einer ihr gemäßen Weise annimmt; es bedeutet auch, dass die beratende Motologie Wissens-Angebote von der Organisation bekommt. Durch das Sich-Öffnen der beratenden Motologie – gerade und auch im Prozess der Beratung – erfährt die Motologie eine Erschütterung, welche die eigenen blinden Flecke verdeutlicht. Die Konfrontation als Kern der fachlichen Beratung für die Organisation hat eine eben solche Wirkung für die Motologie. Ein Sich-Offen-Halten als Sensorium schützt die Motologie vor ideologischer Verkrustung und ermöglicht ein ständiges Vergleichen der eigenen Wirklichkeitskonstruktionen mit denen der Organisation. Es vermindert die Gefahr, bodenlos vermeintliches Expertenwissen anzubieten, welches die eigene Partikularität übersieht. Diese 'Erdung' verschafft eine individuelle Passung zwischen Organisation und beratender Motologie und verhindert eine asymmetrische Kommunikation. Das dialogische Handeln auf Augenhöhe mit einem Geben und Nehmen auf beiden Seiten stellt die Basis für eine erfolgreiche und gelingende (fachliche) Organisationsberatung. Das Sensorium verhilft der beratenden Motologie dazu, sich permanent weiter zu entwickeln und nicht in der Formulierung eines festen Wissensmoduls zu verharren.

12.5 Der fachliche Input nicht-expertokratischer Natur
– Vorschläge zur Modularisierung motologischer Beratungsinhalte

Bisher sind von den sechs extrahierten Forderungen für eine gelingende Organisationsberatung (vgl. Kap. 2.3) fünf ausführlich thematisiert und in das Konzept eingebunden worden. Einzig auf die Forderung nach einem fachlichen Input nicht-expertokratischer Natur wurde bisher immer nur verwiesen. Diese letzte konzeptionelle Größe soll in diesem Kapitel nun ausgeführt werden. Ausgehend von der Unterscheidung Moldaschls zwischen einem prozeduralistischen und einem expertokratischen Paradigma in der Organisationsberatung (vgl. Kap. 2.1.1.1) wird hier einem reflexiven Ansatz das Wort geredet. Ähnlich wie bei Moldaschl wurde auch in diesem Konzept die These herausgearbeitet, dass eine

Organisationsberatung nicht ohne fachliches Wissen auskommt. Die Forderung nach einem fachlichen Wissen in der Organisationsberatung 'erzwingt' eine Reflexivitätssteigerung. Sowohl bei Moldaschl (2001) als auch in diesem Konzept ist der Steigerung der Selbstreflexivität Rechnung getragen. In dem reflexiven Ansatz Moldaschls soll die Reflexivitätssteigerung über die Kriterien der Kontextualisierung, Expertenwissen, Dezentrierung, Abgrenzung, Rezentrierung und die politische Perspektive erreicht werden (vgl. Kap. 2.1.1.1); in diesem Konzept wird über metaphorische Bewegungssituationen und über das Konzept der reflexiven Leiblichkeit eine Steigerung der Selbstreflexivität erreicht, die Organisationskultur wird aufgehellt, um die eigene organisationale Gewordenheit besser verstehen zu können. Beiden Ansätzen ist gemein, was auch Königswieser formuliert: eine Organisation wird durch eine rein prozeduralistische Beratung – also ohne fachliches (Experten-) Wissen – nicht ausreichend befriedigt (vgl. dies., 2005). Ein fachlicher Input ist notwendig, um beratend mit Organisationen arbeiten zu können (vgl. Kap. 7.4; 8.3). Es gilt hier also, zunächst die Begriffe 'fachliches Wissen' und 'Expertenwissen' zu unterscheiden und schließlich das 'fachliche Wissen nicht-expertokratischer Natur' zu bestimmen. Letzteres wird nicht nur klar umrissen, es wird auch inhaltlich durch Vorschläge einer Modularisierung motologischen Wissens gefüllt.

Das *Expertenwissen* zeichnet sich dadurch aus, dass es sich dem Wissen der beratenen Organisation überlegen sieht. Es ermittelt in Form des (meist externen) Experten objektivierend die internen und externen Bedingungen der Organisation, analysiert ihre Entsprechungen und setzt die daraus entstehende Diagnose in eine Gestaltungsempfehlung um. Es geht demnach normativ und funktionalistisch einem one-best-way der Organisationsgestaltung nach. Das Expertenwissen verbindet also fachliches Wissen mit einer bestimmten, normativen Vorgehensweise. Eine klare und eindeutige Empfehlung, bzw. Anweisung wird aufgrund des fachlichen Wissens des Experten ausgesprochen, auch wenn das anschließend notwendige Methodeninventar zur Intervention weniger entwickelt ist. Ein klarer Wissenstransfer von der Wissenschaft (oder Expertokratie) in die Praxis wird vorausgesetzt. Der *fachliche (Wissens-) Input* hingegen – als hier verwandter Schlüsselbegriff – impliziert vorerst keine bestimmte Methodik. Es wurde oben schon deutlich, dass das fachliche Wissen den Grundstock bildet für eine expertokratische Gestaltungsempfehlung. Genau um diese Anwendung, um diese Empfehlung ist das rein fachliche Wissen 'ärmer'. Es lässt sich in seiner einfachen Erscheinung keinem prozeduralistischen oder expertokratischen Paradigma zuordnen. Das fachliche Wissen stellt vorerst keinen Machtanspruch[173]: es spie-

---

173 Auch wissenschaftliche Diskurse stellen Machtansprüche (vgl. Kap. 8.2). Es wird hier also eher von einer idealtypischen Situation ausgegangen. In der Anwendung ist sich das fachliche

gelt den wissenschaftlichen Diskurs des jeweiligen Fachs wider – in diesem Fall des motologischen Wissenschaftsfachs. Aus diesem wissenschaftlichen Diskurs sollen Wissensmodule extrahiert werden, die in der Lage sind, den Diskurs zu ordnen und zu bündeln. Es geht darum, Wissensmodule so zu generieren, dass sie im Prozess der Organisationsberatung der Organisation angeboten werden können – in Form eines diskursiven Dialogs. Der fachliche Input beinhaltet also den wissenschaftlichen Diskurs eines Fachs in Form von (auswählbaren und für die Organisation geeigneten) Modulen. Dabei unterstreicht die Spezifizierung 'nicht-expertokratischer Natur' das Wesen des fachlichen Inputs: er ist an keine Methodik gebunden; zumindest nicht an die, welche für gewöhnlich mit einer expertokratischen Beratung einhergeht. Das fachliche Wissen ist zwar Expertenwissen im engeren Sinn, es stellt sich der Organisation aber nicht als Expertenwissen dar, welches normativ der Organisation den one-best-way vorgibt. Die Beschreibung 'nicht-expertokratisch' ist zwar etwas umständlich, trifft aber am ehesten das Charakteristische dieses fachlichen Inputs. Sollte man Nicht-Expertokratie mit Dilettantismus übersetzen, dann einzig in der Bedeutung, das ein Dilettant eine Sache um ihrer selbst Willen ausübt: der fachliche Input dilettantischer Natur würde dann also das Wissen um des Wissens wegen repräsentieren. Die umgangssprachlichen Konnotationen des Dilettanten erschweren aber eine solch mögliche Übersetzung.

Der nun folgende Vorschlag einer *Modularisierung* motologischen Fachwissens für eine Organisationsberatung orientiert sich am wissenschaftlichen Fachdiskurs (vgl. Kap. 3), an den möglichen Implikationen der verschiedenen Ansätze und Sichtweisen (vgl. Kap. 11), an den Entwicklungsthemen der Organisationsmitglieder und den metaphorischen Bewegungssituationen (Kap. 11.3 und 12.2) und schließlich an der Felderfahrung, die im Rahmen dieser Arbeit gewonnen werden konnte (vgl. Kap. 2.2). Aus dieser Aufzählung wird schon deutlich, dass es sich nur um einen Vorschlag handeln kann. Das Betrachten eines wissenschaftlichen Diskurses und dessen Auslegung kann zu unterschiedlichen Ergebnissen führen. Die Modularisierung stellt eine Möglichkeit dar, das Wissen der Motologie zu bündeln, um es einer Organisation als fachlichen Input anbieten zu können. Je nach Ausbildung und auch Eigenheiten der beratenden Motologen und je nach Bedarf der Organisationen kann eine solche Modularisierung verschieden ausfallen. Im Rahmen dieser Arbeit scheinen die *Wissensmodule*

- Menschenbild,
- Individualisierung,

Wissen aber seines Machtanspruchs bewusst und kann so diesen reflektiert betrachten und vermitteln.

- Entwicklungsthemen,
- Bewegung/ Wahrnehmung und Leib,
- Förderparadigma

von Bedeutung. Ein jedes kann sich auch in den anderen wieder finden. Allerdings setzt jedes von ihnen einen eigenen Schwerpunkt, so dass die alleinige Nennung notwendig ist. Die Module sind grundlegend für den Diskurs der Motologie und genau deshalb geeignet. Sie spiegeln ansatzübergreifend Wissensinhalte wider, die – so banal sie für so genannte 'Experten' klingen mögen – für Organisationen (absoluten) Neuheitswert haben. Und das gilt nicht nur für nichtpädagogische Organisationen, sondern auch für pädagogische. Die Module sind für diesen Kontext so gewählt, dass sie zum einen durch einzelne Ansätze spezifiziert werden können, zum anderen eine größere Passfähigkeit zu Organisationen hergestellt werden kann. Auf diese Weise kann durch die 'spezifischere' Füllung der Module mehr auf die Wünsche und Bedarfe der Organisation eingegangen werden. Ein weiteres ergibt sich aus dieser Auswahl. Durch die grundlegende Eigenheit der einzelnen Module sind weitere Schwerpunktfelder formulierbar. So gestatten die Wissensmodule auch inhaltliche Aussagen über beispielsweise:

- Gesundheitsförderung,
- Sozialkompetenz,
- Arbeitstaggestaltung oder
- räumlich-bauliche Aspekte.

Die Aufzählung ist – wie oben angeführt – erweiterbar. Bestimmte Organisationen fordern bestimmte Themen und verschiedene beratende Motologen können und wollen unterschiedliche Wissensmodule in Form des diskursiven Dialogs anbieten. In diesem Kapitel sollten die fünf Module als Vorschlag ihren Platz finden. Sie sollen in ihrer grundlegenden Art zum einen das fachliche Wissen bündeln können, zum anderen eine mögliche Anknüpfung für weitere inhaltliche Aussagen gewährleisten.

12.6 Organisationsberatung in der Fachsystematik der Motologie

Das dialogische Konzept einer Organisationsberatung ist in der Fachsystematik eingeordnet (Abb. 20). Damit erweitert es die Systematik um einen konzeptionellen Baustein. Das Konzept stellt einen gangbaren Weg in der Organisationsberatung dar, findet aber eine je individuelle Ausgestaltung – abhängig von der beratenen Organisation und dem beratenden Motologen.

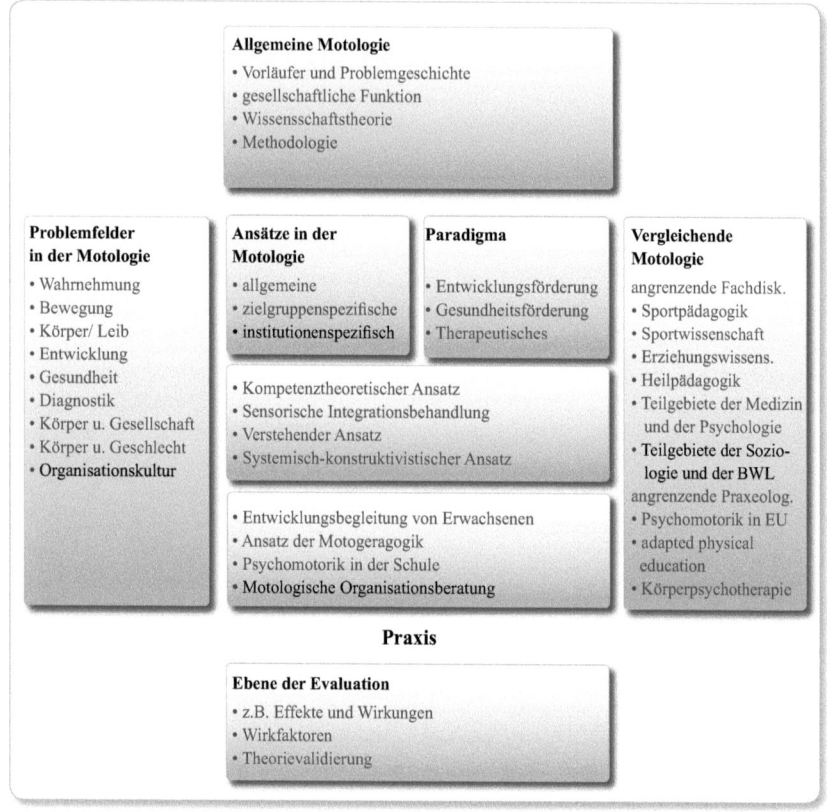

Abbildung 20: Einordnung der Organisationsberatung in die Fachsystematik der Motologie

Die Organisationsberatung kann sowohl als institutionenspezifischer Ansatz gelesen werden, als auch als zielgruppenspezifischer: die Organisationsmitglieder würden diese Zielgruppe ausmachen. Allerdings trifft ´institutionenspezifisch´ eher, da mit der Organisationskultur ein weiteres Problemfeld aufgezeigt wird. Dieses greift die Organisation (oder Institution) an sich und zielt vorerst nicht auf die einzelnen Organisationsmitglieder. Innerhalb der Vergleichenden Motologie müssen für eine Organisationsberatung die Teilgebiete der Soziologie und Teile der Betriebswirtschaft hinzugezogen werden, da sie einerseits theoretisch, andererseits praktisch mit der Organisationsberatung befasst sind. Die weiteren angrenzenden Fachdiskurse können allesamt hinsichtlich ihrer Sicht und Auffassung von Organisationsberatung abgeklopft werden, da auch sie zu diesem Gegenstandsbereich Aussagen treffen.

12.7 Fazit: Kritikpunkte und Desiderate

Das dialogische Konzept ist als ein mögliches zu verstehen. Es wurde immer wieder deutlich, dass das Konzept einen Weg der Organisationsberatung eingeschlagen hat und abhängig von der Organisation und dem beratenden Motologen eine individuelle Ausgestaltung erfährt. Es ist also möglich, eine völlig andere Konzeption für die Organisationsberatung aus der motologischen Perspektive vorzuschlagen. Es ist eine wesentliche (konstruktivistische) Annahme dieser Arbeit: nur die eine 'Wahrheit' kann es nicht geben (vgl. Kap. 8.3). So sieht sich die Konzeption als ein Entwurf, dessen Entstehungszusammenhang hier nachvollziehbar und transparent wird. Würde sich der Entwurf als die einzige Möglichkeit einer motologisch verstandenen Organisationsberatung vorstellen, wäre er in diesem Zusammenhang 'ideologisch', monologisch und dogmatisch. Das sucht er aber gerade zu umgehen. Er versteht sich nur in dem Sinne 'ideologisch', in dem er seine Aussagen für wichtig hält: das notwendige, ideologische Engagement kann ihm ohne Weiteres zugeschrieben werden. Das Konzept will überzeugen, sich aber auch für das Andere offen halten. In diesem Sinne soll hier auch bereits angefangen werden, das 'Andere' aufzuzeigen und mögliche Problemfelder zu skizzieren.

Bei der Konzeption konnte nicht allen Abzweigungen gefolgt werden. Durch die breite Bestandsaufnahme wurden viele Felder aufgeführt, die im weiteren Verlauf miteinander verwoben wurden. Dabei tauchten auch Fragen auf, die keine weitere Beantwortung finden, genau wie interessante Überlegung angerissen wurden, die keine weitere Ausführung erfahren konnten. Die Konzeption wollte vorerst ein Gerüst schaffen, von dem aus später weitere Problemfelder und Weiterentwicklungen verfolgt werden können. Im Folgenden werden genau diese Problemfelder aufgeführt, die zum Einen als erste Kritikpunkte zu verstehen sind, zum Anderen als offen stehende Aufgaben, als Desiderate. Zu diesem gehört beispielsweise die ethische Einordnung der Beratungssituation. Es wurde über das einende Dach der Dialogischen Theorie vorerst ein Weg gefunden, die Organisationsberatung nicht ethisch betrachten zu müssen (Kap. 8.2); langfristig spielt aber, wenn auch durch die Ausrichtung dieser Arbeit eher subtil, eine ethische Fundierung der Beratung eine zentrale Rolle. Das hat dann auch eine Allgemeine Motologie zu leisten und nicht 'nur' eine organisationsberatende. Der gesellschaftliche Auftrag der Motologie wird hierbei zu reflektieren sein.

Das wird umso deutlicher und wichtiger, je mehr man sich anderen Organisationen zuwendet als denen, die hier vor allem im Mittelpunkt stehen und bei denen von Felderfahrung gesprochen werden kann. Zu denken ist hier vor allem an Profit-Organisationen, deren wirtschaftliche Ausrichtung noch ganz andere Facetten in den Vordergrund stellt und eine (ethische) Reflexion zwingend erfordert. Und nicht nur eine marktwirtschaftliche Ausrichtung wird bei der Zuwendung zu weiteren Organisationen relevant, sondern auch ein verändertes Verständnis von Organisationen, welches im Zusammenhang von postmodernen Lebens- und Arbeitsverhältnissen zu sehen ist. Eine Reihe an Organisationen, die vor allem von jungen Akademikern und anderen Qualifizierten gesucht werden, wie die Bereiche des Marketings, der Werbung, der Mode oder der Medien u.a., haben ein erweitertes Verständnis von Work-Life-Balances o.ä. erfahren. Die Organisationskultur hat hier eine viel existentiellere Bedeutung als in dieser Konzeption vorgestellt. Neben der Lesart der ideologischen Wirklichkeitskonstruktion (vgl. Kap. 9) kommt hier ein Aspekt hinzu, der das (außergewerbliche) Leben in die Organisation verschoben hat. Eine Weiterentwicklung der metaphorischen Bewegungssituationen (Kap. 12.2) müsste diesen Aspekt aufnehmen und auffangen: die Organisationskultur als '(lebens-) wichtiger Schutzraum' für diejenigen Organisationsmitglieder. Es bliebe allerdings die Frage, inwieweit eine leibliche Arbeit an einer so erlebten Organisationskultur eine verunsichernde Krise auslösen könnte, die im Rahmen einer Organisationsberatung gar nicht aufgefangen werden kann. Es würde sich hier die Frage stellen, ob die Struktur oder die grundlegenden Muster einer solchen Organisationskultur den Organisationsmitgliedern gemäß sind oder ob die Gemäßheit längst auf Kosten einer 'Effizienzsteigerung' aufgegeben oder 'eingetauscht' wurde?! Die Notwendigkeit einer theoretischen Reflexion wird hierbei wieder deutlich. Dabei müsste auch der postmoderne Mensch (aus psychoanalytischer Perspektive) weiter in den Fokus des Interesses gerückt werden. Damit würde auch die Ambiguität des flexiblen Arbeitnehmers angesprochen sein: eine geforderte, völlige Identifikation mit dem Unternehmen, aber eine potentielle Austauschbarkeit und mobile Verfügbarkeit. Mit der Implementierung einer motologischen Gesundheitsförderung in das Gerüst dieser Konzeption einer motologischen Organisationsberatung könnte ein Schritt in diese Richtung getan werden. Bis hierher wurde die motologische Gesundheitsförderung als mögliches Wissensmodul betrachtet, bzw. als inhaltliche Fortsetzung von bestimmten weiteren Modulen (vgl. Kap. 12.5). Als integraler Bestandteil dieser Organisationsberatung könnten Methoden gefunden werden, die Antworten auf die aufgeworfenen Fragen finden. Vor allem das ʹMir-Gemäßeʹ würde im Zusammenhang mit einer starken Organisationskultur betrachtet werden. Erste Überlegungen sind in diese Richtung auch schon angestellt worden und auch bereits ansatzweise formuliert (vgl. Kap. 3.3).

Die Organisationskultur stellt ein wichtiges Konstrukt im Verständnis einer Organisation dar. Sie dient sowohl als Brückenschlag zwischen Organisationsmitglied und Organisation, als auch als Erweiterung der Referenzebenen. Das wird vor allem bei der leiblichen Arbeit deutlich. In den metaphorischen Bewegungssituationen steht nach wie vor der einzelne Mensch im Mittelpunkt des Interesses, und deutlicher: die (reflexive) Leiblichkeit und die Symbolisierungsfähigkeit. In der Reflexion kann die organisationale Gewordenheit des Einzelnen mehr nachvollzogen oder verstanden werden. Durch das Miteinander in den Situationen und durch die gemeinsame Reflexion verschiedener Bewegungssituationen können grundlegende, bisher unbekannte oder unbewusste Muster erhellt und erkannt werden. Die grundlegenden Muster gründen die Organisationskultur. Das bedeutet, dass über Situationen für den Einzelnen und Situationen für die Gruppe die Organisationskultur beleuchtet wird. Der Schlüssel dafür ist im Verstehenden Ansatz und im Konzept der reflexiven Leiblichkeit zu sehen. Inwiefern allerdings die verschweißende Funktion der Organisationskultur das Verstehen größerer sozialer Gebilde ermöglicht, konnte bis hierher noch nicht ausreichend beantwortet werden. Dazu bedarf es eines weiteren Anlaufs. Dieser könnte beispielsweise einen deutlichen Zusammenhang zwischen dem Konzept der Kollusion (vgl. Kap. 2.1.2.1, 5.4, 6.2), (der institutionalisierten Abwehr) und dem Konzept der reflexiven Leiblichkeit herstellen. Ähnliches gilt, wenn die Organisationskultur als Theorie informellen Lernens gelesen wird (vgl. Kap. 2.1.2). Muss nach einer solchen Lesart die leibliche Arbeit auch im Kontext informellen Lernens betrachtet werden? Kollusionen verhindern Lernen (vgl. ebd.). Kann das Konzept der reflexiven Leiblichkeit Kollusionen aufdecken und thematisieren und somit Lernfähigkeit anbahnen? Es ist in der Konzeption herausgestellt worden, dass über Bewegung und reflexive Leiblichkeit eine Dialogfähigkeit angebahnt werden kann. Muss Dialogfähigkeit mit Lernfähigkeit gleichgesetzt werden? Dazu bedarf es wiederum eines weiteren Anlaufs theoretischer Auseinandersetzungen.

Es sind sicherlich auch neben dieser Aufzählung noch weitere Punkte auszumachen, welche die theoretische Fundierung einer motologischen Organisationsberatung vorantreiben. Das dialogische Konzept einer Organisationsberatung versteht sich nicht nur als Entwurf, sondern auch als Startschuss für den fachlichen Diskurs. Es ist ein ʹideologischesʹ Angebot, welches erschüttert werden möchte, um sich weiterzuentwickeln. Feststeht, dass sich die Motologie durch das Beherbergen sowohl methodischer als auch inhaltlicher Aussagen für die Organisationsberatung als sehr fruchtbar erweisen kann.

Es wurde hier deutlich, dass eine Organisationsberatung nur dann als gelingend begriffen werden kann, wenn die Organisation von sich aus diese Veränderungen will und angeht. Institutionelle Vorgaben, fachliche Expertise und ähnliches können in diesem Zusammenhang nicht als Motor im Veränderungsprozess verstanden werden. Einzig die Organisation ist diejenige, die entscheidet, in welche Richtung ihr weiterer Weg führt. Die Motologie birgt in ihrer verstehenden Methodik metaphorischer Bewegungssituationen das Potential, diesen Weg mitzugehen, die Organisation zu begleiten und ihr zu helfen, manche Vorgänge klarer zu sehen.

Guter Rat soll einem reinen, aufrichtigen Herzen entspringen, der auf Weisheit und Gelehrsamkeit gründet und die Vergangenheit, die Gegenwart und die Zukunft einbezieht. Dabei sollen hastig-voreilige Entscheidungen und Verärgerungen vermieden werden. So lautete die Auflösung der „Allegorie des Guten Rats" (vgl. Kap. 2). Sie wurde zu Beginn dieser Arbeit als Markierung gesetzt und muss sich nun fragen lassen, ob sie markante Wege aufzeigen konnte? Rückblickend können vielleicht die einzelnen Symbole der Allegorie im Verständnis dieser Arbeit gelesen werden: vielleicht kann ja das reine und aufrichtige Herz durch ein konstruktivistisches Bewusstsein ersetzt werden, das sich seiner Partikularität bewusst ist, allerdings auch eine bestimmte Weltkonstruktion engagiert vertritt. In einem anderen Zusammenhang wurde es durch die Begriffe Bescheidenheit und Stolz näher bestimmt. Die engagierte Konstruktion, so wie sie sich im fachlichen Expertenwissen zeigt, kann vielleicht für die Gelehrsamkeit im Symbol des Buches stehen. Gelehriges Wissen wird aber nicht hastig-voreilig implementiert, sondern bedarf einer Einbettung in die Vergangenheit, in die Gegenwart und die Zukunft. Vielleicht birgt die Arbeit an der Organisationskultur genau jene Forderung der Einbettung. Die Verärgerung hingegen kann und soll nicht einfach vermieden werden; sie gilt es zu verstehen und als notwendige, aktive Leistung im Veränderungsprozess anzuerkennen. Vielleicht kann ja der Widerstand im Beratungsprozess diese Verärgerung ersetzen. Bleibt letztlich noch die Eule als Symbol der Weisheit: hier kann der Leib in das Verständnis dieser Allegorie mit einbezogen werden. Er kann als Gegenstück zur kognitivistischen Ausrichtung der Welt eine Differenzerfahrung ermöglichen, die manchmal schon als weise erlebt wurde. Die hier konzipierte motologische Organisationsberatung versucht in ihrem Programm die Organisationskultur, den Widerstand, metaphorische Bewegungssituationen und ein fachliches Wissen unter dem Dach der Dialogischen Theorie kohärent zusammenzubringen, um eine Beratung gelingend durchführen zu können, im Sprachlaut der Allegorie: einen guten Rat einer Organisation anbieten zu können.

Literaturverzeichnis

Anheier, H./ Salomon, L.: Genese und Schwerpunkte internationaler Forschung zum Nonprofit-Sektor. In: Forschungsjournal Neue Soziale Bewegungen (4) 1992.

Arnold, E./ Bastian, J./ Combe, A. u.a.(Hrsg.): Schulentwicklung und Wandel pädagogischer Arbeit. 2. Aufl. Hamburg: Bergmann + Helbig Verlag 2004.

Ayres, J.: Bausteine kindlicher Entwicklung. 3. Aufl. Berlin: Springer 1998.

Balgo, R.: Systemisch-konstruktivistische Positionen in der Psychomotorik. In: motorik. Schorndorf 21 (1998) Heft 1.

Balzer, W.: Soziale Institutionen. Berlin: De Gruyter 1993 (Philosophie und Wissenschaft; Bd.4)

Baumgart, F./ Lange, U. (Hrsg.): Theorien der Schule. Erläuterungen – Texte – Arbeitsaufgaben. 2. Aufl. Bad Heilbrunn: Verlag Julius Klinkhardt 2006.

Beck, U. Risikogesellschaft. Auf dem Weg in eine andere Moderne. Frankfurt a.M.: Suhrkamp Verlag 1986.

Bolognese, A. F.: Emolyee Resistance to Organizational Change. In: http://www.newfoundations. com/OrgTheory/Bolognese721.html; Stand 05/2007.

Brüggebors, G.: Einführung in die Holistische Sensorische Integration. (HSI). Teil 2. Dortmund: verlag modernes lernen 1994.

Bühner, R.: Betriebswirtschaftliche Organisationslehre. 10. Aufl. R. München: Oldenbourg Verlag 2004.

Bungard, W.: Problem anwendungsbezogener organisationspsychologischer Forschung. In: Schuler, H. (Hrsg.): Lehrbuch der Organisationspsychologie. 2. Aufl. Göttingen: Verlag Hans Huber 1998.

Cassirer, E.: Philosophie der symbolischen Formen. 3 Bd. In: Cassirer, E.: Gesammelte Werke. Hamburger Ausgabe Bd. 11-13. Hamburg: Felix Meiner Verlag 2002.

Degele, N./ Münch, T./ Pongratz, H./ Saam, N. (Hrsg.): Soziologische Beratungsforschung. Perspektiven für Thoerie und Praxis der Organisationsberatung. Opladen: Leske + Budrich 2001.

Dent, E./ Goldberg, S.: Challenging „resistance to change". Journal of Applied Behavioral Science 25-41. March, 1999.

Dewe, B.: Beratende Rekonstruktion. In: Alemann/ Vogel: Soziologische Beratung. 1996.

Dewe, B.: Beratende Wissenschaft. Unmittelbare Kommunikation zwischen Sozialwissenschaftlern und Praktikern. Göttingen: Schwartz 1991.

Ebers, M.: Organisationskultur: ein neues Forschungsprogramm? Wiesbaden: Gabler 1985.

Eisenburger, M.: Psychomotorik mit alten Menschen (Motogeragogik). In: Amft, S./ Seewald, J. (Hrsg.): Perspektiven der Motologie. Schorndorf: Verlag Karl Hofmann 1996.

Endruweit, Günter: Organisationssoziologie. 2. Aufl. Stuttgart: Lucius + Lucius 2004.

Esser, H.: Soziologie. Spezielle Grundlagen. Bd. 5: Institutionen. Frankfurt/ Main: Campus Verlag GmbH 2000.

Ethik und Sozialwissenschaften – Streitforum für Erwägungskultur. Hg. v. Benseler, F./ Blanck, B./ Keil-Slawik, R./ Loh, W.: Achte Diskussionseinheit 10 (1994) 4. S. 585-669.

Fischer, K.: Einführung in die Psychomotorik. 2. Aufl. München: Ernst Reinhardt Verlag 2004.

Fischer, K.: Entwicklungstheoretische Perspektiven der Motologie des Kindesalter. Schorndorf: Verlag Karl Hofmann 1996.

Fischer, K.: Wahrnehmungsstörungen, Wahrnehmungsförderung, Wahrnehmungslernen: Ein konzeptioneller Bedeutungswandel in der Psychomotorik. In: motorik 30 (2007), Heft 4.

Fitsch, H./ Scherf, M.: Synergien von Fach- und Prozessberatung. Ein Kooperationsmodell. In: Sozialwissenschaften und Berufspraxis, Jg. 28, 2005, Heft 2, S. 284-299.

Flammer, A.: Kontrolle, Sicherheit und Selbstwert in der menschlichen Entwicklung. In: Edelstein, W. (Hrsg.): Entwicklungskrisen kompetent meistern. Heidelberg: Asanger 1995.

Franzpötter, R.: Organisationskultur: Begriffsverständnis und Analyse aus interpretativ-soziologischer Sicht. Baden-Baden: Nomos Verl.-Ges. 1997.

Frese, E.: Grundlagen der Organisation. 9. Aufl. Wiesbaden: BWL Verlag Gabler 2005.

Freud, S.: Über den Traum. Frankfurt a.M: Fischer Verlag 2005.

Fuchs-Heinritz, W./ Lautmann, R./ Rammstedt, O. (Hrsg.): Lexikon zur Soziologie. 3. Aufl. Opladen: Westdeutscher Verlag 1994.

Füllsack, M.: Die „Selbstkonstruktion" des Diskurses. In: EuS 10 (1999) 4. S. 614-616.

Funk, Rainer: Ich und Wir. Psychoanalyse des postmodernen Menschen. München: Dtv 2005.

Gadamer, H.-G.: Die Verborgenheit der Gesundheit. Frankfurt a.M.: Suhrkamp 1993.

Geißler, H.: Grundlagen einer pädagogischen Theorie des Organisationslernens. In: Göhlich, M./ Hopf, C./ Sausele, I. (Hrsg.): Pädagogische Organisationsforschung. Wiesbaden: VS Verlag für Sozialwissenschaften 2005.

Geißler, H.: Organisationspädagogik: Umrisse einer neuen Herausforderung. München: Vahlen 2000.

Glasersfeld, E. von: Konstruktivismus statt Erkenntnistheorie. Klagenfurt: Drava 1998.

Göhlich, M./ Hopf, C./ Sausele, I. (Hrsg.): Pädagogische Organisationsforschung. Wiesbaden: VS Verlag für Sozialwissenschaften 2005.

Göhlich, M.: Pädagogische Organisationsforschung. Eine Einführung. In: Göhlich, M./ Hopf, C./ Sausele, I. (Hrsg.): Pädagogische Organisationsforschung. Wiesbaden: VS Verlag für Sozialwissenschaften 2005.

Gröschke, D.: Praxiskonzepte der Heilpädagogik: anthropologische, ethische und pragmatische Dimensionen. 2., neubearb. Aufl. München: Reinhardt 1997.

Groth, T.: Wie systemtheoretisch ist „Systemische Organisationsberatung"? Neuere Beratungskonzepte für Organisationen im Kontext der Luhmannschen Systemtheorie. Münster: LIT 1996.

Haas, R./ Ohlenburg, H./ Glauninger, B. et al.: Psychomotorische Begleitung als ein Baustein eines methodenintegrativen Angebotes für Menschen mit bio-psycho-sozialen Gesundheitsproblemen in der industriellen Fertigung. In: motorik 3(30) 2007.

Haas, R.: Entwicklung und Bewegung. Der Entwurf einer angewandten Motologie des Erwachsenenalters. Schorndorf: Verlag Karl Hofmann 1999.

Hammer, R./ Köckenberger, H. (Hrsg.): Psychomotorik. Ansätze und Arbeitsfelder. Ein Lehrbuch. Dortmund: verlag modernes lernen 2004.

Hammer, R.: Der Kompetenztheoretische Ansatz in der Psychomotorik. In: Hammer, R./ Köckenberger, H. (Hrsg.): Psychomotorik. Ansätze und Arbeitsfelder. Ein Lehrbuch. Dortmund: verlag modernes lernen 2004.

Hammer, R.: Von der Praxeologie der Psychomotorik zu den Zukunftsaufgaben einer Motologie als Wissenschaft. In: Hammer, R./ Köckenberger, H. (Hrsg.): Psychomotorik. Ansätze und Arbeitsfelder. Ein Lehrbuch. Dortmund: verlag modernes lernen: 2004.

Hauck, G.: Peter Zimas Traum von der moralischen Wissenschaft und der natürlichen Sprache. In: EuS 10 (1999) 4. S. 616-618.

Haug, W. F.: Möglichkeiten und Grenzen interparadigmatischer Kommunikation. In: EuS 10 (1999) 4. S. 618-621.

Heinze, R./ Schmid, J./ Strünck, C: Zur politischen Ökonomie des sozialen Dienstleistungsproduktion. In: Kölner Zeitschrift für Soziologie und Sozialpsychologie 1997.

Hentig, H. von: Die Schule neu denken – Schule als Lebens- und Erfahrungsraum. In: Baumgart, F./ Lange, U. (Hrsg.): Theorien der Schule. Erläuterungen – Texte – Arbeitsaufgaben. 2. Aufl. Bad Heilbrunn: Verlag Julius Klinkhardt 2006.

Hilbig, N.: Plädoyer für eine sozialpädagogische Schule. Hildesheim: Georg Olms Verlag 1993.

Hill, W. / Fehlbaum, R./ Ulrich, P.: Organisationslehre. Bd. 2. Theoretische Ansätze und praktische Methoden der Organisation sozialer Systeme. 5. verb. Aufl. Stuttgart: Haupt 1998.

Hoffmann, D.: Dialogische Theorie – eine Methode zur Überwindung der Widersprüchlichkeit innerhalb von Wissenschaft. In: EuS 10 (1999) 4. S. 621-624.

Holling, H./ Liepmann, D: Personalentwicklung. In: Schuler, H. (Hrsg.): Lehrbuch der Organisationspsychologie. 2. Aufl. Göttingen: Verlag Hans Huber 1998.

Howaldt, J./ Kopp, R.: Der langsame Abschied vom Verkündigungsmodell. Methodische Konsequenzen einer selbstreflexiven Programmatik der Organisationsberatung. In: Degele, N./ Münch, T./ Pongratz, H./ Saam, N. (Hrsg.): Soziologische Beratungsforschung. Perspektiven für Thoerie und Praxis der Organisationsberatung. Opladen: Leske + Budrich 2001.

http://www.br-online.de/wissen-bildung/thema/reformpaedagogik/index.xml; 05/2007

http://www.ganztag-blk.de (Stand 05/ 2008)

http://www.ganztagsschule.org (Stand 05/ 2008)

http://www.horvarth-partners.com (Stand 05/ 2008)

http://www.laborschule.de/buchveröffentlichungen; 05/2007.

http://www.mckinsey.de (Stand 05/ 2008)

http://www.psychomotorik.com (Stand 01/2008).

http://www.spiegel.de/schulspiegel/wissen/0,1518,478053,00.html; 04/2007.

http://www.uni-marburg.de/fb21/motologie (Stand 01/2008)

Hünnekens, H.: Mototherapie. In: Clauss, A. (Hrsg.): Förderung entwicklungsgefährdeter Kinder und behinderter Heranwachsender. Erlangen: Perimed 1981.

Iben, G.: Das Verhältnis von Schule und Sozialpädagogik. Eine historische Betrachtung. In: Tillmann, K.-J. (Hrsg.): Sozialpädagogik in der Schule. Neue Ansätze und Modelle. München: Juventa Verlag 1976.

Iding, H.: Hinter den Kulissen der Organisationsberatung. Macht als zentrales Thema soziologischer Beratungsforschung. In: Degele, N./ Münch, T./ Pongratz, H./ Saam, N. (Hrsg.): Soziologische Beratungsforschung. Perspektiven für Theorie und Praxis der Organisationsberatung. Opladen: Leske + Budrich 2001.

Irmischer, T.: Lehrbrief: Grundzüge der Motopädagogik. Lemgo: Aktionskreis Psychomotorik e.V. 1987.

Jochheim, S.: Von der Unternehmenskultur zum Netzwerk von Subkulturen. Marburg: Metropolis Verlag 2002.

Just, A.: Schulsozialpädagogik an Gymnasien, warum? Münster: IT Verlag 2004.

Kegan, R.: Die Entwicklungsstufen des Selbst. Fortschritte und Krisen im menschlichen Leben. München: Kindt 1991.

Kesper, G./ Hottinger, C.: Mototherapie bei Sensorischen Integrationsstörungen. Eine Anleitung zur Praxis. 5. Auf. München: Ernst Reinhard Verlag 1999.

Keupp, H.: Identitäten in Bewegung – und die illusionäre Hoffnung auf den Körper. In: motorik Schorndorf 23 (2000) Heft 3.

Keupp, H.: Identitätskonstruktionen. Das Patchwork der Identitäten in der Spätmoderne. Hamburg: Rowohlt 1999.

Kiper, H.: Sekundarstufe I – jugendorientiert. Pädagogische Überlegungen, Unterrichtsbeispiele, Anregungen. Hohengehren: Schneider Verlag 2001.

König, E./ Volmer, G.: Systemische Organisationsberatung. Grundlagen und Methoden. 4.Aufl. Weinheim: Deutscher Studien Verlag 1996.

Königswieser, R./ Hillebrand, M.: Einführung in die systemische Organisationsberatung. 2. Aufl. Heidelberg: Carl-Auer-Systeme Verlag 2005a.

Königswieser, R./ Sonuc, E./ Gebhardt, J.: Integrierte Fach- und Prozessberatung. In: www.koenigswieser.net/publikationen/denkfutter/denkbilder/artikel/Integrierte_Fach_und_Pro zessberatung_Mohe_2005.pdf (Stand: 11/2008).

Krell, G.: Organisationskultur – Renaissance der Betriebsgemeinschaft? In: Dülfer, E. (Hrsg.): Organisationskultur: Phänomen – Philosophie – Technologie. Stuttgart: Poeschel 1988.

Krieger, D.: Wissenschaft als Kommunikation. In: EuS 10 (1999) 4. S. 626-629.

Krus, A.: Mut zur Entwicklung. Das Konzept der psychomotorischen Entwicklungstherapie. Schorndorf: Verlag Karl Hofmann 2004.

Langer, S. K.: Philosophie auf neuem Wege. Frankfurt a. M.: Fischer 1965.

Loser, F./ Tehart, E.: Über die begrenzten Möglichkeiten der Schule. In: Baumgart, F./ Lange, U. (Hrsg.): Theorien der Schule. Erläuterungen – Texte – Arbeitsaufgaben. 2. Aufl. Bad Heilbrunn: Verlag Julius Klinkhardt 2006.

Lüders, C./ Kade, J./ Hornstein, W.: Entgrenzung des Pädagogischen. In: Krüger, H./ Helsoer, W. (Hrsg.): Einführung in Grundbegriffe und Grundfragen der Erziehungswissenschaft. Opladen: Leske+ Budrich 1995.

Luhmann, N./ Schorr, E.: Strukturelle Bedingungen von Reformpädagogik. In: Zeitschrift für Pädagogik 34 (1988), S. 463-480.

Luhmann, N.: Soziale Systeme: Grundriss einer allgemeinen Theorie. 4. Aufl. Frankfurt a. M.: Suhrkamp 1993.

Lyotard, J.-F.: Beantwortung der Frage: Was ist postmodern. In: Postmoderne und Rekonstruktion. Texte französischer Philosophen der Gegenwart. Stuttgart: Reclam 1990.

Lyotard, J.-F.: Randbemerkungen zu den Erzählungen. In: Postmoderne und Rekonstruktion. Texte französischer Philosophen der Gegenwart. Stuttgart: Reclam 1990.

Mahler, M./ Pine, F./ Bergmann, A.: Die psychische Geburt des Menschen. Symbiose und Individuation. Die Entwicklung des Kindes aus neuer Sicht. Frankfurt a.M.: Fischer Verlag 1980.

Maturana, H.: Was ist erkennen? Die Welt entsteht im Auge des Betrachters. München: Piper 1994, Goldmann 2001.

Meinberg, E.: Das Menschenbild in den modernen Erziehungswissenschaften. Darmstadt: Wiss. Buchgesellschaft 1988.

Merkens, H.: Pädagogische Institutionen. Pädagogisches Handeln im Spannungsfeld von Individualisierung und Organisation. freies Handeln im Rahmen. Wiesbaden: VS Verlag für Sozialwissenschaften 2006.

Merleau-Ponty: Phänomenologie der Wahrnehmung. Berlin: Walter de Gruyter 1966.

Mertens, W.: Einführung in die psychoanalytische Therapie. Bd. 3. 2. verb. Aufl. Stuttgart: Verlag W. Kohlhammer 1993.

Moldaschl, M.: Reflexive Beratung. Eine Alternative zu strategischen und systemischen Ansätzen. In: Degele, N./ Münch, T./ Pongratz, H./ Saam, N. (Hrsg.): Soziologische Beratungsforschung. Perspektiven für Theorie und Praxis der Organisationsberatung. Opladen: Leske + Budrich 2001.

Moser, K.: Planung und Durchführung organisationspsychologischer Untersuchungen. In: Schuler, H. (Hrsg.): Lehrbuch der Organisationspsychologie. 2. Aufl. Göttingen: Verlag Hans Huber 1998.

Neuberger, O./ Kompa, A.: Wir, die Firma. Der Kult um die Unternehmenskultur. Basel/ Weinheim Beltz 1987.

Neurath, O.: „Pseudorationalismus der Falsifikation (1935)" und „Universaljargon und Terminologie". In: ders.: Gesammelte philosophische und methodische Schriften, Bd. 2. Hrsg. Haller, R./ Rutte, H. Wien: Hölder-Pichler-Tempsky 1981.

Neuser, W.: Wissenschaftliche Kommunikation und wissenschaftliche Position. In: EuS 10 (1999) 4. S. 635-637.

Nicklas, H.: Die dialogische Theorie: eine Baustelle. In: EuS 10 (1999) 4. S. 637-638.

Philippi-Eisenburger, M.: Motologie. Schorndorf: Verlag Karl Hofmann 1991.

Piderit, Sandy Kristin (2000): Rethinking Resistance and Recognizing Ambivalence: A Multidimensional View of Attitudes toward an Organizational Change. Academy of Management Review, Vol. 25, 783-794

Prenner, K.: Quo vadis Motologie. In: Amft, S./ Seewald, J. (Hrsg.): Perspektiven der Motologie. Schorndorf: Verlag Karl Hofmann 1996.

Raible, W.: 'Dialogische'Theorie'. In: EuS 10 (1999) 4. S. 641-643.

Rattner, J./ Danzer, G.: Grundbegriffe der Tiefenpsychologie und Psychotherapie. Darmstadt: Wissenschaftliche Buchgesellschaft 2000.

Rechtien, W.: Angewandte Gruppendynamik. München: Quintessenz 1992.

Rehberg, K.-S.: Institutionen als symbolische Verkörperungen. In: Meleghy, T./ Niedenzu, H.-J. (Hrsg.): Institutionen. Entstehung – Funktionsweise – Wandel – Kritik. Innsbruck: Leopold-Franzens-Universität 2003.

Reyer, J.: Die Barrieren zwischen Schule und sozialpädagogischen Institutionen. Gesellschaftliche Ursachen und historischer Wandel. In: Tillmann, K.-J. (Hrsg.): Sozialpädagogik in der Schule. Neue Ansätze und Modelle. München: Juventa Verlag 1976.

Rolf, E.: Symboltheorien. Der Symbolbegriff im Theoriekontext. Berlin: Walter de Gruyter 2006.

Rolff, H.-G.: Schulprogramm als kollegialer Diskurs. Überlegungen vor dem Hintergrund von Evaluation. In: Göhlich, M./ Hopf, C./ Sausele, I. (Hrsg.): Pädagogische Organisationsforschung. Wiesbaden: VS Verlag für Sozialwissenschaften 2005.

Rosenstiel, L. von/ Neumann, P.: Marktpsychologie. Ein Handbuch für Studium und Praxis. Darmstadt: Wissenschaftliche Buchgesellschaft 2002.

Rosenstiel, L. von: Grundlagen der Organisationspsychologie. 5. Aufl. Stuttgart: Schäffer-Poeschel Verlag 2003.

Saam, N.: Agenturtheorie als Grundlage einer sozialwissenschaftlichen Beratungsforschung. In: Degele, N./ Münch, T./ Pongratz, H./ Saam, N. (Hrsg.): Soziologische Beratungsforschung. Perspektiven für Thoerie und Praxis der Organisationsberatung. Opladen: Leske + Budrich 2001.

Schanz: Organisationsgestaltung: Management von Arbeitsteilung und Koordination. München: Vahlen 1994.

Schavan, A. (Hrsg.): Bildung und Erziehung. Frankfurt a.M.: Suhrkamp Verlag 2004.

Schein, E. H.: Organizational Culture ans Leadership. A Dynamic View. San Francisco. 1984. (in deutscher Übersetzung: Unternehmenskultur. Ein Handbuch für Führungskräfte. Frankfurt a.M.: Campus 1995).

Scherf, M.: Beratung als System. Zur Soziologie der Organisationsberatung. Wiesbaden: Deutscher Universitäts-Verlag 2002.

Schilling, F.: Das Konzept der Psychomotorik. In: Huber, G./ Rieder; H./ Neuhäuser, G.: Psychomotorik in Therapie und Pädagogik. Dortmund: verlag modernes lernen 1990.

Schilling, F.: Grundlagen der Motopädagogik. In: Clauss, A. (Hrsg.): Förderung entwicklungsgefährdeter Kinder und behinderter Heranwachsender. Erlangen: Perimed 1981.

Schönecker, D.: Den Kopf geschüttelt und gelacht – Unklarheiten und Widersprüche der Dialogischen Theorie. In: EuS 10 (1999) 4. S. 647-649.

Schönig, W.: Schulentwicklung beraten. Das Modell mehrdimensionaler Organisationsberatung der einzelnen Schule. Weinheim: Juventa 2000.

Schreyögg, G.: Organisation. Grundlagen moderner Organisationsgestaltung. Mit Fallstudien. Wiesbaden: Gabler 1999.

Schreyögg, G.: Organisation. Grundlagen moderner Organisationsgestaltung. Mit Fallstudien. 4. Aufl. Wiesbaden: Gabler Verlag 2003.

Schröder, J.: Gesund bleiben im Widerspruch. In: motorik 30, 2007, Heft 3, S. 151-156

Schultz, M.: On Studying Organizational Cultures: Diagnosis and Understanding. Berlin, New York: de Gruyter 1994.

Schwarz, S.: Strukturation, Organisation und Wissen. Neue Perspektiven in der Organisationsberatung. Wiesbaden: VS Verlag für Sozialwissenschaften 2008.

Seewald, J.: Leib und Symbol. Ein sinnverstehender Zugang zur kindlichen Entwicklung. München: Wilhelm Fink Verlag 1992.

Seewald, J.: Entwicklungen in der Psychomotorik. In.: Praxis der Psychomotorik 18 (4), 1993.

Seewald, J.: „Entstörungsversuche" – Bewegung motologisch verstehen. In: Prohl, R./ Seewald, J. (Hrsg.): Bewegung verstehen. Facetten und Perspektiven einer qualitativen Bewegungslehre. Schorndorf: Verlag Karl Hofmann 1995.

Seewald, J.: Perspektiven der Motologie(?) Standortbestimmung und Zukunftsaufgabe. In: Amft, S./ Seewald, J. (Hrsg.): Perspektiven der Motologie. Schorndorf: Verlag Karl Hofmann 1996.

Seewald, J.: Philosophische Anthropologie – Leiblichkeit/ Körperlichkeit des Menschen. In: Haag, H.: Sportphilosophie. Ein Handbuch: Schorndorf: Verlag Karl Hofmann 1996a.

Seewald, J.: Bewegungsmodelle und ihre Menschenbilder in verschiedenen Ansätzen der Psychomotorik. In: motorik. Schorndorf 21 (1998) Heft 4, S. 151-158.

Seewald, J.: Zwischen Pädagogik und Therapie – Entwicklungsförderung als Paradigma der Psychomotorik. In: Praxis der Psychomotorik 23 (3), 1998.

Seewald, J.: Gesundheit – ein Thema für die Motologie? Wege zu einem motologischen Gesundheitsbegriff. In: motorik 26, 2003, S. 134-142.

Seewald, J.: Lehrmaterialien zur Fortbildung in Daegu, Südkorea. 2005 (unveröffentlichtes Skript).

Seewald, J.: Gesundheitsförderung als neues Paradigma der Motologie? In: Fischer, K./ Knab, E./ Behrens, M. (Hrsg.): Bewegung in Bildung und Gesundheit. Lemgo: Verlag Aktionskreis Literatur und Medien 2006.

Seewald, J.: Der Verstehende Ansatz in Psychomotorik und Motologie. München: Ernst Reinhardt Verlag 2007.

Sennett, R.: Der flexible Mensch. Berlin: Berlin-Verlag 1998.

Smircich, L.: Concepts of Culture an Organizational Analysis. In: Administrative Science Quaterly (28) 1983, S. 339-358.

Speck, K.: Probleme und Schwierigkeiten in der Schulsozialarbeit. 2002-2005 In: http://www.schul forum.net/ssa/index.php?kat=material&top=7, 05/2007.

Spitschka, H.: Grundlagen der Organisation. 5.Aufl. Landesberg/ Lech: Verl. Moderne Industrie 1993.

Stieger, Th./ Lippmann, E. (Hrsg.): Handbuch angewandte Psychologie für Führungskräfte. Führungskompetenz und Führungswissen. Bd. II. Berlin: Springer 1999.

Stoffels, H.: Umgang mit dem Widerstand. Eine anthropologische Studie zur psychotherapeutischen Praxis. Göttingen: Verlag für Medizinische Psychologie 1986.

Thimm, K.: Schulverweigerung – Zur Begründung eines neuen Verhältnisses von Sozialpädagogik und Schule. Münster: Votum Verlag GmbH 2000.

Thomae, H./ Lehr, U.: Stages, Crisis, Conflicts and Life-Span Development. In: Sorensen/ Weinert/ Sherrod (Eds.): Human development and the life Course. Hillsdale: Erlbaum 1986.

Tillmann, K.-J. (Hrsg.): Sozialpädagogik in der Schule. Neue Ansätze und Modelle. München: Juventa Verlag: 1976.

Tillmann, K.-J.: Schulsozialarbeit. Weinheim: Juventa Verlag 1982.

Türk, K.: Soziologie der Organisation. Stuttgart: Enke 1978.

Vogel, A.: Soziologen als Organisationsberater. Ergebnisse der Kölner Beratungsstudie. In: Degele, N./ Münch, T./ Pongratz, H./ Saam, N. (Hrsg.): Soziologische Beratungsforschung. Perspektiven für Thoerie und Praxis der Organisationsberatung. Opladen: Leske + Budrich 2001.

Walger, G./ Scheller, C.: Der Markt der Unternehmensberatung in Deutschland, Österreich und der Schweiz. In: Kailer/ Walger (Hrsg.): Perspektiven der Unternehmensberatung für kleine und mittlere Betriebe. Wien: Linde 2000, S. 1-40.

Walter-Busch, E.: Organisationstheorien von Weber bis Weick. Amsterdam: Fakultas 1996.

Wendler, M.: Der Körper als Fundament des Lernens und seine Bedeutung im Spiegel der aktuellen Bildungsdiskussion. In: Fischer, K./ Knab, E./ Behrens, M. (Hrsg.): Bewegung in Bildung und Gesundheit. Lemgo: Verlag Aktionskreis Literatur und Medien 2006.

Wilke, H.(Hrsg.): Systemtheorie I. Grundlagen. Eine Einführung in die Grundprobleme der Theorie sozialer Systeme. Stuttgart: Lucius & Lucius 1996.

Witte, E.H.: Teamfähigkeit und Moderation in den Sozialwissenschaften beim theoretischen Diskurs. In: EuS 10 (1999) 4. S. 655-656.

Wuchterl, K.: Methoden der Gegenwartsphilosophie. 3. Aufl. Bern: Haupt 1999.

Zima, P. V.: Ideologie und Theorie. Eine Diskurskritik. Tübingen: Francke 1989.

Zima, Peter V.: Dialogische Theorie. Zum Problem der wissenschaftlichen Kommunikation in den Sozialwissenschaften. In: EuS 10 (1994) 4.

Zima, P.V.: Dialog in fragmentierter Gesellschaft. In: EuS 10 (1999) 4. S. 656-669.

Zima, P.V.: Dialogische Theorie. Zum Problem der wissenschaftlichen Kommunikation in den Sozialwissenschaften. In: EuS 10 (1999) 4. S. 585-597.

Zima, P. V.: Theorie des Subjektes. Subjektivität und Identität zwischen Moderne und Postmoderne. Tübingen: A. Francke Verlag 2000.

Zima, P.V.: Was ist Theorie. Theoriebegriff und Dialogische Theorie in den Kultur- und Sozialwissenschaften. Tübingen: A. Francke Verlag 2004

Beratung – Supervision – Coaching

Falko von Ameln / Josef Kramer /
Heike Stark

Organisationsberatung beobachtet

Hidden Agendas und Blinde Flecke

2009. 344 S. Br. EUR 34,90
ISBN 978-3-531-15893-8

Das Buch beschreibt latente Funktionen und Hidden Agendas, die Beratungsprozesse entscheidend prägen und im Beratungsalltag viel zu wenig Beachtung finden. Eine wichtige Orientierungshilfe für Berater, Entscheider in Organisationen oder von Veränderungsprozessen Betroffene.

Astrid Schreyögg

Coaching für die neu ernannte Führungskraft

2008. 284 S. mit 5 Abb. u. 2 Tab.
(Coaching und Supervision) Br. EUR 49,90
ISBN 978-3-531-15876-1

In diesem Buch widmet sich die Autorin einem Anlass, der im Arbeitsleben jeder Führungskraft mindestens einmal eine Rolle spielt: dem Wechsel in eine neue Führungsposition. Das Buch liefert wissenschaftliche Grundlagen, konzeptionelles und methodisches Rüstzeug sowie handfeste Praxisanweisungen.

Bernd Birgmeier (Hrsg.)

Coachingwissen

Denn sie wissen nicht, was sie tun?

2009. 420 S. Br. ca. EUR 39,90
ISBN 978-3-531-16306-2

Das Buch stellt die Frage nach der aktuellen Wissensbasis und theoretischen Grundlage, auf der die Arbeit von Coachs basiert. Warum und wann ist Coaching erfolgreich? Mit welcher Begründung werden gewisse Methoden und Techniken eingesetzt? Welche Grundlagendisziplinen spielen im Coaching eine Rolle, auf welche Wissensbestände wird zurückgegriffen? Führende Coaching-Experten aus Deutschland, Österreich und der Schweiz nehmen Stellung zur theoretischen und wissenschaftlichen Grundlegung von Coaching.

Doris Ostermann

Gesundheitscoaching

2009. ca. 300 S. (Integrative Modelle in Psychotherapie, Supervision und Beratung) Br. ca. EUR 34,90
ISBN 978-3-531-16694-0

Das Buch liefert eine umfassende Einführung in das Gesundheitscoaching. Besondere Aufmerksamkeit liegt dabei auf dem Integrativen Gesundheitscoaching, welches sowohl in der Theorie als auch in der praktischen Anwendung ausführlich dargestellt wird.

VS VERLAG FÜR SOZIALWISSENSCHAFTEN

Abraham-Lincoln-Straße 46
65189 Wiesbaden
Tel. 0611.7878-722
Fax 0611.7878-400